本书系国家社会科学基金"一带一路"重大专项研究项目《共建"一带一路"高质量发展的实现路径研究》(19VDL004)最终成果,并获广东财经大学高层次人才基金资助。

财智睿读

U0123898

高质量共建"一带一路"

——基于经济学的研究视角

陈甬军 郭成龙◎等著

中国财经出版传媒集团

经济科学出版社

Economic Science Press

图书在版编目（CIP）数据

高质量共建"一带一路"：基于经济学的研究视角/陈甬军等著． -- 北京：经济科学出版社，2023.2
ISBN 978 - 7 - 5218 - 4588 - 4

Ⅰ．①高… Ⅱ．①陈… Ⅲ．①"一带一路" - 国际合作 - 研究 Ⅳ．①F125

中国国家版本馆 CIP 数据核字（2023）第 037535 号

责任编辑：于 源 李 林
责任校对：杨 海
责任印制：范 艳

高质量共建"一带一路"

——基于经济学的研究视角

陈甬军 郭成龙 等著

经济科学出版社出版、发行 新华书店经销

社址：北京市海淀区阜成路甲 28 号 邮编：100142

总编部电话：010 - 88191217 发行部电话：010 - 88191522

网址：www. esp. com. cn

电子邮箱：esp@ esp. com. cn

天猫网店：经济科学出版社旗舰店

网址：http：//jjkxcbs. tmall. com

北京季蜂印刷有限公司印装

710×1000 16 开 27.5 印张 422000 字

2023 年 5 月第 1 版 2023 年 5 月第 1 次印刷

ISBN 978 - 7 - 5218 - 4588 - 4 定价：110.00 元

（图书出现印装问题，本社负责调换。电话：010 - 88191545）

（版权所有 侵权必究 打击盗版 举报热线：010 - 88191661

QQ：2242791300 营销中心电话：010 - 88191537

电子邮箱：dbts@ esp. com. cn）

本书课题组成员

首席专家： 陈甬军

成　　员： 郭成龙　刘　斌　张记欢　邓忠奇
　　　　　　晏宗新　罗丽娟　余雯雯　高廷帆
　　　　　　李环环　陈佳成　董翘楚　何　婷
　　　　　　陈义国　宋　丽

前　言

开启高质量共建"一带一路"新征程

2021 年 11 月 19 日，中共中央总书记、国家主席、中央军委主席习近平在北京出席第三次"一带一路"建设座谈会并发表重要讲话。讲话全面总结了共建"一带一路"八年来的成效，深刻阐明共建"一带一路"面临的新形势，系统阐明推动共建"一带一路"高质量发展的重要着力点，特别强调要完整、准确、全面贯彻新发展理念，以高标准、可持续、惠民生为目标，巩固互联互通合作基础，拓展国际合作新空间，扎牢风险防控网络，努力实现更高合作水平、更高投入效益、更高供给质量、更高发展韧性，推动共建"一带一路"高质量发展不断取得新成效。[①] 这个会议标志着共建"一带一路"经过八年建设进入了一个新的发展阶段，讲话为新时代推进共建"一带一路"工作提供了根本遵循。本项目的研究主题就是在这个时间节点上，通过总结实践经验，建构理论体系，提出新发展阶段高质量共建"一带一路"的实现路径。

当今世界正处于百年未有之大变局。近十年来，伴随着新一轮科技和产业革命的进行，全球经济格局发生重大变化，呼唤着全球治理体系应时而变。经济全球化进程遭遇单边主义和保护主义的挑战，国际局势频繁出现不稳定、不确定因素，新冠肺炎疫情的爆发使得本已增长乏力的世界经济再遭重创。

[①] 《习近平出席第三次"一带一路"建设座谈会并发表重要讲话》，新华网，2021 年 11 月 19 日。

世界急需汇集各方智慧和力量、共同应对全球性挑战的"黏合剂",世界更需注入一针促进各国务实合作、推动经济强劲包容增长的"强心剂"。同时,中国经济发展进入高质量发展阶段,扎实推进共同富裕,解决发展不平衡不充分问题,保持经济社会稳定也成为重中之重。

在此背景下,"一带一路"倡议作为团结各国力量、应对共同挑战的中国方案,培育世界经济增长点的国际经济合作倡议,构建人类命运共同体理念的重要实践,经过近十年建设进入了高质量发展阶段,开启了新发展阶段的新征程。共建"一带一路"实现阶段性转型,既是推动世界经济复苏、实现包容性增长的现实需要,也是中国经济进入高质量发展阶段的自然延伸。

"一带一路"倡议源起于中国,在实践中不断发展。王毅国务委员于2019年4月召开的第二届国际高峰论坛吹风会上对"一带一路"的内涵进行了精练概括。他指出,"'一带一路'是习近平主席提出的国际经济合作倡议,核心是以基础设施建设为主线,加强全方位互联互通,为世界经济增长挖掘新动力,为国际经济合作打造新平台。"[①] 这个三段论的阐述明确地表明了"一带一路"建设的总题目、主要内容和建设目的、要求与任务。

在共建"一带一路"的实践中,坚持共商、共建、共享的基本原则,着眼于各国关切的关键问题,立足于谋求发展的共同诉求,务实推进一批标志性合作项目取得实质性进展。以"六廊六路多国多港"为主骨架,基础设施建设稳步推进;贸易往来持续增长,相互直接投资稳中有增;国际共识持续扩大,构建人类命运共同体的理念深入人心并取得切实进展。共建"一带一路"取得了开局的重要成效,完成了夯基垒台、立柱架梁的"大写意"布局。

伴随着"一带一路"倡议实践的推进,共建"一带一路"理论体系正不断形成与发展。"一带一路"倡议顺应时代潮流和现实发展需求,以构建人类命运共同体为总目标,先后提出将"一带一路"建设建成和平之路、繁荣之路、开放之路、绿色之路、创新之路、文明之路、廉洁之路以及健康之路、增长之路和减贫之路。这"十个之路"的完整建设目标,标志着共建"一带一路"进入行稳致远、走深走实的新阶段,要求合作重心进一步下沉,合作

---

① 《王毅:第二届"一带一路"国际合作高峰论坛有五方面意义》,人民网,2019年4月19日。

重点进一步明确，"一带一路"建设要实现精耕细作的高质量发展。

共建"一带一路"开启新征程，对于实践中的建设提出了更高要求，而更高要求的建设实践又呼唤与时俱进的理论指导。"一带一路"为什么"能"？怎么才能"行"？进入高质量共建阶段之后，工作的阶段性重点是否发生改变？"一带一路"建设是否存在边界？最优投资规模如何把握？从学理上深刻把握这些基本理论问题，对于引领建设实践工作、鼓舞参与人员士气和信心至关重要。正因为有如此的问题"导向"，本书围绕共建"一带一路"高质量发展的理论体系构建和实现路径设计，主要运用经济学的理论方法，从理论、实践、实证、政策和路径五个方面进行了比较深入和详细的讨论分析，初步构建了一个比较完整的"一带一路"经济学的理论体系和政策内容。

本书结构上具体分为五篇十六章。

第一篇集中构建说明"一带一路"为什么"能"的理论体系。通过建立充分与必要条件相结合的理论模型，回答了"一带一路"为什么走得通的问题。通过运用数学方法，分析了"一带一路"建设的投资边界问题。通过讨论"一带一路"的"义利观"，解答如何进行理论创新的问题。首先，从理论上论证了共建"一带一路"实现互利共赢的必要条件和充分条件，指出了共建国家客观存在的供需匹配是必要条件，以"五通"为主线共建良性互动模式和政策保障体系是充分条件。其次在此基础上，总结了共建"一带一路"互利共赢的合作模式，指出"一带一路"倡议内在的利益创造与共享机制是合作共赢的基础。运用数学模型对"一带一路"的投资边界进行了分析讨论，通过构建一个三国互动决策模型及扩展模型进行证明，指出"一带一路"倡议合作共赢的基础在于沿线各国高度互补的经济结构，关键内核是通过项目合作实现利益创造和利益共享，并论证了最优投资规模的存在。最后着重指出，习近平"正确义利观"命题的提出，为"一带一路"经济学理论体系未来的发展甚至未来整个经济学新时代发展走向，提供了一条与现行西方主流经济学理论迥异的全新发展思路，是进行"一带一路"经济学理论创新的基本指导思想。

第二篇聚焦于实践，比较系统地总结了"一带一路"倡议共建近十年来的成效。首先从政策沟通、设施联通、贸易畅通、资金融通、民心相通的"五通"的视角,对"一带一路"近十年建设的丰硕成果和有效经验进行总结性概括,全方位描画了"一带一路"建设欣欣向荣的图景。其次在此基础上,对在共建"一带一路"起示范作用、具有广泛影响力的标志性项目进行重点分析,详细叙述了其发展历程、项目现状和项目意义。最后,针对近年来新冠肺炎疫情带来的广泛深远影响,对共建"一带一路"实践如何促进世界经济抗击疫情冲击进行了专门讨论,分析了"一带一路"建设通过促进国际贸易和直接投资的保持与增长,对中国经济、沿线国家经济和世界经济起到稳定作用的机制作用。

第三篇运用经济学实证研究的方法,首先比较深入地分析了共建"一带一路"对我国农产品出口的促进机制。其次探讨"一带一路"建设对微观投资环境的改善作用。最后运用两个案例,讨论了第三方市场合作对推动"一带一路"高质量发展的具体影响。在实证分析的基础上分别提出了对策建议。

第四篇从政策视角出发,比较全面地论述了在新发展阶段推动共建"一带一路"高质量发展的基本思路、基本要求和体制与机制创新措施。首先对基本思路进行充分讨论,在此基础上提出共建"一带一路"高质量发展的基本要求,包括加强发展战略与政策对接、深入推进设施互联互通、持续扩大双向贸易与投资、深化重点领域的交流合作。其次在体制与机制创新的措施方面,强调了要建设更高水平开放型经济新体制,搭建战略规划对接体系和政策标准联通平台,打造陆海天网四位一体联通体系,完善构建国内供应链和国际产业链,健全多元化标准化投融资体系,构建绿色人文交流的协调机制等重点内容。

第五篇着重于阐明实现高质量共建"一带一路"发展目标的具体实现路径,从投资融资、风险管控、法律执行、数字经济与绿色发展、推动构建双循环新发展格局等五个方面展开详细论述。在投融资方面,从投资规模、结构及产业格局、推动构建双循环新发展格局三个方面讨论了投资规划。在此基础上,从投融资主体、投融资方式、投融资合作和投融资规模等方面讨论了如何做好"一带一路"建设的资金融通。在风险管控方面,分析了共建"一带一路"的各种潜在风险并讨论了防范风险的多项措施,其中重点讨论了如何通过优化项目管理来管控风险。在法律方面，分别从剖析法律环境、构建法律体系、完善法律执行三方面，详细阐释了如何推进共建"一带一路"建设。在数字经济方面，强调了顺应创新发展的潮流，积极促进"一带一路"建设中数字经济投资比重的重要性。在绿色发展方面，强调了首先应明确要求、细化标准，进一步要重点优化能源结构，对产业结构进行系统治理。在共建"一带一路"推动构建双循环新发展格局方面，以粤港澳大湾区建设重要枢纽为样本，对两者的关系和实现路径进行了阐述。

共建"一带一路"倡议既是中国在世界进入百年未有之大变局新阶段对国际、国内发展环境的重大变化审慎考量推出的国际公共产品，也是习近平新时代中国特色社会主义思想最重要的实践创新和理论发展。因此本书特别强调，通过充分挖掘和认识共建"一带一路"倡议的丰富实践内容，进行理论创新，是在新发展阶段坚定信心，扎实推进合作，共享发展成果，持续奏响共建"一带一路"的时代强音，实现共建"一带一路"高质量发展目标的重要保证。突出这方面的研究，努力通过实现理论与实践相结合进行创新性研究，是本书的一个重要内容和区别于同类主题研究的一个特色。

敬请广大读者对书中的不妥之处给予批评指正，以进一步发展完善，共同开启高质量共建"一带一路"新征程。

2023 年 1 月

目　录

> > > > >

理　论　篇

导论 ··· 3

一、"一带一路"的历史意蕴与时代新意 ··················· 3

二、"一带一路"的内涵 ································· 7

三、共建"一带一路"的成效 ·························· 8

四、共建"一带一路"合作共赢的理论模型简析 ············· 11

五、"十四五"高质量共建"一带一路"的具体路径 ············ 13

第一章　共建"一带一路"实现的必要条件与充分条件 ········· 15

导言 ··· 15

一、客观存在的供需匹配是实现合作共赢的必要条件 ·········· 16

二、共建良性互动模式和政策保障体系是建设"一带一路"的
充分条件 ··· 20

三、结论与政策建议 ·································· 24

第二章 "一带一路"倡议的投资规模边界解析：基于利益
创造与共享机制视角 ················· 28
　导言 ······································· 28
　一、一个三国互动决策模型 ··················· 30
　二、基准模型的数值分析及其在"一带一路"框架下的应用 ··· 37
　三、扩展模型 ······························· 42
　四、结论与政策建议 ························· 44

第三章 在实践基础上推动"一带一路"经济学理论创新 ········ 46
　导言 ······································· 46
　一、共建"一带一路"倡议是划时代实践创新 ······· 47
　二、共建"一带一路"倡议实践中呈现的理论创新源泉 ··· 49
　三、"一带一路"经济学理论创新应注意的几个问题 ····· 54
　四、结语 ··································· 58

实 践 篇

第四章 "一带一路"建设的基本情况 ············· 63
　导言 ······································· 63
　一、共建"一带一路"实践之政策沟通 ··········· 66
　二、共建"一带一路"实践之设施联通 ··········· 79
　三、共建"一带一路"实践之贸易畅通 ··········· 91
　四、共建"一带一路"实践之资金融通 ··········· 101
　五、共建"一带一路"实践之民心相通 ··········· 108

第五章　"一带一路"建设的标志性项目分析 ……… 115

　导言 ……………………………………………………… 115

　一、中欧班列 ………………………………………… 116

　二、卡西姆燃煤电站项目 …………………………… 124

　三、肯尼亚蒙内铁路 ………………………………… 129

　四、中俄亚马尔项目 ………………………………… 135

　五、中新（重庆）战略性互联互通示范项目 ……… 142

　六、中白工业园区 …………………………………… 150

　七、厦门大学马来西亚分校 ………………………… 157

第六章　共建"一带一路"对疫情之年中国和世界经济的

　　　　稳定机制分析 ………………………………… 163

　导言 ……………………………………………………… 163

　一、新冠疫情对全球经济冲击概览 ………………… 164

　二、共建"一带一路"在疫情之年逆势增长 ……… 168

　三、共建"一带一路"对中国经济的稳定机制 …… 172

　四、共建"一带一路"对沿线国家经济的稳定机制 … 175

　五、共建"一带一路"对世界经济的稳定机制 …… 177

实　证　篇

第七章　共建"一带一路"对我国农产品出口的促进

　　　　机制研究 ……………………………………… 183

　导言 ……………………………………………………… 183

　一、问题的提出 ……………………………………… 184

　二、我国农产品出口现状分析 ……………………… 188

　三、贸易便利化水平现状分析及相关体系的构建 … 193

四、贸易便利化与我国农产品出口的实证分析 ……………… 199

五、结论与政策建议 …………………………………………… 203

第八章 "一带一路"沿线国家投资环境对中国企业对外 直接投资的影响研究 …………………………… 205

导言 ……………………………………………………………… 205

一、问题的提出 ………………………………………………… 205

二、投资环境定义及理论分析 ………………………………… 207

三、研究设计 …………………………………………………… 210

四、实证分析 …………………………………………………… 215

五、结论与启示 ………………………………………………… 232

第九章 共建"一带一路"的第三方市场合作效果分析

——以喀麦隆克里比深水港项目和巴基斯坦卡西姆港燃煤

电站项目为例 ……………………………………… 235

导言 ……………………………………………………………… 235

一、第三方市场合作的提出 …………………………………… 237

二、第三方市场合作的理论 …………………………………… 239

三、第三方市场合作的实践 …………………………………… 243

四、共建"一带一路"的第三方市场合作案例分析 ………… 246

五、共建"一带一路"的第三方市场合作的前景与挑战 …… 253

六、完善共建"一带一路"第三方市场合作的政策建议 …… 259

政 策 篇

第十章 共建"一带一路"高质量发展的基本思路与要求 …… 263

导言 ……………………………………………………………… 263

一、共建"一带一路"高质量发展的基本思路 ……………… 264

二、共建"一带一路"高质量发展的基本要求 …………………… 266

第十一章　共建"一带一路"的体制与机制创新 …………… 274

导言 ………………………………………………………… 274

一、建设更高水平开放型经济新体制 ……………………… 275

二、搭建战略规划对接体系和政策标准联通平台 ………… 280

三、打造陆海天网四位一体联通体系和国内外产业链 …… 283

四、健全多元化标准化投融资体系 ………………………… 286

五、构建绿色人文交流的协调机制 ………………………… 291

路　径　篇

第十二章　共建"一带一路"的投资规划与资金融通 ……… 295

导言 ………………………………………………………… 295

一、"十四五"时期对"一带一路"国家的投资规划 ……… 296

二、"十四五"时期高质量共建"一带一路"的资金融通 … 301

第十三章　共建"一带一路"的风险控制与项目管理 ……… 312

导言 ………………………………………………………… 312

一、加强"一带一路"的风险控制 ………………………… 313

二、优化"一带一路"的项目管理 ………………………… 330

第十四章　共建"一带一路"的数字经济与绿色发展 ……… 342

导言 ………………………………………………………… 342

一、数字经济促进"一带一路"的高质量发展 …………… 343

二、深化落实"一带一路"的绿色发展 …………………… 350

第十五章 共建"一带一路"的法律体系与执行机制 ··········· 354

导言 ·· 354

一、透视"一带一路"的法律环境 ············· 356

二、构建"一带一路"的法律体系 ············· 363

三、完善"一带一路"的法律执行机制 ········· 373

第十六章 共建"一带一路" 推动构建双循环新发展格局

　　　　──粤港澳大湾区建设重要枢纽的实现路径 ········· 383

导言 ·· 383

一、构建双循环新发展格局的提出及其重要意义 ········· 383

二、共建"一带一路"可以推动构建双循环新发展格局 ····· 385

三、粤港澳大湾区构建双循环新发展格局重要枢纽的示范意义 ··· 387

四、粤港澳大湾区构建双循环新发展格局的具体路径 ········· 391

五、把前海、横琴建设成为粤港澳大湾区构建双循环新发展

　　格局重要枢纽的突破口 ························ 394

结束语 ······································ 398

参考文献 ···································· 401

▶ **理论篇**

导　　论

一、"一带一路"的历史意蕴与时代新意

2013 年 9 月和 10 月，中国国家主席习近平分别提出合作建设"丝绸之路经济带"和"21 世纪海上丝绸之路"的倡议，简称"一带一路"（The Belt and Road Initiative，BRI）。"一带一路"倡议是对中国古代陆上丝绸之路和海上丝绸之路的传承，并赋予了其新的时代内涵。"丝绸之路经济带"包括中蒙俄、新亚欧大陆桥、中国—中亚—西亚、中巴、中国—中南半岛、孟中印缅等六条国际经济合作走廊；"21 世纪海上丝绸之路"自中国东南沿海出发，经东南亚、印度洋、东非、北非至欧洲。

（一）历史上的丝绸之路

历史上的丝绸之路是西汉（前 202 年~8 年）时张骞出使西域开辟的以长安为起点，最远到达西亚并连接地中海诸国的陆上贸易通道。到东汉（25 年~220 年）时班超再次出使西域打通了荒废已久的丝绸之路，并将路线东端延伸到东汉京师洛阳，西端延伸到欧洲（罗马），这是目前完整的丝绸之路路线。由于该条路线西运的货物中丝绸制品的影响最大，由此得名"丝绸之路"。

陆上丝绸之路并不是一条固定的线路，而是由多条干道和支线组成的一个交通网络，其中最主要的路线，由长安（今西安）出发，经兰州、酒泉、玉门，过安息（今伊朗）、条支（今伊拉克一带），到达大秦（罗马帝

国东部）。

广义的丝绸之路还包括海上丝绸之路。海上丝绸之路起于秦汉（公元前221年～220年），兴于隋唐（581～907年），盛于宋元（960～1368年），在明朝（1368～1644年）达到顶峰。海上丝绸之路是古代中国与外国交通贸易和文化交往的海上通道，又被称为海上陶瓷之路、海上香料之路。海上丝绸之路航线主要有东海起航线和南海起航线。南海起航线由中国沿海港口去往东南亚、南亚、阿拉伯和东非沿海诸国，其主港口历代有所变迁，先后经历了徐闻古港、广州、泉州、漳州等。东海起航线由中国沿海港去往朝鲜、日本，其主港是青岛古港，可驶往辽东半岛、朝鲜半岛和日本列岛。

（二）"一带一路"的历史意蕴

19世纪末，德国地质学家李希霍芬将这条联通东西方的大通道誉为"丝绸之路"。德国人胡特森在多年研究的基础上，撰写了专著《丝路》。从此，"丝绸之路"这一称谓得到世界的认可，其历史底蕴包括以下几个方面：

首先，古代丝绸之路开创性地打通东西方大通道，首次构建起世界交通线路的大网络。古代丝绸之路纵横交错、四通八达，堪称世界道路交通史上的奇迹。大大小小、难以胜数的中外交通线路，构成古代丝绸之路的"血脉经络"，构筑了古代丝绸之路的基本格局，建构了古代东西方世界相互连通的交通网络，成为亚欧大陆之间最为便捷的通道。

其次，古代丝绸之路极大地促进了商品大流通，率先实现了东西方商贸互通和经济往来。丝绸之路是古代东西方商贸往来的生命线，通过丝绸之路，中国的丝绸、茶叶、瓷器、漆器等商品源源不断输出到沿线国家；来自中亚、西亚以及欧洲的珠宝、药材、香料以及葡萄、胡麻、胡桃、胡萝卜、胡瓜等各类农作物络绎不绝进入中国。欧洲对中国的称呼从 Seres 到 China 的称谓变化，前后经历了大约一千年，就是这个历史过程的一个写照。

最后，古代丝绸之路助推了多样性文化交流，成为东西方不同国家、不同种族、不同文明相互浸染、相互包容的重要纽带。丝绸之路横跨亚欧非数十国，把中华、印度、埃及、波斯、阿拉伯及希腊、罗马等各古老文明联结了起来、交融了起来。古代丝绸之路和海上丝绸之路成为不同民族和不同文化相互交流、彼此融合的文明之路。

（三）"一带一路"：新丝绸之路的时代意义

"一带一路"倡议作为全球化背景下新时代的丝绸之路，其重要意义至少有三个方面：一是为经济全球化条件下人流、物流、商贸活动的开展，提供了更加便捷的运输通道；二是为中国经济发展提供了新的发展空间，为中国的和平崛起提供了平台；三是为沿线各个国家和地区的互利合作共赢提供了新的范式，为世界经济的再平衡发展提供了新的途径。

首先，"一带一路"倡议有利于促进经济全球化下生产要素和产品的进一步自由流动，强化市场机制的资源配置作用，深化全球化进程。全球化的表现是在全球范围内实现商流、物流、人流的流动，其本质是市场机制在全球范围内发挥作用，通过市场机制的资源配置和运行调节，不断实现商品、人员和资金跨国界的自由流通。全球化要求各个国家在全球分工体系中，找到自己的定位，全球范围内的商品流通、文化交流以及人员流动都形成了前所未有的规模。伴随着这个过程，一方面需要打通货物等生产要素的运输通道，另一方面需要打破政治因素的现实制约。这是现在"一带一路"诞生的深刻时代背景。

需要打通的运输通道，既包含有形的，也包含无形的。以欧亚大陆桥为例，它东起中国连云港，经郑州、西安，到莫斯科、华沙、柏林，终点站是荷兰鹿特丹，一头是太平洋，一头是大西洋，把货物从东到西的运输，这就是经济发展的实际需求。"一带一路"实现了这样的互通互联。和古代丝绸之路相比，尽管现在"一带一路"走向相同，范围相同，但是由于运输技术的发展，使更加高效、便捷的运输通道的建设成为可能。同时，互利共赢的理念和和平发展的外交政策促进了更加安全的商品运输环境。这是一个质的飞跃。

同时，国际环境的逐步改善使得克服政治因素制约成为可能。过去有很多政治因素的制约，20 世纪 50～90 年代的冷战时期，苏联和东欧社会主义国家组成的华沙条约组织与美国和西欧资本主义国家组成的北约组织，两大阵营在欧洲大陆形成全面对峙。在这样的时代背景下就不可能实现全球化的商品流通，即便历史上的丝绸之路已经存在，类似"一带一路"这样的概念也不可能被提出来。进入 21 世纪后，全球化时代中的自由流通进一步发展，经济活动在全球范围内进行选择和配置的要求进一步突出，打通亚欧大陆桥这样的通道重新被提上议程。在此时的国际环境中，"一带一路"这样的概念就有可能被提出和实行。

其次，"一带一路"作为新时代的丝绸之路，对中国发展的意义巨大。从中国的区域经济格局来看，先后已经形成三大区域战略：一个是"粤港澳大湾区"战略；一个是"长三角一体化"战略；再一个是"京津冀协同发展"战略。这三个战略是互相作用和影响的。通过京津冀、长三角以及珠三角这三个属于中国内部的三大城市群经济的协调发展，与"一带一路"这个对外开放战略结合在一起，就可促进内外协调发展，使中国经济布局更加合理，推动经济更加均衡的发展，创造更好的发展动能，保持经济中高速的增长。区别于其他主要面向国内区域发展的三个战略，共建"一带一路"是国内外一身二任，所以是中国新一轮对外开放战略的首选。

最后，"一带一路"有利于克服全球化的某些弊端，保证其正确的发展方向，有助于实现世界经济长期均衡增长。2008 年世界金融危机后全球经济的重要特征是：（1）美日经济有所复苏，增长趋势增强；（2）债务危机趋缓，欧洲经济温和增长；（3）创新成为全球经济增长的新动力；（4）"一带一路"沿线国家和新兴市场成为世界经济增长的新板块；（5）突然爆发的疫情严重影响世界经济的复苏与增长。从未来看，世界经济发展是否能够实现长期均衡发展仍是一个大问题。法国经济学家皮凯迪在 2017 年出版的著作《21 世纪资本论》中认为，未来最大的问题是贫富差距日益扩大，原因在于资本回报率高于经济增长率的机制。在这个大背景下，共建"一带一路"可通过降低交易成本，加强国家间的合作，提供新的增长动能，从而促进世界经济长期均衡增长，并促进联合国减贫目标的实现。

因此，中国在当代提出"一带一路"倡议，不仅是简单地重新打通历史上的丝绸之路，而是在新的背景下，赋予其更多新的时代内容。共建"一带一路"的伟大实践正在创造新的历史。

二、"一带一路"的内涵

"一带一路"倡议是中国在世界进入百年未有之大变局新阶段对国际、国内发展环境的重大变化审慎考量的产物，是习近平新时代中国特色社会主义最重要的实践创新和理论发展。自 2013 年被提出以来，"一带一路"倡议始终与时俱进，内涵不断丰富，彰显出强大的生命力和创造力。

关于共建"一带一路"的内涵，可以从国务委员王毅 2019 年 4 月在第二届国际高峰论坛吹风会上对"一带一路"的阐释中得以精要地把握。王毅指出："'一带一路'是习近平主席提出的国际经济合作倡议，核心是以基础设施建设为主线，加强全方位互联互通，为世界经济增长挖掘新动力，为国际经济合作打造新平台。"① 这个三段论阐述准确地表明了"一带一路"倡议的总定位、核心内容和建设目标。

首先，"一带一路"是国际经济合作倡议。正如时任中国外交部副部长张业遂在"中国发展高层论坛 2015"上指出的，"一带一路"是一个经济合作倡议，不是地缘政治工具。一方面，中国经济和世界经济高度关联，推进"一带一路"建设是中国进一步扩大和深化对外开放的需要，体现了打开国门搞建设和深度融入世界经济体系的决心；另一方面，在当前全球经济增长缓慢，保护主义抬头，国际环境不确定性因素增加的背景下，共建"一带一路"也是加强和沿线国家及世界各国互利合作，推动共同发展的需要，中国愿意在力所能及的范围内承担更多责任义务，为全球经济可持续均衡发展作出更大的贡献，给全球经济注入新的增长动力。

其次，"一带一路"合作的重要载体是基础设施项目。基础设施建设项目是供需对接的基础，资金需求大、对区域经济具有较强投资带动能力。而且，根据从亚洲开发银行和世界银行等国际机构的测算，"一带一路"沿线国家基础设施建设的需求巨大，投资缺口同样非常大。中国"一带一路"倡议的提出正是瞄准了这一重点需求。国家发展改革委、外交部、商务部于

---

① 王毅. 第二届"一带一路"国际合作高峰论坛有五方面意义［EB/OL］. 人民网，2019 – 04 – 19.

2015 年 3 月 28 日联合发布的《推动共建丝绸之路经济带和 21 世纪海上丝绸之路的愿景与行动》就明确指出：基础设施互联互通是"一带一路"建设的优先领域。近十年来，"一带一路"建设的推进以基础设施互联互通建设为起点和重点，与沿线国家共同建设了许多重大项目，仅中央企业投资建设的重大项目和工程就达 3 000 多个，其中相当数量的投资就集中在基础设施建设领域，切实帮助改善了相关国家的基础设施状况。①

最后，"一带一路"建设的目的是为世界经济增长挖掘新动力，为国际经济合作打造新平台。20 世纪 80 年代以来由西方国家主导的全球化，在带来经济全球化繁荣发展的同时，也导致面临资金匮乏、技术落后、市场规模有限等各种壁垒。许多发展中国家难以顺利融入全球价值链分工体系，或者虽然融入了全球价值链分工体系，但却面临着"低端嵌入"甚至"低端锁定"的风险和困境。上述矛盾和问题的不断积累，致使当前经济全球化进一步发展面临可持续性困难的突出问题。在全球价值链亟待重构和优化的背景，中国倡导的"一带一路"建设，尤其是党的十九届五中全会明确提出的"推动共建'一带一路'高质量发展"，致力于在共商共建共享原则下，打造平等开放的国际经济合作平台，在相互尊重和信任的基础上，积极同各国开展共建"一带一路"实质性对接与合作，帮助更多发展中国家融入全球价值链分工体系，从而推动经济全球化健康可持续发展。②

三、共建"一带一路"的成效

"一带一路"倡议自 2013 年由中国国家主席习近平提出以来，从无到有，从理念到蓝图，从愿景到实践，从"大写意"到"工笔画"，如今已经走过近十个春秋。中国坚持"共建'一带一路'倡议源于中国，但机会和成果属于世界"的理念，在国际社会引起了广泛反响，得到了世界上众多国家

---

① 胡必亮."一带一路"八周年：加强互联互通 实现合作共赢 [J]. 光明日报，2021 - 10 - 22 (12).

② 戴翔，宋婕."一带一路"倡议的全球价值链优化效应——基于沿线参与国全球价值链分工地位提升的视角 [J]. 中国工业经济，2021 (6)：99.

和国际组织的积极参与和支持。建设成果丰硕，已经发展成为范围最广、规模最大的国际合作平台和最受欢迎的国际公共产品。

第一，国际共识持续扩大。截至 2021 年 8 月，中国已同 140 个国家（地区）和 32 个国际组织签署 206 份共建"一带一路"合作文件，[①] "一带一路"朋友圈遍布亚洲、非洲、欧洲、大洋洲、拉丁美洲。"一带一路"倡议及其核心理念已写入联合国、二十国集团、亚太经合组织以及其他区域组织等有关文件中，在互联互通、投资、贸易、金融、科技、社会、人文、民生、海洋等领域，达成一系列重要共识，扩大了发展成果惠及面。2017 年和 2019 年，两届"一带一路"国际合作高峰论坛先后顺利举办，其中第二届"一带一路"国际合作高峰论坛共有 38 位国家元首和政府首脑出席，来自 150 多个国家（地区）和 90 多个国际组织的 6 000 余名外宾参加，论坛及各种会议形成了共 6 大类 283 项建设性成果。

第二，基础设施建设稳步推进。聚焦"六廊六路多国多港"主骨架，一批"一带一路"标志性项目取得实质性进展。中国和"一带一路"沿线国家在港口、铁路、公路、电力、航空、通信等领域开展的大量合作，有效提升了沿线国家的基础设施建设水平，缩短了沿线国家的交通运输时间，降低贸易成本，释放贸易和投资潜力，不断为构建人类命运共同体提供新动能。2019 年世界银行的研究报告对此曾给予积极评价。

第三，贸易往来持续增长。中国与"一带一路"沿线国家货物贸易进出口总额从 2013 年的 1.04 万亿美元增加到 2020 年的 1.35 万亿美元（见图 1），8 年间累计总额超过 9.2 万亿美元；中国与沿线国家贸易额占同期外贸总额的比重逐年提升，由 2013 年的 25.0% 提升到了 2020 年的 29.1%。

---

① 参见商务部官网：http://fec. mofcom. gov. cn/article/fwydyl/zgzx/202108/20210803190898. shtml.

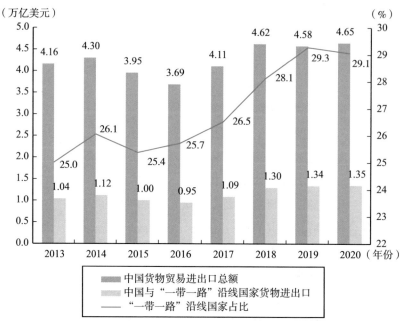

图1　2013～2020年中国企业对"一带一路"沿线国家直接投资总额

资料来源：国家统计局，《中国"一带一路"贸易投资发展研究报告2021》。

第四，中国与"一带一路"沿线国家互相直接投资稳中有增。中国企业对"一带一路"沿线国家直接投资总额从2013年的126.3亿美元增加到2020年的225.4亿美元（见图2），8年间中国对"一带一路"沿线国家累计直接投资约1360亿美元，中国对"一带一路"沿线国家投资总额占同期对外直接投资总额的比重大致稳定在12%的水平；"一带一路"沿线国家在华新设企业累计达2.7万家，实际投资累计约600亿美元。

第五，推动构建人类命运共同体。"一带一路"建设前八年，投资总额约1360亿美元，货物贸易额超9万亿美元。中国对"一带一路"沿线国家投资为沿线国家创造了新的税收和就业渠道，促进了当地经济发展。截至2020年底，中国在"一带一路"沿线国家建设的境外经贸合作区累计投资近400亿美元，上缴东道国税费超过44亿美元，为当地创造就业岗位33万个。此外，面对突如其来的新冠肺炎疫情，中国在全力做好自身疫情防控的同时，积极与包括"一带一路"沿线国家在内的众多国家和国际组织开展国际抗疫合作。截至 2022 年底，中国已向 150 个国家（地区）和 13 个国际组织提供了抗疫紧急援助，向 200 多个国家和地区出口了防疫物资。

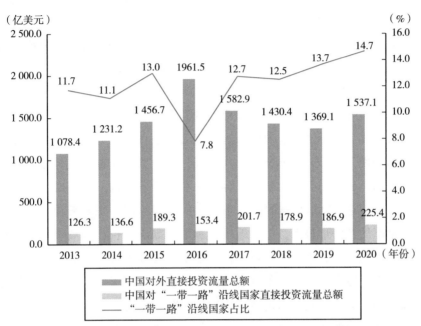

图 2　2013～2020 年中国企业对"一带一路"沿线国家直接投资总额

资料来源：2013～2020 年《中国对外直接投资统计公报》。

四、共建"一带一路"合作共赢的理论模型简析

近十年来，共建"一带一路"的理论体系不断发展，主要内容可概括为六个方面。第一，理念革新：要秉持共商共建共享原则，坚持开放、绿色、廉洁理念。第二，标准清晰：实现高标准、惠民生、可持续目标。第三，方式崭新：依靠中国和有关国家的多边合作机制，借助行之有效的区域合作平台，主动发展与沿线国家的经济合作伙伴关系，实现"五通"——政策沟通、设施联通、贸易畅通、资金融通、民心相通。第四，路径清晰：从"大写意"到"工笔画"，走实走深，实现高质量发展。第五，目标明确：共同打造政治互信、经济融合、文化包容的利益共同体、命运共同体和责任共同

体，充分展示"世界养育中国、中国回馈世界"的主旋律。总目标是构建人类命运共同体。第六，十个之路：努力将"一带一路"建设建成和平之路、繁荣之路、开放之路、绿色之路、创新之路、文明之路、廉洁之路以及健康之路、增长之路和减贫之路。

纵观近年来"一带一路"倡议取得的伟大成就，不难发现其中蕴含的一个总的理论框架：实现"一带一路"挖掘新动力、打造新平台的建设目标，需要实现"必要条件"与"充分条件"的互相结合。以习近平同志为核心的党中央统筹国际国内两个大局，顺应地区和全球合作潮流，契合沿线国家和地区发展需要、立足当前、着眼长远地将必要条件和充分条件结合起来，正是"一带一路"建设取得成效的基本保证，是中国智慧的完美体现。

一方面，中国与合作共建国家客观存在的经济结构上的供需匹配是共建"一带一路"实现合作共赢的必要条件。从中国的供给要素来看，在十年前进入新常态的经济形势下，中国的投资和消费需求增长相对放缓，产能富余需要新的市场空间；中国制造业，特别是基础设施项目建设的技术已达到世界领先水平；庞大的外汇储备可通过提供比较充裕的资金来引导寻求稳健的投资项目与机会，因此可通过共建"一带一路"实现中国经济结构转型的内在要求；而从中西亚为代表的亚洲国家的需求来看，亚洲每年基础设施建设资金需求达 8 000 亿美元，资金缺口约为 5 200 亿美元/年。基础设施投资具有正向外溢作用，能够支撑和带动地区经济发展，是发展中国家实现工业化和现代化的必经之路。中国的供给与这些发展中国家的需求正好匹配。这个经济结构上存在的供需匹配是共建"一带一路"的经济基础，是"一带一路"为什么"能"的客观条件。

另一方面，要实现共建"一带一路"合作共赢的内在目标，除了在经济结构上客观存在供需结合的必要条件外，还需要提供满足共建"一带一路"所需要的一系列充分条件，其基本内容主要是形成中国与沿线国家共建的良性互动模式和充分有效的政策保障体系，从而实现两个条件的充分结合，使共建"一带一路"真正"能"起来。这也是我们过去和将来所做事情的"主轴"。

总之，共建"一带一路"的经济本质是创造和实现合作的"红利"。红利在微观上表现为合作共赢、多边共赢，在宏观上表现为助推全球经济平衡。要获取这个红利，在国家层面就要开放合作，同舟共济；在企业层面要做到精诚团结、精心组织、紧密施工、精细分红。

五、"十四五"高质量共建"一带一路"的具体路径

2021 年 4 月 20 日，习近平主席在博鳌亚洲论坛上发表重要讲话，指出要把"一带一路"建成"减贫之路""增长之路"，为人类走向共同繁荣做出积极贡献，① 从而在"一带一路"进程中又提出新的发展方向。由此，共建"一带一路"进入新的发展阶段。

根据以上理论分析，在新阶段进一步完善"一带一路"建设的各项充分条件是今后推动"一带一路"高质量发展的中心工作，具体路径的设计也要以此为基础。

党的十九届五中全会通过的《中共中央关于制定国民经济和社会发展第十四个五年规划和二〇三五年远景目标的建议》（以下简称《建议》）设立专章，详述"一带一路"高质量发展规划思路，《建议》还特别提出了在"十四五"期间推进"一带一路"高质量发展的基本任务。遵循《建议》提出的指导思想和工作方针，在 2021 年 3 月举行的全国人大会议通过的国家"十四五"规划中专门设置了第四十一章"推动共建'一带一路'高质量发展"，对"一带一路"高质量发展进行了具体规划。其中有三项工作最为重要。

第一，互联互通是关键的基础性工作，是重中之重。基础设施是互联互通的基石，也是许多发展中国家发展面临的瓶颈。建设高质量、可持续、抗风险、价格合理、包容可及的基础设施，有利于各国充分发挥资源禀赋，更好融入全球供应链、产业链、价值链，实现联动发展，这个既是"一带一路"倡议获得国际社会认可并积极参与的基础，也是"一带一路"建设成功的关键所在。合作各方要继续努力，构建以新亚欧大陆桥等经济走廊为引领，

---

① 习近平. 把"一带一路"建成"减贫之路"、"增长之路"［EB/OL］. 新华网，2021 - 04 - 20.

以中欧班列、陆海新通道等大通道和信息高速路为骨架，以铁路、港口、管网等为依托的互联互通网络，依托六廊六路多国多港，构建全球互联互通伙伴关系，实现共同发展繁荣。

第二，建设好投融资金融平台。继续发挥共建"一带一路"专项贷款、丝路基金、各类专项投资基金的作用，发展丝路主题债券，支持多边开发融资合作中心有效运作。在以亚投行投资项目引领"一带一路"建设导向的同时，欢迎多边和各国金融机构参与共建"一带一路"投融资，鼓励开展第三方市场合作，通过多方参与实现共同受益的目标。

第三，深入开展理论研究，促进文化交流。共建"一带一路"是一项综合性、战略性、系统性、国际性、长期性的研究。目前我国已具有多项"一带一路"建设的相关研究重大项目。结合理论研究与政策研究，使项目研究形成合力，提供更加高水平的成果是今后进一步努力的方向。

从进一步提供满足共建"一带一路"充分条件的角度考虑，本书在研究中根据上述《建议》内容，对"十四五"高质量共建"一带一路"的政策提出十条具体建议：

一是建设更高水平开放型的经济新体制，全面提高对外开放水平；二是建议制定"十四五"共建"一带一路"国家专项规划，从战略全局高度系统部署"一带一路"未来发展；三是构建国际产业链，助推国内国际双循环；四是建议今后"一带一路"国际合作高峰论坛设立新疆、福建、海南等地区分论坛，推动多元区域交流格局的形成；五是加强互联互通建设的数字化水平，把握数字经济发展的创新红利；六是建设与国际资本市场接轨的投融资平台，积极借鉴国际资本市场运作经验，吸纳国际资本力量；七是建立公开透明的项目建设信息发布机制，推动"一带一路"建设为廉洁之路；八是引进第三方组织参加评估合作建设国家的债务可持续性，回应国际社会对于沿线国家债务问题的高度关注；九是建立形成多元互动的人文交流机制的协调组织，更好地配合共建"一带一路"高质量发展方向；十是切实加强"一带一路"软力量建设，讲好"一带一路"的故事。

以下各章将结合但不限于这十条建议的具体内容，展开进一步的详细论述。

第一章　共建"一带一路"实现的
必要条件与充分条件

▶导言◀

近十年来，共建"一带一路"的理论体系不断发展，主要内容可概括为六个方面。第一，理念革新：要秉持共商共建共享原则，坚持开放、绿色、廉洁理念。第二，目标清晰：实现高标准、惠民生、可持续目标。第三，方式崭新：依靠中国和有关国家的多边合作机制，借助行之有效的区域合作平台，主动发展与沿线国家的经济合作伙伴关系，实现"五通"——政策沟通、设施联通、贸易畅通、资金融通、民心相通。第四，路径清晰：从"大写意"到"工笔画"，走实走深，实现高质量发展。第五，目标明确：共同打造政治互信、经济融合、文化包容的利益共同体、命运共同体和责任共同体，充分展示"世界养育中国、中国回馈世界的主旋律。总目标则是构建人类命运共同体。第六，十个之路：努力将"一带一路"建设建成和平之路、繁荣之路、开放之路、绿色之路、创新之路、文明之路、廉洁之路以及健康之路、增长之路和减贫之路。

根据近十年建设实践，可以进一步提炼一个总的理论框架：实现"一带一路"挖掘新动力、打造新平台的建设目标，必须实现"必要条件"和"充分条件"的互相结合。

一、客观存在的供需匹配是实现合作共赢的必要条件

中国与合作共建国家客观存在的经济结构上的供需匹配是共建"一带一路"实现合作共赢的必要条件。从中国的供给要素来看，首先，在新常态经济形势下，中国的投资和消费需求增长相对放缓，产能富余需要新的市场空间。具体表现在，中国经济经过 40 多年的发展，已经成为世界第二大经济体，经济进入新发展阶段，中国寻求从过去的"国际大循环"战略向构建以国内大循环为主体、国内国际双循环相互促进的新发展格局转型；与此同时，由于"国际大循环"战略的发展惯性，中国已形成了一个庞大的产能供给体系。在向双循环的新发展格局战略推进的过渡阶段，中国的庞大产能需要寻找有效市场并被充分利用。其次，中国制造业，特别是基础设施项目建设的技术已达到世界领先水平。例如，中国的高铁、动车、核电站制造等技术的综合性价比均在全球占有优势。此外，中国具有丰富的基础设施建设经验，基于此培养了一批同时具有高超施工建设管理能力和熟练施工经验的建设团队，低建造成本与高服务质量使得中国的基础设施建设技术尤其适合发展基础相对薄弱的发展中国家。因此，中国基建技术具有很强的竞争优势。最后，中国积累的庞大的外汇储备可通过提供比较充裕的资金来引导寻求稳健的投资机会与项目，从而通过共建"一带一路"实现中国经济结构转型的内在要求（见图 1 - 1）。历史上由于中国沿用"国际大循环"战略并发展外向型经济，在这个过程中形成大额贸易顺差，配合强制结售汇的外汇体制政策，我国积累了大量的外汇储备，掌握了丰富的资本要素，与"一带一路"倡议下基础设施建设项目的高融资需求相匹配，可作为"一带一路"建设的金融先导基础。因此，中国客观的经济结构奠定了中国有能力供给富余产能、成熟技术、充沛资本这三大要素的扎实基础。

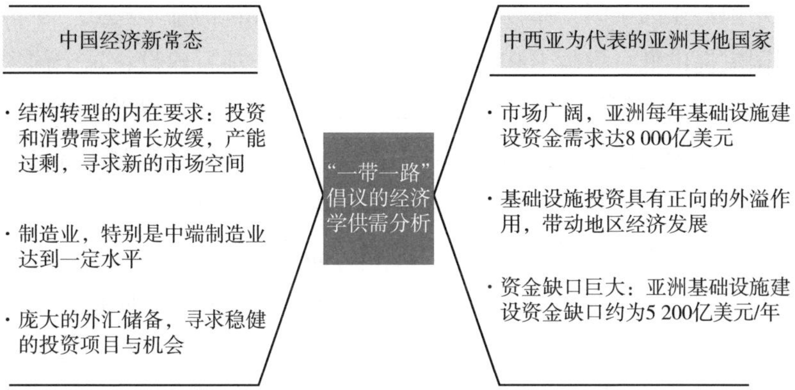

图1-1　"一带一路"倡议的经济学供需分析

资料来源：本书作者2016年研发并公开发表于《"一带一路"经济学读本》。

从中西亚为代表的亚洲国家的需求来看，亚洲每年基础设施建设资金需求达8 000亿美元，资金缺口约为5 200亿美元/年。① 欧亚大陆海上、陆上"丝绸之路经济带"的两头是发达的东亚和西欧经济圈，而中间的中亚、西亚和中东欧国家大多处于工业化初期，经济基础和基础设施建设薄弱。基础设施投资具有正向外溢作用，能够支撑和带动地区经济发展，是发展中国家实现工业化和现代化的必经之路。此外，融入全球开放经济体系，共享全球化红利，进一步释放国家经济增长活力的美好愿景亦催生了广大发展中国家对互联互通的基础设施的庞大需求。值得注意的是，基础设施投资具有投资成本大、投资周期长的特点，能通过世界银行、亚洲开发银行以及这些国家本身的融资、社会资金筹集到的资金有限，投资资金尚有大量缺口，由此催生了庞大的资金需求。

中国的供给与发展中国家的需求正好匹配。这个经济结构上存在的供需匹配是共建"一带一路"的经济基础，是"一带一路"为什么"能"的客观条件。

① 参考亚洲开发银行旗舰报告《满足亚洲基础设施建设需求》，参考链接：https://www.adb.org/zh/news/asia-infrastructure-needs-exceed-17-trillion-year-double-previous-estimates.

以中国与亚洲某国合作投资建设为例来说明合作的基本模式。中国对某个亚洲国家提供低息贷款 100 亿美元进行基础设施项目建设；这个国家用这笔低息贷款购买中国的基础设施产品和劳务；中国企业获得平均利润，实现国内产能的合理应用和外汇储备的保值增值。由于基础设施对经济发展有长远的促进作用，参加合作的这个国家利用中国资金、技术以及产能进行基础设施建设，可在未来用获得的项目收益和增加的政府税收，偿还当初的低息贷款，同时为今后实现工业化和现代化奠定了物质基础。这样就实现了"双赢"。这个模式同样适合于中国与非洲国家的合作，基础设施建设能够带动非洲大量的发展中国家和区域经济的发展，非洲国家参与共建"一带一路"将大大受益。

这种中国与其他合作国家"双赢"的基本模式也可延展为欧洲、北美国家参加的"多边共赢"模式。由于近年来欧洲各国面临经济增长压力，以英、法、德为代表的欧洲制造业大国可依靠自身技术优势参与到共建"一带一路"倡议中，通过参与项目建设获得亚洲广阔市场，促进了经济增长。同时，"多边共赢"模式也适用于北美国家。以美国、加拿大为代表的北美国家可通过经济技术优势参与到"一带一路"建设中，获取亚洲、非洲的广阔市场，缓解经济增长压力。强大的市场需求和技术外溢作用推动这些国家经济进一步升级，惠及世界主要发达国家。中国在项目合作中联合发达国家的经济技术优势，不断提升制造业和自主创新水平。但是这种合作模式的实施需以国家之间良好的政治关系为前提。

从以上两个合作模式可看出，供需匹配是创造合作共赢、利益共享机制的必要条件。伴随着"一带一路"建设的高质量发展，可实现包括中国在内的沿线国家的双赢、多边共赢，中国实现了新发展阶段下的战略转型目标，沿线各国缩小了基础设施建设缺口，实现互联互通，共享优化资源配置效率和广阔市场空间的全球化红利，在宏观上呈现出为世界经济的绿色、可持续增长注入活力，助推世界经济再平衡。

首先，从中国的角度来看。中国顺周期下形成的富余产能的充分利用有助于中国产业结构转型升级期的平稳过渡，减少转型期的震荡与阵痛。在积极承接沿线各国基础建设项目的过程中，中国企业更大范围、更深程度地

"走出去"。在国际市场的激烈竞争局面的考验下，在和国际竞争对手的切磋学习中，中国企业积累了更丰富、更先进的技术知识、管理经验和市场经验，有利于企业整体竞争力的升级迭代，为中观层面的产业结构转型升级及全球产业链地位爬升奠定了坚实的微观基础。"一带一路"倡议对于从"国际大循环"战略到新发展格局下国内国际双循环战略起到了承上启下的衔接作用，有助于中国平稳实现转变发展方式、优化经济结构、转化增长动力的战略转型。

其次，从沿线各国的角度来看。沿线各国可根据其经济基础分为两类，一类是以亚洲、非洲国家为代表的发展中国家，一类是以欧洲、北美国家为代表的发达国家。在共建"一带一路"过程中，广大亚洲、非洲国家可享有中国的低息资本支持，完善国内的基础设施建设，在实现本国国内互联互通的基础上，融入全球经济体系，积极参与跨国贸易和投资，释放经济增长活力，实现发展目标。与此同时，发达国家则与中国共享"一带一路"沿线广阔的市场，发挥其技术的比较优势，参与"一带一路"项目的竞争，获取更大的市场份额和经济利润，为经济增长培育新的增长点。

最后，共建"一带一路"可以助推世界经济再平衡。全球宏观经济面临供给过剩、需求不足的困境，据估计全球需求缺口在一万亿美元左右。2016年8月17日，习近平总书记在中央推进"一带一路"建设工作座谈会上指出，以"一带一路"建设为契机，开展跨国互联互通，提高贸易和投资合作水平，推动国际产能和装备制造合作，本质上是通过提高有效供给来催生新的需求，实现世界经济再平衡。特别是在当前世界经济持续低迷的情况下，如果能够使顺周期下形成的巨大产能和建设能力"走出去"，支持沿线国家推进工业化、现代化和提高基础设施水平的迫切需要，有利于稳定当前世界经济形势。[1] 如果中国今后在"一带一路"项目投资达到200亿美元/年，按照1:5的投资乘数粗略估计，可以产生1 000亿美元的总需求，预计将弥补世界经济需求总缺口的1/10左右。

因此，共建"一带一路"的经济本质是创造实现"红利"。红利在微观

---

[1]　习近平在推进"一带一路"建设工作座谈会上发表重要讲话［EB/OL］. 新华社，2016 – 08 – 17.

上表现为合作共赢、多边共赢，在宏观上表现为助推全球经济平衡。要获取红利，在国家层面要开放合作，同舟共济；在企业层面要精诚团结、精心组织、精密施工、精细分工。

概括地说，要实现共建"一带一路"合作共赢的内在目标，需要提供满足共建"一带一路"所需要的一系列充分条件，其基本内容主要是形成中国与沿线国家共建的良性互动模式和充分有效的政策保障体系，从而实现两个条件的结合，把共建"一带一路"真正"行"起来。这也是我们过去和将来所做事情的"主轴"。

二、共建良性互动模式和政策保障体系是建设"一带一路"的充分条件

根据以上理论分析，进一步完善"一带一路"建设的各项充分条件是今后推动"一带一路"高质量发展的中心工作。换言之，给定"一带一路"的必要条件的论证，"一带一路"是个待挖掘的金矿，是否有能力将待挖掘的金矿转化为实实在在的金子，就是充分条件。

完善充分条件首先体现在"五通"的落实上。2013 年 9 月，习近平主席在哈萨克斯坦大学的演讲中提出共同建设"丝绸之路经济带"的倡议，强调"我们可以从以下几个方面先做起来，以点带面，从线到片，逐步形成区域的大合作"，并首次提出政策沟通、道路联通、贸易畅通、货币流通、民心相通的"五通"工作。从 2013 年至今，"一带一路"倡议成果丰硕，集中体现在"五通"的完善上。

在政策沟通方面，在"一带一路"框架下，参与成员积极就政策对接进行对话，建立并发展了多层次、多领域、多方式的政策对话机制，搭建了广泛参与、运行有效、成果显著的政策对话平台。截至 2021 年 8 月，中国已同 140 个国家（地区）和 32 个国际组织签署 206 份共建"一带一路"合作文件，"一带一路"朋友圈遍布亚洲、非洲、欧洲、大洋洲、拉丁美洲，"一带一路"倡议及其核心理念已写入联合国、二十国集团、亚太经合组织以及其他区域组织等有关文件中。政策沟通平台以"一带一路"国际合作高峰论坛

为例,两届"一带一路"国际合作高峰论坛顺利举办,其中第二届"一带一路"国际合作高峰论坛共有38位国家元首和政府首脑出席,来自150多个国家(地区)和90多个国际组织的6 000余名外宾出席论坛,会议形成了6大类283项建设性成果,政策沟通效果显著。

在道路联通方面,聚焦"六廊六路多国多港"主骨架,一批"一带一路"标志性项目取得实质性进展。中国和"一带一路"沿线国家在港口、铁路、公路、电力、航空、通信等领域开展的大量合作,有效提升了沿线国家的基础设施建设水平,缩短了沿线国家的交通运输时间,降低了贸易成本,释放了贸易和投资潜力,不断为构建人类命运共同体提供新动能。2019年世界银行研究报告对此给予积极评价。以中欧班列为例,截至2020年12月,中欧班列已开通73条运行线路,连通了21个国家的92个城市,累计开行超过3万列,成为沿线国家促进互联互通、提升经贸合作水平的重要平台。特别是在新冠疫情的冲击下,航空、公路、港口等运输方式的不确定性和成本加大,铁路运输的中欧班列凭借成本低廉、运能庞大、运时可控、零接触、安全高效等特点脱颖而出,在疫情期间为保障全球抗疫物资供给调配、保障国际供应链畅通稳定发挥了重要作用,为全球抗疫和经济复苏注入了一剂"强心剂"。2020年,中欧班列共开行12 406列,年度开行数量首次突破"万列"大关,单月开行均稳定在1 000列以上,为畅通全球产业链、满足沿线国家老百姓的消费需求以及搭建中欧携手抗疫的"生命通道"都发挥了重要作用。

在贸易畅通方面,中国与沿线国家的贸易往来持续增长。中国与"一带一路"沿线国家货物贸易进出口总额从2013年的1.04万亿美元增加到2020年的1.35万亿美元,8年间累计总额超过7.81万亿美元;中国与沿线国家贸易额占同期外贸总额的比重逐年提升,由2013年的25%提升到了2020年的30%。① 与此同时,中国与沿线国家的服务贸易亦在稳步发展,旅游服务贸易增长迅猛,建筑服务贸易合作成效突出,服务外包、中医药服务等高附

---

① 商务部国际贸易经济合作研究院.中国"一带一路"贸易投资发展报告2021 [R].2021 - 08 - 15.

加值的新兴领域亦在快速增长。据统计,每年赴"一带一路"沿线各国旅游的中国游客达到 2 500 万人次,中国已成沿线各国的最大客源国。①

在货币流通方面,中国与"一带一路"沿线国家相互直接投资稳中有增,服务于"一带一路"项目融资的金融机构遍地开花,多样发展。中国企业对"一带一路"沿线国家直接投资总额从 2013 年的 126.3 亿美元增加到 2020 年的 225.4 亿美元,8 年间累计总额近 1 000 亿美元;中国对"一带一路"沿线国家投资总额占同期对外直接投资总额的比重大致稳定在 12% 的水平;"一带一路"沿线国家对华直接投资累积约 600 亿美元,设立企业超过 2.7 万家;2019 年,"一带一路"沿线国家在华实际投入外资金额 84.2 亿美元,同比增长 30.6%,占同期中国实际吸收外资总额的 6.1%,在华新设企业 5 591 家,同比增长 24.8%。② 在金融平台建设方面,围绕着"一带一路"建设资金融通的需求,我国已牵头成立亚洲基础设施投资银行、金砖国家新开发银行和丝路基金,这些金融机构的业务覆盖范围、运营模式各异,以亚投行为例,截至 2020 年底,亚投行累计投资项目 108 个,累计批准了 220.2 亿美元的基础设施投资额。③

在民心相通方面,人文交流不断深入,创新合作成果丰硕,沿线各国人民共享发展成果,构建人类命运共同体的理念深入人心。中国积极与沿线国家互办文化年、艺术节、影视桥、丝路书香工程等重要人文交流活动,拓展人文交流的多样形式,丰富了人文交流机制。此外,双向留学亦是人文交流的重要渠道,中国政府设立了"丝绸之路"奖学金项目,助力人才培养,激发沿线各国人员来华留学的积极性。据统计,在来华留学生中,来自沿线各国的学生比例逐年上升,在 2019 年已达 54.6%。④ 与此同时,以"一带一路"国家科学组织联盟、"一带一路"科技创新国际研讨会、科技创新合作

---

① 参考国内在线旅游服务企业携程发布的《2016"一带一路"出境旅行年度报告》测算结果,全文见：http：//www.100ec.cn.

② 参见商务部官网：http：//fec.mofcom.gov.cn/article/fwydyl/.

③ 来自亚洲基础设施投资银行数据,参见亚投行官网：https：//www.aiib.org/en/projects/summary/index.html.

④ 程伟华,张海滨. 新时代来华留学研究生教育发展机遇、挑战与思考［J］. 研究生教育研究,2020（2）：27 - 33.

备忘录等为代表的科技创新合作平台在稳步展开,沿线各国合作应对气候变化、自然灾害、生命健康等共同挑战,"一带一路"正向着创新之路、绿色之路稳步前进。此外,中国对"一带一路"沿线国家投资为沿线国家创造了新的税收和就业渠道,促进了当地经济发展,沿线各国共享"一带一路"建设的成果与红利,给各国人民带来了实实在在的收益。截至 2019 年底,中国在"一带一路"沿线国家建设的合作区累计投资 350 亿美元,上缴东道国税费超过 30 亿美元,为当地创造就业岗位 33 万个。①

值得注意的是,伴随着共建"一带一路"的逐步深入,"一带一路"建设进入精耕细作、走深走实的高质量发展阶段,"一带一路"充分条件的工作重点亦随之调整变化。党的十九届五中全会通过的《中共中央关于制定国民经济和社会发展第十四个五年规划和二〇三五年远景目标的建议》(以下简称《建议》)明确指出了在"十四五"期间推进"一带一路"高质量发展的基本方针和任务。遵循《建议》提出的指导思想和工作方针,国家"十四五"规划中专门设置了第四十一章"推动共建'一带一路'高质量发展",对"一带一路"高质量发展进行了具体规划,点明了"一带一路"高质量发展阶段的三项重要工作抓手。

第一,把握好互联互通的关键基础性地位。基础设施作为互联互通的核心内容,是许多发展中国家认可并参与"一带一路"建设的核心动力,是推动"一带一路"沿线国家联动发展的重要基础,是"一带一路"成功的关键所在。"一带一路"高质量发展要求的基础设施项目建设转向精耕细作,以高质量、可持续、抗风险、价格合理、包容可及为目标,精细化项目全过程管理。在实践中,在共商共建共享理念的引导下,中方应同沿线各国共同努力,构建以新亚欧大陆桥等经济走廊为引领,以中欧班列、陆海新通道等大通道和信息高速路为骨架,以铁路、港口、管网等为依托的互联互通网络,依托六廊六路多国多港,构建全球互联互通伙伴关系,实现共同发展繁荣。

第二,建设好投融资金融平台。资金缺口一直是制约大型基础设施项目

---

① 商务部国际贸易经济合作研究院. 中国"一带一路"贸易投资发展报告 2020 [R]. 2020 – 09 – 07.

建设的主要瓶颈，高效完备、科学运作的投融资体系是实现互联互通的有力支撑。在"一带一路"高质量发展阶段，要继续发挥共建"一带一路"专项贷款、丝路基金、各类专项投资基金的作用，发行丝路主题债券，支持多边开发融资合作中心有效运作，开发多元有效的投融资工具。在保障亚投行在"一带一路"项目建设投资中引领地位的同时，欢迎多边和各国金融机构参与共建"一带一路"投融资，鼓励开展第三方市场合作，汇集多方力量，实现共同受益的目标。

第三，深入开展理论研究，促进文化交流，形成多元互动的人文交流格局。共建"一带一路"是一项从战略全局出发、要求国际密切合作的综合性的长期系统工程，理论研究应扎根实践、引领实践。因此，有必要开展更多围绕共建"一带一路"的综合性、战略性、系统性、国际性、长期性的理论研究。目前我国已具有多项"一带一路"建设的相关研究重大项目，应结合理论研究与政策研究，使项目研究形成合力，提供更加高水平的成果，总结经验，发展理论，结出"一带一路"的理论之花是今后努力的方向。

三、结论与政策建议

上面已论证了共建"一带一路"的必要条件和充分条件，强调充分结合是高质量建设"一带一路"的动力基础和现实保障。抓住客观存在的"一带一路"沿线国家供需匹配、存在合作需求的这一根本经济基础，发力共建良性互动模式和政策保障体系，是推动"一带一路"在高质量建设阶段走深走实的重点。由于"一带一路"沿线各国基于发展需求生发出的供需匹配、共谋发展的必要条件将长期存在，因此今后的工作重点将以进一步提供满足共建"一带一路"充分条件为主。根据前述的《建议》内容，在领会国家战略部署的基础上，结合本书的理论研究和实践调研，对"十四五"高质量共建"一带一路"的路径提出以下十条具体建议：

第一，建设更高水平开放型的经济新体制，全面提高对外开放水平。在"前场"开局良好、成果丰硕的基础上，共建"一带一路"要做成历史性的国际合作创新工程，不仅需要实现合作共赢的内部必要条件，而且更需要建设更高水平开放型经济新体制,全面提高对外开放水平的外部充分条件。具体包括加入 RCEP、推动加入 CPTPP、建设海南自由贸易港、办好上海进口博览会等。要在"十四五"期间打好推动共建"一带一路"高质量发展的"中场",实现"一带一路"从谋篇布局的"大写意"转入精谨细腻的"工笔画"的转变,使"一带一路"建设更加稳妥、更具持久性。

第二,建议制定"十四五"共建"一带一路"国家专项规划,从战略全局高度系统部署"一带一路"未来发展。当务之急是要贯彻落实《建议》的重要精神,系统总结"一带一路"八年来的发展情况,客观评估"一带一路"项目实施进展,科学统筹和规划未来发力的重点方向和合作方式,努力将"工笔画"的一笔一画落实到细节之处。建议制定"十四五"时期共建"一带一路"的专项规划,提出发展的基本蓝图、重点任务和行动方案。建议"十四五"期间"一带一路"建设的中方非股权投资的总规模控制在 1 000 亿美元左右,其中数字经济与绿色发展项目投资占比 40% 以上。规模不再扩大,而是把项目做深做实,滚动式地前进,做强做优品牌项目和示范项目,实现良性循环,以"中场"的顺利推进为今后全场的胜利奠定基础。

第三,构建国际产业链,助推国内国际双循环。新发展格局中的国内国际双循环与"一带一路"是相辅相成的,共建"一带一路"也可以助推构建国内国际双循环,反过来国内国际双循环圈的形成也为共建"一带一路"更广阔、更扎实的工作提供了新的平台,新的机制。面临进入立足新发展阶段,贯彻新发展理念,构建新发展格局的新形势,筹划"一带一路"建设新发展的当务之急是构建国际产业链,助推国内国际双循环新发展格局的形成。推动双循环运转,在国内要进行供给侧结构性改革,扩大消费,推动创新;在国际上需要建立适合新型全球化发展的国际政治环境,为共建"一带一路",构建人类命运共同体创造一个良好的发展条件。

第四,建议今后"一带一路"国际合作高峰论坛设立新疆、福建、海南等地区分论坛。"十四五"规划第二节"推进基础设施互联互通"中提到推进福建、新疆建设"一带一路"核心区。在 2020 年的博鳌亚洲论坛上,习近平主席发表了关于全球治理和"一带一路"的主旨演讲,指出了海南发展在助推"一带一路"全局发展的重要作用。因此,设立新疆、福建、海南高峰论坛分论坛,推动形成多元的人文交流格局,有助于推动"一带一路"实践经验加速转化为理论成果,进而有利于促进"一带一路"高质量发展。

第五,要加强互联互通建设的数字化水平。创新是新时代中国实现2035年初步建成社会主义现代化目标的关键。技术效率的变革和组织变革是实现GDP每年增长5%左右目标的钥匙。其中,数字经济又是创新的核心,"一带一路"的互联互通数字化建设具体表现为建设数字丝绸之路、创新丝绸之路。

第六,建设与国际资本市场接轨的投融资平台。《建议》已经明确要建设多元化的投融资平台。应借鉴巴基斯坦电厂建设采用的BOT方式并由卡特尔参加项目公司运营等方面的成功经验,欢迎多边和各国金融机构参与共建"一带一路"投融资,鼓励开展第三方市场合作,通过多方参与实现共同受益的目标。

第七,建立公开透明的项目建设信息发布机制。2019年6月,《共绘"一带一路"工笔画——吸引国际私有资本参与沿线国家基础设施建设》的研究报告指出,"一带一路"的国家基础设施项目所面临的主要挑战是投资者认为在这些市场上面缺乏财务可行、风险可控、交易价格合理可盈利的项目机会。针对这一问题,中外政府、企业、国际多边组织和中外专业机构需通过合作来加强制度能力建设、构建风险管控系统、创新和拓宽融资渠道、建立有效的政企合作平台来推动"一带一路"项目的融资和实施,从而构建有助于吸引国际私有资本参与沿线国家的基础设施建设运营。要吸收这些建议的合理部分并出台具体政策。

第八,引进第三方组织参加评估合作建设国家的债务可持续性。2019年4月25日,在第二届"一带一路"国际合作高峰论坛资金融通分论坛期间,财政部正式发布了《"一带一路"债务可持续性分析框架》。该分析框架是在借鉴国际货币基金组织和世界银行低收入国家债务可持续性分析框架基础上,结合"一带一路"国家实际情况制定的债务可持续性分析工具,鼓励中国和共建"一带一路"国家金融机构、国际机构在自愿基础上使用。建议引进第三方评估,使评估更具有公信力,对个别国家宣扬"一带一路"引发"债务危机"的现象给予有力回击。

　　第九，建立形成多元互动的人文交流机制的协调组织。共建"一带一路"内容涵盖多、涉及部门广，各部委积极探索人文交流，但缺乏协调机制。教育系统率先迈出"一带一路"的人文交流步伐，厦门大学马来西亚分校开创了中国大学设立海外分校的先例。中国人民大学也在苏州设立了中法学院，为"一带一路"的文化交流作出了贡献。建议建立共建"一带一路"的人文交流协调机制，形成多方合力，更好地配合共建"一带一路"高质量发展方向。

　　第十，切实加强"一带一路"软力量建设。软力量是共建"一带一路"的重要助推器，要在"一带一路"建设的实践中做好理论研究、舆论宣传和文化传播三大任务，其中舆论宣传承担了特别重要的任务。建议中宣部组织编写出版"'一带一路'面对面"，把"一带一路"为什么能够实现合作共赢，中国为什么提出共建"一带一路"，"一带一路"建设会产生什么作用和发展前景等广大群众关心的问题，写成十万字左右通俗易懂的小册子出版，向广大群众、企业家和基层干部宣传，从全局高度上讲好"一带一路"的故事。同时，要继续发挥国家智库的作用，提倡研究机构、民间、专家、企业家合作研究，进一步凝聚出好的政策建议供中央有关部门参考。

第二章 "一带一路"倡议的投资规模边界解析：基于利益创造与共享机制视角

▶导言◀

2018年8月27日，习近平主席在推进"一带一路"建设工作五周年座谈会上强调："共建'一带一路'顺应了全球治理体系变革的内在要求，彰显了同舟共济、权责共担的命运共同体意识，为完善全球治理体系变革提供了新思路、新方案。"①

共建"一带一路"倡议既有推动中国经济转型升级，促进区域平衡发展，深化对外开放的国内目标，更兼具促进世界经济发展，改革和建设全球治理体系的国际目标。它为经济全球化的深化发展和世界经济新一轮增长提供了新的方向和平台，是经济全球化发展进程中具有标志性意义的伟大壮举。

共建"一带一路"实现合作共赢的经济基础是中国与沿线国家在经济结构上的高度互补与契合，核心要义是倡议所内含的利益创造与利益共享机制，这构成了"一带一路"倡议得以发展的必要条件。构建沿线各国良好互动模式和充分有效的政策保障体系是"一带一路"

---

① 习近平在推进"一带一路"建设工作5周年座谈会上强调，坚持对话协商、共建共享、合作共赢、交流互鉴，推动共建"一带一路"走深走实、造福人民［EB/OL］. 新华社，2018-08-27.

倡议合作共赢得以实现的充分条件，也是"一带一路"建设的工作重点。

值得注意的是，"一带一路"倡议的合作共赢的经济基础以中国与沿线各国的供需匹配为基础，其中最核心的供需匹配体现在基础设施建设投资上。尽管基础设施建设是经济发展的必经之路，但其依旧遵循投资的一般规律，即边际收益递减规律。伴随着基础设施建设的逐步开展，需求缺口的逐渐满足，新增的基础设施项目带来的经济发展收益递减。因此，从理论上来说，"一带一路"倡议下的基础设施项目投资存在规模边界，存在最优投资规模点。此外，在实践过程中，由于"一带一路"沿线各国政治环境复杂、投资配套法律法规体系薄弱、社会文化环境多样、生态安全敏感、不确定因素多、投资风险大，在进行基础设施投资时应综合考虑、防范各项风险及盲目追求投资规模的粗放式增长将带来潜在的风险。因此，从企业实践的角度上来说，相较于盲目铺开投资项目，精耕细作、抓精抓细每个项目，在微观上有利于保障企业的投资回报收益，在宏观上有利于推动"一带一路"倡议走深走实。

由于"一带一路"倡议的投资规模边界问题本质上是个理论问题，基于这个逻辑，在前文充要结合论证的基础上，本章构建一个三国互动决策模型，利用数理分析方法论证中国提出和主导"一带一路"建设的合理性与必然性，指明影响东道国项目投资规模的两个关键要素为：提供资金的合作国的风险态度和项目性价比情况，揭示"一带一路"倡议促使参与各方实现互利共赢的本质。总的来看，本章节的研究意义在于不仅为阐明"一带一路"倡议中利益创造与利益共享的经济学本质提供了理论说明，也为完善有关政策体系的构建提供了学理支撑，有利于"一带一路"倡议在实践中的高质量发展。

一、一个三国互动决策模型

(一) 模型环境

假设世界经济体由 A、B、C 三个国家组成，三国的经济特征存在如下差异：(1) 国家 A 处于工业化初级阶段，国内基础设施建设程度严重滞后于经济发展的需要，同时资本积累能力有限，资金匮乏和产能紧缺使其难以独立进行大型基础设施建设，需要通过国际产能合作方式在 B、C 两国中选择合作方进行共同建设。国家 A 可与"一带一路"沿线后发国家相对应。(2) 国家 B 为工业化进程相对较快的新兴经济体，拥有庞大的外汇储备和国民储蓄，但面临投资渠道单一化、投资收益率偏低等问题，同时其装备制造业等行业生产能力富余，产能供给性价比高，基础设施建设和运营经验丰富，对拓展国际市场具有强烈诉求。并且，国家 B 对于国家 A 的政治经济环境较为熟悉，具有一定的区位优势。国家 B 可与中国相对应。(3) 国家 C 为传统工业强国，现阶段金融服务业处于国际领先地位，在科技领域具有比较优势，但存在制造业"空心化"现象，没有富余产能输出。国家 C 可与部分发达国家相对应。

(二) 基准模型设定

假设 A 国（东道国）初始时刻自有资本有限，拟通过国际产能合作建造基础设施项目，合作包含两个方面：一是融资，二是建设（或建设＋运营），两方面均通过招标方式由 B、C 中一个国家统一完成。[①] 在合作过程中，中标国 i（$i = $ B 或 C）作为合作国，提供规模为 b_i 的贷款并负责项目建设。项目结束后，东道国 A 国偿还贷款本息，并与合作国分享项目带来的收益。假设

---

① "一带一路"倡议这种新型国际合作形式，只有在不附加任何条件的情况下，按照国际通行的商业规则投标，才符合共商共建共享原则，才能实现互利共赢。中国虽然存在产能过剩问题，但剩余产能同样也是优质产能，因此以具有竞争力的产能和贷款利息率相结合的方式来开拓沿线国家市场，是"一带一路"建设的重要方面。

A 国与 i 国合作项目的总融资规模为 E_i。那么，融资结构可以分解为来自合作国的信贷 b_i 和东道国自筹资金（$E_i - b_i$）。以上设定可以进一步理解为，E_i 表示两国产能合作规模，b_i 表示两国资本合作规模。合作国与东道国关于项目收益的分配结构为（β_i，$1 - \beta_i$），其中 $\beta_i \in (0, 1)$ 为合作国占有的利益份额（计为利益分配系数）。分配结构由合作国和东道国通过谈判确定（假定为 Nash 讨价还价问题）。规模为 q_i 的项目（q_i 表示 i 国所供给的基础设施自然量，以铁路营运里程数、内河航道里程数、港口吞吐量等计量）为东道国 A 和合作国 i 带来的净收益，π_A 和 π_i 分别为：

$$\pi_A = (1 - \beta_i) H (\lambda_i q_i)^\alpha - b_i r_i (1 - m) - \sigma (E_i - b_i) \qquad (2-1)$$

$$\pi_i = \beta_i H (\lambda_i q_i)^\alpha + b_i (r_i - \sigma) - b_i r_i m \qquad (2-2)$$

其中，式（2-1）和式（2-2）中 $H(\lambda_i q_i)^\alpha$ 表示规模为 q_i 的项目预期创造的产出。α 表示项目在 A 国的产出弹性，$0 < \alpha < 1$ 描述现实中的项目规模过大则产出效益降低、边际产出递减的现象。H 表示 A 国生产率（受科技水平和经营管理水平影响），可以理解为 A 国吸收转化该项目为经济产出的能力。λ_i 表示基础设施性能（质量），与 i 国的产能质量和施工经验等因素相关，$\lambda_i \geqslant \lambda_{\min}$，其中 $\lambda_{\min}$ 表示性能阈值，即 A 国对基础设施性能的最低要求。项目建设单位价格用 p_i 表示，$p_i \leqslant p_{\max}$，其中 $p_{\max}$ 表示价格阈值，即 A 国愿意支付的项目建设最高单价。r_i 表示信贷利率，即东道国外部融资的成本率，也表示合作国放贷资金的收益率。σ 表示资本的国际市场无风险收益率，因此 $\sigma(E_i - b_i)$ 表示东道国规模为（$E_i - b_i$）的自有资本投入国际资本市场的无风险收益。m 为外生变量，表示合作国按照国际惯例给予东道国的贷款利息优惠。

不妨令 $\tau_i \equiv \lambda_i / p_i$ 为项目性价比，那么 $\tau_0 = \lambda_{\min} / p_{\max}$ 表示 A 国对项目性价比的最低要求。不失一般性，令 $\tau_0 = 1$，则合作国提供基础设施的性价比必须满足 $\tau_i \geqslant 1$，否则不可能中标。由于项目公开招标，在项目初始阶段东道国已知晓合作国供给项目的建设单价为 p_i，性能为 λ_i，这也就意味着项目性价比 τ_i 对于东道国而言是外生可观察变量。因为 E_i 表示建设规模为 q_i 的总投入，所以 $E_i = p_i q_i$，那么式（2-1）和式（2-2）可改写为：

$$\pi_A = (1 - \beta_i) H (\tau_i E_i)^\alpha - b_i r_i (1 - m) - \sigma (E_i - b_i) \qquad (2-3)$$

$$\pi_i = \beta_i H(\tau_i E_i)^\alpha + b_i(r_i - \sigma) - b_i r_i m \qquad (2-4)$$

(三) 决策问题分析

1. 考虑东道国 A 的决策行为

按照逆向归纳法思想，在利益分配率 β_i 给定的情况下，东道国通过调整项目总投资规模 E_i 和信贷规模 b_i 来实现自身净收益最大化:

$$\max_{E_i, b_i} \pi_A = (1 - \beta_i) H(\tau_i E_i)^\alpha - b_i r_i(1 - m) - \sigma(E_i - b_i) \qquad (2-5)$$

借鉴巴德汉 (Bardhan, 1973)[①]、查特吉等 (Chatterjee et al., 2003)[②]、阿代西和撒尔瑞 (Addessi & Saltari, 2012)[③]、梅冬州和龚六堂 (2011)[④] 的研究思路，本书假设 r_i 由合作国决定，并且是关于东道国外部融资规模 b_i 和项目总投资规模 E_i 的函数:

$$r_i = \sigma + \delta_i \frac{b_i}{E_i} \qquad (2-6)$$

其中，$\delta_i > 0$ 为风险溢价系数，与合作国资本富余程度和抗风险能力、东道国政治稳定性以及两国互联互通互信程度相关。由于 B 国外汇储备庞大，而且 B 国相对于 C 国而言更了解 A 国的政治经济环境，抗风险能力也较强，所以在国际信贷层面 $\delta_B < \delta_C$。式 (2-6) 表示信贷利率 r_i 是外部信贷占比 (b_i/E_i) 的增函数，这意味着外部信贷占比越大，东道国还贷压力越大，违约风险越高，因此风险溢价越高 (信贷利率上升增加了合作国的风险补偿)。同时，式 (2-6) 也表示国际信贷利率高于无风险利率 σ，否则在没有附加条件的情况下不会有国家愿意放贷。令 $\gamma_i \equiv b_i/E_i \geqslant 0$ 表示来源于合作国 i 的外部信贷占比，当 $\gamma_i = 1$ 时项目完全由合作国提供资本，此时贷款利率也较

① Bardhan, P. K.. On Terms of Foreign Borrowing [J]. *American Economic Review*, 1973, 63 (3): 458-461.

② Chatterjee, S., G. Sakoulis and S. J. Turnovsky. Unilateral Capital Transfers, Public Investment, and Economic Growth [J]. *European Economic Review*, 2003, 47 (6): 1077-1103.

③ Addessi, W. and E. Saltari. The Perverse Effect of Debt Tax Benefits on Firm Investment Decisions [J]. *Economic Notes*, 2012, 41 (3): 101-114.

④ 梅冬州，龚六堂. 货币错配、汇率升值和经济波动 [J]. 数量经济技术经济研究，2011 (6).

高。将式（2 - 6）代入式（2 - 5）可得：

$$\max_{E_i, b_i} \pi_A = (1 - \beta_i) H (\tau_i E_i)^\alpha - E_i [\sigma - \sigma m \gamma_i + \delta_i (1 - m) \gamma_i^2] \quad (2 - 7)$$

为求解上述最优化问题，观察式（2 - 7）的结构，本书参照阿代西和撒尔瑞（2012）的研究思路，定义东道国项目平均成本为 $c_{A,i}$：

$$c_{A,i} = \sigma - \sigma m \gamma_i + \delta_i (1 - m) \gamma_i^2 \quad (2 - 8)$$

式（2 - 8）表示东道国项目平均成本是外部信贷占比 γ_i 的二次函数，那么使项目平均成本达到最小的最优信贷结构为：

$$\gamma_i^* = \left(\frac{b_i}{E_i} \right)^* = \frac{\sigma}{2\delta_i} \frac{m}{1 - m} \quad (2 - 9)$$

进一步，将 γ_i^* 代入式（2 - 7）并对 E_i 求一阶条件，可得东道国项目的最优融资规模：

$$E_i^* = \left[\frac{\alpha (1 - \beta_i) H \tau_i^\alpha}{\sigma \left(1 - \sigma \dfrac{m^2}{4\delta_i (1 - m)} \right)} \right]^{\frac{1}{1 - \alpha}} \quad (2 - 10)$$

同时，可以得到信贷利率以及东道国与合作国的决策行为：

$$r^* = \frac{\sigma}{2} \frac{2 - m}{1 - m}, \quad b_i^* = E_i^* \frac{\sigma}{2\delta_i} \frac{m}{1 - m}$$

$$\pi_A^* (E_i^*, r_i^*, b_i^*) = \sigma E_i^* \left(1 - \sigma \frac{m^2}{4\delta_i (1 - m)} \right) \left(\frac{1}{\alpha} - 1 \right) \quad (2 - 11)$$

实际中，项目贷款规模 b_i^* 不可能超过项目总融资规模 E_i^*，因此 $\sigma m \leqslant 2\delta_i (1 - m)$，换言之，贷款利息优惠补贴率 m 不能太高。最优信贷结构 γ_i^* 表示当东道国外部信贷占比 γ_i 较低，即 $\gamma_i < \gamma_i^*$ 时，单位外部融资成本较低，刺激东道国增加来自合作国的外部融资规模 b_i，从而促使 γ_i 提升，最终达到 γ_i^*；当 γ_i 较高，即 $\gamma_i > \gamma_i^*$ 时，由式（2 - 6）可知，东道国较高的外部信贷占比会导致较高的信贷利率，即较高的外部融资成本，这会倒逼东道国减少外部信贷规模，从而 γ_i 降低，最终达到 γ_i^*，同时使利率趋向于均衡信贷利率 r^*。由于本书假设贷款利息优惠补贴率 m 由国际惯例外生决定，对于两个竞争国家（B 和 C）是无差别常量，所以式（2 - 11）表明由最优信贷结构 γ_i^* 得到的最优信贷利率 r^* 是一个常量，即，对于同一东道国，不同的合作国提供的贷款利率趋于一致，这比较符合国际信贷市场的"一价定律"。

由式（2-9）至式（2-11）可知，在模型设定环境下，$\partial \gamma_i^* / \partial \delta_i < 0$，$\partial b_i^* / \partial \delta_i < 0$，这说明对东道国而言，风险溢价系数 δ_i 扮演着甄别、筛选国际信贷合作对象的角色：

命题1：东道国倾向于向风险溢价系数 δ_i 较小的国家申请贷款，从而在相同外部信贷占比的条件下享受更低的贷款利率，这样的信贷选择是东道国解决大规模资金短缺的途径。

本书假设风险溢价系数 δ_i 与合作国资本富余程度和抗风险能力、东道国政治稳定性以及两国互联互通互信程度相关，所以在其他因素相同的条件下，命题1也表明资本富余程度高、对东道国政治经济环境比较了解和包容的国家（如中国）更容易实现与东道国的大规模信贷合作，因为这类国家的 δ_i 更小。

由式（2-10）和式（2-11）可知，$\partial E_i^* / \partial \tau_i > 0$，$\partial \pi_A^* / \partial \tau_i > 0$，这说明东道国项目总融资规模和净收益是合作国供给基础设施的性价比 τ_i 的增函数，由此可得如下命题：

命题2：合作国提供基础设施项目的性价比越高，越能激励东道国扩大项目总融资规模并获得更多净收益。

命题2中性价比的作用在以往研究中被忽视。如式（2-3）和式（2-4）所示，性价比的差异赋予了单位融资的异质性，同时也指出了B、C两国竞争的一个重要方向——提升性价比。当然，提升性价比的方式可以有多种，当所提供的服务性能（质量）无差异时，价格竞争是传统竞争方式；当项目建设单价相同时，提升服务性能则更容易在竞争中占优。因此，可得命题3：

命题3：东道国选择合作国时，倾向于选择性价比高的国家以创造更多的净收益。

2. 考虑合作国 i 的决策行为

给定东道国信贷需求，合作国和东道国通过谈判来确定利益分配率 β_i。假定关于 β_i 的谈判为一个纳什讨价还价（Nash Bargaining）问题，在满足纳什公理①的条件下，该问题存在唯一解，即求解纳什积的最大化问题②：

$$\max_{\beta_i} \pi_A^*(E_i^*, r_i^*, b_i^*) \pi_i(E_i^*, r_i^*, b_i^*) = \sigma E_i^*\left(1 - \frac{\sigma m^2}{4\delta_i(1-m)}\right)$$

$$\frac{1-\alpha}{\alpha}\left(\beta_i H\tau_i^\alpha(E_i^*)^\alpha - E_i^*\frac{\sigma^2}{4\delta_i}\frac{m^2}{1-m}\right) \tag{2-12}$$

其中，E_i^* 满足式（2-10）。求解式（2-12）可得：

$$\beta_i^* = \frac{1}{2}\frac{(3\alpha-1)\sigma m^2 + 4\delta_i(1-\alpha)(1-m)}{4\delta_i(1-m) - (1-\alpha)\sigma m^2} \tag{2-13}$$

在给定 $\sigma m \leq 2\delta_i(1-m)$ 的条件下，可以证明 $0 \leq \beta_i^* \leq 1$。进一步，将 β_i^* 对 δ_i 求导可得：

$$\frac{\partial \beta_i^*}{\partial \delta_i} = \frac{2\alpha m^2 \sigma(m-1)(\alpha+1)}{[4\delta_i(1-m) - (1-\alpha)m^2\sigma]^2} < 0 \tag{2-14}$$

根据式（2-14）可得如下命题：

命题4：在"融资+建设"的国际合作模式下，合作国参与项目的利益分配机制和信贷机制之间存在替代关系（$\partial\beta_i^*/\partial\delta_i < 0$）。当利率的风险溢价较高时，合作国信贷收益较高，在谈判过程中会降低利益分配率来让利给东道国；反之，当风险溢价较低时，合作国信贷收益较低，在谈判过程中会提高利益分配率来补偿自身收益。

（四）均衡结果讨论

将式（2-13）代入式（2-10）、式（2-11）和式（2-12）可得当A国与 i 国合作时的均衡结果为：

$$\hat{E}_i = \left[\frac{2(1-m)\delta_i\tau_i^\alpha H\alpha(1+\alpha)}{4\delta_i\sigma(1-m) - (1-\alpha)m^2\sigma^2}\right]^{\frac{1}{1-\alpha}}$$

$$\hat{b}_i = \left[\frac{2(1-m)\delta_i\tau_i^\alpha H\alpha(1+\alpha)}{4\delta_i\sigma(1-m) - (1-\alpha)m^2\sigma^2}\right]^{\frac{1}{1-\alpha}}\frac{\sigma}{2\delta_i}\frac{m}{1-m}$$

---

① 个体理性、Pareto 强有效性、对称性、等价盈利描述的不变性以及无关选择的独立性。

② Nash Jr, J. F. The Bargaining Problem [J]. *Econometrica*, 1950, 18 (2)：155-162.

$$\hat{\pi}_A = \sigma \left[\frac{2(1-m)\delta_i \tau_i^\alpha H\alpha(1+\alpha)}{4\delta_i \sigma(1-m) - (1-\alpha)m^2\sigma^2} \right]^{\frac{1}{1-\alpha}} \left(1 - \sigma\frac{m^2}{4\delta_i(1-m)} \right)\left(\frac{1}{\alpha} - 1 \right)$$

$$\hat{\pi}_i = \frac{1}{2}(1-\alpha)H\tau_i^\alpha \left[\frac{2(1-m)\delta_i \tau_i^\alpha H\alpha(1+\alpha)}{4\delta_i \sigma(1-m) - (1-\alpha)m^2\sigma^2} \right]^{\frac{\alpha}{1-\alpha}} \qquad (2-15)$$

上述各指标均为性价比 τ_i 的增函数。将 E_i 理解为两国产能合作规模，b_i 理解为两国信贷合作规模，则意味着合作国提升基础设施性价比，不仅可以提升东道国对于基础设施项目投资的需求，扩大两国产能合作规模，同时还可以提高东道国来源于合作国的信贷合作规模，扩大合作国资本输出程度。此外，提升性价比有利于两国在合作过程中实现更大规模的净收益，实现双方互利，据此可得命题 5：

命题 5：合作国供给的基础设施性价比越高，越有利于资金和产能"走出去"，并能扩大两国利益创造与利益共享规模。

观察式（2 – 15）中 $\hat{\pi}_A$ 的表达式，δ_i 变动会给 $\hat{\pi}_A$ 带来正负两种效应。一方面风险溢价越高东道国支付的贷款利率越高，因此东道国净收益受损；另一方面，由命题 4 可知，风险溢价越高东道国在利益分配过程中所占比例越高，因此净收益增加。这两种效应相互抵消之后的结果是 $\partial\hat{\pi}_A/\partial\delta_i$ 非常小（这点从后文图 2 – 1 也可明显看出），因此本书不再就此进行讨论。如前文假设所述，B 国生产能力富余程度较高，学界普遍认为生产能力富余的另一层含义是产能利用率较低，生产能力超出了社会的有效需求，出现供过于求的状态，从经济学角度而言这将导致产品价格下跌①，所以在提供同等性能的基础设施项目时 B 国相对于 C 国项目价格更低。同时，B 国产能的技术含量较高，从事基础设施建设经验丰富，可以提供较高性能的基础设施项目。因此，B 国在国际合作中能够供给高性价比的基础设施项目，即 $\tau_B > \tau_C$。进一步，由命题 3 和命题 5 可知，A 国倾向于选择 B 国作为项目合作国。以上推断符合中国近年来在中高端制造业方面的性价比优势和"一带一路"项目落地情况。

---

① 林毅夫，巫和懋，邢亦青．"潮涌现象"与产能过剩的形成机制 [J]．经济研究，2010 (10)．

因此，当 A 国选择 B 国作为项目合作国时，最优利率、信贷结构、利益分配率、信贷合作规模、产能合作规模以及两国净收益分别为：

$$r^* = \frac{\sigma}{2}\frac{2-m}{1-m}, \quad \gamma_B^* = \frac{\sigma}{2\delta_B}\frac{m}{1-m},$$

$$\beta_B^* = \frac{1}{2}\frac{(3\alpha-1)m^2\sigma + 4\delta_B(1-\alpha)(1-m)}{4\delta_B(1-m) - (1-\alpha)m^2\sigma},$$

$$\hat{E}_B = \left[\frac{2(1-m)\delta_B(\tau_B)^\alpha H\alpha(1+\alpha)}{4\delta_B\sigma(1-m) - (1-\alpha)m^2\sigma^2}\right]^{\frac{1}{1-\alpha}},$$

$$\hat{b}_B = \left[\frac{2(1-m)\delta_B(\tau_B)^\alpha H\alpha(1+\alpha)}{4\delta_B\sigma(1-m) - (1-\alpha)m^2\sigma^2}\right]^{\frac{1}{1-\alpha}}\frac{\sigma}{2\delta_B}\frac{m}{1-m},$$

$$\hat{\pi}_A = \sigma\left[\frac{2(1-m)\delta_B(\tau_B)^\alpha H\alpha(1+\alpha)}{4\delta_B\sigma(1-m) - (1-\alpha)m^2\sigma^2}\right]^{\frac{1}{1-\alpha}}\left(1 - \sigma\frac{m^2}{4\delta_B(1-m)}\right)\left(\frac{1}{\alpha}-1\right),$$

$$\hat{\pi}_B = \frac{1}{2}(1-\alpha)H(\tau_B)^\alpha\left[\frac{2(1-m)\delta_B(\tau_B)^\alpha H\alpha(1+\alpha)}{4\delta_B\sigma(1-m) - (1-\alpha)m^2\sigma^2}\right]^{\frac{\alpha}{1-\alpha}} \quad (2-16)$$

通过上述分析可以发现，在 A 国资本积累能力有限、资金匮乏、产能紧缺、单凭自身能力难以实现大型基础设施建设的情况下，通过"贷款＋承包建设"的国际合作模式，A 国寻找到了能为其提供高性价比基础设施和低风险溢价系数的 B 国作为合作国，从而弥补了基础设施缺口，实现了规模为 $\hat{\pi}_A$ 的经济净收益。在此过程中，两国信贷合作规模为 $\hat{b}_B$，这笔贷款可以用 B 国的外汇储备和国民储蓄支出，提高了资金利用率。B 国利用这笔贷款作为"引子"资金，带动了总融资规模为 $\hat{E}_B$ 的基础设施项目建设及国内相关行业"走出去"。这可使 B 国国内产能得到有效利用，为产业升级营造空间。这样，合作双方实现"双赢"，也就证明了"一带一路"倡议在实施过程中可以通过价值创造和利益分享来实现互利共赢的经济逻辑。

二、基准模型的数值分析及其在"一带一路"框架下的应用

前文证明了"一带一路"互利共赢的经济学逻辑，本部分讨论 B 国基础设施性价比和资本富余程度、A 国政治环境等方面发生变化对 A、B 两国产

生的影响及其策略反应，以及伴随的利益创造与利益分享机制的变化。为更加清晰地显示反应过程，本书利用数值模拟的方法来分析这些变化所蕴含的经济效果，并着重分析 B 国所采取的最优对策。当然，本书数值模拟的目的不是为了拟合现实数据，而是为了丰富模型的定性结论。

关于参数校准，在卡尔斯特罗姆和富尔斯特 （Carlstrom and Fuerst，1997）[①]、福纳加 （Fukunaga，2002）[②]、梅冬州与龚六堂 （2011）[③] 等学者的研究中，风险溢价系数一般在 ［0，0.4］ 取值，本书基准参数选择 $\delta_B = 0.07$。在阿肖尔 （Aschauer，1989）[④]、阿迪斯和萨尔塔里 （Addessi and Saltari，2012）[⑤]、裴骏峰 （2015）[⑥] 等学者的研究中，项目产出弹性在 ［0.1，0.8］ 取值，本文选取 $\alpha = 0.4$。参照查特吉等 （Chatterjee et al.，2003）[⑦] 的研究，无风险利率取值为 $\sigma = 0.06$。在阿西杜和维拉米尔 （Asiedu and Villamil，2002）[⑧] 的研究中，部分国家利息补贴率 m 的取值范围为 ［0.21，1］，本书选取 $m = 0.5$。以 A 国的技术水平为参照，即设定 A 国的生产率 $H = 1$。设 B 国基础设施性价比为 $\tau_B = 2$。

在基准模型下所确定的各指标分别为：$\hat{\pi}_A = 1.8570$，$\hat{\pi}_B = 1.3901$，$\hat{b}_B = 9.9041$，$\hat{E}_B = 23.1096$，$\hat{E}_B - \hat{b}_B = 13.2055$，$\gamma_B^* = 0.4286$，$\beta_B^* = 0.3321$，$r^* = 0.09$。在"一带一路"合作框架下此结果的经济含义可以理解为：在基准环境下，中国通过"贷款 + 承包建设"的合作模式参与东道国项目时，与东道

① Carlstrom, C. T. and T. S. Fuerst. Agency Costs, Net Worth, and Business Fluctuations： A Computable General Equilibrium Analysis ［J］. *American Economic Review*, 1997, 87 （5）： 893 –910.

② Fukunaga, I.. Financial Accelerator Effects in Japan's Business Cycles. Bank of Japan Working Paper, 2002.

③ 梅冬州，龚六堂. 新兴市场经济国家的汇率制度选择 ［J］. 经济研究，2011 （11）.

④ Aschauer, D. A.. Is Public Expenditure Productive? ［J］. Journal of Monetary Economics, 1989, 23 （2）： 177 –200.

⑤ Addessi, W. and E. Saltari. The Perverse Effect of Debt Tax Benefits on Firm Investment Decisions ［J］. Economic Notes, 2012, 41 （3）： 101 –114.

⑥ 裴骏峰. 国际储备积累、实物与资产价格通胀及货币政策独立性 ［J］. 经济学 （季刊），2015 （2）.

⑦ Chatterjee, S., G. Sakoulis and S. J. Turnovsky. Unilateral Capital Transfers, Public Investment, and Economic Growth ［J］. European Economic Review, 2003, 47 （6）： 1077 –1103.

⑧ Asiedu, E. and A. P. Villamil. Imperfect Enforcement, Foreign Investment and Foreign Aid ［J］. Macroeconomic Dynamics, 2002, 6 （4）： 476 –495.

国信贷合作规模为 9.9041 个单位，推动了东道国对于中国基础设施规模为 23.1096 个单位的需求，在这次合作过程中东道国自筹资金 13.2055 个单位，东道国外部信贷融资占比 42.86%。中国实现了 1.3901 个单位的净收入，东道国实现了 1.8570 个单位的净收入。同时，两国确定的信贷利率为 $r^* = 0.09$，项目利益分配机制为 (0.3321, 0.6679)。单从利益分配机制来看，对东道国更为有利，这体现了中国在"一带一路"项目中秉持的"多予少取"的义利观。

图 2-1 展示了当 B 国风险溢价系数 δ_B 发生变化时利益分配率 β_B^*、外部信贷占比 γ^*、项目需求规模 $\hat{E}_B$、信贷规模 $\hat{b}_B$、东道国自筹资本规模 ($\hat{E}_B - \hat{b}_B$) 以及两国净收益 $\hat{\pi}_A$ 和 $\hat{\pi}_B$ 的变化。随着 δ_B 增加，由式 (2-16) 可知利率水平 r^* 保持不变，但是可以发现，东道国融资结构发生了较大变化，外部融资规模 $\hat{b}_B$ 显著下降，项目总融资规模 $\hat{E}_B$ 略有下降，所以东道国外部信贷占比 γ_B^* 下降，这使得东道国内部融资 ($\hat{E}_B - \hat{b}_B$) 压力上升，迫使东道国开辟更多的内部融资渠道。由于减少了债务压力，东道国净收益 $\hat{\pi}_A$ 有非常微弱的上升趋势，但是对于产能和资本有限的国家，这可能挤出其他生产部门的投入，而且高额的内部融资需求可能得不到满足，因此需要继续寻找合作国进行合作。此外，δ_B 上升导致利益分配机制发生变化，利益分配率 β_B^* 下降，这表明合作国将会通过降低自身的项目收益占比来刺激东道国更大规模地加强信贷合作，实现更大规模的收益，这体现了利益分配机制和信贷机制之间的替代效应（见命题 4）。

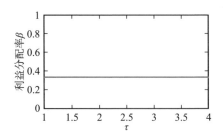
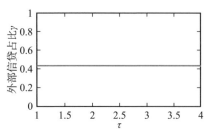

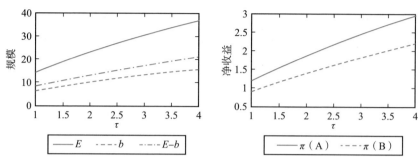

图 2-1 风险溢价系数 δ_B 变化所引起的均衡结果改变

图 2-2 展示了 B 国供给基础设施的性价比 τ_B 发生变化对利益分配率 β_B^*、外部信贷占比 γ_B^*、项目需求规模 $\hat{E}_B$、信贷规模 $\hat{b}_B$、东道国自筹资本规模（$\hat{E}_B - \hat{b}_B$）以及两国净收益 $\hat{\pi}_A$ 和 $\hat{\pi}_B$ 的影响。如图 2-2 所示，当 τ_B 提升时，利益分配率 β_B^* 和外部信贷占比 γ_B^* 均没有发生变化，但东道国项目需求规模 $\hat{E}_B$、外部信贷规模 $\hat{b}_B$ 和内部融资规模（$\hat{E}_B - \hat{b}_B$）同步提升，表明基础设施性价比的提升刺激了东道国对更大规模项目合作的需求，更大规模的合作又使得两国的净收益都得到提升，因此实现了"双赢"效应的扩大。

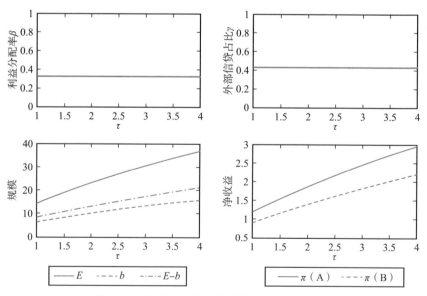

图 2-2 性价比 τ_B 变化所引起的均衡结果改变

结合图2-1和图2-2的分析，风险溢价系数 δ_B 和基础设施性价比 τ_B 的变化具有丰富的现实意义，能够折射出"一带一路"国际合作中多种经济环境面临的变化。本书考虑以下四种可能的情境，并分析合作国（中国）应对变化的策略选择。

情境一：中国外汇储备和国民储蓄规模远远超出正常范围，且缺乏有效投资渠道。在这种情境下，庞大的外汇储备和国民储蓄对于中国而言，一定程度上是经济无效率的表现，导致资本边际收益下降。如前文所述，风险溢价系数 δ_B 与本国资本富余程度负相关，因此在这种情境下 δ_B 将下降。结合图2-1的模拟结果，两国项目合作总规模小幅提升，信贷合作规模大幅提升。β_B^* 和 $\hat{\pi}_B$ 同步上升，这意味着中国将通过提升项目合作中的利益分配份额来更大程度地实现自身利益。δ_B 下降导致东道国净收益 $\hat{\pi}_A$ 变动不大且总是为正值。所以，在情境一下"一带一路"倡议仍可保证东道国和中国的双赢。

情境二：东道国政治环境稳定，政治风险下降。在这样的情境下，同样会出现 δ_B 下降现象，发生与情境一类似的变化，最终结果仍然是互利共赢。同理，中国与东道国互联互通互信程度加强时的情况也类似，都会降低风险溢价程度。反之，东道国政治经济环境的不稳定不利于互利共赢，因此维持相对稳定的东道国政治经济环境是"一带一路"建设的前提和保障。

情境三：中国科技创新带来技术改进，使得中国可以在同等价格（成本）的情况下提供更优质的产能。此时，中国提供的基础设施性价比 τ_B 提升，给东道国每单位基础设施建设带来的经济效益扩大。结合前文对图2-2、式（2-16）以及命题3的分析可知，东道国会自发地引进更多由中国供给的基础设施，并增加信贷合作规模，最终两国净收益都得到提升，实现更大规模的利益创造和利益共享。

情境四：中国产能富余程度扩大。一方面产能价格由于供过于求而下降，在基础设施建设性能不发生变化的情况下，性价比（τ_B）优势进一步提升，东道国将扩大对中国提供的基础设施的需求，希望更大规模地开展项目，此时各项指标变动与情境三一致。另一方面，产能过剩也暗示本国缺少稳健的投资机会，从而导致 δ_B 下降，指标变动与情境一一致。所以，情境四是一个复合过程，结果是东道国调整信贷结构，合作国在讨价还价中调整利益分配结构，最终实现共赢。

总之，面对经济环境变化，合作国通过采取不同的应对策略，既能有效缓解本国资本和产能双过剩压力，又能为东道国带来更大的经济收益，从而在两国合作过程中实现更大规模的价值创造和更丰厚的利益共享。情境一到情境四也可以视为对基准模型的稳健性检验，结合图2－1和图2－2的结果，本书基准模型的结论相对稳健，表明"一带一路"项目有助于创造经济利得并实现中国与项目东道国的"双赢"。进一步，将基准模型与以上四种情境相比较，本部分可得到两个推论，从而为合作国提供决策参考：

推论1：合作国充分把握经济环境变化，合理利用信贷配给机制和利益共享机制，可以为产能出口和资金流动创造空间，实现更大收益。

推论2：合作国提高产能技术含量与产能质量，可以提升其产能的国际竞争力，这是从根本上解决产能过剩问题的途径。

三、扩展模型

由式（2－16）可以看出，在A、B两国达成合作关系的同时，若东道国吸收和转化基础设施项目为经济产出的能力（H）提升，两国收益都将增加。利用这一结论，本书可以对基准模型进行扩展，引入除东道国和中国之外的发达国家。发达国家可以凭借在科技等方面的比较优势参与项目建设，促使更大规模的利益创造和利益共享。具体而言，根据前文假设，C国为传统工业强国，其直接参与项目投资存在性价比较低、资金机会成本过高的问题，因此在项目招标过程中不占优势。但是，C国在金融服务和科技领域具有比较优势，在A、B两国组成合作关系后，C国从技术和管理层面参与项目建设，可以提升A国的转化能力H。假设提升程度为（$1+\nu$），$\nu>0$，同时C国获取项目收益的$\mu(\mu<1)$部分作为回报。令$\theta=(1-\mu)(1+\nu)$，那么A、B、C三国面临的净收益函数为：

$$\pi_A=(1-\beta_B)\theta H(\tau_B E_B)^\alpha-b_B r_B(1-m)-\sigma(E_B-b_B) \qquad (2-17)$$

$$\pi_B=\beta_B\theta H(\tau_B E_B)^\alpha+b_B(r_B-\sigma)-b_B r_B m \qquad (2-18)$$

$$\pi_C = \mu(1+\nu)H(\tau_B E_B)^\alpha \qquad (2-19)$$

为简化分析，假设 μ 的取值由三国通过谈判外生决定。μ 满足 $\theta > 1$，即 C 国的参与会对 A、B 两国产生积极作用。如果 $\theta < 1$，C 国参与给 A、B 两国带来损失，因此两国将拒绝 C 国参与。这样假设可以避免在后续过程中因讨论 μ 的取值问题而偏离本研究的主线。

在前文博弈框架下求解式（2-17）~ 式（2-19）的最大化问题，获得如下均衡结果：

$$r_1^* = \frac{\sigma}{2}\frac{2-m}{1-m}, \quad \gamma_{B,1}^* = \frac{\sigma}{2\delta_B}\frac{m}{1-m},$$

$$\beta_{B,1}^* = \frac{1}{2}\frac{(3\alpha-1)m^2\sigma + 4\delta_B(1-\alpha)(1-m)}{4\delta_B(1-m)-(1-\alpha)m^2\sigma},$$

$$\hat{E}_{B,1} = \left[\frac{2(1-m)\delta_B(\tau_B)^\alpha H\theta\alpha(1+\alpha)}{4\delta_B\sigma(1-m)-(1-\alpha)m^2\sigma^2}\right]^{\frac{1}{1-\alpha}},$$

$$\hat{b}_{B,1} = \left[\frac{2(1-m)\delta_B(\tau_B)^\alpha H\theta\alpha(1+\alpha)}{4\delta_B\sigma(1-m)-(1-\alpha)m^2\sigma^2}\right]^{\frac{1}{1-\alpha}}\frac{\sigma}{2\delta_B}\frac{m}{1-m},$$

$$\hat{\pi}_{A,1} = \sigma\theta^{\frac{1}{1-\alpha}}\left[\frac{2(1-m)\delta_B(\tau_B)^\alpha H\alpha(1+\alpha)}{4\delta_B\sigma(1-m)-(1-\alpha)m^2\sigma^2}\right]^{\frac{1}{1-\alpha}}\left(1-\sigma\frac{m^2}{4\delta_B(1-m)}\right)\left(\frac{1}{\alpha}-1\right),$$

$$\hat{\pi}_{B,1} = \frac{1}{2}(1-\alpha)H\theta^{\frac{1}{1-\alpha}}(\tau_B)^\alpha\left[\frac{2(1-m)\delta_B(\tau_B)^\alpha H\alpha(1+\alpha)}{4\delta_B\sigma(1-m)-(1-\alpha)m^2\sigma^2}\right]^{\frac{\alpha}{1-\alpha}},$$

$$\hat{\pi}_{C,1} = \mu(1+\nu)H(\tau_B)^\alpha\left[\frac{2(1-m)\delta_B(\tau_B)^\alpha H\theta\alpha(1+\alpha)}{4\delta_B\sigma(1-m)-(1-\alpha)m^2\sigma^2}\right]^{\frac{1}{1-\alpha}} \qquad (2-20)$$

其中，下标"1"将扩展模型与基准模型区分开来。将上述结果与基准模型进行对比，可得表 2-1。如表 2-1 所示，因为 $\theta > 1$，那么 C 国凭借自身在科技和管理服务等方面的优势参与到项目中，使得 A、B 两国净收益均提升 $\theta^{1/(1-\alpha)}$ 倍，同时也为自己赢得了规模为 $\hat{\pi}_{C,1}$ 的收益。此外，C 国的参与使 A、B 两国项目合作规模和信贷合作规模均扩大了 $\theta^{1/(1-\alpha)}$ 倍，可有效提升 B 国资金和产能利用率，同时解决 A 国资金不足问题。据此，扩展模型实现了从基准模型"双赢"到"多赢"的突破，佐证了本书第三章从理论上提出的"扩展路径"，进而可以获得推论 3。

表 2 – 1   第三国参与项目给原有合作关系带来的影响

	三国获利情况			项目规模	信贷规模	其他参数
	A 国	B 国	C 国	E	b	r^*，γ_B^*，β_B^*
基准模型	$\hat{\pi}_A$	$\hat{\pi}_B$	0	$\hat{E}_B$	$\hat{b}_B$	不变
扩展模型	$\theta^{\frac{1}{1-\alpha}}\hat{\pi}_A$	$\theta^{\frac{1}{1-\alpha}}\hat{\pi}_B$	$\hat{\pi}_{C,1}$	$\theta^{\frac{1}{1-\alpha}}\hat{E}_B$	$\theta^{\frac{1}{1-\alpha}}\hat{b}_B$	

推论3：在原有的国际合作基础上，第三方国家以技术等比较优势参与"一带一路"项目建设，可以创造更多利益，实现帕累托改进，同时不改变A、B两国原有的利益分配模式。

四、结论与政策建议

关于"一带一路"倡议的合作共赢逻辑，其基础在于中国与沿线国家高度互补的经济结构，关键内核是通过项目合作实现利益创造和利益共享。本章节基准模型和扩展模型的分析表明：首先，"一带一路"国际合作并不局限于沿线的一两个国家，各国都可以凭借自身比较优势参与进来，从而产生更大规模的利益创造和利益共享。其次，配合以合理的国际信贷机制和利益分享机制，中国原本相对富余的生产能力和外汇储备可以转化为比较优势，为其在国际项目招标和建设过程中提供有利条件；东道国则可以抓住"一带一路"建设机遇，利用投资国的富余产能和外汇储备，弥补资金和技术的双缺口，扩大本国发展所需的基础设施项目建设。此外，中国对东道国政治经济环境的了解度和包容性是中国引领"一带一路"建设的重要优势，也是通过信贷配给和利益共享机制影响投资规模的重要因素。最后，科技进步可以提升合作国供给项目的性价比，是实现更多经济利益、增大有效投资规模的重要手段，因此不断提高产能的技术含量与质量是从根本上解决中国产能过剩问题的途径。

根据以上研究结论，本章提出如下政策建议：（1）提升产能质量与技术含量是中国在"一带一路"国际合作中实现更大收益的重要手段。现代经济发展需要的不仅是基础设施存量，也提出更高的质量要求。基础设施质量提升对于东道国经济发展具有正向促进作用。因此，在"一带一路"建设中提升中国产能供给质量，可以增强通过产能"走出去"来开拓更广阔市场的核心竞争力。（2）合理制定国际信贷政策与企业激励政策是"一带一路"倡议顺利实施的重要保证。制定合理的国际信贷和投资激励政策，可将国家优势和企业优势结合起来，实行"捆绑式""走出去"。以国际信贷为"引子"刺激沿线国家项目建设需求，为中国企业"走出去"先行铺路，从而在满足沿线国家基础设施建设需求，突破发展瓶颈的同时，也为中国经济转型升级创造空间。（3）加强对沿线国家政治、经济、文化、法律等方面的研究与了解是实现"一带一路"倡议更好推进的重要法宝。政治与文化等方面的亲近与包容是中国有别于欧美国家在沿线开展合作的重要优势。增进对东道国政治文化等方面的了解，可以提升包容性，强化对合作风险的预判，从而降低风险溢价。同时，按照国际惯例和法律规范进行"一带一路"建设，是保证"一带一路"经济循环路线畅通、利益创造和利益共享机制顺利实现的重要条件，也是在"一带一路"建设中规避风险的重要举措。因此，在下一阶段的"一带一路"的政策设计中，法律法规的完善应占据重要地位。

第三章 在实践基础上推动"一带一路" 经济学理论创新

▶导言◀

党的十八大以来，习近平总书记多次就实践和理论的辩证关系发表重要论述。2015 年 1 月，习近平总书记在十八届中央政治局第二十次集体学习时指出，"要学习掌握认识和实践辩证关系的原理，坚持实践第一的观点，不断推进实践基础上的理论创新"；"要根据时代变化和实践发展，不断深化认识，不断总结经验，不断实现理论创新和实践创新的良性互动"。① 同年，习近平总书记在第二十八次集体学习时进一步强调："要立足我国国情和我国发展实践，解释新特点新规律，提炼和总结我国经济发展实践的规律性成果，把实践经验上升为系统化的经济学说。"②

共建"一带一路"倡议是当前中国正在进行的新时代中国特色社会主义的伟大实践中尤为绚烂且举世瞩目的华丽篇章，自 2013 年由中国国家主席习近平提出以来，从无到有，从理念到蓝图，从愿景到实践，至 2021 年已经步入了第 8 个年头。8 年来，中国坚持"共建'一带一路'倡议源于中国，但机会和成果属于世界"，在国际社会引起了广泛反响，

---

① 习近平在中共中央政治局第二十次集体学习时强调坚持运用辩证唯物主义世界观方法论提高解决我国改革发展基本问题本领［EB/OL］. 新华社，2015－01－24.

② 习近平. 立足我国国情和我国发展实践 发展当代中国马克思主义政治经济学［EB/OL］. 新华社，2015－11－24.

得到了世界上一百多个国家和组织的积极参与和支持，建设成果丰硕。在应对全球金融危机与世界经济普遍步入"新常态"的大背景下，共建"一带一路"倡议作为一项由作为发展中国家的中国提出并积极推动的国际合作项目，是一项"全新的事务"，其波澜壮阔的实践进程前所未有，它具有在实践中不断求索的特点，同时其中无疑"蕴藏着理论创造的巨大动力、活力、潜力"。新的实践需要新的理论，但是根植于这场伟大实践基础上的经济理论的创新却明显滞后于实践的进程，对其所呈现出来的"新特点新规律"的"提炼""总结"和"上升"存在明显不足。

"善学者尽其理，善行者究其难。"共建"一带一路"倡议在加快构建开放型经济新体制，发展更高层次的开放型经济，坚定不移引领经济全球化进程等方面取得了显著成效。实践层面的不断开拓创新正在呼唤乃至倒逼经济学理论工作者要在总结深化"一带一路"实践创新的基础上"勇于推进实践基础上的理论创新"，构建起能够揭示其实践本质同时又能够服务和引领建设实践走向更好的未来的经济学理论，也即"一带一路"经济学。这一方面可以为"一带一路"建设的长远发展提供理论指导和政策咨询；另一方面可以进一步发展中国经济学的理论体系，为新时代中国特色社会主义建设发展树立道路自信、理论自信、制度自信、文化自信提供坚实基础和可靠保障，同时也可以有效地推动经济学理论进入新时代。

一、共建"一带一路"倡议是划时代实践创新

21 世纪至今世界最大的时代背景是金融危机肆虐全球，而人类经济社会最伟大的实践创新莫过于共建"一带一路"倡议的横空出世。

（一）金融危机肆虐全球，世界呼唤中国方案

在 2008 年之前全球经济经历了长达 20 余年繁荣发展期。2008 年全球金

融危机海啸般席卷全球，给人类经济社会造成了巨大的灾难，随后的欧债危机与之相应和，更是产生了强烈的"共振"，导致世界性的深度经济衰退，世界经济社会被迫进入了大发展大变革大调整时期。传统发达国家纷纷启动"再工业化"进程，甚至有部分国家面对全球经济大变革与大震荡，秉持"本国优先""以邻为壑"的原则，试图通过"关上大门"、实行贸易保护主义和"孤立主义"，从而隔绝后危机时代可能来自于其他国家的负面反馈影响。亚非拉等发展中国家尤其是众多内陆后发国家则长期由于产能、资本、技术等方面的巨大缺口导致基础设施落后、人民生活水平低下、社会发展能力欠缺。突如其来的金融危机使得这些本来还未融入国际分工体系或在国际分工体系中被"锁定"在低端位置的国家未来的发展更加无力、莫测。

时代的艰难前行在倒逼有效的解决方案。依靠传统发达国家引领世界经济走出困局变得几无可能，而危机如此肆虐，一些国家受金融危机深度影响，经济破产，政府瘫痪，人民饱受战火和疾病的威胁，这并不是单个国家有能力单独应对的。同一时期，面对金融危机，中国、俄罗斯、印度、巴西、南非等新兴经济体表现出了强大的韧性，通过采取有效的措施、积极应对危机的挑战，在逆境中表现出了较为强势的增长，为全球经济稳定与复苏做出了巨大贡献。其中，中国对于世界经济增长贡献率高达 30% 以上，成为世界经济增长的主要稳定器和动力源，越来越多的国家将期待的目光投向了中国。

（二）中国倡议"一带一路"建设搭建国际合作新平台

金融危机前的中国经济经过了长达近 30 年的高速增长阶段，创造了人类经济增长史的奇迹。这得益于 1978 年党的十一届三中全会对国际国内环境深刻分析，解放思想，实事求是，切实实行改革开放的战略决策。通过坚持对外开放基本国策，中国打开国门搞建设、积极参与国际分工体系、开展"国际大循环"战略、抓住全球化的红利、培育国家特定优势、增强产业优势，创造了快速发展机遇期，实现国民经济快速发展。现在，中国已然成为世界第二大经济体、第一大工业国、第一大货物贸易国、第一大外汇储备国，中国经济的发展进入了新时代，向世界展现了独有的新气象，也做好了为世界经济发展贡献新作为的准备。

世界著名经济史学家罗斯托曾在其著作《经济增长理论史：从大卫·休谟至今》中指出，当世界面临大调整时，"低估这期间所要求的国际合作规模显然不明智"；实行"以邻为壑"的"国家主义"必然导致"凄惨落幕"；"人类大家庭的团结和睦"才能够"狭路相逢"勇者胜。面对全球金融危机，中国通过自身几十年的发展经验，深知开放的格局来之不易，大国的责任不容后退，有效的国际合作模式才是维护世界经济稳定，再塑全球经济增长点的关键一招。共建"一带一路"倡议就是在这样的时代背景和时代需求下诞生的划时代的实践。

习近平总书记指出"中国的发展得益于国际社会，也愿为国际社会提供更多公共产品"。① 面对金融危机给世界经济发展造成的挑战，中国坚持以自身发展为契机，寻找让更多的国家搭上中国发展快车的途径，帮助其实现发展目标。近十年来，在共建"一带一路"倡议的国际合作框架下，"一带一路"建设，全面务实推进，取得了多方面成就。同时共建"一带一路"倡议还实现了与英国"英格兰北方经济中心"、哈萨克斯坦"光明之路"、俄罗斯"欧亚经济联盟"等战略计划的对接合作，表现出强大的国际感召力与世界影响力。② 可以试想，用不了几年的时间，随着共建"一带一路"倡议为相关国家带来的经济与福利效益更加明显地显现出来，更多的国家会内生地希望加入到这场伟大的全球合作实践中，一次以构建人类命运共同体为主要内容的新型全球化进程即将拉开帷幕，而在这场全球化中国是当仁不让的主角。

二、共建"一带一路"倡议实践中呈现的理论创新源泉

"时代是思想之母，实践是理论之源。"马克思、恩格斯曾指出："一切

---

① 中国发展新起点　全球增长新蓝图——习近平主席在杭州二十国集团工商峰会开幕式上的主旨演讲 [EB/OL]. 新华网，2016 – 09 – 03.

② 人民网，2018 年 3 月 31 日数据，http://xj. people. com. cn/n2/2018/0331/c349472 – 31408312. html；人民网，2017 年 12 月 20 日数据，http://world. people. com. cn/n1/2017/1220/c1002 – 29719075. html.

划时代的体系的真正的内容都是由于产生这些体系的那个时期的需要而形成起来的。"从现代经济学近 300 年的发展历史来看，每一个理论观点的形成和理论学派的发展都是与阐释历史发展实践中的重大经济社会事件分不开的。18 世纪英国工业革命方兴未艾，亚当·斯密"近水楼台"地直接观察了那个伟大的时代，认识到分工可以带来巨大收益、市场经济可以实现"富国裕民"，比较优势、要素禀赋、"经济人"等理论假设至今依然是西方主流经济学坚不可摧的公理。马克思为了能够更加直观地观察那个伟大时代的本质、掌握第一手的素材，离开了家乡德国前往英国，他在工业革命的浪潮中深入研究那个时代资本主义生产方式以及和它适应的生产关系和交换关系，揭示了资本主义生产方式的运行机制及其基本矛盾，得出了资本主义制度必然灭亡的历史趋势，使得社会主义由空想变为了科学。随后的 20 世纪，经济学中心虽然从英国转移到了美国，但是每一次大发展无一不是时代、实践与思想的"惊险跳跃"。

21 世纪，"一带一路"伟大实践正在带领全球经济社会在后危机时代披荆斩棘，取得了巨大的成果。当下，共建"一带一路"倡议的实践走在了前面，为经济学理论研究提供了大量的鲜活素材，中国经济学界在这场经济浪潮中具有得天独厚的优势，可以掌握这场人类社会经济实践的最新成果，因此必须抓住"一带一路"建设波澜壮阔的伟大实践这一机遇，实现历史性的突破和发展。总体来看，共建"一带一路"倡议的实践为经济学理论创新提供了三个方面的思想源泉。

（一）新的全球化路径与新的全球化推动者

工业革命以来，世界经济全球化进程不断加速与深化，以第二次世界大战结束和 2008 年全球金融危机爆发为界，可以将迄今已完成的全球化进程划分为两个阶段。工业革命爆发至第二次世界大战结束属于第一次经济全球化阶段，此后至 2008 年为第二次经济全球化阶段。在第一次全球化进程中，以英国为首的西方国家是主要推动方，其后随着世界经济格局的变化和国际经济中心的变迁，美国在第二次进程中占据引领地位。两次进程很大程度地重塑了全球经济面貌，带来了全球经济繁荣的一次又一次浪潮，加强了世界各国之间的联系。但是，究其根本，两次全球化进程是由英美等资产阶级发达国家基本矛盾直接决定和推动的，是发达国家为了解决其内部矛盾，为了"扩大产品的销路"而"不得不奔走全球各地"，"不得不到处钻营，到处落户，到处建立联系"的结果。这一时期的发达国家推动全球化进程的主要目的是"榨取全世界的市场"，并且"按照自己的形象，为自己创造出一个世界"。所以当全球金融危机爆发以后，部分发达国家第一反应是通过转嫁矛盾来缓解危机所带来的危害，当危机影响持续加深并且可能产生来自其他国家的负向反馈时，当年为了推进经济全球化和贸易自由化而不惜发动战争的全球化"缔造者们"竟然再次采取了"逆全球化"措施①，贸易保护主义抬头，甚至不惜发动大规模贸易战，给后发国家和新兴经济体以重创，传统的全球化路径难以持续②。

这时，中国作为在第二次全球化发展阶段成功崛起的发展中大国，深知"经济全球化是社会生产力发展的客观要求和科技进步的必然结果"，在全球化的浪潮中后退没有出路，封闭对于长期无益，世界各国只有加大开放才能共同走出危机，实现发展。因此，中国准确把握金融危机爆发以来人类命运长远利益的共同矛盾，主导推动共建"一带一路"倡议，通过合作谋求共赢，以实现全人类的共同价值，构建人类命运共同体，带领世界探索新型全球国际发展理念，开辟了一条新型经济全球化道路，开启了人类社会经济发展史上的第三次全球化进程。首先，这是工业革命以来第一个由发展中国家主导的以人类命运共同体整体的长远的利益矛盾为出发点和落脚点的经济全球化进程，不论是对中国还是对世界而言，这都是一个全新的议题。其次，在这次全球化进程中，中国作为主导国并不追求以"掠夺"的方式"榨取"

---

① 此处用再次，是因为在20世纪30年代"大萧条"时期资本主义国家即采取了"逆全球化"行为。当时美国经济瓦解，并迅速波及全球，德国央行采取了纾困措施，英格兰银行宣布终结英镑金本位制，并率先发动以邻为壑的单方面贬值，美国罗斯福政府秉持"美国复苏优先政策"，放弃与英、法两国继续签署双边汇率协定，促使美元贬值并提升关税。2008年全球金融危机后发生了惊人相似的情况，英国"脱欧"，美联储通过启动量化宽松计划使得美元快速贬值，特朗普政府秉持"美国优先"政策，并且采取退出TPP、提高关税等贸易保护措施。详见佟家栋和刘程（2017）。

② 2018年3月底爆发的中美摩擦就是美国总统特朗普秉持"美国优先"原则，不顾国际社会舆论反对所发起的针对中国商品的增税行为，引发了国际社会的高度关注与纷纷谴责。美国作为第二次全球化进程的推动者，公然违背全球化大趋势，也充分证明了传统全通化路径难以持续。

其他国家的发展成果，而是倡导"共商共建共享的联动发展理念"，欢迎世界各国搭上中国高速发展的快车，通过基础设施项目建设等为抓手帮助其培育发展动能，从而实现自身发展。最后，中国并没有试图"按照自己的形象，为自己创造出一个世界"，而是主张"履不必同，期于适足；治不必同，期于利民"，鼓励其他国家"顺应大势、结合国情，正确选择融入经济全球化的路径和节奏"。这些都是本次全球化进程突出的与前面两次全球化进程迥异的特点，也是"一带一路"建设实践为经济学实践与理论发展贡献的"奇葩"。

（二）新的国际合作模式与新的经济治理体系

长期以来一些外国学者或政客将共建"一带一路"倡议与"马歇尔计划"混为一谈，试图将其与"霸权主义"和"新殖民主义"挂钩，这种观点其实是忽视了"马歇尔计划"是在美苏争霸的冷战时期美国为了占领欧洲市场，"按照自己形象"重塑一个欧洲，而使用自有财政资金针对战前本已处于发达国家行列、且与其政治立场契合的欧洲国家有条件地进行的生产力恢复性援助计划，其全称"欧洲复兴计划"（European recovery plan）中的"复兴"（recovery）一词亦表明了这些国家当时已具备了相当的国民生产水平和劳动技能。

而"一带一路"倡议"不是对外援助计划"，它是"共商共建共享的联动发展倡议"，是由中国发起的以发展中国家为主体的全新的国际合作模式。它诞生在金融危机肆虐全球、经济环境持续恶化、世界期盼走出困境之际，是中国为全世界谋划、带领世界走出危机的划时代的实践创新；其重点对象是包括沿线国家在内的后发国家，这些国家中有很大一部分不具备经济发展的良好环境，缺乏实现经济起飞所必需的先行资本（基础设施），增长尚未开始或者增长缓慢，当然不可能和"复兴"同一而论。其重点内容是利用中国在装备制造业、机械制造业等行业特定的比较优势，以及丰富的基础设施施工建设经验带动沿线国家的基础设施项目建设，着力于为世界提供更多的国际公共产品，用电力、铁路、高铁、港口等基础设施所带来的"互联互通"增强区域、世界的联动性。以往发达国家也在发展中国家搞基础设施建设，但是其主要目的是为了"造成全人类互相依赖为基础的普遍交往，以及进行这种交往的工具"从而增强其在全球范围内的扩张和掠夺的便利性，因此在传统发达国家在全球追求利益扩张的过程中，其主导的国际基础设施建设着力于促进贸易、投资自由化，纵然提升了东道国福利水平，但是并不能（更准确地说是"无意"）为东道国提供促进其生产力增长的正常的基础设施，长此以往可能会增大后发国家陷入债务危机的可能性，反而得不偿失。而中国作为世界上最大的发展中国家，推动"一带一路"建设之所以主攻有利于后发国家形成生产力的基础设施方面，是鉴于自身过去几十年的发展经验、审慎考虑沿线国家等发展中国家可持续发展能力所做出的重大举措，是广阔的国际视野、坚强的责任担当的突出体现。它旨在通过为后发国家提供发展必需的基础设施，提高其生产力水平，帮助其打破限制发展的瓶颈，从而固其根本、实现有效的资本积累和培育长远的发展能力。

另外，基础设施项目的建设需要大量的资本，沿线大部分后发国家在这方面普遍存在巨大缺口。在过去的几十年，全球经济格局发生了深刻的变化，但是世界银行和国际货币基金组织等机构和组织塑造的国际经济治理体系的发展并没有与时俱进地去适应这种新变化。长期以来发达国家一直维持在两大国际金融机构中的垄断地位，其救助金等款项的发放具有明显的政治立场倾向性，资金往往流向了与其政治立场较为一致的国家。这种缺乏代表性和包容性的全球经济治理体系没有有效地为后发国家基础设施建设、生产能力培育等方面的发展提供及时有效的金融支持。1997 年亚洲金融危机爆发时深陷泥淖的亚洲国家就曾因迟迟得不到国际金融援助而难以摆脱困境，这种现象到 2008 年全球金融危机时期不但依然存在，反而越发严重。因此为了解决、弥补当前全球经济治理体系的政治偏向、功能缺失与时代落伍，并缓解亚洲基础设施建设的资金短缺现状等问题，中国在金砖国家开发银行、上合组织开发银行金融平台组建和运营的经验基础上，主导推动亚洲基础设施投资银行和丝路基金的成立，为重塑全球经济治理体系注入了重要的中国力量，阿列兹基和斯蒂格利茨（Arezki and Stiglitz）等积极称赞亚投行的成立是满足亚洲基础设施投资需求的"伟大一步"（a significant step）。

三、"一带一路"经济学理论创新应注意的几个问题

历史经验表明,任何一项重大的实践的实施必须要有与之相应的理论体系作学理支撑。如果实践和理论之间的鸿沟不可弥补,那么实践就不可能取得胜利。共建"一带一路"倡议也不例外。"一带一路"建设实践走在了前列,并展现出崭新的境界,可理论发展仍在"襁褓"中,这就倒逼理论工作做出创新,"一带一路"理论创新研究应该注意以下几方面的问题。

(一)既要扎根实践进程又要服务实践发展

《实践是检验真理的唯一标准》指出,"理论之所以重要,就在于它来源于实践,又能正确指导实践"。① 从实践中得来的理论才是科学,在这样的基础上得到的理论才具有更为丰富的内容并且能更持久地存在下去。经济学是一门经世致用的学科,总结实践进程是其最基本的理论来源,而服务实践发展则是其最基本的任务。经济理论必须从作为基础的经济实践中探索得到,才具有鲜活的实践性,才能反映经济内容的经济形式。在现阶段的"一带一路"建设进程中,许多沿线国家参与建设的积极性乃至创造力已经被动员起来了,更大范围的国际社会也受共建"一带一路"倡议的正向影响,呈现出向上发展的蓬勃态势。在这个进程中喷涌着大量的理论创新的源泉,澎湃着"理论创造的巨大动力、活力、潜力"。作为一门伴随"一带一路"建设实践创新而诞生的理论学科,"一带一路"经济学理论创新的现期使命就是要以当前正在进行的伟大实践为中心,扎根于实践所提供的丰饶土壤中汲取养分,挖掘素材,提炼和总结其中所呈现出来的新特点新规律,揭示其本质,从而将其上升为系统化的学科理论,向处于不同发展阶段、具有不同文化特质的国家阐释中国推动该项实践进程的初心与愿景,解释蕴含其中的互利共赢机制,增强国际社会对其的信任与憧憬。当"一带一路"建设在实践上和理论上都取得很高的成就时,更多的国家才会有更大的动力自觉地参与到共建

---

① 实践是检验真理的唯一标准 [N]. 光明日报, 1978 – 5 – 11.

"一带一路"倡议中去，共拓发展机遇，实现共同发展。

共建"一带一路"倡议作为一项具有划时代意义的实践创新，过往没有国家做过，其推进过程缺乏可以借鉴的经验案例，过程中不可避免地会暴露出这样那样的问题，预见问题、解决问题从而服务于项目更好地发展是"一带一路"经济学的重要任务。这就需要理论创新更加深入地扎根实践进程，以问题为导向对其进行全方位的剖析，探究其脉络纹理发展趋向，用科学的方法推演演化其发展路径，对其关键节点、关联领域、关键时期的发展做出"精准"的理论判断。这样也就打通了从实践到理论，再从理论到实践的闭环回路，也只有这样才能使理论扎根于实践拥有强大的生命力。

从更长远的视角来看，共建"一带一路"倡议作为一项促使区域、全球经济协同发展的重要平台，其远期使命是构建人类命运共同体。人类命运共同体构建同样是一个"全新的事务"，充满了机遇与挑战；这也是一个久久为功的过程，是最需要理论支撑的过程。因而与之相应，"一带一路"经济学的远期使命应该是能够在动态发展的进程中丰富深化理论认知，动态地发展地服务于这个过程。人类命运共同体的建设没有终点，只有新的起点，这就要求理论创新要面向未来，不断地与时俱进，并在更广阔的空间范围和更长远的时间范围接受实践对于其科学性的检验。这也正是其理论保持长久鲜活生命力的关键所在。

（二）既要坚持中国利益又要关切世界需要

习近平主席指出，"一带一路"倡议"源自中国，更属于世界；根植于历史，更面向未来；重点面向亚欧非大陆，更向所有伙伴开放"。[①] 共建"一带一路"倡议是统筹中国利益与世界利益协调发展的国际经济发展倡议。它是中国经济面临"三期叠加"现实挑战、在"新常态"下进一步深化实施对外开放基本国策、打开国门搞建设，践行新发展理念，为产业转型升级在区域乃至全球范围内谋求更广阔的发展空间，探索经济长效增长与区域平衡发展新路径的重要举措；是中国结合自身几十年发展经验，为沿线后发国家弥

---

① 共建"一带一路"倡议：进展、贡献与展望［EB/OL］. 中国一带一路网，2019 - 4 - 22.

补初始阶段发展短板、提高生产力水平、促使实现超越发展所提供的分享中国发展正外部性的中国机遇；是回答"世界怎么了，我们怎么办？"世纪之问，引领世界经济高质量复苏的中国方案；是实现经济全球化可持续发展，通向人类命运共同体的中国道路。"一带一路"建设早就将中国和世界紧密联系在一起了，它追求的显然不是中国的一家"独奏"，其每一丝推进中必然存在着中国与世界的大规模利益互动，探索"一带一路"经济学的理论创新就是要从经济学理论高度探索这种利益互动。

如上文所述，近三百年西方经济学发展史中探索利益创造与利益分配的主流研究思路是以亚当·斯密"利己心"和"经济人"假说为出发点，推演出了庞大的理论体系。在"一带一路"建设和人类命运共同体构建所塑造的全新的全球"义""利"经济关系再造期，探索"一带一路"经济学构建，研究其中的利益创造与利益分配机制，就是要坚持习近平"正确义利观"。在理论创新中必须要清楚地认识到"一带一路"建设中发展是贯穿全过程的第一要务。"正确义利观"绝非不顾中国利益，也绝不是牺牲中国的发展来实现沿线国家的发展。中国欢迎沿线国家搭乘中国发展的"列车"，那么前提条件是这列"中国号列车"要行稳致远，并且能够从容应对各方面的经济挑战，在较长的一个时期内实现"保速提速"。这在过去十年乃至四十年的时间内中国做得很好，在未来更长的时间内继续做好的一项重要保障就是加强理论探索。中国希望在"一带一路"实践过程中实现"义利兼得"和"义利共赢"，要在中国实现发展的基础上带动沿线国家长效发展、实现全球范围内的经济增长与经济平衡，这就必须设计好"义利兼顾"和"义利平衡"的实现机制，要在利益创造机制和利益分配机制等方面重点研究，实现突破。利益创造与利益分配是经济学研究的核心问题，"一带一路"实践中利益的创造主体应该是全世界，利益分配亦应该在全世界范围内进行。这绝不同于现行经济学"中心—外围"假设中所有利益创造都集聚在中心地区，并由中心地区向外围地区分配（补贴）利益的情况，它是要实现全域范围内普遍的利益创造，也即要实现全域范围内的生产力提升和比较优势的培育，以此实现"百花齐放的大利"。所以在"一带一路"经济学理论创建中一定要摒弃"一枝独秀的小利"思维，要在坚持中国利益的同时关怀世界需要。

（三）既要具有中国特色又要具有世界风范

"一带一路"不是孤立的，它是与中国改革开放四十多年经验、与人类命运共同体建设紧密联系的。中国经过四十多年的改革开放，走出了一条符合中国国情、具有中国特色的发展道路，创造了人类经济发展史上史无前例的高速发展机遇期。金融危机以后，许多国家在困惑"世界怎么了，我们怎么办?"，中国结合自身发展实践经验、勇担大国时代责任、倡议并主导"一带一路"建设，推动人类命运共同体构建。这本身就是生根于中国实践的土壤中为全球经济走出困境所提供的极具中国特色的中国方案，这是对中国改革开放伟大实践更深层次的再实践，是践行习近平新时代中国特色社会主义思想的伟大实践。在此实践基础上的理论创新一定要能够"充分体现中国特色、中国风格、中国气派"。中国特色并不是纯而又纯的在中国闭门造车，而是要在充分掌握中国传统文化与马克思主义相结合的分析方法、从中汲取养分的基础上"开门搞研究"，批判地吸收世界经济学发展史上的不同的研究方法、观点、体系，从而系统地"提出具有主体性、原创性的理论观点，构建具有自身特质的学科体系、学术体系、话语体系"。这也就要求在"一带一路"经济学的理论创新方面要注意世界风范。

中国历史上曾经绽放过大量的杰出的伟大的经济实践，在世界经济史中书写了重要的篇章，"丝绸之路"就是其中的典型，它联通东西，促进了中国与沿线的贸易、发展，拉近了中国与世界的距离。但是中国传统经济思想之所以在近三百年内没有在世界经济发展史上成为国际显学、没能发挥旗帜性引领作用，一个重要原因在于其玄而又玄的论述方法不容易被世界理解、吸收、演化与实践，以及其思想论述缺乏规范化、系统化的研究体系，总结来讲即缺少国际风范。这方面最具代表性的案例就是，两千多年前，司马迁的《货殖列传》中即涵盖了丰富的经济学思想，其中已经出现了对"利己心"和"经济人"思想的描述："富者，人之情性，所不学而俱欲者也"，"天下熙熙，皆为利来；天下攘攘，皆为利往"；其中关于比较优势和社会化分工、商品贸易、市场经济也有经典的论述，例如"人各任其能，竭其力，以得所欲。故物贱之征贵，贵之征贱，各劝其业，乐其事，若水之趋下，日夜无休时,不召而自来,不求而民出之。"① ……但是由于并没有系统化、规范化发展,不具备国际化风范,后世只能从经济史的角度考据其经济学价值,杨瑞辉(Yong, 2012)就曾通过考据指出,亚当·斯密《国富论》的中心思想可能来自于司马迁《货殖列传》经济思想与中国重农主义的结合,而其"看不见的手"的精妙比喻也可能是借用了其中"水之趋下"的思想,而且其深刻程度远不如"水之趋下"。

马克思主义来到中国,为中国带来了观察世界、分析问题的立场、观点和方法。西方经济学各个学派在中国的发展与普及为中国提供了研究经济现象的丰富的视角与工具。在"一带一路"经济学理论建构过程中,要以坚持习近平新时代中国特色社会主义经济思想为基础,扎根中国实践,汲取中国优秀经济思想,批判地吸收西方经济理论,提出具有国际风范的、"易于为国际社会所理解和接受的新概念、新范畴、新表述",以更加科学的理论体系为世界解读中国正在进行的伟大实践,"引导国际学术界展开研究和讨论",从而增强其国际公信力,增强中国经济学的国际话语权,进而吸引更多的国家、企业和个人参与到这场伟大的实践中来。同时,"一带一路"建设作为一项"全新的事务",在合作中必然会与不同的国家出现各种不同的问题,构建具有国际风范的"一带一路"经济学理论体系,对于在合作中解释误解、增进理解、加强团结也会具有非常大的益处。

四、结语

恩格斯在《波斯与中国》一文中曾预言:"过不了多少年,我们就会亲眼看到世界上最古老的帝国的垂死挣扎,看到整个亚洲新纪元的曙光。"② 时代在前进,中国人民经过百余年"垂死挣扎"站了起来,经过持续发展,富了起来并且强了起来。新阶段,在习近平新时代中国特色社会主义思想的伟大指引下,共建"一带一路"倡议伟大实践和构建人类命运共同体伟大构想

---

① 司马迁. 史记(卷一二九)[M]. 中华书局, 1982 年版点校本.

② 马克思, 恩格斯. 马克思恩格斯选集[M]. 北京:人民出版社, 1995:712.

正在引导全球经济走上高质量复苏与发展的道路。"历史，总是在一些特殊年份给人们以汲取智慧、继续前行的力量。"中国改革开放已经走过了40余年，"一带一路"构想的提出也迎来了8周年。40多年来世界在瞩目中国的发展，8年来世界的聚光灯更是集中在中国，在这个过程中全球经济中心也在以不可逆转的态势向东方的中国转移。相比于十几年前乃至几十年前中国学者发出的"中国经济学"创新的呐喊，新时代中国共建"一带一路"和构建人类命运共同体的伟大实践赋予了中国学者更加宏大的理论创新的国际视野与更加强大的理论创新的中国信心。正如习近平总书记指出，"这种前无古人的伟大实践，必将给理论创造、学术繁荣提供强大动力和广阔空间。这是一个需要理论而且一定能够产生理论的时代，这是一个需要思想而且一定能够产生思想的时代。我们不能辜负了这个时代"。[1] 当代理论工作者一定要珍惜伟大时代赋予的伟大机遇，利用理论去探索实践的本质，深入研究实践中的创新基因，"勇于推进实践基础上的理论创新"，服务于共建"一带一路"倡议和构建人类命运共同体的伟大实践向前迈进历史性的一步！

---

[1]　习近平：在哲学社会科学工作座谈会上的讲话（全文）[EB/OL]. 新华社，2016-5-8.

▶▶ 实践篇

第四章 "一带一路"建设的基本情况

▶导言◀

2021 年 11 月，习近平总书记在第三次"一带一路"建设座谈会上指出：八年来，在党中央坚强领导下，我们统筹谋划推动高质量发展、构建新发展格局和共建"一带一路"，坚持共商共建共享原则，把基础设施"硬联通"作为重要方向，把规则标准"软联通"作为重要支撑，把同共建国家人民"心联通"作为重要基础，推动共建"一带一路"高质量发展，取得实打实、沉甸甸的成就。通过共建"一带一路"，提高了国内各区域开放水平，拓展了对外开放领域，推动了制度型开放，构建了广泛的朋友圈，探索了促进共同发展的新路子，实现了同共建国家互利共赢。[①]

自 2013 年习近平总书记提出建设"丝绸之路经济带"与"21 世纪海上丝绸之路"以来，"一带一路"倡议取得的成绩令人瞩目。从基础设施的互联互通到政策民心的沟通相融，从贸易往来到资金融通，"一带一路"倡议的成果惠及世界，并取得了广泛的信赖与赞许。

在政策沟通方面，国际共识持续扩大。截至 2021 年 8 月，中国政府已与 172 个国家、地区和国际组织签署 206 份政府间合作协议[②]。签约范

---

① 习近平出席第三次"一带一路"建设座谈会并发表重要讲话 [EB/OL]. 新华网，2021 - 11 - 19，http：//www. gov. cn/xinwen/2021 - 11/19/content_5652067. htm.

② 数说共建"一带一路" 2022 [EB/OL]. http：//www. yidaiyilu. gov. cn/xwzx/299772. htm.

围已遍布位于亚欧、非洲、拉美、南太、西欧等区域的相关国家。持续与合作基础坚实、合作体量大、合作意愿强烈的国家联合制定多项合作规划，并通过周期性举办"一带一路"国际合作高峰论坛，加强共建"一带一路"倡议的国际共识，规模不断扩大、内容更加丰富、参与国家不断增加、成果逐年增长。

在设施联通方面，标志性项目取得实质进展。基础设施的联通围绕着"六廊六路多国多港"，推动了铁路、港口、航空、能源等多个方面的一批标志性项目取得了实质性进展。同时，作为国际物流陆路运输的骨干，中欧班列以其运距短、速度快、安全快捷、绿色环保等优势日趋活跃。截至 2020 年 12 月底，中欧班列累计开行数量 33 631 列，其中 2020 年开行中欧班列 12 406 列，发送 113.5 万标箱，同比分别增长 50%、56%，综合重箱率达 98.4%。年度开行数量首次突破 1 万列，单月开行均稳定在 1 000 列以上①。2022 年 1 月 29 日达到了 5 万列。②

在贸易畅通方面，经贸投资合作不断扩大。中国与沿线国家贸易额占外贸总额的比重逐年提升，2020 年全年与沿线国家货物贸易进出口总额达 1.35 万亿美元，同比增长 0.7%③。同时，中国与多个沿线国家签署双边投资协定，促进双向投资持续升级。作为世界上首个以进口为主题的大型国家级展会，中国国际进口博览会已成功举办三届。其中 2020 年举办的第三届中国国际进口博览会在线上和线下同时举行，吸引了全球 180 多个国家、地区和国际组织的 3 800 多家企业参加，累计意向成交额 26.2 亿美元，比上届增长了 2.1%④。同时，中国还积极推动境外合作园区建设，在市场自发力量驱动下，中国各行业企业积极参与沿线

① 2020 年中欧班列开行数量同比增长 50%［EB/OL］. http：//www. mofcom. gov. cn/article/i/jyjl/e/202101/20210103028723. shtml.

② 中欧班列累计开行超 5 万列［EB/OL］. http：//www. gov. cn/xinwen/2022－01/30/content_5671290. htm.

③ "一带一路" 2020 年全年与沿线国家货物贸易额 1.35 万亿美元［EB/OL］. http：//chinawto. mofcom. gov. cn/article/e/r/202101/20210103035381. shtml.

④ 构建更加开放的国内国际双循环［EB/OL］. https：//m. gmw. cn/baijia/2020－11/06/34343715. html.

国家合作园区的建设，成为了推动税收增收和就业创造的坚实力量。

在资金融通方面，建设多元化投融资体系。以推动构建长期、稳定、可持续、风险可控的多元化融资体系为目标，我国金融机构致力于通过构建完备制度保障"一带一路"项目的资金需求。《"一带一路"融资指导原则》的核准、《"一带一路"债务可持续性分析框架》的发布与多边开发融资合作中心的成立，有助于提高"一带一路"参与各方投融资决策科学性，加强沿线国家债务管理能力。亚洲基础设施投资银行的发起与建立、丝路基金的设立以及中国出口信用保险公司的助力，共同推进沿线国家的各类银行与保险机构为"一带一路"建设项目提供资金支持。截至2019年6月底，中国在沿线国家累计实现保额7 704亿美元，支付赔款28.7亿美元[1]；截至2019年12月底，丝路基金实际出资额约123亿美元[2]。

在民心相通方面，人文交流合作不断深入。在"一带一路"倡议的号召下，中国与沿线国家共同举办电影节、音乐节、艺术节、文物展、图书展等多项活动，合作开展图书广播影视歌曲的创作与互译互播。积极推进"一带一路"新闻合作联盟建设，联盟理事会由86个国家和地区的182家主流媒体组成[3]。丝绸之路沿线民间组织合作网络成员拥有72个国家和地区的352家成员组织，开展民生项目及活动超过400项，成为推动民间友好合作的重要平台。2018年由中科院发起成立的"一带一路"国际科学组织联盟旨在推动国家与地区间在科学、技术、创新和能力建设方面紧密合作，至2020年已举办三届"一带一路"国际科学组织联盟理事会会议[4]。民心相通还体现在中国积极推动的对外援助，2017年至2020年三年期间，中国向参与"一带一路"建设的发展中国家和国际组织提供600亿元人民币援助，建设众多民生项目，并向"一

---

① 第三届进博会累计意向成交726.2亿美元［EB/OL］. http：//www. mofcom. gov. cn/article/i/jyjl/k/202011/20201103016064. shtml.

②③ 汪晓东等. 携手讲述最动人的丝路故事［EB/OL］. https：//m. gmw. cn/baijia/2019 - 04/23/32768944. html.

④ 第三次"一带一路"国际科学组织联盟理事会会议召开［EB/OL］. http：//www. anso. org. cn/ch/top/202011/t20201113_593070. html.

带一路"沿线发展中国家提供20亿元人民币紧急粮食援助,向南南合作援助基金增资10亿美元①。中国还在沿线国家实施了100个"幸福家园"、100个"爱心助困"和100个"康复助医"等项目②。

近十年来,围绕着政策沟通、设施联通、贸易畅通、资金融通和民心相通五个方面的创新合作模式,以点带面、从线到片,逐步形成了目前区域大合作的良好格局。其中,政策沟通是"一带一路"建设的重要保障,基础设施互联互通是"一带一路"建设的优先领域,投资贸易合作是"一带一路"建设的重点内容,资金融通是"一带一路"建设的重要支撑,民心相通是"一带一路"建设的社会根基。

随着"一带一路"建设从顶层设计迈入推进务实合作的阶段,为更便于操作实施,"五通"被拓展为基础设施、国际贸易、跨国投资、资源开发、金融合作、人文交流、生态环保和海上合作等八个具体合作领域。经过近十年的努力,共建"一带一路"倡议及其核心理念已写入联合国、二十国集团、亚太经合组织及其他区域组织的有关文件中,并推动沿线国家通过共商、共建、共享,实现互利共赢。更多地聚焦节点国家和重要项目,以造福沿线各国人民为出发点,为世界经济发展注入新动能,为全球治理做出新贡献,正在成为推动"一带一路"成为构建人类命运共同体的实践平台。

一、共建"一带一路"实践之政策沟通

我国积极开展与国际组织和沿线国家的政策沟通,为共建"一带一路"寻求制度保障,推动"一带一路"倡议与沿线国家的顶层设计和总体规划等政策有效对接,推动经济走廊共同规划和建设,取得明显成效。截至2021年

---

① 商务部援外司负责人详解"一带一路"合作发展项目[EB/OL]. http://www.gov.cn/xinwen/2017-05/15/content_5194160.htm.

② 林勇新. "一带一路"建设已进入精耕细作阶段[EB/OL]. http://world.people.com.cn/n1/2017/0518/c1002-29283814.html.

8月，"一带一路"倡议已得到包括联合国及安理会在内的多个国家和国际组织的积极响应和支持，我国已经与140个国家、地区，以及32个国际组织签署了"一带一路"合作协议。[①]

（一）双边合作取得积极进展

"一带一路"倡议积极对接俄罗斯"欧亚经济联盟"、欧洲"容克计划"、哈萨克斯坦"光明之路"、蒙古国"草原之路"、印度尼西亚"全球海洋支点"等发展规划，成为当前双多边国际合作的重要内容，体现了共商、共建、共享的原则。在"一带一路"倡议合作框架下，各参与国和国际组织求同存异，在经济发展规划和政策相关议题上充分沟通，结出了累累果实。下面以中国与欧亚经济联盟、欧洲复兴银行和哈萨克斯坦的双边合作为例展开讨论。

第一，中国与多边合作组织欧亚经济联盟积极沟通，将协商成果落实为制度安排，标志着中国与欧亚经济联盟各成员国的合作进入了制度引领的新阶段。

中亚地区素有"心脏地带"之称，更是被著名地缘政治学家布热津斯基称作"地缘政治之轴"，与位于"一带一路"沿线中亚各国的经济合作对于中国意义非凡。欧亚经济联盟是中亚地区重要的区域一体化组织，与其协商对接是深化与中亚各国经济合作的重要渠道。欧亚经济联盟各成员国大部分正处于发展的重要时期，在寻求道路基础设施投资、融入全球化寻求贸易投资合作、引入优质产能开展产能合作具有旺盛需求，同时其经济结构与中国高度互补，具有深入开展贸易投资合作的巨大潜力。数据显示，中国于2018年与联盟成员国贸易近1 348亿美元，投资近14亿美元。"一带一路"倡议合作框架下的中国与欧亚经济联盟的精诚合作既能推动中亚地区经济的持续稳定发展，加快区域经济一体化进程，更能维护中亚地区的和平与发展。

以《中华人民共和国与俄罗斯联邦关于丝绸之路经济带建设和欧亚经济

---

① 数说共建"一带一路"2022［EB/OL］. https：//www. yidaiyilu. gov. cn/xwzx/gnxw/299772. htm.

联盟建设对接合作的联合声明》的发表为标志，中国与俄罗斯联邦在 2015 年 5 月 8 日正式启动经贸合作方面的谈判①。在与俄罗斯联邦的前期接触之后，合作谈判主体于 2016 年 6 月正式扩大为欧亚经济联盟，代表欧亚经济联盟的欧亚经济委员会贸易委员尼基申娜在北京与中国商务部长共同签署联合声明，《关于正式启动中国和欧亚经济联盟经贸合作协议谈判的联合声明》的发表标志着谈判合作主体的进一步扩大。在此之后，中国与欧亚经济联盟展开了多层级、多形式的多轮谈判，根据记录，2016 年 10 月至 2017 年 9 月双方共进行了 5 轮谈判，其中包括了 3 次工作组会和 2 次高级别部长级磋商。伴随着《关于实质性结束中国与欧亚经济联盟经贸合作协议谈判的联合声明》由双方代表在杭州签署，谈判于 2017 年 10 月正式结束。在此之后，谈判成果由联合声明的形式进一步深化巩固为协定，《中华人民共和国与欧亚经济联盟经贸合作协定》（以下简称为《协定》）于 2018 年 5 月由中方代表与欧亚经济委员会执行委员会主席萨尔基相以及联盟各成员国代表共同签订，标志着合作的范围进一步扩大。该协定在经过双方国内的审批程序之后于 2019 年 10 月 25 日正式生效。②

《协定》作为"一带一路"合作倡议框架下与欧亚经济联盟对接的首项制度性安排，其形成有赖于各国领导人关于积极推动"一带一路"倡议与联盟各项发展战略融合对接的深刻共识，标志着"一带一路"倡议合作框架下中国与欧亚经济联盟各成员国的合作从多点开花的项目合作进入了系统全面的制度引领阶段，合作的深度和广度得到了大大增强。《协定》以经贸方面合作为核心内容，旨在为中国与欧亚经济联盟各成员国的双边经贸合作提供制度型保障，在推动中亚地区这个心脏地带的经济一体化进程的同时，加强中国与中亚各国的经济联系，为中国西部安全构建重要屏障，彰显了"一带一路"倡议在推动经济全球化、推动贸易便利化自由化、补充和促进多边贸易体制的积极作用。

---

① 中华人民共和国与俄罗斯联邦关于丝绸之路经济带建设和欧亚经济联盟建设对接合作的联合声明（全文）[EB/OL]. http：//www. gov. cn/xinwen/2015 – 05/09/content_2859384. htm.

② 《中国与欧亚经济联盟签署经贸合作协定》正式生效 [EB/OL]. http：//www. mofcom. gov. cn/article/i/jyjl/e/201910/20191002907786. shtml.

第二,中国以协商加入地区性重要投资机构欧洲复兴开发银行的形式,积极参与中亚、中欧及东南欧地区的投资,密切与这些地区的经济联系。

欧洲复兴开发银行作为推动欧洲原计划经济国家向市场经济转型的重要国际性投资金融机构,其投资目标从最开始的东欧地区逐步扩展为中亚、中欧及东南欧地区,旨在通过贷款、投资等财政手段推动目标地区的经济稳定增长。其股东包括 61 个国家或地区以及欧洲投资银行和欧洲委员会两个国际机构,以理事会为指导机构。与欧洲复兴开发银行的政策沟通合作有助于在已有投资发展机构中注入"一带一路"倡议的新生力量,让"一带一路"合作倡议融入东欧、中亚、中欧及东南欧地区的发展进程。

2016 年 1 月 15 日,中国正式决定加入《欧洲复兴开发银行成立协定》,同时接受经由欧洲复兴开发银行理事会批准通过的《关于中国成员资格的决议》。此后,由外交部部长和中国人民银行行长分别签署相关法律文件,王毅部长签署了加入书,周小川行长签署了股本认购函等函件。至此,相关法律程序完成,中国正式成为欧洲复兴开发银行股东,参与该行事务,承担成员责任,履行成员义务,并以此为平台加强中国与欧洲复兴开发银行及各成员国在各方面的经验共享和金融合作。[①]

欧洲复兴开发银行作为具有悠久历史和丰富投资经验的国际银行,中国加入该银行并与各成员国密切合作具有诸多好处。首先,加入欧洲复兴开发银行有助于我国借力于已有的成熟的金融投资框架和组织,填补"一带一路"倡议覆盖下的东欧、中欧、东南欧及中亚地区的金融合作空白。其次,在借鉴学习欧洲复兴开发银行在投资转型发展中国家的丰富经验和成熟模式的同时,与其积极开展合作亦有助于为中资企业和金融机构"走出去"贡献金融力量。最后,欧洲复兴开发银行是中国参与欧洲容克计划的重要渠道。欧洲复兴开发银行与欧洲委员会有悠久的合作历史,其积极参与欧洲委员会主席容克极力倡导的欧洲投资计划欧洲容克计划。中国可通过欧洲复兴开发银行,积极对接欧洲的投资计划,深化中方与欧洲在项目建设、产业合作、

---

① 中国正式成为欧洲复兴开发银行成员 [EB/OL]. http://www.gov.cn/xinwen/2016 – 01/15/content_5033326.htm.

技术交流等领域的合作互助。

第三，中国与以哈萨克斯坦为代表的国家进行政策沟通，积极对接国家层级的战略性的经济发展政策，最终促进了"一带一路"倡议与哈方"光明之路"新经济政策对接的逐步发展，从高层共识逐步落实为战略规划文件。

中亚地区在地缘政治学中被称为"心脏地带"，哈萨克斯坦共和国便是这颗心脏的中心，其作为世界上最大的内陆国，在中亚地区各国中拥有最广阔的国土面积和最大的经济总量。同时，哈萨克斯坦共和国作为与我国接壤边界线最长的邻国，与我国在政治、经济、文化等领域多有合作，是中国的全面战略伙伴。其中，"一带一路"倡议的最初提出便是在习近平总书记于2013年9月7日访问哈萨克斯坦共和国发表的演讲中，该演讲提出共同建设"丝绸之路经济带"的战略构想，赢得哈方的积极响应，时任哈方总统的纳扎尔巴耶夫表示完全赞同建设"丝绸之路经济带"，并表示愿通过加强经济、交通、人文等方面的互联互通，与中方一道构筑新的丝绸之路。

在此背景中，中国积极谋求在"一带一路"倡议合作框架下与哈萨克斯坦"光明之路"新经济政策的深入对接，并形成制度性的谈判成果。首先，在两国总理的共同见证下，中国国家发展改革委与哈萨克斯坦国民经济部于2014年12月14日共同签署了《关于共同推进丝绸之路经济带建设的谅解备忘录》，该备忘录强调了中方与哈方将深入探讨"一带一路"倡议与"光明之路"新经济政策的政策内涵，在此基础上寻求政策对接合作的空间，强调最终合作成果将以共同合作编制的战略对接文件的形式呈现。① 在此基础上，2015年12月14日，中方与哈方两国总理共同签署《中华人民共和国政府和哈萨克斯坦共和国政府联合公报》，强调尽快启动并加快"一带一路"倡议与"光明之路"新经济政策对接的战略规划联合编制工作。最后，在经过了近一年的密切协商后，《"丝绸之路经济带"建设与"光明之路"新经济政策

---

① 中哈签署关于共同推进丝绸之路经济带建设的谅解备忘录 [EB/OL]. http：//www. scio. gov. cn/ztk/wh/slxy/htws/Document/1388982/1388982. htm.

对接合作规划》于 2016 年 10 月正式推出，由中方和哈方联合发布。①

　　《"丝绸之路经济带"建设与"光明之路"新经济政策对接合作规划》（以下简称《规划》）的签署标志着"一带一路"倡议合作框架下第一个双边合作规划的诞生，是"一带一路"倡议框架下国家层面政策沟通的重要成果，充分展示了"一带一路"倡议与沿线各国经济发展战略对接的政策空间和合作潜力。同时，"一带一路"倡议与"光明之路"的成功对接作为成功的典型案例引导着"一带一路"合作框架下政策沟通工作的开展，具有重要的示范带头作用。首先，《规划》中高度重视为双方深入经贸合作提供以基础设施建设为主的硬件保障，明确指出以交通基础设施互联互通为首要合作重点，提出了简化过境程序、改善互联互通条件、在提高运输能力同时降低运输成本等一系列目标，并规划了中国—哈萨克斯坦—西亚、中国—哈萨克斯坦—南高加索/土耳其—欧洲、中国—哈萨克斯坦—俄罗斯—西欧三条重点建设的交通走廊。其次，在硬件保障之外，《规划》亦点明了出台合作政策进行软件保障的重点合作领域，包括标准互认、金融合作、税务磋商等方面，并指明下一步协商对接重点是中哈鼓励和保护相互投资协定草案的相关工作。最后，在产能合作方面，《规划》指出要传统优势产业合作与新兴产业发展齐头并进，鼓励企业在食品、纺织、汽车、工程机械等传统优势产业和新材料、新生物、新能源等战略新兴产业上共投共兴，深化合作，做大做强。《规划》从硬件、软件和落地产业三方面详细描绘了"一带一路"倡议框架下中哈双方的未来合作图景，是"一带一路"倡议下双边进行发展战略对接、深化务实合作的顶层设计的范例，对于"一带一路"倡议今后更多双边合作的开展提供了重要启示。

（二）多边合作领域取得重要进展

　　围绕"一带一路"倡议，中国与多个国家和国际组织在双边合作上取得了丰硕成果，在此之外，中国亦在"一带一路"倡议共商共建共享精神引领

---

① 中华人民共和国政府和哈萨克斯坦共和国政府关于"丝绸之路经济带"建设与"光明之路"新经济政策对接合作规划［EB/OL］. https：//www. ndrc. gov. cn/fzggw/jgsj/kfs/sjdt/201610/t20161013_1086130_ext. html.

下，积极开展多边合作并取得了重要进展。

在"一带一路"倡议合作框架下积极开拓更多多边合作领域的过程中，中国坚持两条基本工作思路。一是充分利用已有的多边合作机制，以当前多边合作机制作为战略对话的平台与渠道，加强与"一带一路"沿线各国的务实沟通，争取更多深化"一带一路"倡议框架下的经贸等多领域合作的协商成果。二是积极利用沿线各国区域性、地方性的非正式组织，如国际论坛、博览会等，借助其沟通平台，在加强民间互动、深入相互了解的同时，与沿线各国企业达成切实的经济合作成果，充分发挥其建设性作用。当前正式且影响广泛的多边合作机制包括上海合作组织、亚太经合组织、中国—东盟"10＋1"、中国—中东欧"16＋1"、亚欧会议、博鳌亚洲论坛、亚洲合作对话、中亚区域经济合作、湄公河次区域经济合作等。非正式组织中的国际论坛和博览会作为促进民间交流、企业自发合作的国际盛举，在推动"一带一路"沿线各国经济合作中亦有不可忽视的作用，具体包括中国国际投资贸易洽谈会、中国—亚欧博览会、中国—东盟博览会、中国—南亚博览会、中国—阿拉伯国家博览会、中国—俄罗斯博览会、欧亚经济论坛等。

在上述积极有效的工作思路指导下，"一带一路"框架下利益共创、利益共享的思想之花繁荣盛开，结出了多边合作的累累果实，具体体现在以下三个方面：

第一，共商共建"一带一路"倡议的核心理念被多次写入国际组织重要文件中，已成为国际共识。

"一带一路"倡议旨在推动全球化进程、带动沿线国家实现更稳定经济增长、为全球经济注入新增长动能的目标与诸多国际组织的组织目标高度契合，共商共建共享的核心理念更是得到国际社会的广泛认可。在此基础上，在国际社会的积极沟通和共同努力下，"一带一路"倡议的核心理念逐步从共同的愿景目标逐步落实为联合国、亚太经济组织、上海合作组织、二十国集团及其他国际组织的重要文件表述，彰显了国际社会的价值取向。以联合国为例，联合国对于"一带一路"倡议的首次表态发生于2016年11月，193个会员国通过决议共同呼吁为"一带一路"建设营造良好的国际环境，号召国际社会积极为其提供安全保障。① 在此之后，联合国安理会进一步于 2017 年 3 月通过第 2344 号决议，明确点明了在"一带一路"合作框架下充分开展区域经济合作的发展方向，并将与"一带一路"倡议精神息息相关的"人类命运共同体"理念载入联合国重要文件。在"一带一路"倡议的建设过程中，其他国际组织亦逐渐认识"一带一路"倡议核心理念的现实理性和独特作用，并纷纷表示支持。例如，上海合作组织于 2015 年 7 月发表《上海合作组织成员国元首乌法宣言》，对"丝绸之路经济带"的建设倡议表示支持。② 二十国集团于 2016 年 9 月发表《二十国集团领导人杭州峰会公报》，提出了与"一带一路"倡议相辅相成的"全球基础设施互联互通联盟"倡议。③《中国和阿拉伯国家合作共建"一带一路"行动宣言》、中拉《关于"一带一路"倡议的特别声明》、《关于构建更加紧密的中非命运共同体的北京宣言》等重要文件的发表亦表明了中国—阿拉伯国家合作论坛、中拉论坛、中非合作论坛对于"一带一路"倡议的欢迎与期待，"一带一路"倡议核心理念和重要精神均写入了上述重要文件之中。

第二，伴随着"一带一路"倡议建设的深入，"一带一路"倡议的成效逐步显现，越来越多国家和国际组织参与共建"一带一路"倡议的热情高涨，并转化为政府间合作文件数量的逐年增加。

"一带一路"框架下的中国与沿线各国的密切合作首先体现在经贸领域。例如，东盟国家积极在"一带一路"框架下推动与中国的自由贸易区共建，通过撤销非关税壁垒、减少关税等切实举措深化双方在投资、旅游、金融、农业等领域的精诚合作，共享互联互通的全球化红利。再例如，欧洲的重要投资计划"容克计划"与"一带一路"倡议存在广阔的政策对接空间，可实现"1 + 1 > 2"的协同投资效果，欧洲国家对于在"一带一路"框架下加强与中国经贸合作的深度与广度具有极高热情，"一带一路"倡议推动下的中

---

① 联大通过决议呼吁国际社会为"一带一路"建设提供安全环境［EB/OL］. http：//www. scio. gov. cn/m/31773/35507/35510/35524/Document/1528940/1528940. htm.

② 上海合作组织成员国元首乌法宣言（全文）［EB/OL］. http：//www. gov. cn/xinwen/2015 – 07/11/content_2895381. htm.

③ 二十国集团领导人杭州峰会公报［EB/OL］. http：//www. gov. cn/xinwen/2016 – 09/06/content_ 5105602. htm.

国与欧洲各国贸易往来逐年增加，发展势头良好。沿线各国和国际组织除了对"一带一路"倡议下的经贸相关领域合作具有较高参与热情，更期盼能够在"一带一路"倡议框架下推动更广范围的全球性重要议题的解决。例如，中国在"一带一路"倡议合作框架下与G20各成员国在中亚问题、中东问题、气候问题等重要性议题上积极推动合作。总而言之，秉持着求同存异的基本原则，在"一带一路"倡议共商共建共享、平等交流、精诚合作的精神引领下，"一带一路"倡议下的中国与沿线各国朋友圈和合作范围的进一步扩大是必然趋势，更多深化合作的切实举措值得期待。

第三，在"一带一路"倡议核心理念赢得广泛国际共识，"一带一路"朋友圈逐步扩大的同时，"一带一路"倡议下的沿线各国的专业合作领域亦得到了有效扩展，在把握传统优势产业合作的同时，更多战略性新兴产业成为合作的重点领域。

"一带一路"倡议下各国的重点合作领域首先在数字经济的发展与建设上，将"一带一路"打造建设为数字丝绸之路是"一带一路"高质量发展的重要内容。具体体现在《"一带一路"数字经济国际合作倡议》得到发起，中国与埃及、阿联酋、土耳其、沙特阿拉伯、塞尔维亚、泰国、老挝等16个国家签署深化数字丝绸之路建设合作的相关文件。[①] 在此之外，中国与49个国家和地区正式签署85份合作协议，同时发布相关行动指南（《标准联通共建"一带一路"行动计划（2018－2020年)》)。[②] 在数字经济合作之外，税收合作、知识产权保护合作、法治合作、能源合作亦在蓬勃发展中。在"一带一路"税收合作会议中，《阿斯塔纳"一带一路"税收合作倡议》得到发布，111个国家与地区共同加入"一带一路"倡议框架下的税收协定合作网络。[③] 在知识产权合作方面，《关于进一步推进"一带一路"国家知识产权务实合作的联合声明》由中国及49个"一带一路"沿线国家发布，代表着

---

① 《"一带一路"数字经济国际合作倡议》发布［EB/OL］. http：//www. cac. gov. cn/2018－05/11/c_1122775756. htm.

② 标准联通共建"一带一路"行动计划（2018－2020年）［EB/OL］. http：//www. scio. gov. cn/xwfbh/xwbfbh/wqfbh/37601/39274/xgzc39280/Document/1641459/1641459. htm.

③ 阿斯塔纳"一带一路"税收合作倡议［EB/OL］. http：//www. chinatax. gov. cn/n810219/n810744/n1671176/n1671181/c3474963/content. html.

"一带一路"沿线各国在知识产权保护、制度建设等方面的合作成果。① 此外，"一带一路"法治合作国际论坛、"一带一路"能源部长会议等活动的举办与召开，推动着"一带一路"沿线各国在提高法治能力、构建更紧密的能源合作伙伴关系方面迈出坚实步伐，形成了切实合作成果，包括《"一带一路"法治合作国际论坛共同主席声明》、国际商事法庭和"一站式"国际商事纠纷多元化解决机制等。②

（三）经济走廊建设稳步推进

"一带一路"倡议高质量发展以六大国际经济合作走廊为主要骨架，强调打造"六廊六路多国多港"大格局。其中，"六廊"便是指新亚欧大陆桥、中蒙俄、中国—中亚—西亚、中国—中南半岛、中巴和孟中印缅六大国际经济合作走廊。六大经济合作走廊横跨亚洲经济圈与欧洲经济圈，是联通亚欧经济圈的关键渠道和重要桥梁。形成互联互通大格局，建立并强化"一带一路"沿线各国精诚合作的伙伴关系，推动亚欧经济高效畅通实现一体化，发挥"一带一路"倡议在经贸合作方面的作用，要以建设六大国际经济合作走廊为主要工作抓手。下面分别介绍六大经济合作走廊的建设现状及建设成果。

第一，中国—中亚—西亚经济走廊。

中国—中亚—西亚经济走廊以基础设施互联互通、经济贸易互通、产能合作为重点合作领域，其中，与能源相关的产能合作在中国—中亚—西亚经济走廊得到蓬勃发展。伴随着"一带一路"高质量发展的不断推进，在上述领域合作的广度和深度都得到拓展。例如，双边国际道路运输协定相继签署，多边国际道路运输协议不断达成，在中国与西亚、中亚沿线各国在软联通方面不断取得突破。此外，中亚、西亚地区基础设施项目的建设与更新亦在紧锣密鼓进行中，硬联通连连发力。在能源合作方面，针对沙特等西亚国家丰富的能源资源，"一带一路"倡议以投资合作论坛为对话平台，积极推动

---

① 关于进一步推进"一带一路"国家知识产权务实合作的联合声明 [EB/OL]. https：//www. cnipa. gov. cn/art/2018/8/31/art_657_47868. html.

② "一带一路"法治合作国际论坛共同主席声明 [EB/OL]. http：//www. scio. gov. cn/31773/35507/htws35512/Document/1632818/1632818. htm.

"一带一路"倡议与沙特阿拉伯"2030 愿景"的产业对接，累计签订能源相关的合作协议价值高达 289 亿美元。此外，中国亦与伊朗在交通基础设施、能源等方面频频展开合作。

第二，中蒙俄经济走廊。

蒙古国和俄罗斯作为中国的邻国，与中国交往密切。中蒙俄经济走廊的建设以打通包含铁路、公路和边境口岸三大主体的跨境基础设施联通网络为主要建设内容，共建成果丰硕。中蒙俄经济走廊的建设以完善中国、蒙古国、俄罗斯三国合作工作机制为开端。《关于建立中蒙俄经济走廊联合推进机制的谅解备忘录》于 2018 年由三国正式签署，标志着三方合作工作机制的明确。在明确且完善的合作工作机制引导下，跨境基础设施项目纷纷上马，进展顺利。首先，铁路桥的建设项目以中俄同江—下列宁斯阔耶界河铁路桥为代表，中国境内一侧的工程于 2018 年 10 月建设完毕。公路桥以黑河—布拉戈维申斯克界河公路桥为代表，目前进展顺利。高铁项目的建设亦在开展当中，中俄企业联合体在莫喀高铁项目中开展扎实工作。跨境陆缆系统亦是中蒙俄经济走廊的重要建设内容。除了以上在硬联通的基础设施项目建设取得重要进展之外，国际道路运输的政府间协议签订完善软联通亦在发力，《关于沿亚洲公路网国际道路运输政府间协定》已得到中蒙俄三国核准并正式生效。其中，《建设中蒙俄经济走廊规划纲要》的发布标注着"一带一路"倡议合作框架下第一个多边经济合作走廊的诞生，为之后的密切合作提供了坚实的政治保障。①

第三，新亚欧大陆桥经济走廊。

新亚欧大陆桥经济走廊旨在连接亚洲和欧洲两大经济圈，以深化贸易互通、金融投资合作和基础设施合作为建设重点。在深化贸易交流方面，新亚欧大陆桥经济走廊发挥"一带一路"倡议的利益创造、利益共享机制，积极推动开放包容、互利共赢的伙伴关系的构建，在此基础上推动了"一带一路"沿线各国的经贸合作达到了新的水平。在投资合作方面，"一带一路"

---

① 建设中蒙俄经济走廊规划纲要（全文）[EB/OL]. http：//www. scio. gov. cn/31773/35507/ht-ws35512/Document/1524808/1524808. htm.

倡议积极对接欧洲投资计划,这亦在新亚欧大陆桥经济走廊的建设中得到体现。其中,《中国—中东欧国家合作索菲亚纲要》① 和《中国—中东欧国家合作布达佩斯纲要》② 的出台与发布明确了"一带一路"倡议框架下的中国与中东欧国家的合作内容,互联互通、互利互惠的合作平台逐步扩大,"一带一路"倡议下中国与欧洲各国在投资方面的务实合作密集开展。在基础设施建设方面,标志性的项目亦不断涌现。其中,中国西部—西欧国际公路(中国西部—哈萨克斯坦—俄罗斯—西欧)基本建成。

第四,中国—中南半岛经济走廊。

中国与东南亚地区国家的合作是"一带一路"倡议高质量发展的重要内容,东南亚各国与中国的贸易体量在"一带一路"沿线各国中首屈一指。中国—中南半岛经济走廊作为联通中国与中南半岛各国的重要经济走廊,其合作内容以共建跨境经济合作区、联通交通基础设施为重点。在经济合作方面,多种合作机制共同发挥作用,形成了丰富的制度性成果。在双边合作方面,中国—老挝经济走廊建设发展紧密进行中,泰国"东部经济走廊"寻求与"一带一路"建设的紧密对接。在多边合作方面,中国—东盟(10 + 1)合作机制、中国与柬老缅越泰(CLMVT)合作机制、澜湄合作机制、大湄公河次区域经济合作(GMS)均在推动中国—中南半岛经济走廊的建设发展中发挥了不可替代的显著作用。在基础设施建设方面,昆(明)曼(谷)公路建设完毕,中老铁路、中泰铁路等项目建设有条不紊。

第五,中巴经济走廊。

中巴经济走廊旨在加强"一带一路"倡议框架下的中国与巴基斯坦的密切合作。与其他经济走廊相同,中巴经济走廊同样重视交通基础设施建设、共建产业园区、实现能源合作等合作领域,强调以瓜达尔港为中心打造合作布局。值得注意的是,在推动中国、巴基斯坦双方合作进展时,中巴经济走廊在合作工作机制上进行了制度创新,中巴双方共同组建了中巴经济走廊联

---

① 中国—中东欧国家合作索菲亚纲要(全文)[EB/OL]. http://www. gov. cn/xinwen/2018 – 07/08/content_5304787. htm.

② 中国—中东欧国家合作布达佩斯纲要(全文)[EB/OL]. http://www. gov. cn/xinwen/2017 – 12/01/content_5243611. htm.

合合作委员会,委员会进行定期会晤共商合作事项,是"一带一路"倡议中共商、共建、共享基本原则的生动实践。在该工作机制领导下,一大批合作项目取得了重要进展,其中以港口、公路、轨道交通、发电站等基础设施建设和升级项目最为突出,包括瓜达尔港疏港公路、喀喇昆仑公路升级改造二期(哈维连—塔科特段)、白沙瓦至卡拉奇高速公路(苏库尔至木尔坦段)、卡西姆港1 320兆瓦电站、拉合尔轨道交通橙线等项目。

第六,孟中印缅经济走廊。

孟中印缅经济走廊建设以基础设施互联互通、经贸和产业合作园区共建共享、金融投资合作为中心,以孟中印缅四方共同组建的联合工作组为合作工作框架,开展了一大批项目合作,并取得了显著成果。在机制和制度建设方面卓有成效,例如,中国与缅甸组建了中缅经济走廊联合委员会,同时签署了与经济走廊建设发展相关的谅解备忘录。在基础设施建设方面,木姐—曼德勒铁路项目和皎漂经济特区深水港项目作为重点项目正在密切进行中。

(四) 小结

2021年11月19日,习近平总书记在第三次"一带一路"建设座谈会上强调:"通过共建'一带一路',提高了国内各区域开放水平,拓展了对外开放领域,推动了制度型开放,构建了广泛的朋友圈,探索了促进共同发展的新路子,实现了同共建国家互利共赢。"[①] 其中,制度型开放的深入依赖于政策沟通的充分进行。政策沟通的有效开展有助于将更多精英共识、国际社会共识转化为务实的政策对接成果,形成重要的外交文件,为道路联通、贸易畅通、货币流通、民心相通的持续发展提供安全稳定的国际环境和有效的政策保障。此外,政策沟通的充分进行有助于推动"一带一路"倡议与已有的沿线各国的经济发展战略、重大规划项目、宏观经济政策进行融合对接,形成合力,发挥协同效应,进一步发挥"一带一路"倡议的利益共创共享机制,在推动沿线各国获得发展红利的同时,使"一带一路"倡议的核心理念

---

① 习近平出席第三次"一带一路"建设座谈会并发表重要讲话[EB/OL].中国政府网,2021 – 11 – 20.

更为深入人心，"一带一路"倡议框架下合作的深度和广度进一步扩展。

二、共建"一带一路"实践之设施联通

我国积极推动"一带一路"沿线国家公路、铁路、水运、空运、能源、通信等基础设施建设和联通，以及与沿线国家相关法规体系的对接。"一带一路"倡议提出以来，推动各类设施有效联通不断取得新进展。

（一）交通基础设施

"一带一路"倡议提出以来，"一带一路"建设从无到有，从理念到行动，从一国倡议上升到全球性共识，取得了令人瞩目的成就。"道路通，百业兴"，基础设施投入不足是发展中国家经济发展的瓶颈，交通基础设施建设是"一带一路"的重点合作领域，一批国际、国内"一带一路"重点基础设施项目有序推进中，加快设施联通建设是共建"一带一路"的关键领域和核心内容。

1. 铁路设施

铁路是备受关注的"一带一路"基建领域，重点铁路项目包括中老铁路、中泰铁路、匈塞铁路、莫喀高铁、木姐—曼德勒铁路、雅万高铁、麦麦高铁、马来西亚东海岸铁路、马来西亚南部铁路、尼日利亚阿卡铁路、亚吉铁路、肯尼亚蒙内铁路、尼日利亚沿海铁路、中巴铁路、中吉乌铁路等，以及伊朗德黑兰—马什哈德铁路电气化改造、阿根廷贝尔格拉诺货运铁路改造、格鲁吉亚铁路现代化项目 T9 隧道、帕德玛大桥铁路连接线和中欧班列等相关铁路设施建设项目和合作机制。

（1）中老铁路。中老铁路旨在打通中国与老挝的铁路连接，是泛亚铁路规划的重要组成。中老铁路途经云南省玉溪市、普洱市、西双版纳、磨憨、琅勃拉邦和万象，途经城市包括了边境口岸、旅游胜地乃至一国首都等重要地理节点，对于提高中国与老挝的互联互通水平具有重要作用。中老铁路的建设进程有条不紊，项目于 2016 年 12 月正式启动，2017 年 6 月左右进入全

面施工状态，尽管受到新冠肺炎疫情的影响，中老铁路仍按原计划于 2021 年 12 月 3 日正式建成通车。中老铁路项目全程采用中国标准，是"一带一路"倡议下互联互通的标杆项目。中国段，即玉磨铁路正线，全长 508.53 千米。其中，玉溪至西双版纳段为双线，西双版纳至磨憨段为单线。总投资 505 亿元。老挝段，即磨丁至万象的铁路，全长 418 千米。总投资 374 亿元。项目承建单位为中铁五局、中铁国际、中铁八局、水电国际、电建国际、中铁二局等。

（2）中泰铁路。目前，泰国铁路采用的是米轨铁路，列车时速仅 50～60 千米。在第二届"一带一路"国际合作高峰论坛期间，中国、泰国与老挝三方签署一份有关三国铁路网络的合作备忘录，中泰铁路取得重大进展。中泰铁路是中国—东南亚铁路网络计划的一部分，最终将和中老铁路以及规划中的新马铁路相连。中泰铁路起于泰国北部口岸廊开府，终到首都曼谷及东部工业重镇罗勇府，全长 867 千米，是泰国第一条标准轨准高速铁路，是"一带一路"倡议中泛亚铁路的重要组成部分。一期工程连接曼谷与东北部的呵叻府，全长 253 千米，设计最高时速 250 千米。而整个一期工程又分四段施工，长度分别为 3.5 千米、11 千米、119.5 千米和 119 千米。

（3）匈塞铁路。匈塞铁路自匈牙利首都布达佩斯至塞尔维亚首都贝尔格莱德，全长 350 千米，将进行现代化改造，设计时速 200 千米/小时。其中，匈牙利境内 166 千米，塞尔维亚境内 184 千米。塞尔维亚贝尔格莱德至旧帕佐瓦段于 2017 年开工，是匈塞铁路项目首个开工段，是我国在欧洲参与建设的第一个铁路基础设施项目。匈塞铁路项目是中国—中东欧合作的标志性项目，也是中欧互联互通合作的重要组成部分，对于"一带一路"倡议与欧洲发展战略对接，深化中欧合作、实现共同发展具有重要意义。该项目总投资 100 亿元。塞尔维亚段目总承包商为中国交建、中铁国际联营体。匈牙利段项目总承包商为中铁国际集团有限公司、中国铁路国际有限公司、匈牙利铁路公司在匈牙利组建联营体。

（4）莫喀高铁。中蒙俄三国积极推动形成以铁路、公路和边境口岸为主体的跨境基础设施联通网络。莫喀高铁项目是俄罗斯 2008 年颁布的《2030 年运输发展规划》重要组成部分，线路西起俄罗斯首都莫斯科市，向东经莫斯科地区、弗拉基米尔地区、下诺夫哥罗德地区、楚瓦什共和国、马里埃尔共和国，东至鞑靼斯坦共和国首府喀山。全长 770 千米，设计最高时速 400 千米/小时，被誉为中国高铁 "走出去" 第一单。中俄同江—下列宁斯阔耶界河铁路桥中方侧工程已于 2018 年 10 月完工。黑河—布拉戈维申斯克界河公路桥建设进展顺利。中俄企业联合体基本完成莫喀高铁项目初步设计。项目建成后，莫斯科至喀山的运行时间将从 14 个小时缩短到 3.5 个小时。

（5）木姐—曼德勒铁路。中缅两国共同成立了中缅经济走廊联合委员会，签署了关于共建中缅经济走廊的谅解备忘录、木姐—曼德勒铁路项目可行性研究文件和皎漂经济特区深水港项目建设框架协议。木姐—曼德勒铁路全长 431 千米，设计时速为 160 千米/小时。这条铁路的轨距与中国相同，建好之后中缅两国的铁路可以无缝连接。

（6）雅万高铁。雅万高铁是印度尼西亚雅加达至万隆的高速铁路，项目全长 142 千米，最高设计时速 350 千米，是中国 "一带一路" 倡议和印度尼西亚海洋支点战略对接重大项目，也是中国高铁全方位整体走出去第一单，总投资 51.35 亿美元。雅万高铁由中国和印度尼西亚合资公司 Kereta Cepat Indonesia China（KCIC）负责建设和运营。该合资公司由中国铁路总公司牵头组成的中国企业联合体与印度尼西亚维卡公司牵头的印度尼西亚国企联合组成。中方联合体其他成员包括中国中铁（设计及施工）、中国电建（土建施工）、中国中车（动车组）、中国通号（列控系统）等。

（7）肯尼亚蒙内铁路。蒙内铁路东起肯尼亚东部港口蒙巴萨，西至首都内罗毕，全长约 480 千米，2017 年 5 月 31 日建成通车，总投资 38 亿美元。蒙内铁路是肯尼亚百年来建设的第一条现代化铁路，是肯尼亚《2030 远景规划》旗舰项目，仅铁路建设就拉动当地经济增长 1.5%，建成后更被誉为 "全球最值得体验" 铁路旅行线路之一。作为中肯、中非合作的标志性、示范性项目，蒙内铁路在促进肯尼亚经济社会发展、加快实现工业化及推进东非地区互联互通和一体化上意义深远，被誉为新时期中非 "友谊之路" "合作之路" "共赢之路"。根据远期规划，该铁路将连接肯尼亚、乌干达、卢旺达、布隆迪和南苏丹等东非国家。

（8）中吉乌铁路。根据规划，中吉乌铁路全长约 523 千米，其中中国境内 213 千米，吉尔吉斯斯坦境内 260 千米，乌兹别克斯坦境内约 50 千米，项目拟从中国新疆南疆的喀什向西出境，经吉尔吉斯斯坦卡拉苏，到达乌兹别克斯坦的安集延。可行性研究由中国路桥负责。2019 年 8 月 1 日，吉尔吉斯斯坦和乌兹别克斯坦两国元首举行会谈，表示乌吉两国正共同致力于尽快结束有关修建中吉乌铁路的谈判，推动项目尽快启动建设。

（9）阿根廷贝尔格拉诺货运铁路改造。阿根廷贝尔格拉诺货运铁路于 1876 年建成，具有悠久的历史，在连通阿根廷北部和中部地区、促进南北货物运输贸易方面发挥了不可替代的作用，是阿根廷重要的货物运输动脉。但是，由于年久失修、部件老化、技术未更新等问题，贝尔格拉诺货运铁路运力减弱，渐渐荒废。贝尔格拉诺货运铁路修缮更新迫在眉睫。2011 年，阿根廷政府提出了全面推进升级改造国内铁路的"铁路振兴计划"，在此背景下，"一带一路"倡议合作背景下的中国企业积极参与竞标。凭借着融资和性价比优势，中国机械设备工程股份有限公司拔得头筹。贝尔格拉诺货运铁路改造项目于 2014 年 9 月开始，从北部省份开始逐步重铺轨道，有效提高了火车运速和运力。

（10）中欧班列。中欧班列是"一带一路"倡议下基础设施互联互通的标杆项目，是联通"一带一路"沿线各国的集装箱国际铁路联运班列。在海运、空运等受到新冠肺炎疫情影响时，中欧班列在疫情期间发挥了重要的货物运输作用，甚至达到一箱难求的盛景。中欧班列积极探索多国合作对接、提高过境效率、减少运输成本的运行机制，其中《关于深化中欧班列合作协议》的签署便是中欧班列推动国际合作的典型代表。数据显示，截至 2020 年 12 月底，中欧班列累计开行数量 33 631 列，其中 2020 年开行中欧班列 12 406 列，发送 113.5 万标箱，同比分别增长 50%、56%，综合重箱率达 98.4%。[①] 年度开行数量首次突破 1 万列，单月开行均稳定在 1 000 列以上。[②]

---

① 2020 年中欧班列开行数量同比增长 50% ［EB/OL］. http：//www. mofcom. gov. cn/article/i/jyjl/e/202101/20210103028723. shtml.

② 中欧班列累计开行超 5 万列 ［EB/OL］. （2022 － 01 － 30）. http：//www. gov. cn/xinwen/2022 － 01/30/content_5671290. htm.

2. 公路设施

在公路设施建设国际合作方面，中国首先与沿线各国就国际道路运输便利化、国际道路直达运输等协议展开友好协商，并取得了丰硕成果。例如，《上海合作组织成员国政府间国际道路运输便利化协定》等多个双边、多边国际运输协定由中国与15个沿线国家接续签署。再例如，中国正式加入《国际公路运输公约》（TIR 公约）等。①

除了上述在国际公路运输便利化形成的诸多政府间合作协定之外，中国方面在打造"一带一路"公路设施全面联通体系方面持之以恒地发力。具体落实为，规划了一大批项目，其中一些重大的典型项目已经进入开工阶段。例如，在中国与东盟国家的互联互通中，已建设完成或者在规划建设中的高速公路达八条，旨在连接中国与东盟的两个重要铁路口岸，包括凭祥—同登铁路口岸和河口—老街铁路口岸。再例如，起于云南、旨在联通中国与老挝、泰国、越南、缅甸等东南亚国家的高速公路亦在密集建设中，其中中缅公路、中越公路、中老泰公路国内部分大多建设完成。云南之外，在广西亦建设服务于打通中国多省份与东南亚各国互联互通的陆路运输交通体系，例如广西崇左、靖西至龙邦的高速公路。在中国的西部，中国积极布局连接中国与中亚、西亚国家的陆路运输格局，包括与中亚国家的北中南三路，6条跨境公路。其中包括"一带一路"倡议下基础设施建设的典型项目卡拉奇高速公路、巴基斯坦喀喇昆仑公路二期等。

3. 港口设施

海运由于其运输成本低，历来是支撑全球化时代下繁荣国际贸易的主要运力。振兴海运，提高海洋运输是打造"一带一路"倡议下的"海上丝绸之路"的工作重点之一。港口作为与海上运输密切相连的基础设施，港口的建设与发展对于带动"一带一路"倡议合作框架下"海上丝绸之路经济带"的

---

① 中国加入《国际道路运输公约》［EB/OL］. http：//fec. mofcom. gov. cn/article/fwydyl/zgzx/201607/20160701368461. shtml.

发展与壮大具有基础性作用。在互联互通整体目标的引领下，中国企业积极参与在"一带一路"倡议框架下沿线国家的港口建设经营业务，我国企业的海运服务范围不断扩展，争取覆盖更多沿线沿海国家。八年间，中国港口企业积极参与"一带一路"倡议，不断深化国际合作，在国际大舞台上展示自身实力，也给"一带一路"沿线国家带去成熟的运营经验。以下以巴基斯坦瓜达尔港、希腊比雷埃夫斯港、斯里兰卡科伦坡港为例详细说明。

（1）巴基斯坦瓜达尔港。巴基斯坦瓜达尔港是一个地处阿拉伯海的国际深水港，紧扼从非欧大陆经红海、霍尔木兹海峡和波斯湾前往太平洋亚洲东部的多条重要航线的节点，被看作是"海上丝绸之路"的关键纽带。该港口于 2015 年底正式租给中国，租期为 43 年。作为中巴经济走廊建设的重点项目，巴基斯坦瓜达尔港由中国政府援建、中国交通建设股份有限公司承建。随着自由贸易区的建设，瓜达尔将成为该地区的商业中心。根据中巴经济走廊计划，中国海外港口控股公司参与扩建瓜达尔港，在现有多用途泊位以东 3.2 千米的滨海区域新建 9 个多用途泊位。

（2）希腊比雷埃夫斯港。希腊比雷埃夫斯港是希腊最大的港口，也是欧洲十大集装箱码头之一。该港口被视为"欧洲的南大门"，也是"21 世纪海上丝绸之路"通往中东欧的门户。港口天然条件好，不需要疏浚。2016 年，中远海运集团斥资 3 亿多欧元收购比雷埃夫斯港务局 67% 的股份，正式成为比港经营者。作为"一带一路"的重点港口，比雷埃夫斯港今后将成为中国货物进入欧洲的主要门户。依托该港口，中远海运已开通了远东经海运到比港，再由比港经铁路到中东欧的海陆联运路径，即"中欧陆海快线"。

（3）斯里兰卡科伦坡港。斯里兰卡科伦坡港是世界上最大的人工港之一，也是欧亚、太平洋、印度洋地区的重要中转港。2017 年 7 月，招商局港口控股有限公司以总价 14 亿美元的价格，与斯里兰卡港务局签署汉班托塔港为期 99 年的特许经营权协议。同年 12 月，招商局港口控股有限公司正式接管汉班托塔港，成立了汉班托塔国际港口集团有限公司。招商局港口控股有限公司接管汉班托塔港以来，已建成 12 个泊位，岸线总长 3 540 米。此外，招商局港口还投资建设了斯里兰卡科伦坡国际集装箱码头，该码头是科伦坡港目前唯一可接卸超大型船舶的码头。

4. 航空运输设施

航空运输的特定属性和特定功能决定了其在"一带一路"互联互通中大有可为,与陆路运输、海上运输互为补充、三位一体。"一带一路"倡议发起以来,中国与多个国家扩大了航权安排,积极拓展中国与各国在航空运输领域从基础设施建设到基础设施配套及运营经验共享等多方面的交流与合作。具体体现在三个方面:第一,发力航空运输中的关键基础设施——机场建设,助力"一带一路"沿线各国机场的基础设施建设与更新;第二,强化航空运输中的国际政府间合作水平,推动更多双边政府间航空运输协定的签订,形成更广阔、更一体、更开放的国际航空市场;第三,着力建设推动"一带一路"民航合作的相关平台,以促进更广泛的经验交流和相互赋能。

第一,发力航空运输中的关键基础设施——机场建设。机场建设涵盖专业多、科技含量高、产业链条长,涉及到工程设计、建设、设备集成、电子、信息、材料、机械制造等相关产业领域,项目引领作用强。而中国民航发展成果显著,机场建设方面经验丰富,受到"一带一路"沿线国家的欢迎和重视。"一带一路"倡议提出八年以来,中国企业承建了许多"一带一路"沿线国家机场的建设工程,比如北京城建集团有限责任公司承建了马尔代夫维拉纳国际机场改扩建工程、中国建筑股份有限公司承建了阿尔及尔新机场的建设工程、中国土木工程集团有限公司承建了尼日利亚阿布贾机场 6 个扩建项目的工程等。

第二,强化航空运输中的国际政府间合作水平,推动更多双边政府间航空运输协定的签订,推动"一带一路"倡议合作框架下航空运输互联互通水平的提高。数据显示,截至 2020 年初,双边政府间航空运输协定已由我国与127 个国家和地区正式签署确认。已签订的双边政府间航空运输协定内容总体服务于"一带一路"倡议下一体化航空运输体系的构建,具体包括以下几个方面:首先,中国已经与"一带一路"沿线 96 个国家和地区签订了双边政府间航空运输协定,其中有 54 个国家的双边政府间航空运输协定内容中明确提到了保持定期客运、货运通航;其次,在航权安排方面,中国积极组织与俄罗斯、以色列、亚美尼亚、马来西亚、印度尼西亚、柬埔寨、孟加拉国、蒙古国等沿线国家的双边航空会谈,在平等协商后成功扩大了航权安排。统计数据显示,与中国实现直航的"一带一路"沿线国家有 45 个,周平均航班数为 5 100 个。与此同时,中国航空公司及"一带一路"沿线各国航空公司共同发力,积极运营连接中国城市与沿线国家重要城市的定期往返航线。数据显示,在 2018 年夏秋旅游旺季,受新冠肺炎疫情影响之前,总共有 29 家中方航空运营公司开辟中国至沿线国家 81 个城市的航线,周平均航班数为 2 849 班,包括 2 751 班客运航班和 98 班货运航班;与此同时,90 家来自"一带一路"沿线各国的航空公司亦积极运营从沿线各国城市出发抵达中国 52 个城市的定期航班,周平均航班数高达 2 346 班,包括 2 204 班客运航班和 142 班货运航班①。

第三,着力建设推动"一带一路"民航合作的相关平台,以促进更广泛的经验交流和相互赋能。首先,中国积极利用已有的航空运输区域合作对话平台机制,加强与沿线各国对话,推动更多民航合作务实成果的产生。例如,中国以国际民航组织为对话平台,与该组织签订了合作意向书,共同推动"一带一路"沿线民航发展。再例如,中国积极参与亚太地区民航部长级会议,并借助该平台与 19 个国家及国际组织以双边会议的形式开展积极对话,最终落实为《北京宣言》,推动"一带一路"倡议互联互通愿景和互利共赢核心理念在民航合作领域得到进一步的落实。② 其次,在充分利用已有的航空合作平台之外,中国打开思路、积极拓展更多的对话机会,既包括作为主办方和发起方推动更多民航交流盛事的举办,也包括在"金砖五国"、东盟等已有宽领域的国际合作组织讨论中更多引进民航合作话题,在国家元首访问时与沿线各国领导人热烈讨论民航合作等。例如,中国作为中欧航空安全年会的首个举办方,拓展了一个推动中欧民航友好交流、共同发展的有益平台。例如,中国高度重视与"金砖五国"在民航领域的深度合作,《关于区

---

① 通讯:中国企业为"一带一路"建设架设"空中桥梁" [EB/OL]. http://www.gov.cn/xin-wen/2018 – 09/14/content_5321785. htm#1.

② 首届亚太地区民航部长级会议讨论通过《北京宣言》 [EB/OL]. http://www.caac.gov.cn/ZT-ZL/RDZT/2021BNWY/KYFZ/202107/t20210712_208395.html.

域航空伙伴关系的谅解备忘录》由中方民航局与其余"金砖四国"民航主管部门共同签署，明确了合作内容、合作方式和合作机制。再例如，《中国—东盟航空安全事故/事件调查合作谅解备忘录》得到了中国与东盟十国的正式签署，深化了航空安全技术领域的合作交流。

（二）能源基础设施

"一带一路"贯穿亚欧非大陆连接世界各国，东起活跃的东亚经济圈，西至发达的欧洲经济圈，经济发展潜力巨大的发展中国家地处中间广大腹地，沿线分布着世界最主要的能源生产国、消费国和通道国。"一带一路"是世界经济与能源的心脏地带，能源合作是"一带一路"倡议的重要基础和支撑。对于"一带一路"倡议框架下能源合作的基本原则、合作目标、主要合作领域等问题，中国于2017年5月发布《推动"一带一路"能源合作愿景与行动》（以下简称《愿景与行动》）对上述涉及进一步开展能源合作的重要问题进行了深入阐释，发挥了提纲挈领的引导作用。① 其中，《愿景与行动》对合作原则进行了强调，明确提出在能源合作的过程中要坚持开放包容，确保沿线各国能够平等、广泛参与，秉持求同存异、共商共建共享的基本原则，推动更多能源合作的务实成果的产生。

1. 硬联通：能源基础设施建设方面

与能源相关的基础设施硬件主要包括原油管道、天然气管道等油气官网的建设与运营，以及海外电站电网的建设，中国与"一带一路"沿线国家在这些能源基础设施的建设与运营上精诚合作，成果丰硕。首先，中国与"一带一路"沿线国家积极探索国际政府间能源合作的工作机制，推动一系列为进一步能源合作提供政治保障的合作框架协议和谅解备忘录得到合作各国的签署，在油气、电力、煤炭、核电、新能源等重要能源领域的合作有序开展，并产生了一批能源合作的标杆项目。具体包括中俄原油管道、中俄天然气管

---

① 推动"一带一路"能源合作愿景与行动［EB/OL］. http：//www. scio. gov. cn/31773/35507/htws35512/document/1552329/1552329. htm? from = timeline.

道、中国—中亚天然气管道等。在推动中国与沿线各国的能源合作过程中，国有能源企业发挥了不可替代的作用，中石油、中石化、国家电网等企业在"一带一路"倡议号召下迈开了"走出去"的坚实步伐，以切实工作推动沿线各国油气管道的畅通和电站电网的逐步建设。这不仅对于中国的能源安全具有重大的保障作用，更提供了中国企业"走出去"的典范，彰显了中国企业的"走出去"对于当地经济发展的重要促进作用。

值得注意的是，在打造绿色"一带一路"的目标引领下，新能源与可再生能源成为各国合作的重点。在"一带一路"倡议能源合作框架下，中国与沿线各国的能源国际合作除了石油、天然气等传统能源外，已逐步纳入致密油气、页岩油气、煤层气等非常规油气及核能及太阳能、风能等各类新能源。具体包括以希玛核电项目、卡拉奇核电项目为代表的核能合作项目，以卡洛特水电站为代表的水电合作项目等。除核电外，在太阳能、风能、碳交易等领域，中国也结合具体情况，与各国在投资、技术、金融等领域展开了合作。

2. 软联通：能源资源合作方面

"一带一路"倡议提出以来，一批重点能源资源合作项目建设已取得积极进展。在制度建设方面，中国积极寻求更有利于推动沿线各国能源合作水平的制度创新和政策保障，重视将理念共识转化为务实有效的外交文件的签署，包括谅解备忘录、合作协议书等丰富形式。此外，在加强双边信任合作关系方面，中国积极寻求与沿线各国确立能源合作伙伴关系。例如，借助"一带一路"能源部长会议的对话平台，《建立"一带一路"能源合作伙伴关系联合宣言》得到了中国与阿富汗等 17 个国家的联合发布，标志着中国与该 17 个国家于 2019 年正式建立伙伴关系。[①]

推动"一带一路"倡议合作框架下能源合作的切实进展，无论是硬件方面还是软件方面，依赖于"一带一路"倡议的价值共创、利益共享机制。中

---

① 申冉．中国与 17 国发布建立"一带一路"能源合作伙伴关系部长联合宣言 [EB/OL]. https://www.yidaiyilu.gov.cn/xwzx/gnxw/69155.htm.

国与沿线各国共同的、广泛的能源利益是各国能源合作的最大推动力和最根本保障。

（三）信息网络设施

1. 通信网络设施建设

提高国际通信网络设施的互联互通水平，对于推进新一代信息通信技术应用普及，提升区域的信息化服务水平，推动"一带一路"沿线国家和地区经济社会发展具有重要作用。"一带一路"倡议提出以来，"一带一路"沿线国家共同推进跨境光缆等通信网络建设，提高国际通信互联互通水平。中国已与"一带一路"沿线 12 个国家建有多条跨境光缆和国际海缆，中缅、中巴、中吉、中俄跨境光缆信息通道建设取得明显进展，中国分别与吉尔吉斯斯坦、塔吉克斯坦、阿富汗签署丝路光缆合作协议，实质性启动了丝路光缆项目。2017 年 5 月 12 日，在"一带一路"国际合作高峰论坛期间，中国与国际电信联盟签署《关于加强"一带一路"框架下电信和信息网络领域合作的意向书》。积极推进基础电信企业参与"中国—东盟信息港"、非洲"六纵六横"骨干光缆等建设。2015 年和 2017 年，我国先后发布《推动共建丝绸之路经济带和 21 世纪海上丝绸之路的愿景与行动》①和《"一带一路"建设海上合作设想》②，提出要"规划建设洲际海底光缆项目""推动共同规划建设海底光缆项目，提高国际通信互联互通水平"。

2. 数字商务平台建设

在中缅、中巴、中老经济走廊，中印经济合作战略对话、中国中东欧国家合作等机制下，数字经济成为各方共同关注和积极探索的合作领域。数字基础设施的加快完善，为"数字丝绸之路"的互联互通奠定坚实基础。"一

---

① 推动共建丝绸之路经济带和 21 世纪海上丝绸之路的愿景与行动［EB/OL］. http：//hr. mofcom. gov. cn/article/jmxw/201503/20150300925991. shtml.

② "一带一路"建设海上合作设想［EB/OL］. http：//www. gov. cn/xinwen/2017 - 06/20/content_5203985. htm.

带一路"倡议提出八年以来，在各方共同参与下，信息基础设施互联互通水平得到有效提升，"一带一路"沿线国家和地区信息高速公路建设进一步延伸，宽带网络基础设施、移动互联网及物联网平台建设不断提速。2017 年 12 月 3 日，在第二届世界互联网大会上，中国与老挝、沙特、塞尔维亚、泰国、土耳其、阿联酋等国家相关部门共同发起《"一带一路"数字经济国际合作倡议》①。中国已经与 16 个国家签署加强"数字丝绸之路"建设合作文件，"数字丝绸之路"建设已成为共建"一带一路"的重要组成部分，"数字丝绸之路"建设将在多层次区域合作发展上持续发力。"一带一路"倡议提出以来，围绕电子商务、智慧城市等数字经济领域的合作，已有深圳、杭州、重庆等多个国内城市与国外城市建立了合作机制，"一带一路"城市间合作稳步推进。同时，广西启动的中国—东盟信息港建设、宁夏开展的中阿数字（网上）丝绸之路建设等，从数字经济不同维度推进务实合作，为多层次区域合作打下了基础。

（四）小结

1. 重大项目建设构建起复合型基础设施网络

设施联通是共建"一带一路"的优先领域，自"一带一路"倡议提出以来，我国与"一带一路"沿线国家的陆、海、空、网"四位一体"的互联互通网络已初具规模。中老铁路、中泰铁路、雅万高铁、匈塞铁路等项目扎实推进，瓜达尔港、汉班托塔港、比雷埃夫斯港、哈利法港等项目进展顺利，空中丝绸之路建设加快，已与 126 个国家和地区签署了双边政府间航空运输协定，中俄原油管道、中国—中亚天然气管道、中俄天然气管道东线等能源项目有序推进。从公路到铁路，从海运到航空，从油气管线到海陆光缆，我国与"一带一路"沿线国家逐步构建起陆海空全方位，交通、能源和通信复合型互联互通网络。

---

① "一带一路"数字经济国际合作倡议发布 [EB/OL]. http：//www. cac. gov. cn/2018 – 05/11/c_1122775756. htm? from = timeline.

2. 基础设施便利化水平大幅提升

在重视硬件设施建设的同时，我国也重视通过规章制度、合作模式等方面的创新，提升基础设施便利化水平。截至 2020 年 12 月，中欧班列运行线路达 73 条，累计开行超过 3 万列，覆盖 21 个国家的 92 个城市，成为沿途国家促进互联互通、提升经贸合作水平的重要平台。2020 年，中欧班列共开行 12 406 列，年度开行数量首次突破"万列"大关，单月开行均稳定在一千列以上，为畅通全球产业链、满足沿线国家老百姓的消费需求以及搭建中欧携手抗疫的"生命通道"都发挥了重要作用。此外，我国与"一带一路"沿线 15 个国家签署了包括《上海合作组织成员国政府间国际道路运输便利化协定》《关于沿亚洲公路网国际道路运输政府间协定》在内的 16 个双多边运输便利化协定。《大湄公河次区域便利货物及人员跨境运输协定》修订实施取得突破性进展。中华人民共和国交通运输部等 8 部委出台了《关于贯彻"一带一路"倡议加快推进国际道路运输便利化的意见》，推动交通运输互联互通法规和体系对接，增进"软联通"。这些协定的签署，大大提升了"一带一路"沿线国家的国际运输便利化水平。

三、共建"一带一路"实践之贸易畅通

贸易畅通是共建"一带一路"的重要内容，共建"一带一路"已在贸易投资便利化、消除贸易壁垒、营造良好营商环境等促进贸易畅通方面取得了初步成效，贸易规模持续扩大，贸易结构不断优化，服务贸易增长迅速，跨境电商蓬勃发展，贸易便利化水平持续提升，贸易网络进一步完善，贸易开放和创新程度不断提高，各国借助共建"一带一路"倡议持续推进经济全球化浪潮。

（一）与沿线国家货物服务贸易日益繁盛

2020 年，我国对"一带一路"沿线国家货物出口总额达到 179 326 亿元，比上年增长 4%。2014～2019 年，中国与"一带一路"沿线国家货物贸

易进出口总额超过 44 万亿元，占中国货物贸易总额的比重不断提升，年均增长率达 6.1%，高于同期中国对外贸易增速。① 其中，2020 年全年与"一带一路"沿线国家货物贸易进出口总额超过 8 万亿元，同比增长 0.7%，占中国货物贸易总额的比重近 30%。中国已成为"一带一路"沿线 25 个国家的最大贸易伙伴，与 2013 年相比，越南、埔寨、东帝汶、马尔代夫、亚美尼亚、塞尔维亚等沿线国家与中国 2019 年贸易额增幅超过 2 倍，马来西亚、沙特阿拉伯、越南、新加坡、菲律宾和泰国位列中国 2019 年货物进出口贸易增幅最大的前十大国家。

中国与沿线国家服务贸易由小到大、稳步发展。2018 年，中国与"一带一路"沿线国家和地区服务贸易进出口额达 1 217 亿美元，同比增长 24.5%，占中国服务贸易总额的 15.4%，同比提高了 1 个百分点。② 旅游服务贸易增长迅猛，中国游客每年赴沿线国家旅游超过 2 500 万人次，已成为这些国家的最大客源国，有效带动当地经济增长和就业，促进民间交流和经贸合作。在对外承包工程和重大援助项目的带动下，中国与"一带一路"沿线国家和地区建筑服务贸易合作成效突出。服务外包、中医药服务等高附加值的新兴领域合作也快速增长。中国分别与中东欧国家和金砖国家签署《中国—中东欧国家服务贸易合作倡议》《金砖国家服务贸易合作路线图》，与 14 个国家建立服务贸易双边合作机制。

同时，跨境电子商务等新业态、新模式正成为推动贸易畅通的重要新生力量。截至 2020 年 6 月，中国共设立 105 个跨境电子商务综合试验区（见表 4 - 1），各综合试验区企业建设海外仓超过 1 200 个，服务范围覆盖全球。中国商品通过跨境电商销往俄罗斯、以色列、韩国、越南等 100 多个签署了共建"一带一路"合作文件的国家和地区，线上商贸范围从欧亚拓展到非洲多国。2019 年，中国海关跨境电子商务管理平台零售进出口商品总额达 1 862.1 亿元，同比增长 38.3%，市场采购贸易额 5 629.5 亿元，同比增长

---

① 2019 年中国对"一带一路"沿线国家进出口 9.27 万亿元 [EB/OL]. http：//sg. mofcom. gov. cn/article/ydyl/202001/20200102930381. shtml.

② 于佳欣，王雨萧. 2018 年我国与"一带一路"沿线国家和地区服务进出口额超 1 200 亿美元 [EB/OL]. http：//www. gov. cn/xinwen/2019 - 05/22/content_5393842. htm.

19.7%，两者合计对我国外贸增长贡献率近 14%。①"丝路电商"合作蓬勃兴起，截至 2019 年底，中国已与 22 个国家（见表 4 - 2）建立双边电子商务合作机制，在金砖国家等多边机制下形成电子商务合作文件，合作伙伴遍及五大洲，通过搭建政企对话平台、开展联合研究、加强能力建设等多种合作方式，推动海内外企业对接和全球品牌培育迈出实质性步伐。

表 4 - 1 中国跨境电子商务综合试验区

时间	试点城市
2015 年 3 月 7 日（第一批）	杭州
2016 年 1 月 6 日（第二批）	天津、上海、重庆、合肥、郑州、广州、成都、大连、宁波、青岛、深圳、苏州
2018 年 7 月 24 日（第三批）	北京、呼和浩特、沈阳、长春、哈尔滨、南京、南昌、武汉、长沙、南宁、海口、贵阳、昆明、西安、兰州、厦门、唐山、无锡、威海、珠海、东莞、义乌
2019 年 12 月 24 日（第四批）	石家庄、太原、赤峰、抚顺、珲春、绥芬河、徐州、南通、温州、绍兴、芜湖、福州、泉州、赣州、济南、烟台、洛阳、黄石、岳阳、汕头、佛山、泸州、海东、银川
2020 年 4 月 27 日（第五批）	雄安新区、大同、满洲里、营口、盘锦、吉林、黑河、常州、连云港、淮安、盐城、宿迁、湖州、嘉兴、衢州、台州、丽水、安庆、漳州、莆田、龙岩、九江、东营、潍坊、临沂、南阳、宜昌、湘潭、郴州、梅州、惠州、中山、江门、湛江、茂名、肇庆、崇左、三亚、德阳、绵阳、遵义、德宏傣族景颇族自治州、延安、天水、西宁、乌鲁木齐

资料来源：笔者整理自一带一路网。

表 4 - 2 与中国建立双边电子商务合作机制的国家

时间	国家
2016 年	智利
2017 年	匈牙利、爱沙尼亚、柬埔寨、澳大利亚、巴西、越南、新西兰

① 2019 年跨境电商零售进出口总值 1 862.1 亿元 [EB/OL]. http：//swt. fujian. gov. cn/xxgk/swdt/swyw/gnyw/202001/t20200115_5180741. htm.

时间	国家
2018 年	奥地利、哈萨克斯坦、俄罗斯、科威特、阿联酋、卢旺达、冰岛、阿根廷、巴拿马
2019 年	意大利、哥伦比亚、乌兹别克斯坦、瓦努阿图、萨摩亚

资料来源：笔者整理自一带一路网。

（二）贸易合作平台建设不断取得突破

各类贸易合作平台为商品和服务推广、投资及培养增长新动力提供了重要载体。一是贸易投资促进平台作用凸显。"一带一路"倡议提出以来，中国国际进口博览会、中国进出口商品交易会、国际服务贸易交易会、中国国际投资贸易洽谈会等国家级展会平台质量和影响力不断提升，对深化中国与"一带一路"沿线国家经贸合作发挥着越来越突出的作用，已成为促进中国与相关国家贸易畅通的重要平台。二是境外经贸合作区成为产业合作的重要依托。中国企业在"一带一路"沿线国家推进建设境外经贸合作区，对促进东道国经济社会发展、推动工业化进程和产业升级、深化经贸合作发挥积极作用。中国—白俄罗斯工业园、柬埔寨西哈努克港经济特区、泰国泰中罗勇工业园、越南龙江工业园、中阿（联酋）产能合作园区、中埃苏伊士经贸合作区、中匈宝思德经贸合作区等建设成效显著。三是边境经济合作区、跨境经济合作区平台作用提升。中国已建立 17 个边境经济合作区，中哈霍尔果斯国际边境合作中心和中老磨憨—磨丁经济合作区等跨境经济合作区，成为沿边地区积极参与"一带一路"建设及开展边境经济合作的重要平台。

自由贸易试验区、自由贸易港建设不断提速。2013 年 8 月至 2020 年 9 月，中国分多批次批准设立了 21 个自由贸易试验区（见表 4 - 3），形成"1 + 3 + 7 + 1 + 6 + 3"覆盖东西南北中的改革开放创新格局，为不断完善开放型经济新体制、探索高标准国际经贸规则提供了新的制度供给、经验方法和实践模式。2018 年 4 月，中国决定支持海南全岛建设自由贸易试验区，探索中国特色自由贸易港建设，2020 年 6 月 1 日，《海南自由贸易港建设总体方案》印发，海南自由贸易港建设开启新征程。中国自由贸易试验区、自由贸易港深入推进制度创新和对外开放高地建设，探索实施高水平贸易投资自由化、便利化政策，紧密结合自身地缘特色和文缘特点，强化与"一带一路"沿线国家交流合作，为推进"一带路"贸易畅通、推动构建更高水平开放观经济新体制作出积极贡献。

表4-3 中国自由贸易试验区建设情况

批复设立时间	自由贸易试验区名称
2013 年 8 月	中国（上海）自由贸易试验区
2015 年 4 月	中国（广东）自由贸易试验区、中国（天津）自由贸易试验区、中国（福建）自由贸易试验区
2017 年 3 月	中国（辽宁）自由贸易试验区、中国（浙江）自由贸易试验区、中国（河南）自由贸易试验区、中国（湖北）自由贸易试验区、中国（重庆）自由贸易试验区、中国（四川）自由贸易试验区、中国（陕西）自由贸易试验区
2018 年 9 月	中国（海南）自由贸易试验区
2019 年 7 月	中国（上海）自由贸易试验区临港新片区
2019 年 8 月	中国（山东）自由贸易试验区、中国（江苏）自由贸易试验区、中国（广西）自由贸易试验区、中国（河北）自由贸易试验区、中国（云南）自由贸易试验区、中国（黑龙江）自由贸易试验区
2020 年 9 月	中国（北京）自由贸易试验区、中国（安徽）自由贸易试验区、中国（湖南）自由贸易试验区、中国（浙江）自由贸易试验区扩展区域

资料来源：笔者整理自中国自由贸易区服务网。

自贸区网络体系逐步形成。中国加强与沿线各国政策沟通协调，与东盟、巴基斯坦、格鲁吉亚、马尔代夫、智利、毛里求斯等多个国家和地区签署或升级了自由贸易协定，与欧亚经济联盟签署经贸合作协定。截至 2020 年底，中国已与 25 个国家和地区签署了 21 个自由贸易协定（见表 4-4），其中与"一带一路"沿线 13 个国家签署了 7 个自由贸易协定，正在推动 18 个自贸区（FTA）谈判。中日韩自由贸易协定商谈稳步推进；中国—柬埔寨自贸谈判已完成；《亚太贸易协定第二修正案》即第四轮关税减让成果生效实施；《中华人民共和国与欧亚经济联盟经贸合作协定》生效实施。2020 年 11 月 15 日，历经 8 年、31 轮正式谈判，在 15 国领导人共同见证下，各成员国代表正式签署了《区域全面经济伙伴关系协定》（RCEP），标志着全球最大的自由贸易区成功启航，是东亚区域经济一体化新的里程碑，RCEP 现有 15 个成员国，总人口、经济体量、贸易总额均占全球总量约 30%，意味着全球约 1/3 的经济体量形成一体化大市场。[①] 这将有力支持自由贸易和多边贸易体制，促进国际全方位合作，稳定区域产业链供应链，助推区域和世界经济可持续发展。

表 4–4　　　　　　　　　　中国已签订的部分自由贸易协定

签订方	启动时间	签署时间	签订协定
中国—智利	2004 年 11 月	2005 年 11 月	《中国—智利自由贸易协定》
中国—巴基斯坦	2005 年 4 月	2006 年 11 月	《中国—巴基斯坦自由贸易协定》
中国—新西兰（含升级）	2004 年 11 月	2008 年 4 月	《中国—新西兰自由贸易协定》《中国—新西兰关于升级〈中华人民共和国政府与新西兰政府自由贸易协定〉的议定书》
中国—新加坡	2006 年 10 月	2008 年 10 月	《中国—新加坡自由贸易协定》
中国—秘鲁	2007 年 9 月	2009 年 4 月	《中国—秘鲁自由贸易协定》
中国—东盟	2002 年 11 月	2009 年 8 月	《中国—东盟自由贸易区投资协议》
中国—哥斯达黎加	2008 年 11 月	2010 年 4 月	《中国—哥斯达黎加自由贸易协定》
中国—冰岛	2006 年 12 月	2013 年 4 月	《中国—冰岛自由贸易协定》
中国—瑞士	2011 年 1 月	2013 年 7 月	《中国—瑞士自由贸易协定》
中国—韩国	2012 年 5 月	2015 年 6 月	《中国—韩国自由贸易协定》
中国—澳大利亚	2005 年 4 月	2015 年 6 月	《中国—澳大利亚自由贸易协定》
中国—东盟（"10+1"升级）	2014 年 8 月	2015 年 11 月	《中国与东盟关于修订〈中国—东盟全面经济合作框架协议〉及项下部分协议的议定书》
中国—格鲁吉亚	2015 年 12 月	2017 年 5 月	《中国—格鲁吉亚自由贸易协定》
中国—马尔代夫	2015 年 9 月	2017 年 12 月	《中国—马尔代夫自由贸易协定》

① 《区域全面经济伙伴关系协定》（RCEP）于 2022 年 1 月 1 日正式生效［EB/OL］. http：//www.mofcom.gov.cn/article/syxwfb/202112/20211203233822. shtml.

续表

签订方	启动时间	签署时间	签订协定
中国—新加坡（升级）	2015年11月	2018年11月	《自由贸易协定升级议定书》
中国—毛里求斯	2017年12月	2019年10月	《中国—毛里求斯自由贸易协定》
中国—巴基斯坦第二阶段	2011年3月	2019年4月	《中国政府和巴基斯坦政府关于修订〈自由贸易协定〉的议定书》
中国内地—港澳地区			《内地与澳门关于建立更紧密经贸关系的安排》
中国—智利（升级）	2016年11月	2020年7月	《中国政府与智利政府关于修订〈自由贸易协定〉及〈自由贸易协定关于服务贸易的补充协定〉的议定书》
中国—柬埔寨	2020年1月	2020年10月	《中国—柬埔寨自由贸易协定》
15个成员国	2012年	2020年11月	《区域全面经济伙伴关系协定》（RCEP）

资料来源：笔者整理自中国自由贸易区服务网。

（三）贸易便利化水平稳步提高

中国推进"一带一路"沿线国家"智慧海关、智能边境、智享联通"合作，建立国际贸易"单一窗口"试点，持续推动口岸互联互通。2019年，中国对外签署的海关检验检疫合作文件共198份，涉及"一带一路"沿线国家89份。初步建成"一带一路"海关信息交换和共享平台，与智利、巴基斯坦、新加坡、格鲁吉亚等国共建原产地电子联网，倡议实施"海关铁路运营商推动中欧班列安全和快速通关伙伴合作计划"（"关铁通"）。以"一带一路"沿线国家和重点贸易国家为重点，加快推进"经认证的经营者"（AEO）国际互认合作，已与15个经济体的42个国家和地区签署AEO互认安排，互认国家和地区数量居全球首位，其中包括18个"一带一路"沿线国家和地区。推进农副产品快速通关，与哈萨克斯坦、塔吉克斯坦、吉尔吉斯斯坦、越南、蒙古国等邻国相继开通7条边境口岸农副产品快速通关"绿色通道"，通关时间缩短90%。推动人员通关便利化，在18个航空、陆路口岸设置89

条"一带一路"人员便利通道。①

中国深度参与国际税收规则制定，与经济合作与发展组织（OECD，简称经合组织）、国际货币基金组织、联合国国际税务合作专家委员会、税收征管论坛等主要国际组织建立紧密合作关系，与包括"一带一路"沿线国家在内的 121 个国家和地区税务主管当局建立双边税收合作机制，与 111 个国家和地区签订税收协定，包括 80 个"一带一路"建设参与方。② 2019 年，中国成功举办第一届"一带一路"税收征管合作论坛，与沿线国家共同签署《"一带一路"税收征管合作机制谅解备忘录》，构建"一带一路"税收征管合作机制，组建"一带一路"税收征管能力促进联盟。作为促进贸易和投资自由化、便利化的重要举措之一，建立共建"一带一路"税收征管合作机制，截至 2020 年共有 36 个理事会成员、28 个观察员。

（四）贸易开放水平持续提升

中国主动向世界开放市场，连续 11 年成为全球第二大进口市场，进口额占世界进口总额的 10%以上。2008 年国际金融危机以来，中国进口贡献全球进口增量的 1/6，是全球经济复苏的"助推器"和"稳定器"。同时，对外贸易快速发展促进了中国经济与世界经济融合，中国已经是 120 多个国家和地区的主要贸易伙伴，与世界各国经贸联系和互利往来越来越密切，在全球经济治理和多双边经贸合作中发挥的作用越来越重要。作为世界上首个以进口为主题的大型国家级展会，中国国际进口博览会已成功举办三届，其中 2020 年举办的第三届中国国际进口博览会在线上和线下同时举行，吸引了全球 180 多个国家、地区和国际组织的 3 800 多家企业参加，累计意向成交额 26.2 亿美元，比上届增长了 2.1%。

中国进一步放宽外资准入领域，营造高标准的国际营商环境，设立了面向全球开放的自由贸易试验区，并探索建设自由贸易港，吸引"一带一路"沿线国家来华投资。中国平均关税水平从加入世界贸易组织时的 15.3%降至

---

① 参考中国海关进出口全口岸数据库，http：//res. resset. com/CD/common/main. jsp.

② 参考中国一带一路网，https：//www. yidaiyilu. gov. cn/.

目前的7.5%，与东盟、巴基斯坦、格鲁吉亚等多个国家和地区签署或升级了自由贸易协定，与欧亚经济联盟签署经贸合作协定，与沿线国家的自由贸易区网络体系逐步形成。同时，中国还积极推动境外合作园区建设，中国各类企业遵循市场化法制化原则自主赴"一带一路"沿线国家共建合作园区，为沿线国家创造了新的税收源头和就业渠道。

中国开放的大门不会关闭，只会越开越大。中国对外开放是全方位、多层次、宽领域的，致力于发展更高层次的开放型经济，正在加快推动形成全面开放新格局。21个自贸试验区形成"雁阵"，海南自由贸易港扬帆起航；外贸新业态、新模式蓬勃发展，跨境电商综合试验区增加到105个；外商投资法和优化营商环境条例正式施行，全国和自贸试验区外资准入负面清单条目分别压减至33条和30条；金融业、制造业、服务业等领域扩大开放，资金、人才、科技等领域国际合作拓展。[①] 从打造对外开放新平台，到构建开放型经济新体制，再到加快构建新发展格局，中国新一轮高水平对外开放日益跑出加速度，擘画出一幅全面开放新图景。

（五）小结

1. 贸易规模和效率明显提高

共建"一带一路"倡议提出八年以来，显著扩大了沿线国家和地区间贸易规模，拉动沿线国家经济增长，改善沿线国家民生。世界银行研究报告通过对比"一带一路"沿线经济体和非沿线经济体的运输时间、贸易成本发现，共建"一带一路"使沿线经济体间贸易的平均运输时间缩短4%，贸易成本降低3.5%；与非沿线经济体贸易的平均运输时间缩短3.2%，贸易成本降低2.8%。世界银行研究组分析了共建"一带一路"倡议对71个潜在参与国的贸易影响，发现共建"一带一路"倡议将使参与国之间的贸易往来增加4.1%。共建"一带一路"可使沿线经济体的贸易增加2.8%～9.7%，世界贸易增加1.7%～6.2%，贸易增加将使沿线国家实际收入增加1.2%～

---

① 参考中国自由贸易区服务网，http：//fta. mofcom. gov. cn/.

3.4%，全球实际收入增加 0.7% ~2.9%，贸易成果将帮助 760 万人摆脱极端贫困，3 200 万人摆脱中度贫困。①

中国坚定维护多边贸易体制，切实履行世界贸易组织《贸易便利化协定》，推动全球商品要素的自由流动。中国发起《推进"一带一路"贸易畅通合作倡议》，83 个国家、地区和国际组织积极参与，与 12 个国家建立了贸易畅通工作组，快速解决双边经贸合作中出现的问题，推动经贸合作发展。海关检验检疫合作不断深化，2017 年 5 月首届"一带一路"国际合作高峰论坛以来，中国与沿线国家签署 100 多项合作文件，实现了 50 多种农产品食品检疫准入。中国和哈萨克斯坦、吉尔吉斯斯坦、塔吉克斯坦农产品快速通关"绿色通道"建设积极推进，农产品通关时间缩短了 90%。②

2. 贸易转型升级成效显著

中国紧紧抓住全球产业转移和全球贸易快速发展的历史机遇，积极推动贸易高质量发展，贸易结构不断优化。国际市场布局、国内区域布局、商品结构、经营主体和贸易方式等方面优化提升取得积极成效，贸易大国地位更加巩固。国际市场布局明显优化，国内区域布局更加合理，商品结构不断升级。比如，2019 年机电产品出口占比达 58.4%，高质量、高技术、高附加值产品集成电路、汽车整车出口分别增长 25.3% 和 8.2%。一般贸易贡献增强，出口占比提高 1.5 个百分点至 57.8%，增加了产业链价值和贸易竞争力。同时，各类经营主体活力充沛。民营企业首次超过外商投资企业，成为中国第一大外贸主体。贸易方式结构进一步优化，一般贸易进出口比重显著提升。

---

① The World Bank. Belt and Road Economics：Opportunities and Risks of Transport Corridors ［R］. The World Bank Group，2019，P. 5.

② 参考中国一带一路网，https：//www. yidaiyilu. gov. cn/.

四、共建"一带一路"实践之资金融通

（一）设置相关金融机构提供持续支持

围绕着"一带一路"建设资金融通的需求，我国已牵头成立亚洲基础设施投资银行、金砖国家新开发银行和丝路基金，这些金融机构的业务覆盖范围、运营模式不尽相同。其中亚投行是政府间性质的亚洲区域多边开发机构，重点支持基础设施建设；金砖国家新开发银行不包括中亚国家；而丝路基金是基金投资形式，以盈利为目标为相关项目提供融资支持。这些新设立的金融机构对于推动丝绸之路经济带建设具有更为重要的战略意义。

由我国倡议成立的"亚洲基础设施投资银行"（AIIB）致力于"一带一路"沿线国家的建设融资。2014 年 10 月，首批 22 个意向创始成员国的代表签署了《筹建亚洲基础设施投资银行备忘录》。2015 年 6 月，50 个意向创始成员国的代表共同签署了《亚洲基础设施投资银行协定》，另有 7 个国家随后在 2015 年底前先后签署该项协定。2015 年 12 月，《亚洲基础设施投资银行协定》达到法定生效条件，亚投行正式宣告成立[1]。作为一家多边开发银行，也是全球首个由中国倡议涉及的多边金融机构，亚投行的使命是为明天的基础设施融资，目的是通过投资于可持续基础设施，释放新资本、新技术和新方法来应对气候变化，并与亚洲乃至世界建立联系。

截至 2020 年底，亚投行累计投资项目 108 个，累计批准了 220.2 亿美元的基础设施投资额（见图 4 - 1）。从资金流向来看，批准的贷款中前四大流向依次为南亚、东南亚、西亚和中亚。与此同时，为了满足成员的需求，亚投行在以美元为主要货币发放贷款的同时，也在努力提升本币融资能力，当前的放贷货币主要有美元、人民币和欧元。从行业分布来看，亚投行的投资领域集中体现了亚投行的主要宗旨与重点关注领域，具体来说，主要集中在

---

[1] 亚投行宣布正式成立［EB/OL］. http：//www.scio.gov.cn/m/zhzc/35353/35354/document/1507329/1507329.htm.

能源、交通建设、水资源、金融中介以及城市建设等方面，还在2020年全球疫情时期加大了对公共卫生的投入（见表4-5）。

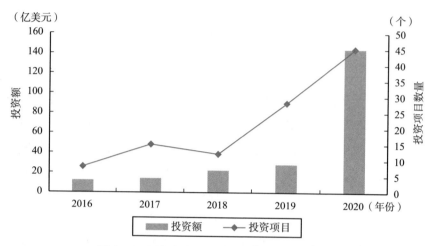

图4-1 亚投行各年度投资项目数量及投资额

资料来源：亚洲基础设施投资银行官网。

表4-5 **亚投行批准项目的行业分布情况**

行业	2016年	2017年	2018年	2019年	2020年	小计
能源	4	6	2	7	3	22
金融机构	—	3	3	9	3	18
交通	3	3	3	4	5	18
水利	—	2	3	3	3	11
城市建设	1	—	1	2	1	5
信息与通信技术	—	1	—	1	3	5
金融/流动性	—	—	—	—	7	7
政策融资	—	—	—	—	12	12
公共卫生	—	—	—	—	8	8
乡村与农业发展	—	—	—	1	—	1
其他	—	—	—	1	—	1
合计	8	15	12	28	45	108

资料来源：亚洲基础设施投资银行官网。

2021 年 1 月 16 日，亚投行开业运营五周年时，已经在五个方面达成了关键成就：第一，全球会员数量快速增长，由运营初期的 57 个创始会员发展到 103 个获批准会员，数量仅次于世界银行；第二，三大评级机构授予最高信用评级，亚投行目前已获得 AAA 评级，发展前景十分稳定；第三，亚投行在联合国大会和经济及社会理事会两个以发展为重点的主要机构的审议中被授予常驻观察员地位；第四，增强效率和问责制的治理机制，符合透明、开放、独立和责任制的原则与发展方向；第五，所有主要基础设施所筹集资金的战略均获得批准并正在执行中。

2014 年 7 月 15 日，金砖国家领导人第六次会晤期间，五个金砖国家签署了《成立新开发银行的协议》，决定建立金砖银行，总部设在中国上海，其主要目的是为发展中国家提供基础设施建设所需资金，进而促进金砖国家经济持续发展。2015 年 7 月 21 日，金砖国家新开发银行正式开业；2016 年 7 月 27 日与中华人民共和国政府签署《总部协议》和与上海市人民政府签署《谅解备忘录》后，新开发银行开始全面运作。截至 2020 年底，金砖国家新开发银行已累计获批 67 个项目共 244 亿美元①；另外，金砖国家新开发银行已成为联合国大会观察员，为与联合国积极开展卓有成效的合作奠定了坚实的基础。

2014 年 11 月 8 日，习近平主席在加强互联互通伙伴关系对话会上宣布我国出资 400 亿美元，成立丝路基金。该基金为中长期开发投资基金，由中国外汇储备、中国投资有限责任公司、中国进出口银行、国家开发银行共同出资，依照《中华人民共和国公司法》设立。2014 年 12 月 29 日，丝路基金有限责任公司在北京注册成立，并正式运行。该基金通过向基础设施、资源开发、产业及金融合作项目提供融资支持来促进与"一带一路"各国和地区的互联互通，为企业境外投资提供良好的硬件条件。截至 2019 年底，丝路基金承诺投资金额约 123 亿美元，已签约 34 个项目，分布在中亚、俄罗斯、南亚、东南亚、西亚北非、欧洲、北美等地区和国家，70% 的投资资金运用

---

① 来自金砖国家新开发银行官网披露的年报数据，https：//www.ndb.int/wp – content/uploads/2021/07/NDB – AR – 2020_complete_v3.pdf.

在电力电站开发、基础设施建设、港口航运、高端制造等大型国际合作项目①。

(二) 资金保障持续增加,投资合作形式多样化发展

近年来,亚投行、金砖国家新开发银行、丝路基金、中资银行、中国企业为"一带一路"沿线国家的多个项目提供融资支持,通过贷款、设立专门投资基金、直接投资等多种形式为相关项目的顺利启动与开展提供资金保障。例如,国开行在 2017 年至 2020 年三年时间内落实 2 500 亿元"一带一路"专项贷款②,中非发展基金累计确定对 90 个非洲项目投资 44 亿美元等③。

1. 投资数量持续扩大

在"一带一路"建设中,我国持续加大对"一带一路"沿线国家的投资。2020 年,我国对"一带一路"沿线国家投资 177.9 亿美元,增长 18.3%,占全国对外投资比重上升到 16.2%;对重点行业投资实现较快增长,对装备制造业、信息技术业、科研和技术服务业投资分别增长 21.9%、9.6% 和 18.1%④。从 2015 年起,商务部开始公布中国对"一带一路"沿线国家的投资合作情况(见图 4-2),由公开数据可以看到,六年来对沿线国家的非金融类直接投资额保持稳步上升,同时选择的投资对象也基本保持稳定。

---

① 丝路基金董事长:已签约34个项目承诺投资金额约123亿元 [EB/OL]. http://www.mofcom.gov.cn/article/i/jyjl/e/201911/20191102911588.shtml.
② 振法.国开行拟三年落实 2 500 亿元"一带一路"专项贷款 [EB/OL]. https://www.yidaiyilu.gov.cn/xwzx/roll/15093.htm.
③ 李志伟.中非发展基金累计确定对 90 个非洲项目投资 44 亿美元 [EB/OL]. https://www.yidaiyilu.gov.cn/xwzx/hwxw/14399.htm.
④ 2020 年我对"一带一路"沿线国家投资合作情况 [EB/OL]. http://fec.mofcom.gov.cn/article/fwydyl/tjsj/202101/20210103033338.shtml.

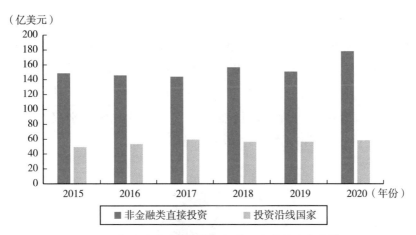

图 4 - 2　中国对"一带一路"沿线国家的投资合作情况

资料来源：中华人民共和国商务部。

2. 金融合作多样化

"一带一路"国家金融合作实质上是一种跨越边境的次区域金融合作。通过推进货币合作体系、投融资体系、金融服务体系、信用合作体系、金融监管合作体系建设，促进资金在"一带一路"区域内自由流通，增进沿线国家之间的监管协调，从而提高资金配置效率，实现对区域内各类金融风险的有效识别、应对和预警。总体上看，"一带一路"国家金融合作不仅在活动范围上超出了单一国家的市场和主权管辖范围，而且其风险监管和制度规范也需要跨境进行。根据国家信息中心发布的《"一带一路"国别合作度评价报告（2018）》，2018 年"一带一路"国家合作度指数平均分为 47.12，较 2017 年和 2016 年分别增长了 2.01 分和 3.57 分，"一带一路"国家合作水平逐年攀升。在金融合作方面，中国同沿线国家在货币、投融资、金融服务、信用、金融监管等方面开展了多种形式的合作。

3. 投资行业多元化

截至 2020 年 6 月，中国对"一带一路"沿线累计投资数量排名前 5 名的行业依次为：信息服务业（23.7%）、制造业（21.5%）、采掘业（14.4%）、批发零售（8.4%）、金融保险（7.7%）（见图4-3）。从投资金额来看，采掘业由于资金密集型属性较为突出，累计投资额占比达到35.5%，占比第一；制造业、信息服务业、专业服务等虽然累计投资数量占比分别较大，但累计投资额占比明显偏低，分别为15.0%、11.7%和1.0%。此外，电力燃气供水、交通运输及物流仓储虽然累计投资数量占比分别仅为3.6%和6.4%，但累计投资额占比均超过10%（见图4-4）。

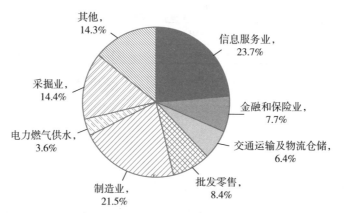

图4-3 中国对"一带一路"沿线国家投资数量的行业分布情况

资料来源：EMIS。

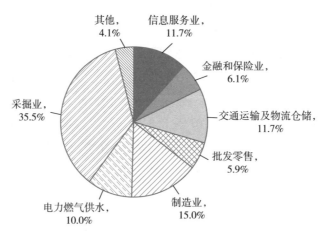

图4-4 中国对"一带一路"沿线国家投资额的行业分布情况

资料来源：EMIS。

（三）人民币国际化程度稳步提升

2016 年 10 月，人民币正式被纳入特别提款权（SDR）、2017 年国际货币基金组织（IMF）正式宣布人民币成为全球储备货币，这些进步离不开"一带一路"倡议带来的诸多合作机会。多年来，"一带一路"区域人民币接纳度和使用率不断提高，表现在包括人民币与"一带一路"货币外汇交易取得突出进展、人民币成为区域重要储备货币选项之一和人民币清算网络与银行布局不断拓展等多个方面。

随着"一带一路"经贸往来更加密切，人民币对相关国家货币外汇交易不断增加。在全国银行间外汇市场上，人民币实现兑 9 种相关国家货币直盘交易，包括阿联酋迪拉姆、沙特里亚尔、匈牙利福林、波兰兹罗提、土耳其里拉、泰铢、新加坡元、马来西亚林吉特以及俄罗斯卢布；在银行间区域交易市场，我国分别在新疆、内蒙古、广西启动人民币兑哈萨克斯坦坚戈、蒙古国图格里克、柬埔寨瑞尔的外汇交易，对降低企业交易成本和汇率风险、增进区域经贸往来具有积极意义。2019 年，人民币兑"一带一路"相关国家货币外汇交易规模达 2 042 亿元，同比增长 43%。

随着"一带一路"建设不断推进及人民币国际化发展，我国先后与相关 21 个国家货币当局建立了双边本币互换安排，东盟"10＋3"考虑将人民币纳入清迈协议安排，人民币开始显现区域储备货币特征。马来西亚、白俄罗斯、柬埔寨、菲律宾、沙特阿拉伯等相关国家均已将人民币纳入外汇储备，俄罗斯在"去美元化"背景下甚至将人民币储备份额提升至 15% 左右。根据国际货币基金组织（IMF）最新数据，截至 2020 年一季度，全球人民币储备规模达 2 214.8 亿美元，占国际储备总额的 2.02%，创历史最高水平。

不仅如此，当前"一带一路"相关 8 个国家已建立人民币清算安排，人民币跨境支付系统覆盖相关 60 多个国家和地区。中资商业银行成为"一带一路"人民币推广使用的主力军。截至 2019 年末，共有 11 家中资银行在 29 个"一带一路"相关国家设立了 79 家一级分支机构。以中国银行为例，截至 2019 年末累计跟进重大项目超过 600 个，相关机构全年办理人民币清算量超过 4 万亿元。此外，汇丰、花旗、渣打等外资银行也看好"一带一路"前景与人民币业务，加大了资源投入与金融合作力度。

（四）小结

共建"一带一路"在资金融通方面的宗旨与目标在于打通融资瓶颈，建立新的金融机制，形成与现有多边开发银行各有侧重、互为补充的投融资开发平台。加强金融监管合作，完善风险应对和危机处置的制度安排。目前实施的主要举措包括推进亚洲货币稳定体系、投融资体系和信用体系建设，建设并发挥亚洲基础设施投资银行、金砖国家开发银行、丝路基金作用；构建区域性金融风险预警系统，形成应对跨境风险和危机处置的交流合作机制。八年来，共建"一带一路"在资金融通方面的实践主要体现在相关机构设置、提供的资金保障和人民币国际化等三个方面。截至 2020 年底，实现的效果成就整体包括：亚投行成员已达到 103 个，分别代表全球人口的 79% 和全球 GDP 的 65%；丝路基金已签约以股权投资为主的各类项目 47 个，承诺投资金额 178 亿美元，覆盖了"一带一路"沿线多个国家和地区；中资银行不断进行海外布局，在 60 多个国家/地区设立了中资银行分支机构，其中 11 家中资银行在"一带一路"沿线国家和地区共设立分支机构 29 个；人民币跨境支付系统共有 42 家直接参与者，1 103 家间接参与者。2019 年，中国与"一带一路"沿线国家人民币跨境收付金额超过 2.73 万亿元，占同期人民币跨境收付总额的 13.95%，截至 2019 年末，中国与 21 个"一带一路"沿线国家签署了本币互换协议，在 8 个"一带一路"沿线国家建立了人民币清算机制安排①。

五、共建"一带一路"实践之民心相通

（一）人文交流不断深入

近十年来，共建"一带一路"为沿线国家人文交流提供了新的契机，通

---

① 2020 年人民币国际化报告 [EB/OL]. http：//www.pbc.gov.cn/goutongjiaoliu/113456/113469/4071737/index.html.

过重要人文交流活动、人文交流机制的设立推动了沿线国家的务实合作。中国与沿线国家互办文化年、艺术节、影视桥、丝路书香工程等,"一带一路"人文交流合作取得积极成果。人文交流合作是"一带一路"倡议的根基与灵魂,为了进一步落实这一重大倡议,必须大力推进文明交流互鉴,促进与丝路沿线国家文化交融、民心相通。

从双向留学来看,当前中国是全球最大留学生源地国,出国留学人员约有 160 万人,目前在海外约 140 万人。在来华留学方面,中国政府设立了"丝绸之路"奖学金项目,助力"一带一路"人才培养,同时打造"留学中国"品牌;来华留学生比例逐年提高,2019 年已达 54.6%[①]。此外,中国还持续加强中外合作办学,目前在办的各级各类中外合作办学机构和项目达 2 282 个。

孔子学院是世界认识中国的重要平台。从 2004 年全球第一所孔子学院协议在乌兹别克斯坦签署至今,孔子学院始终坚持中外平等互利、合作共赢的办学模式,从语言入手,以文化交融,用心灵沟通,为促进中外人文交流、增进中外人民友谊做出了重要贡献。自"一带一路"倡议提出以来,相关国家孔子学院持续培养语言人才、开展文化活动、推动民间交往,成为推动"一带一路"建设的重要力量。截至 2018 年 9 月,"一带一路" 65 个国家中的 53 国已经建立了 137 所孔子学院和 130 个孔子课堂,约占全球孔子学院总数的 1/4[②]。汉语传播是孔子学院的立院之本,孔子学院为"一带一路"建设提供了大批精通汉语、了解中国的人才。数据显示,孔子学院累计派出院长、教师和志愿者 3.4 万人,赠送汉语教材 451 万册,并通过"孔子学院奖学金"等渠道,培养培训汉语教师 6 万多人次[③]。孔子学院立足大学,面向社区,建立了从幼儿园到大中小学,从学历教育到非学历教育,从"零起点"到高端翻译、学术研究等系列汉语教学体系,累计培养培

---

① 2016 年至 2019 年留学生学成回国占比达八成 [EB/OL]. http://www.moe.gov.cn/fbh/live/2020/52834/mtbd/202012/t20201222_506994.html.

② 参见经济日报,http://www.ce.cn/xwzx/gnsz/gdxw/201809/11/t20180911_30266354.shtml.

③ 参见中外语言交流合作中心官网,http://www.chinese.cn/page/#/pcpage/mainpage.

训各类学员 204 万人次①。

2016 年 9 月，首届丝绸之路（敦煌）国际文化博览会在甘肃敦煌开幕。来自 80 多个国家、5 个国际组织的 95 个外国代表团围绕丝路文化和精神，进行思想融汇、感情融通，探索搭建"一带一路"人文交流新平台，为丝路文化交融搭建相通之桥，为沿线携手发展增添动力之翼。首届敦煌文博会所展示的主要内容，如历史文化成果、文化艺术作品、文艺创新成就，再现丝绸之路的历史价值。会上还讨论了《敦煌宣言》，有望成为丝路沿线国家凝聚共识、开展人文交流合作的新愿景、新行动。丝绸之路（敦煌）国际文化博览会目前已举办四届，搭建的人文交流新平台将成为推动沿线各国和地区交流合作的一条"文化大动脉"、促进沿线人民相亲相通的一座丝路新桥梁，将为沿线国家人民带来实实在在的"获得感"，最终实现合作共赢。

（二）科技创新合作成果丰硕

科技创新合作是共建"一带一路"的重要内容，为"一带一路"建设提供了持久动力。与此同时，"一带一路"建设为科技创新合作提供了广阔的空间。近十年来，以"一带一路"国家科学组织联盟、"一带一路"科技创新国际研讨会、科技创新合作备忘录等为契机的科技创新合作在沿线国家进一步展开，在应对气候变化、自然灾害、生命健康等共同挑战中发挥了关键作用。

2017 年，习近平总书记在"一带一路"国际合作高峰论坛上倡议启动《"一带一路"科技创新行动计划》，重点实施科技人文交流、共建联合实验室、科技园区合作、技术转移等 4 项行动。在"一带一路"科技创新合作行动的感召下，截至 2019 年底，中国已经与 49 个"一带一路"沿线国家签署了政府间科技合作协议，并与沿线国家启动了一系列科技伙伴计划，包括中国—东盟科技伙伴计划、中国—南亚科技伙伴计划、中国—阿拉伯国家科技

---

① 周阳明 . "一带一路" 65 个国家中的 53 国已经建立了 137 所孔子学院——从语言入手 用心灵沟通 [EB/OL]. http：//www. ce. cn/xwzx/gnsz/gdxw/201809/11/t20180911_30266354. shtml.

伙伴计划、中国—中亚欧国家科技伙伴计划、中非科技伙伴计划等①。同时，截至 2019 年底，中国已与埃及、印度尼西亚、伊朗、以色列、蒙古国、菲律宾、南非、泰国等 8 个国家先期启动或探讨建立国家级科技园区合作关系，科技园区合作推动产业价值链重构，通过共建创新园、孵化器、加速器和创新中心等方式，在农业、医疗健康、食品加工、新材料、新能源、环境保护等领域已与共建国家开展科技园区合作 20 余项，实现互惠共赢发展②。八年来，年均举办 4 期科技园区和孵化器管理建设培训班，培训学员近 100 人，分享我国科技园区发展经验和模式；并安排埃及、南非、伊朗等国代表团及驻华外交官参观北京中关村、上海张江、成都等国家高新区，积极对接创新合作；中方代表团分别赴菲律宾、伊朗、南非等国开展科技园区合作对接和洽谈；鼓励和支持各地方与"一带一路"共建国家通过共建创新园、孵化器、加速器和创新中心等方式，开展科技园区合作。

（三）对外援助持续增强

"一带一路"倡议提出以来，中国稳步提高对外援助资金规模，进一步扩大援助范围。仅 2013～2018 年，中国对外援助金额为 2 702 亿元人民币，包括无偿援助、无息贷款和优惠贷款。其中，提供无偿援助 1 278 亿元人民币，占对外援助总额的 47.30%，重点用于帮助其他发展中国家建设中小型社会福利项目以及实施人力资源开发合作、技术合作、物资援助、南南合作援助基金和紧急人道主义援助项目；提供无息贷款 113 亿元人民币，占对外援助总额的 4.18%，主要用于帮助其他发展中国家建设社会公共设施和民生项目。提供援外优惠贷款 1 311 亿元人民币，占对外援助总额的 48.52%，用于帮助其他发展中国家建设有经济社会效益的生产型项目和大中型基础设施，提供成套设备、机电产品、技术服务以及其他物资等③。

---

① 周明阳．"一带一路"65 个国家中的 53 国已经建立了 137 所孔子学院——从语言入手　用心灵沟通［EB/OL］．http：//www.ce.cn/xwzx/gnsz/gdxw/201809/11/t20180911_30266354.shtml.

② 参见中国国际科技合作网：http：//www.cistc.gov.cn/.

③ 《新时代的中国国际发展合作》白皮书［EB/OL］．http：//www.scio.gov.cn/zfbps/32832/Document/1696685/1696685.htm.

2015 年联合国成立 70 周年之际，中国宣布首期提供 20 亿美元设立南南合作援助基金，用于支持发展中国家落实 2030 年可持续发展议程；2017 年"一带一路"国际合作高峰论坛上，中国政府宣布向参与"一带一路"建设的发展中国家和国际组织提供 600 亿元人民币建设民生项目，10 亿美元定向资金用于合作减贫、农业、工业和贸易促进，支持沿线国家实施"幸福家园""爱心助困"和"康复助医"等减贫项目，同时提供 20 亿元人民币粮食援助，改善沿线国家贫困人口的基本生活状况①。从历史数据来看，2008 年全球金融危机之后，中国对"一带一路"沿线国家的援助总量逐步稳定至中国对全球援助的 50% 左右，对沿线国家的投资存量占中国对全球投资存量的比重在 2013 年之后迅速上升至 80% 左右②。

近十年来，"一带一路"建设中涉及到一批民生工程，中国在共建"一带一路"国家实施一批住房、供水、医疗、教育、乡村道路、弱势群体救助等民生项目，帮助补齐基础设施和基本公共服务短板。帮助科特迪瓦、喀麦隆、埃塞俄比亚、吉布提等国建设供水系统，解决民众饮水难、水质差等问题。为斯里兰卡、塞内加尔、几内亚、尼日尔、莫桑比克、刚果（金）、南苏丹、牙买加、苏里南、多米尼克等国援建医院，提升当地医疗服务水平，使民众看病更加便捷。帮助白俄罗斯建设社会保障住房，改善弱势群体居住和生活条件。2016～2019 年，帮助斯里兰卡、巴基斯坦、乌兹别克斯坦等国 2 000 余名白内障患者重见光明③。

（四）生态环保意识与行动不断提升

为推动绿色"一带一路"建设，2019 年 4 月，在第二届"一带一路"国际合作高峰论坛绿色之路分论坛上，"一带一路"绿色发展国际联盟正式成立，为"一带一路"绿色发展合作打造了政策对话和沟通平台、环境知识和

---

① 《新时代的中国国际发展合作》白皮书［EB/OL］．http：//www. scio. gov. cn/zfbps/32832/Document/1696685/1696685. htm.

② 张原. 中国对"一带一路"援助及投资的减贫效应［J］．财贸经济，2018（12）.

③ 《新时代的中国国际发展合作》白皮书［EB/OL］．http：//www. scio. gov. cn/zfbps/32832/Document/1696685/1696685. htm.

信息平台、绿色技术交流与转让平台。分论坛还正式启动了"一带一路"生态环保大数据服务平台，发布了绿色高效制冷行动倡议、绿色照明行动倡议和绿色"走出去"行动倡议。其中，"一带一路"绿色发展国际联盟的成立，随着绿色"一带一路"建设的深入，不断扩大了中国的绿色朋友圈。截至2019年底，中国已与共建国家和国际组织签署双边、多边生态环保合作文件近50份①。沿线国家积极推进平台建设，基础不断夯实，例如启动"一带一路"绿色供应链平台、成立澜沧江—湄公河环境合作中心、同柬埔寨环境部共同建立中柬环境合作中心，在肯尼亚筹建中非环境合作中心、在老挝筹建中老环境合作办公室等生态环保合作平台。"一带一路"生态环保大数据服务平台的启用，通过信息共享和咨询服务工具，分享各国绿色发展理念与实践，促进绿色贸易、绿色投资、绿色基础设施建设及绿色产业技术交流，推动"一带一路"生态环保合作。

截至2020年底，"一带一路"建设中的绿色发展实践典型项目已在建和建成25项，完成36项水污染治理技术案例和52项大气污染治理案例②。共建"一带一路"已形成生物多样性和生态系统、绿色能源与能源效率、绿色金融与投资、环境质量改善和绿色城市、南南合作和可持续发展目标、绿色技术创新和企业社会责任、可持续交通、全球气候治理与绿色转型、环境法律法规标准以及海洋命运共同体和海洋环境治理等十个绿色发展国际联盟，有关"一带一路"生态环保大数据服务平台的国内外合作伙伴上百家，还建成了上海合作组织环保信息共享平台、中国—东盟环保信息共享平台、绿色供应链、环保技术国际智汇平台和中蒙经济走廊生态环保大数据服务平台等五个子平台。

（五）小结

共建"一带一路"在民心相通方面的宗旨与目标在于打造外交根基与民意基础。通过开展人文交流、文化合作、民间友好往来活动，促进民情了解、

---

① "一带一路"绿色发展国际联盟成立　三大绿色倡议发布［EB/OL］. https：//baijiahao. baidu. com/s？id=1631799532472687554&wfr=spider&for=pc.

② 周国梅. 推动共建绿色"一带一路"，中国做出了哪些努力？［J］. 中国环境报，2020（12）.

民意沟通、民心相连,夯实合作基础,提供人才支撑。目前实施的主要举措包括在科学、教育、文化、体育、媒体、医疗、卫生、旅游、民间交往等领域广泛合作,开展博览会、电影展、文化节、教育培训、汉学大会等各种形式活动。近年来,共建"一带一路"在民心相通方面的实践主要体现在人文交流、科技创新合作、对外援助和生态保护等四个方面。截至 2020 年底,实现的效果成就整体包括:已建成 49 个国家文化中心、550 所孔子学院和 1 172 个孔子课堂,并与 136 个国家建立了 2 629 对友好城市和省州关系;与 51 个沿线国家和地区实现免签或落地签。"丝绸之路"双向留学、合作办学、师资培训等计划顺利推进,沿线国家与地区已成为国际游客净流入地①。

---

① 参见中国一带一路网,https://www.yidaiyilu.gov.cn/.

第五章 "一带一路" 建设的标志性项目分析

近年来，共建"一带一路"的多个重要项目开工建设并且不断发展，每个项目都有其独特的意义，并且在"一带一路"中发挥出不可替代的作用。本书中选取的"一带一路"建设的标志性项目主要有以下七个：第一，中欧班列，作为首要的标志性项目，承担了陆上联通的重任，深化沿途国家的经贸合作，提升了"一带一路"沿线国家的经济活力；第二，卡西姆燃煤电站，该项目是中巴经济走廊建设的起点，也为中巴友谊架起坚韧的桥梁，为巴基斯坦人民带来巨大好处的同时，也实现了中巴两国的深刻互动；第三，肯尼亚蒙内铁路，该项目连接起中非之间的深厚友谊，同时，也使得东非地区乃至非洲实现互联互通，将会成为非洲国家经济跨越的重要支撑；第四，中俄亚马尔项目，该项目是中俄关系的迅速发展和中俄共建"冰上丝绸之路"的有利前提，也将有效补充我国当前的能源供应链；第五，中新（重庆）战略性互联互通示范项目，该项目有力体现了中国与新加坡双方政府间的良好信任与深度合作，同时也深化了中国与新加坡的双边合作关系，促进了我国西部地区的经贸发展；第六，中白工业园区，中白双方政府致力于将其打造成为"一带一路"上的明珠，同时这也是中国在境外开展的一个重大工业园区之一，有力激活白俄罗斯经济的同时，也有利于"一带一路"在欧洲的建设；第七，厦门大学马来西亚分校，这是"一带一路"建设中的重要人文交流项目,该项目有力促进了中国与马来西亚的文化交流,同时也为"一带一路"项目的建设提供人才培养基地。

随着时间推移,这些标志性项目的建成和成功运行,将会在未来的"一带一路"建设中源源不断地输出其巨大推动力,成为我国建设"一带一路"的标杆之一,并构建起我国宝贵的多边或者双边项目建设经验库。展望未来,中国将持续通过"一带一路"上其他重要项目的建设,为世界经济贡献出强大的中国智慧,提出独特的中国方案,中国力量将会助力世界经济全球化和经济深层合作的腾飞。

一、中欧班列

(一) 发展历程

中欧班列的兴起,源于 2014 年。彼时,国家主席习近平前往欧盟进行访问,访问中,他提出,中欧双方应该把简单买卖型贸易合作,提升为各领域联动的复合型经贸合作,力争早日实现年贸易额 1 万亿美元的目标。而在2013 年,开通中欧班列,初衷便是对接国家西进战略,中欧班列也已成为"丝绸之路经济带"发展战略的重要组成部分,上升到国家战略的高度。于是,中国铁路总公司于 2014 年 8 月 14 日在重庆举行了首届中欧班列国内协调会议。来自重庆、成都、郑州、武汉、苏州、义乌等地政府和各地中欧班列平台公司负责人参加了会议。会议颁布了《中欧班列组织管理暂行办法》,[1] 各方代表人于此会议上签署《关于建立中欧班列国内运输协调会备忘录》。[2] 该备忘录中的具体内容涉及各地中欧班列未来统一品牌标志、统一运输组织、统一全程价格、统一服务标准、统一经营团队、统一协调平台,强

---

① 刘贤. 中国多方协调合力提升中欧班列竞争力 [EB/OL]. http://politics. people. com. cn/n/2014/0814/c70731 – 25468551. html.

② 龙新. 首次中欧班列运输协调会议在重庆召开 [EB/OL]. http://politics. people. com. cn/n/2014/0814/c70731 – 25468578. html.

化机制和装备保障等。

2014 年 12 月 16 日，由中国铁路集装箱总公司主办的中欧班列第二次国内运输协调会在郑州召开，来自重庆、郑州、成都、武汉、苏州、义乌等 6 地代表就中欧班列的开通运行、量价捆绑、中转集结等问题展开深入探讨。并在这次会议上商定并签署《中欧班列中转集结组织办法》，① 该文件中提出郑州铁路集装箱中心站重点承接豫晋冀鲁皖鄂桂湘粤赣 10 省货物。其中，郑欧班列走阿拉山口的西部通道，重点承接豫晋冀鄂鲁皖 6 省的货物；中欧班列走二连浩特口的中部通道，重点承接豫鄂鲁皖桂湘粤赣 8 省的货物，中欧班列随着时间发展进入常态化运营。此次协调会上，来自郑州陆港公司、重庆渝新欧公司、成都亚欧公司、武汉汉欧公司、苏州综保通运公司、义乌市天盟实业投资有限公司等中欧班列各地运营商会聚一堂，共同签署协调备忘录，合作共建"新丝路"物流通道。

2020 年，中欧班列安全顺畅稳定运行，开行数量逆势增长，有力服务了新发展格局和国际防疫合作，全年开行中欧班列 1.24 万列、发送 113.5 万标箱，同比分别增长 50%、56%，综合重箱率达 98.4%。年度开行数量首次突破 1 万列，单月开行均稳定在 1 000 列以上。在区域上，国内累计开行超过百列的城市增至 29 个，通达欧洲城市 90 多个，涉及 20 余个国家和地区，开行范围持续扩大。②

（二）项目现状

中欧班列是指按照固定车次、线路等条件开行，往来于中国与欧洲及"一带一路"沿线各国的集装箱国际铁路联运班列。项目铺划了西中东 3 条通道，构成了中欧班列主要运行线：西部通道由我国中西部经阿拉山口（霍尔果斯）出境，中部通道由我国华北地区经二连浩特出境，东部通道由我国东南部沿海地区经满洲里（绥芬河）出境。其中铺划出的三条主线上，又随

---

① 中欧班列第二次国内运输协调会昨日在郑召开 [EB/OL]. http：//www. henan. gov. cn/2014/12 - 17/346965. html.

② 逆势增长，2020 年中欧班列共开行 1.24 万列 [EB/OL]. https：//baijiahao. baidu. com/s？id = 1688619016703391154&wfr = spider&for = pc.

着货运需求，陆续增加了 25 余条支线，不乏从重庆团结村站始发，由阿拉山口出境，途经哈萨克、俄罗斯、白俄罗斯、波兰至德国杜伊斯堡站，全程约 11 000 千米，运行时间约 15 天，以及从成都城厢站始发，由阿拉山口出境，途经哈萨克斯坦、俄罗斯、白俄罗斯，至波兰罗兹站，全程 9 965 千米，运行时间约 14 天，还有从西安国际港务区出发，一路向西奔向波兰，经由我国新疆阿拉山口出境，穿越哈萨克斯坦、俄罗斯、白俄罗斯，最终抵达华沙，途经 5 个国家，全程 9 048 千米，预计 12 天后抵达目的地等三条主要铁路干线。

2021 年，中欧班列已开行 3 072 列，同比增长 82%。目前，全国累计开行中欧班列过百列的城市增加至 31 个。中欧班列一路高歌猛进的同时，西部陆海新通道辐射效应持续显现。2021 年 1～2 月，西部陆海新通道班列开行 702 列，同比增长 175%；发送 38 356 个标箱，同比增长 192%。随着北部湾港防城港第 3 条进港铁路专用线运营，防城港新增一条集疏运快速通道，可经南防、黎钦铁路等与全国铁路网相连，2022 年运输货物 3 000 万吨。根据商务部数据，从中欧班列的开行绝对量而言，"西三角"三个城市重庆、西安和成都依然稳居全国前三，且为国内主要的集货区域，有可能竞争全国的中欧班列货物集散中心。2021 年 3 月 13 日，21 028 次重型机械中欧班列搭载着 11 台塔式起重机，从广西南宁国际铁路港出发，开往哈萨克斯坦努尔苏丹。这是广西发出的首趟重型机械中欧班列，也开辟了"南宁—西安—努尔苏丹"的新线路。①

2021 年 3 月 24 日，搭载 50 个集装箱的"襄西欧"国际货运专列，从襄阳金鹰重工物流园铁路物流货场启程。该趟专列所载的汽配、电子设备、防疫物资以及日用百货将在西安港集结中转，再搭乘"长安号"中欧班列由阿拉山口出境，前往德国汉堡和杜伊斯堡，全程运行 21 天。该趟"襄西欧"专列货物总价值约 357 万美元，均为"襄阳制造"②。另外，一列搭载植脂

---

① 广西首趟重型机械中欧班列发往哈萨克斯坦 [EB/OL]. http://www.mofcom.gov.cn/article/gdtb/tbzx/202103/20210303047675.shtml.

② "襄西欧"国际货运班列已累计发运 1936 个集装箱 [EB/OL]. http://kz.mofcom.gov.cn/article/jmxw/202103/20210303048195.shtml.

末、胶带、器械、联合收割机履带等货物的"南昌—厦门—胡志明丝路班列"于同年 3 月 19 日从南昌向塘站始发,并在 2 天内抵达厦门港,列车上的货物在海天码头通过 CVS2 航线,前往越南胡志明港,全程运时最快仅需 7 天①。事实上,该趟丝路班列的顺利开行,是江西海铁联运的又一次升级,将同港、同价、同效的"三同政策"和"铁路箱下水"政策落到实处,有效提高了货物运输时效,对促进陆海内外联动具有重要意义。

(三) 项目意义

1. 国内意义

(1) 积极筹谋,统一国际铁路货运标准。

中国作为中欧班列的组织者和协调者,引导沿线国家围绕中欧班列展开各项合作,具体合作事项可以包括制定统一或遵循统一的国际铁路货运标准。目前,中欧班列上的铁路运输基础设施存在标准不统一与落后的问题,中欧班列由中国发车,经过中亚或独联体多个国家,才能抵达欧洲。中国、中亚、独联体和欧洲国家的铁路轨距不同,中途需要停下车换装,这就增加了火车货物损失丢失的风险。我们国家需要在未来发挥我国作为一个丝绸之路组织者的角色功能,国家相关部门可以研发和投产运输能力更大的火车,也会加大力度开发新能源火车,激发我国的基建创新实力,方便未来的贸易生活。这条线路可以在未来将中国能源、物资的安全,送上一个新的高度。

(2) 有效缓解来自海洋运输的压力。

中欧班列已逐渐成为连接"一带一路"的重要纽带,它可以有效缓解来自海洋运输的压力,而且,可以保持多路畅通,避免在特殊时期,海运出现问题的时候被切断运输线。特别是受新冠肺炎疫情影响,海运价格上涨、空运线路锐减,中欧班列开行数量逆势增长,有力、高效地促进了中欧及沿线国家的抗疫合作,成为各国携手抗击疫情的"生命通道"和"命运纽带"。

---

① 崔昊. 东渡海天码头 丝路海铁联运新增一条通路"南昌—厦门—胡志明"航线全程仅需七天 [EB/OL]. http://guangzhou. customs. gov. cn/customs/xwfb34/mtjj35/3598329/index. html.

在此期间，中欧班列扛起重任，成为贯通中欧、中亚供应链的重要运输方式，源源不断为中欧、中亚输送重要物资，架起了保护生命的桥梁。随着中国的影响力提升，国际间的合作日益密切，中欧班列沿途国家经贸交往日益活跃，国家间铁路、口岸、海关等部门的合作日趋密切，这些有利条件，为"一带一路"倡议中将丝绸之路从原先的"商贸路"变成产业和人口集聚的"经济带"起到重要作用。

（3）为西部各城市带来新商机。

针对国内西部的城市和各大经济体而言，中欧班列有效地为它们创造了新的商机。中欧班列带动内陆城市外向发展。以成都、重庆、郑州等城市为代表的内陆腹地中心城市，通过开通中欧班列，辅之航空货运、陆海联运体系，快速构建了面向全球分拨配送的物流服务系统，在内陆地区形成了物流效率和成本综合比较新优势，实现了城市外向型产业的扩张发展，短期内就培育了千亿级增量外向型产业，提升了城市枢纽地位，带动了城市经济社会发展。比如，中欧班列（重庆）线路的开通，带动重庆外向型产业实现了年均30%左右的增长，世界500强企业半数以上落户重庆，团结村口岸外贸集装箱处理量年均增长10%以上，奠定了重庆成为亚洲较大咖啡交易中心的地位，使得地处内陆腹地的重庆逐渐成为我国面向欧洲出口商品的重要中转站和"桥头堡"，助推重庆由长江上游航运中心向内陆国际物流和贸易枢纽转变。①

2. 沿路国家影响

（1）常态化运行使得各方加强多层次多方式协调合作。

中欧班列常态化运行，正在不断加强多层次多方式协调合作。中欧班列作为一种新型的国际铁路物流运输组织方式，涉及"一带一路"沿线多个国家和国际供应链中的众多市场主体，唯有共商，充分发挥对话、协商、协调作用，才能兼顾各方利益和关切，形成更加畅通的贸易运输体系。比如在发

---

① 中欧班列开行十年记：稳步崛起的"钢铁驼队"［EB/OL］. https：//baijiahao. baidu. com/s？id＝1694453018334106313&wfr＝spider&for＝pc.

展过程中，中欧班列沿线国家自发形成中欧班列协调委员会，通过中欧班列协调委员会逐步完善行业自律机制，通过成立合资平台公司，以资本为纽带，有效调动相关市场主体参与中欧班列运营的积极性等。通过铁路联席会议制度、沿线国家铁路部门联合签署合作协议等不断完善国际铁路协调机制；通过协调"铁路货协"和"铁路货约"两大铁路组织联合工作组，进一步完善"统一运单"并加大其应用范围；通过跨国海关协调机制，"安智贸"升级版"关铁通"项目和多国海关"一卡通"制得以加快推动。中欧班列沿线国家积极商讨，共同协调解决问题，为未来中欧班列的更好发展奠定基石。

（2）深化我国与沿线国家经贸合作。

中欧班列是依托亚欧大陆桥，按照固定车次、线路、班期和全程运行时刻开行，运行于中国与欧洲以及"一带一路"沿线相关国家间的集装箱等铁路国际联运列车，是深化我国与沿线国家经贸合作的重要载体和推进"一带一路"建设的重要抓手。中欧班列使得欧洲两端的陆路运输格局发生变化，以前欧洲基于外贸的陆运都是内陆和沿海港口之间的单向交流，现在，中欧班列的开通使欧洲内陆运输的格局变为双向互动，这有助于欧洲打通物流网络，这也是沿线国家欢迎中欧班列的一个原因。中欧班列依托亚欧大陆桥联通沿海地区和内陆腹地间的广阔市场，不仅是沿线内陆地区的重要出海通道，也是沿线均深居内陆腹地供需双方的最佳运输工具，还是日韩等周边国家对接亚欧内陆市场的过境运输方案。十年来，中欧班列作为国际陆路运输的新型组织方式，应中欧投资贸易的稳步发展而产生，随"一带一路"建设的不断推进而壮大，是目前我国与"一带一路"沿线国家联系最为紧密的路径，也是共建"一带一路"倡议扎实落地最成熟的典范。比如，中欧班列的开通促使欧洲内陆国家的物流网络利用率大幅提升，为欧洲生产商、贸易商开辟出新的运输途径，特别是为其中一些中小企业提供了经济快捷的运输方式，使得俄罗斯、波兰、德国、荷兰等欧洲国家的木材、粮食、畜牧业副产品等货物有了更广的销路。[①] 再比如，哈萨克斯坦驻华使馆参赞萨吾

---

① 中欧班列开行十年记：稳步崛起的"钢铁驼队"［EB/OL］. https：//baijiahao. baidu. com/s? id＝1694453018334106313&wfr＝spider&for＝pc.

列·努尔哈利耶娃对媒体公开表示，在两国运输部门的共同努力下，哈萨克斯坦首次获得向越南出口粮食的机会，这对推进哈中两国陆海运输合作意义重大，同时在哈萨克斯坦粮食出口史上具有里程碑的意义。[①]

（3）为深度的经贸和人文合作奠定良好基础。

中欧班列的常态化开行，在政策沟通、贸易畅通、资金融通、民心相通等方面均取得了显著成效，既是"一带一路"倡议实施的重大成果，也为沿线城市居民带来大量高品质、高性价比的中国商品，以及关联物流服务创造的大量就业机会，民众对中国也有了全新认识和了解，为开展更深度的经贸和人文合作奠定了良好基础。通过开通中欧班列，辅之航空货运、陆海联运体系，快速构建了面向全球分拨配送的物流服务系统。从义乌到马德里，从济南到布达佩斯，从武汉到杜伊斯堡，一列列班列逆行而上，一大批抗疫物资在源源不断地运输中极大缓解了欧洲国家抗疫物资短缺的局面，成为了一条条"生命专列"，彰显了中国担当和大国气质，更成为践行休戚与共的全球命运共同体理念的有效载体和有力见证。

对于中国之外的沿线国家来说，中欧班列不仅为它们带去商贸和选择交易的机会，这一路上也为沿路的国家的人民群众带去了商品挑选的实惠和感受异域风情的机遇。例如，在武汉的商店，白俄罗斯驻华大使鲁德·基里尔发现白俄罗斯的牛奶和法国的红酒在一起售卖时，感到很惊讶。汉欧国际董事长王利军在班列运营过程中发现，其他国家有很多好产品，特别是食品、生鲜、药品等，多是从中国香港地区或者沿海地区转运过来的，价格非常高。还有一些产品并没有被引进，比如俄罗斯、白俄罗斯等国家的优质农产品和畜产品，这些产品非常适合集装箱跨国长途运输，有很大的贸易机会。若是能够实现原产地直采，价格便能降下来。自中欧班列真正解决了运输上的问题后，越来越多的沿线产品开始走进中国。

---

① 徐颖. 中欧班列为沿线国家带来了什么 [EB/OL]. https：//www.fx361.com/page/2017/0525/1797898. shtml.

（4）推动东西方文化交流，推动世界文化融合进程。

中欧班列项目同样承载了推动东西方文化交流的使命，列车经过和停留的地方，人们开始聚集，文化交流也会变得不可或缺，希望有一天可以让"文化列车"往来于东方和西方之间。相比诞生初期，中欧班列吸引了越来越多沿线国家企业的主动关注和参与，它们看到了参与中欧班列项目带来的机会，并把这种机会不断扩展开去，进一步提升了中欧班列影响力。例如，早在 2017 年 5 月，中欧班列（武汉）即首次运输 2 000 件文化工艺品抵达德国汉堡。这列编号为 X8406/5 次的列车，自武汉铁路局汉西车务段吴家山站开出，经京广线运行，由内蒙古满洲里出境，驶至德国汉堡，上面装载着湖北一家文化公司的 2 000 件红木家具、香炉、书画等文化产品。此外，湖北省歌剧舞剧院编钟国乐团的《编钟乐舞》出国演出时，800 多件演出道具、文化展品等也通过中欧班列抵达德国柏林。2018 年 9 月 28 日，一列装载着景德镇陶瓷、茶叶等产品的集装箱货运列车从江西景德镇东站驶出，驶往俄罗斯莫斯科。这是景德镇瓷器和茶叶第一次搭乘中欧班列出国。再比如，"走出去"的同时也在"请进来"，2018 年 11 月 30 日，面积为 2 600 多平方米的法国荷兰商品文化馆在四川成都开业，该文化馆由来自荷兰和成都的两名设计师共同设计，其创意的支撑之一正是中欧班列。这个文化馆里并没有琳琅满目的商品，文化艺术作品、共享创作空间才是主角。中欧班列的开通，不仅促进了货物商品贸易，更促进了彼此文化的密集交流。①

中欧班列一方面促进了中国铁路与各国铁路、中国海关与各国海关之间的政策沟通与协作，为中国与"一带一路"沿线国家的经贸畅通打下了基础，另一方面也在实践过程中促进了文化、民生方面的交流。从可持续、高质量发展的角度来看，文化和旅游元素的注入将使中欧班列富有人文色彩，有助于进一步打造中欧班列品牌。

---

① 文旅交流合作让中欧班列愈加繁忙［EB/OL］. http：//tradeinservices. mofcom. gov. cn/article/lingyu/gjhdai/201904/80843. html.

二、卡西姆燃煤电站项目

(一)发展历程

近年来，巴基斯坦电力缺口不断增大，年电力缺口最大约 4 500MW ～ 5 000MW，导致全国很多地区每天停电时间达 12～16 小时。在巴基斯坦全国火电机组发电量中，燃气、燃油发电量占到 90% 以上，燃煤发电量占比不足 1%，低成本的煤电不足。为改变当前电力紧张的局面，巴政府采取一系列措施，加大对电力行业的投入，并鼓励和吸引外商和民间资本投资电力领域①。基于此现状条件下，2013 年，中巴两国就提出了卡西姆港项目的构想，此项目位列"中巴经济走廊早期收获清单"，是"中巴经济走廊"排在首位的优先实施项目。

卡西姆燃煤电站是中巴经济走廊建设的起点，卡西姆燃煤电站位于卡拉奇附近的卡西姆海港，是 2013 年 5 月中国总理李克强访巴期间提出建设中巴经济走廊战略构想后的首个电力合作项目。卡西姆燃煤电站作为巴基斯坦南部的一个火电基地，每年将为巴基斯坦提供约 95 亿度电量。2015 年 4 月，习主席对巴基斯坦进行重要国事访问，将中巴关系提升为全天候战略合作伙伴关系，借此东风，卡西姆港项目顺利完成《实施协议》《购电协议》和《土地租赁和港口服务协议》三大协议签署。于是，2015 年 4 月 20 日，在中巴两国领导人的见证下，签署了项目《实施协议》和《购电协议》。② 2015 年 12 月 23 日，巴私人电力基础设施委员会（PPIB）主席和卡西姆港电力公司总裁在巴伊斯兰堡签署融资关闭文件，标志着卡西姆燃煤电站项目正式完成融资关闭。2016 年 3 月 16 日，卡西姆港电力公司（该公司由中国电建集团海外投资有限公司控股）将卡西姆港卸煤码头工程以 EPC 形式授标给中国

---

① 项目案例｜巴基斯坦卡西姆港燃煤电站 PPP 项目 ［EB/OL］. https：//news. bjx. com. cn/html/20171107/859861. shtml.

② "中巴经济走廊"首个大型火力电站投产发电 ［EB/OL］. http：//www. sasac. gov. cn/n2588030/n2588934/c8298100/content. html.

水电建设集团港航建设有限公司（水电港航），该工程是燃煤电站的配套设施，主体包括建设卸煤码头及航道等，金额约 2.4 亿美元。2016 年 12 月 15 日，在巴基斯坦信德省卡西姆港区土地注册官的见证下，电建海投公司卡西姆港项目负责人与卡西姆港务局常务秘书代表双方签署卡西姆港燃煤电站《土地租赁协议》。该协议的正式签署，标志着拖延长达 15 个月的土地租赁协议注册问题成功解决。

2015 年 4 月，中国电力建设股份有限公司同意公司间接 100% 持股全资子公司中水电海外投资有限公司在严格防范项目风险的前提下与卡塔尔 Al – Mirqab 公司以 51% 和 49% 的股比合作，以 BOO 模式总投资约 20.85 亿美元建设巴基斯坦卡西姆港燃煤应急电站项目。早在 2015 年，该项目采用项目融资向中国进出口银行贷款，巴基斯坦政府提供主权担保，项目资本金与银行贷款比例约为 25.42%：74.58%。2015 年 12 月 24 日完成首笔贷款 2 亿美元发放。项目采用建造—拥有—运营（BOO）的运作方式。中国电力建设集团负责整个项目的规划、设计、采购、施工与运营，项目建设期为 36 个月，商业运行期为 30 年，期满后可向巴方政府申请继续运营。

经过 2016 年和 2017 年各方的紧张建设和积极努力，2018 年 4 月 24 日下午，巴基斯坦卡西姆港发电有限公司收到巴基斯坦中央购电局签署的批准函，同意卡西姆港 2×660MW 燃煤电站自 2018 年 4 月 25 日 0 时 0 分开始进入商业运行。卡西姆电站提前 67 天顺利进入商业运行，标志着该项目开发建设任务全部完成并取得圆满成功，开启了中国电建海外火电业务投资运维新篇章。[1]

（二）项目现状

卡西姆港燃煤电站项目，位于巴基斯坦信德省卡拉奇市东南方约 37 千米的卡西姆港工业园内，是中国电建与卡塔尔王室 AMC 公司按照股比 51%：49% 比例共同投资建设的混合所有制项目，总投资 20.85 亿美元建设 2 台

---

① 公司投资建设的巴基斯坦卡西姆港燃煤电站正式进入商业运行［EB/OL］. http：//6j. powerchina. cn/art/2018/4/26/art_4460_186108. html.

660MW 超临界机组，建设工期 36 个月。巴基斯坦卡西姆港燃煤电站项目是"中巴经济走廊"优先实施项目之一，也是第一个中外合作（中电建集团与卡塔尔 Al – Mirqab 公司）投资的大型能源类项目，电站工程建设于 2015 年 6 月正式开始桩基工程。

甘肃能源巴基斯坦分公司负责运维的卡西姆港燃煤电站 2020 年完成发电量 88.93 亿千瓦时，创造历史最高纪录。与此同时，2020 年 5 月 22 日 14 时，由中国电建甘肃能源公司承担运维的巴基斯坦卡西姆港燃煤电站自投产发电以来累计发电量突破 200 亿千瓦时大关，创造了卡西姆电站新的里程碑。①

（三）项目意义

1. 项目建设上的意义

卡西姆项目是在中巴两国领导人见证下"走廊"首个签署投资协议的大型能源项目。作为第一个"吃螃蟹"的企业，没有先例或经验可循。巴基斯坦卡西姆港 2×660MW 燃煤电站项目，是中国电建最大的海外投资项目，同时作为"一带一路"重点工程和"中巴经济走廊"首个落地能源项目，工期紧、任务重、责任大，备受中巴两国政府关注，政治经济意义重大。

（1）建设模式采用产业链整合模式。

在建设模式方面，卡西姆燃煤电站建设中创新性采用了产业链整合模式，即将项目的投资开发、设计监理、建设、运营维护四大环节合为一体。这一模式通过将投融资、建设管理、资产管理的全流程实行一体化整合，极大优化了企业对项目全生命周期的管理。在实施卡西姆电站运行维护及生产管理工作中，电站运维团队牢固树立"小业主大运维"的服务理念，积极践行卡西姆发电公司"两位一体"组织管控模式，贯彻落实电站运营期"电量、电费、安全、效益、责任"五大要素，严格落实主体责任，强化生产管理，深化隐患排查治理，提升应急建设能力，始终以坚持不懈的毅力，精益求精的

---

① 卡西姆港燃煤电站 ［EB/OL］. http：//news. cyol. com/content/2017 – 04/21/content _ 1597 3271. htm.

追求，攻下了一道道难关，创造着一项项纪录，全力以赴保障着卡西姆电站长周期安全稳定经济运行。

电站日常生产工作中，电站运维团队坚持"主动性、预防性"设备维护理念，充分利用机组调停机会完成电站机组缺陷消除、隐患排查、技术改造等近300多项重点工作；精心调整机组运行参数，通过试验、分析、优化运行方式等措施，进一步降低了供电煤耗、厂用电率等主要技术经济指标，极大提升了电站机组的稳定性和经济性，为卡西姆电站长周期安全稳定经济运行打下了坚实的基础。

（2）严把质量关，共建安全屏障。

在质量控制方面，卡西姆燃煤电站建设过程中严把质量关，尤其是采取了"看齐标杆"的做法，专门设立展示区用于展示并推广诸如管件焊接、水泥浇筑等作业中的标准化样板。这一做法不仅对项目本身起到了提高建设质量、杜绝安全风险的作用，更极大帮助了项目雇用的巴基斯坦本地劳工树立标准化意识。2020年5月22日，面对巴国薄弱电网及电站高温、高湿、高盐雾等复杂运行环境，电站运维团队有效应对卡西姆电站500kV送出线路故障跳闸101次，成功处置厂用电中断事件16次，从未发生任何造成设备损坏及其他不安全事件。①

（3）高度重视环境保护，实现可持续发展。

在环境保护方面，卡西姆燃煤电站高度重视环境保护对实现可持续发展的重要性，不仅在电站设计上遵循了中国国内、巴本国以及世界银行等国际组织的多项先进标准，还设立了环保管理委员会，专门负责确保项目运营全时段环保达标。此外，项目还制定了多项内部管理规定和作业流程，确保在环保上不出意外。在上述措施共同作用下，卡西姆燃煤电站荣获2018年巴基斯坦环境卓越奖。

---

① 喜讯！卡西姆港燃煤电站累计发电量突破200亿千瓦时［EB/OL］.https：//www.sohu.com/a/397066307_777951.

2. 对中巴的意义

（1）授人以渔，本土化战略与差异化管理并行。

卡西姆电站所营造的各类优越条件，源自于中国电建在国际市场始终坚持和推行的"本土化战略"和"差异化管理"，包括提高外籍员工和管理人员的比例，大力培养当地员工，尊重当地风俗习惯和宗教信仰，等等。卡西姆项目在建设期，将为当地提供超过 2 000 个就业岗位，运营期每年为当地提供 500 个培训与就业岗位。目前，卡西姆项目现场巴方管理人员约 200 人，巴方施工人员约 1 600 人，电站工程建设为当地创造了大量就业机会，改善了当地民生。①

（2）中国力量履行社会责任，助力当地经济社会发展。

2018 年 6 月底两台机组全部商业运营后每年将会为巴基斯坦提供约 90 亿度电，大大缓解巴基斯坦电力紧缺现状，为巴基斯坦经济腾飞提供源源不断的电力保障。并且该项目在整个设计和工作上都采取了相应的环保措施，保障当地的环境状态良好。卡西姆电站采取了海水淡化、烟气脱硫等环保技术，环保达到国际标准。工程施工期间，遵守环保法律法规，正确处理施工和生活垃圾。注重对红树林的保护，移植和栽种的红树林面积，相当于砍伐面积的 5 倍。该项目的常态化运营，为缓解巴基斯坦电力能源短缺、促进当地经济发展、改善人民生活起到了突出作用。

（3）项目助力双方经贸，新模式为当地居民带来新生机。

在项目整个开发、实施过程中，中国有关政府部门，以及巴方政府予以该项目高度的重视和大力的支持。为了促进中方企业落实该项目的融资，政府不但提供了担保，而且通过颁布法令，以立法的形式予以确认；为激励中方企业的积极性，巴政府予以该项目诸多方面的优惠政策，例如利润免税期、进口税免征等。电站由建设期转入运维期后，继续深入实施属地化管理，优先雇用当地员工，为超过 600 名当地民众提供了长期稳定就业岗位，极大改

---

① 卡西姆港燃煤电站［EB/OL］. http：//news. cyol. com/content/2017 - 04/21/content_15973271. htm.

善了当地人民生活，让当地居民切身感受到中巴经济走廊建设带来的红利。

三、肯尼亚蒙内铁路

（一）发展历程

该项目缘起于两国的友好交流。2009 年 8 月，肯尼亚政府与中国路桥签署了蒙内铁路项目谅解及合作备忘录。经过前期的不停磋商，终于在 2012 年 7 月，蒙内铁路设计采购施工总承包合同签署。2014 年 5 月 11 日，时任中国国务院总理李克强与时任肯尼亚总统肯雅塔及东非五国总理或外长签署修建蒙内铁路合作协议；6 月 30 日，中国中车交付首批出口肯尼亚机车用于蒙内铁路建设及运输；12 月 12 日，蒙内铁路开工建设。一年紧张建设之后，2015 年 11 月，蒙内铁路开始全线铺架。2017 年 5 月 31 日，由中国企业承建运营的蒙内铁路建成通车。同年 12 月 16 日，在肯尼亚内罗毕，人们载歌载舞庆祝内罗毕集装箱内陆港正式移交并启动运营。2018 年 9 月 11 日，蒙内铁路港支线工程竣工验收。[①]

2019 年 7 月 29 日，蒙内铁路与内马铁路实现互联互通。2020 年 7 月 19 日，肯尼亚内罗毕南站站台上重新热闹起来，乘务人员穿着全套防护服为乘客检票，乘客戴着口罩井然有序地上车。8 时许，一列载着 482 名乘客的列车平稳驶离车站，开往港口城市蒙巴萨。因新冠肺炎疫情停运的肯尼亚蒙巴萨—内罗毕标轨铁路（蒙内铁路）客运服务正式恢复运营。

2020 年 5 月 31 日，是肯尼亚蒙内铁路开通三周年纪念日。6 月 1 日，肯雅塔在 57 届自治日讲话中，回顾就任以来基础设施建设成绩时提到了标轨铁路，并对标轨铁路给予高度评价，称其将"大大促进铁路沿线城市发展，在东非地区开辟新的市场。"肯雅塔讲话中提到的标轨铁路实际上是包括蒙内

---

① 蒙内铁路通向美好未来 ［EB/OL］. http：//epaper. fsonline. com. cn/fsrb/html/2019 - 02/07/content_23246_130223. htm.

铁路,及其向西延长线——内马铁路在内的标准轨距铁路。①

(二) 项目现状

蒙内铁路全称肯尼亚蒙巴萨—内罗毕铁路,连接肯尼亚首都内罗毕和东非第一大港蒙巴萨港,全长 480 千米,沿线共开通了 33 个站点,设计运力 2 500 万吨,为内燃机系统,设计客运时速 120 千米、货运时速 80 千米,是肯尼亚百年来建设的首条新铁路,是一条采用中国标准、中国技术、中国装备建造的现代化铁路。位于肯尼亚首都的内罗毕南站是蒙内铁路的始发站之一,铁路正式通车后的首班列车将从这里开出,驶向东非第一大港口蒙巴萨。蒙内铁路也正是因为其连接的这两座肯尼亚最大城市的名字而得名,它也是新东非铁路网建设工程的起始段。蒙巴萨港的年吞吐量达 2 500 万吨,蒙内铁路修建之前,货运依靠英国殖民者 100 年前在肯尼亚修的窄轨铁路,这条老米轨铁路设备陈旧,年久失修,其设计最快速度不超过每小时 60 千米,年运力只有 100 万吨,能够发挥的作用非常有限。2012 年东非共同体首脑峰会决定,要将东非铁路网中的"米轨"全面升级为"标准轨道"。蒙内铁路建成后,原来的米轨铁路将永远成为历史,从蒙巴萨到内罗毕的交通时间从 15 个小时缩短至 4 个半小时,极大提升蒙巴萨至内罗毕之间的客货运效率。蒙内铁路东起蒙巴萨西站,西至内罗毕南站,于 2014 年 12 月 12 日开工建设,于 2017 年 5 月 31 日通车运营。蒙内铁路由蒙巴萨西站至内罗毕南站,全长 480 千米,东侧通过港区支线接入赖茨港站(原蒙巴萨港站),西侧于内罗毕南站与内马铁路相连;线路共设 33 个车站,其中客货站 9 个、会让站 22 个、编组站 2 个;线路设计速度 120 千米/小时。

蒙内标轨铁路于 2019 年 5 月 31 日迎来了通车两周年的日子。安全优质、高效快捷的客货运服务,让蒙内铁路在肯尼亚国内外都赢得了赞誉,也为肯尼亚的经济社会发展做出了突出贡献。截至 2019 年 5 月 31 日,已累计运送 300 万名旅客,运送 44 万个标箱,安全运营 731 天。从 2017 年 5 月 31 日建

---

① 中国承建肯尼亚蒙内铁路今日通车 成"一带一路"重要名片 [EB/OL]. https://www.yidaiyilu.gov.cn/xwzx/hwxw/14942.htm.

成通车至 2020 年 2 月 18 日，蒙内铁路已安全运营五年多。其延长线内马铁路（标轨铁路内罗毕马拉巴段）正在往更深的内陆地区延伸。①

（三）项目意义

1. 国内意义

（1）连接中非之间的经济合作之路。

蒙内铁路是中非从次区域合作起步，共同建设非洲高速铁路、高速公路和区域航空三大网络的重大项目。东非地区乃至非洲实现互联互通，将对非洲国家经济发展起到重要支撑作用。蒙内铁路即在国家"一带一路"倡议指引下，企业与肯尼亚政府达成引入新建铁路意向，两国高层在互访过程进行了铁路标准、项目启动等关键事项沟通，同时国家相关部委对肯尼亚政府政策风险、经济发展等方面进行综合评估，牵头促进关键环节落地，最终促进项目达成。在项目建设过程中，中国和肯尼亚高层互访时会沟通项目进展情况，及时解决项目遇到的主要困难，确保项目按照进度建设和开通。它传承并发扬光大中非友谊。中非友谊始于 20 世纪 50 年代，老一辈党和领导人历经坎坷，架起了中非友好合作的桥梁。刚刚站立起来的中国给了积贫积弱的非洲国家大量物资支援，而重情重义的非洲兄弟也回馈了中国莫大的政治支持，中国在联合国合法席位的恢复就离不开众多非洲国家的支持。中非友谊经过了时间、历史和人民的检验，历久弥新，在新的形势下愈加生机勃勃、欣欣向荣。

（2）造福肯尼亚人民。

蒙内铁路是肯尼亚近百年来新建的第一条铁路，从东非最大港口蒙巴萨到肯尼亚首都内罗毕，沿着英国人 100 多年前修建的陈旧"米轨"，一条由中国承包建设的现代化铁路正在快速铺开。作为首个海外全中国标准铁路项目，蒙内铁路已经完成过半，并在属地化管理、技术转移、环境保护等方面

---

① 新华时评：风雨同舟 20 载，中非关系持续向前 ［EB/OL］. https：//www. yidaiyilu. gov. cn/xwzx/gnxw/151226. htm.

获得多方好评。将进一步完善东非铁路网，增加东非国家的运力，推进东非地区的互联互通和一体化建设，促进各国经济发展。各国感谢中国的帮助和支持，将与中方齐心协力尽早建好这一铁路，造福本地区人民。

（3）践行"一带一路"宗旨。

它完美诠释"一带一路"倡议的宗旨。自 2013 年，习近平主席发出"一带一路"倡议以来，在"共商共建共享"的原则下，一大批合作项目稳步推进。"一带一路"是共建共享之路，绝非某些西方媒体所恶意渲染的谋求霸权之路，以蒙内铁路为例，最新数据显示，蒙内铁路的修建为肯尼亚人民提供了累计超过 3.8 万个工作岗位，当地雇员占总员工比例约 90%。事实无可辩驳地证明，肯尼亚人民是这条铁路最大的受益者，蒙内铁路具有极强的示范效应。① 中肯两国应以蒙内铁路建设为牵引，推进建设路港一体化的产业经济走廊，共同打造蒙内铁路、蒙巴萨港、蒙巴萨经济特区三位一体合作新格局。

（4）成为中国铁路输出的标杆建筑。

它将加快"中国标准""走出去"步伐。标准的输出是核心竞争力的标志。近年来，受制于种种技术壁垒和贸易保护，"中国标准"的输出步伐滞后于"中国制造"，不少国家和地区尽管承认中国制造，但对中国标准却始终心存疑虑。蒙内铁路作为非洲大陆上第一条完整意义上的"中国标准"，从此将备受世人关注，它的安全状况、经营管理乃至对政治文化的带动影响，都将吸引全世界众多眼球。依托中国铁路强大的技术实力做支撑，蒙内铁路必将交上一份圆满答卷，"中国标准""走出去"提档加速也在情理之中。蒙内铁路作为"一带一路"的先期收获项目，其建成和运营不但对东非经济体实现互联互通和经济发展起到重要支撑作用，在实现国产物资装备"走出去"方面也取得了实际成果并具有代表意义。总结蒙内铁路带动国产物资装备"走出去"方法策略，对后续东非铁路网建设项目乃至其他区域的国际项目推动国产铁路整体产业链"走出去"，具有重要指导意义。

---

① 谢晓斌. 蒙内铁路开通意义深远［EB/OL］. http：//views. ce. cn/view/ent/201705/31/t20170531_23343379. shtml? utm_source = UfqiNews.

2. 对肯尼亚的意义

（1）肯尼亚国家发展往前跨步。

"肯尼亚人民有了新的铁路，我们将掀开新的一页，书写未来 100 年肯尼亚的历史。"2017 年 5 月 31 日，由中国交建承建运营的蒙巴萨至内罗毕标准轨铁路（蒙内铁路）建成通车，肯尼亚总统肯雅塔在通车仪式上这样表示。[①] 时间总是最好的证明。"蒙内铁路"开通运营一年多来，蒙内铁路为肯尼亚经济、社会发展、百姓出行带来了巨大改变。有资料显示：一年来，运送旅客 158 万人次、标准货物集装箱 11.2 万个，客运平均上座率高达 95.2%，货运能力也从最初的每月 2.2 万吨上升到 21.4 万吨。事实证明，蒙内铁路的开通，不仅拉近了肯尼亚不同地区、不同部族之间的距离，更关键是给肯尼亚人民带来了方便路、富裕路、幸福路。[②]

（2）肯尼亚的繁荣之路。

"蒙内铁路"对于肯尼亚国家和人民群众来说，有着深远而又重要的意义。蒙内铁路被称为肯尼亚的"世纪工程"，为肯尼亚乃至东非的繁荣发展铺就了一条快速路。蒙内铁路（蒙巴萨港—内罗毕）是东非铁路网的起始段，连接肯尼亚首都内罗毕和东非第一大港蒙巴萨港，全长 480 千米。从物流的角度上来说，让物流更为顺畅，使东非铁路网更加成型，大大降低跨境物流运输成本，进一步推动东非次区域互联互通和一体化进程；从社会的角度来说，蒙内铁路为肯尼亚累计创造 3.8 万个工作岗位，肯尼亚物流成本可以降低 40%。无论是国家，还是人民，都从铁路建设发展中受益。

（3）肯尼亚的暖心环保路。

蒙内铁路是一条为肯尼亚经济发展提速的"大动脉"，也是一条处处体现着绿色环保、改善民生的"暖心路"。从运营一周年的大数据来看，蒙内铁路切实助力民生改善，助力当地经济快速发展。中国铁路建设者为维护动

---

① 胡一峰. 书写肯尼亚未来的蒙内铁路 [EB/OL]. http：//www. mofcom. gov. cn/article/beltandroad/ke/chnindex. shtml.

② 吕强. 肯尼亚蒙内铁路恢复客运服务 [EB/OL]. https：//www. yidaiyilu. gov. cn/xwzx/hwxw/138256. htm.

物与自然的和谐，可以说在当地设计、修建过程中做了大量的生态环境保护工作。比如：除了桥梁式野生动物通道，蒙内铁路还在沟渠处设置了100多个涵洞，既方便斑马等动物饮水，也方便小型野生动物穿过铁路，让当地生态环境得到了可持续性健康发展。蒙内铁路的运营亦贯彻着绿色理念。铁路运输与其他运输方式相比，在环境污染、能源消耗以及资源占用方面具有优势。2016年5月30日，肯尼亚铁路公司与中国路桥签署铁路运营协议后，公司在蒙内铁路项目运营过程中，针对水土保持、污水排放及废弃物排放管理，制订了完善的管理方案，有效防控可能存在的风险，全力创造绿色的运营环境。

（4）两国心意相通的友谊路。

不管对中国还是非洲国家来说，都具有非常重要的意义。蒙内铁路是一条中国与非洲之间的友谊桥梁，将我国与非洲国家紧密相连，承载着中国人民的友谊，从而促进国与国之间的文化交流，更关键是提升了中国在国际上的地位。"国之交在于民相亲，民相亲在于心相通。""蒙内铁路"架起了中国与非洲人民深厚的友谊，也给非洲人民带来满满幸福感，随着"一带一路"的相继花开，不仅包括中国，世界上许多国家都享受到最美的"盛宴"，一同奔向更加美好的幸福未来。

（5）通往未来的致富之路。

蒙内铁路作为东非铁路网的重要组成部分，对促进肯尼亚及周边地区经济社会发展、推进东非地区互联互通、加快非洲工业化进程具有重要意义。后续铁路沿线工业园区建设，将确保蒙内铁路及沿线经济带实现可持续发展，同时为共同打造蒙内铁路、蒙巴萨港、蒙巴萨经济特区"三位一体"的合作新格局奠定基础，成为中肯、中非产能合作的成功典范，切实造福中非人民。由蒙内铁路带动"走出去"的中资企业作为"排头兵"，随着东非铁路持续建设和运营，会在这片土地上不辍耕作，并通过示范效应、辐射效应和联动效应，推动打造中非命运共同体，实现中非共商、共建、共享、共赢的新发展。

四、中俄亚马尔项目

(一) 发展历程

1996 年中俄建立了战略协作伙伴关系，2001 年签署了《中俄睦邻友好合作条约》，2011 年建立了平等信任、相互支持、共同繁荣、世代友好的全面战略协作伙伴关系。借此历史契机，中俄在政治、战略、经济、军事、人文等各领域的合作全面展开。2014 年 5 月 21 日，中国国家主席习近平和俄罗斯总统普京在上海共同见证中俄两国政府《中俄东线天然气合作项目备忘录》、中国石油天然气集团公司和俄罗斯天然气工业股份公司《中俄东线供气购销合同》的签署。根据双方商定，从 2018 年起，俄罗斯开始通过中俄天然气管道东线向中国供气，输气量逐年增长，最终达到每年 380 亿立方米，累计 30 年。共建"冰上丝绸之路"，中俄是倡导者，也是推动者。中俄关系的迅速发展是中俄共建"冰上丝绸之路"的有利前提。2015 年 5 月，中俄两国元首签署了《关于丝绸之路经济带建设和欧亚经济联盟建设对接合作的联合声明》，开启了"一带一路"与欧亚经济联盟对接进程。亚马尔项目是"一带一路"倡议提出后实施的首个海外特大型项目，也是中俄能源合作的典范。2018 年 11 月 21 日，这个中俄两国目前最大经济合作项目，全面建成投产，在中俄东线，绵延近 6 000 千米的天然气管道宛如一条巨龙穿行于东北亚大陆。[①]

2015 年 6 月，中俄东线天然气管道中方项目开始建设。2017 年 12 月 8 日，中俄能源合作重大项目——亚马尔液化天然气项目第一条 LNG（液化天然气）生产线正式投产，这一项目是中国提出"一带一路"倡议后实施的首个海外特大型项目，也是全球最大的北极 LNG 项目，对中国海外能源合作、提升中国在世界能源市场话语权具有重要意义。2018 年 1 月 1 日，中俄原油

---

① 中俄亚马尔项目首条 LNG 生产线投产　中国每年将获 400 万吨液化气［EB/OL］. http：//www. icnao. cn/ydylzt/xmal/201801/t20180117_251503. html.

管道二线正式投入运营，管道输油量达到每年 3 000 万吨。2018 年 1 月 26 日，中国政府发布的首份北极政策文件《中国的北极政策》白皮书指出，中国愿意依托北极航道的开发利用，与各方共建"冰上丝绸之路"。共建"冰上丝绸之路"意指合作开发北极航道。共建"冰上丝绸之路"，中俄是倡导者、实践者和推动者。如今"冰上丝绸之路"已经成为中俄"一带一盟"对接的重要环节，共建"冰上丝绸之路"将推动中俄全面战略协作伙伴关系迈上新台阶。7 月 19 日，中俄特大型能源合作项目——亚马尔液化天然气项目向中国供应的第一船液化天然气到岸。2018 年 9 月，习近平主席应邀赴俄罗斯出席第四届东方经济论坛，两国领导人出席对方国家举办的重要国际会议已成为中俄外交传统，为中俄务实合作持续提供动力。2018 年 11 月 21 日，这个中俄两国目前最大经济合作项目，全面建成投产。2018 年 11 月 29 日，由中国石油和俄罗斯石油公司联合主办的中俄能源商务论坛在北京举行。围绕"进一步深化中俄能源贸易、投资及金融全方位合作"主题，来自能源、金融、信息等领域近 90 家企业的代表聚集一堂，深入沟通、凝聚共识，精准对接合作需求。2019 年 10 月 16 日，中俄东线天然气管道工程黑河至长岭段全线贯通，线路全长 1 067 千米，实现了与哈沈、秦沈等在役天然气管网的联通。位于北极圈内的亚马尔液化天然气（LNG）项目第三条生产线于 2019 年 12 月 11 日正式投产，比计划提前一年。俄罗斯总理梅德韦杰夫当天在投产仪式上表示，第三条生产线能够提前一年投产得益于俄罗斯、中国、法国等合作伙伴的共同努力。这一项目对俄罗斯天然气进入亚洲市场有积极作用，推动了包括北极航道在内的相关跨国基础设施建设的发展。根据协议，在亚马尔项目第二条、第三条生产线投产后，中石油将从 2019 年起每年进口来自亚马尔项目的 300 万吨液化天然气。2019 年 12 月 20 日，俄罗斯开始通过中俄东线天然气管道向中国供气。按照计划，未来 30 年，俄罗斯将通过该管道每年向中国供应 380 亿立方天然气。①

---

① 佟占伟，等．中俄东线天然气管道工程建设纪实：能源合作谱新篇　筑梦丝路经济带［EB/OL］．http：//news.bjx.com.cn/html/20181220/950545.shtml.

（二）项目现状

位于北极圈内的亚马尔项目是全球最大的北极液化天然气项目，亚马尔液化天然气项目位于俄罗斯亚马尔—涅涅茨自治区，距莫斯科约 2 250 千米。亚马尔 LNG 项目由俄罗斯诺瓦泰克公司、中国石油天然气集团公司、法国道达尔公司和中国丝路基金共同合作开发，分别占股 50.1％、20％ 和 20％、9.9％。天然气可采储量达到 1.3 万亿立方米，凝析油可采储量 6 000 万吨；项目将建成 3 条年产量 550 万吨液化天然气生产线，全部建成后每年可生产液化天然气 1 650 万吨，凝析油 100 万吨。该项目首条生产线于 2017 年 12 月投产，于 2019 年全面建成并开始向中国供气。①

哥伦比亚大学能源政策国际中心研究员埃丽卡·唐斯说，这也是俄罗斯在最近几年打造战略联盟的一个非常明显的例子。唐斯说："中俄之间的能源关系比过去十年的任何时候都要紧密。"亚马尔液化天然气项目由诺瓦泰克公司、中石油、法国道达尔公司和中国丝路基金共同合作开发，该项目全年向西方输送天然气，并在 6 个月后向亚洲输送天然气。在俄罗斯私营企业诺瓦泰克公司的领导下，西伯利亚北部的亚马尔半岛上的"亚马尔液化天然气项目"工厂正在满负荷运转，该工厂是中国在俄罗斯参股最大的能源项目，这是莫斯科外交转向中国的最明显表现之一。

"一带一路"与欧亚经济联盟对接合作奠定了中俄北极合作的基础，共建"冰上丝绸之路"拓宽了双方合作的空间。受此影响，中俄北极开发取得积极进展，其标志性成果就是亚马尔液化天然气（LNG）项目的全面开工建设。亚马尔项目的投产不仅使中国获得稳定的绿色能源供应，同时也开辟了经北极航道的新运输线路，为"冰上丝绸之路"的实施提供了重要的支点。亚马尔项目是中俄共建"冰上丝绸之路"取得的重要进展，是双方合作共赢的典范，对于推动中俄关系的持续发展具有重要的意义。亚马尔项目建成之后，中国每年可以从这个项目获得 400 万吨的液化气，为我们国家的清洁能

---

① 中俄能源合作 [EB/OL]. http：//obor. nea. gov. cn/v_practice/toPictureDetails. html? channelId = 1083.

源供应提供基础。在许多人眼中,亚马尔 LNG 项目的成功实施,不但丰富了我国清洁能源供应,还是一种象征——"一带一路"带来的联结效应,正为国际天然气合作、能源与金融合作提供正能量。[①]

(三)项目意义

1. 国内意义

(1)增强我国石油天然气项目技术创新能力。

建设规模世界第一的中俄东线天然气管道工程,从 2015 年 6 月开工,2017 年 12 月 13 日全面建设以来,取得创新性成果 48 项,制定技术标准和管理规范 22 项,一系列新管材、新技术、新工艺、新设备得以验证,施工技术有了质的飞跃,接近并赶超国际先进水平,对带动我国钢铁冶炼、制管、装备制造等基础工业的发展产生积极推动作用,有力促进了国内气田、管道、储气库、天然气利用项目等上中下游产业链协同发展。亚马尔项目是世界上单套装置和整厂规模最大的天然气液化项目,核心工艺装置区技术含量最高,建设难度最大,工艺最复杂,代表了目前全球 LNG 液化工艺最主流、最先进的技术。

(2)拓宽我国能源进口渠道。

北极地区蕴藏着丰富的石油、天然气、矿物和渔业资源。据媒体报道,挪威专家和美国国家地质勘测局都估计,北极海底的石油和天然气储量可能占到世界总储量的 25%。俄罗斯自然资源和生态部估计,仅俄罗斯所属北冰洋大陆架就蕴藏着约 1 000 亿吨油气资源。尽管以前开发油气资源在技术上不可行,但全球变暖正在使北极地区冰面以每 10 年 9% 左右的速度消失,今后在北极开发资源将变得相对容易起来。因此北极仍然极有可能成为人类社会继中东之后下一个重要的能源基地。而如果中国未来可以从北极地区获取

---

① 张朔,欧阳开宇. 中国与俄罗斯订东线天然气合作协议 [EB/OL]. http://news.bjx.com.cn/html/20140522/512671.shtml.

能源，就能改变中国目前能源供给过于单一的窘境。①

亚马尔 LNG 项目以其高成效、高质量、高标准成为"一带一路"建设中的一颗明珠，成功打造了"冰上丝绸之路"的重要支点。该项目的天然气可采储量达到 1.3 万亿立方米，凝析油可采储量 6 000 万吨；将建成 3 条年产量 550 万吨 LNG 生产线，全部建成后每年可生产 LNG 1 650 万吨，凝析油 120 万吨。中国每年可以从这个项目获得 400 万吨的液化气，为我们国家的清洁能源供应提供重要基础。亚马尔 LNG 项目是中俄能源产业合作的一颗明珠，项目位于北极圈内西西伯利亚北部的亚马尔—涅涅茨自治区的亚马尔半岛，该地区是俄罗斯重要的战略要地，不但 80% 的天然气储藏于此，而且也是辐射全球的重要能源交通要道。②

（3）加快我国能源结构优化。

"十二五"是中国经济和社会重大转型时期，在这一时期内，我国的能源消费具有三个不可逆转：第一个是煤炭和石油等高碳能源消费方面的日趋增加的势头；第二个是以煤为主的能源消费结构；第三个是能源总量不断增长的趋势。在此种情况下，优化调整我国的能源结构，首先要严格控制能源总量的过度扩张，尤其是煤炭和石油的消费量，最大程度地使高碳能源的消费比重降低。推动能源多元化发展，加快可再生能源和新能源对常规化石能源的替代。亚马尔项目的开发，为我国未来长期的清洁能源进口提供了一条长期稳定的新思路和新渠道，将极大助推我国的能源结构优化。

（4）有利于我国开通国际航运新通道。

北极东北航道是连接亚洲跟欧洲最直接、最便捷的运输通道。如果能够充分利用这个北极航道，将来中国跟欧洲之间的经贸合作也会降低很多的物流成本，提高我国和欧洲之间的经济合作。数据显示，一旦北极东北航道正式开通，我国沿海诸港到北美东岸的航程，比巴拿马运河传统航线缩短 2 000 ~ 3 500 海里；上海以北港口到欧洲西部、北海、波罗的海等港口，

---

① 佟占伟，等. 中俄东线天然气管道工程建设纪实：能源合作谱新篇 筑梦丝路经济带 ［EB／OL］. http：//news. bjx. com. cn/html/20181220/950545. shtml.

② 厉害！中国拿下 1.6 万亿天然气订单，与俄罗斯达成合作项目 ［EB／OL］. https：//new. qq. com/omn/20200611/20200611A02WV500. html.

将比传统航线航程短 25%～55%，每年可节省 533 亿～1 274 亿美元的国际贸易海运成本。

（5）深化我国对外经济贸易合作发展。

项目建设过程中，共有 45 家中国厂商为项目提供百余种产品，项目带动和促进了国内钢铁、电缆等众多产业技术创新和转型升级，国内产品出口额超百亿美元。亚马尔项目位于北极圈内，该地区能源丰富，但是能源项目开发中，其资金与资源是缺一不可的。就算俄罗斯境内拥有再多的液化天然气资源，如果开发资金不足，也是不能将其转化为经济价值与实用价值的。而俄罗斯最缺的就是钱。正是由于俄罗斯近些年来的经济问题，使得他们没有更多的钱来投资开采，故与我国联手开发。中俄本次联手将互惠互利，付诸共赢，共同造福中俄两国人民。

2. 对俄罗斯的意义

（1）有利于两国国际地位的提升。

中俄北极能源合作是中俄共建"冰上丝绸之路"的重要组成部分，亚马尔 LNG 项目是其中的旗舰项目。合作该项目对双方而言，首先，俄罗斯在当前的国际政治博弈中希望通过与中国的合作来稳定国际地位。亚马尔 LNG 项目对中国出口的天然气可以缓解国内市场需求增长的压力，为我国经济持续增长作保障。其次，俄罗斯北极能源开发需要中国的资金和技术投入。中国能源消费对外依存度的提高是中俄能源合作的重大驱动因素。面对我国快速增长的天然气需求，我国的进口依存度也呈正相关式增长。再次，中俄亚马尔 LNG 项目合作符合俄罗斯北极战略要求。根据《2030 年前俄罗斯能源战略》，俄罗斯将最大限度地有效利用其天然气能源潜力，巩固在国际能源市场上的地位，从而使国家经济获得最大的收益。[①] 最后，亚马尔 LNG 项目是"一带一路"倡议的成功实践。

---

① 陈嘉楠. "冰上丝绸之路"背景下的中俄北极能源合作——以亚马尔 LNG 项目为例［EB/OL］. http：//aoc. ouc. edu. cn/2019/0111/c9821a233077/page. htm.

（2）深化两国友谊和合作深度。

亚马尔液化气项目是最近几年中俄经贸合作最大的投资项目，除了中石油参与项目之外，中国的金融机构也参与这个项目，将来液化天然气的运输，特别是向中国出口的液化天然气的运输，都要由中俄两国的航运公司来承担。而且在之前2014年俄罗斯卢布大幅贬值，亚马尔项目曾一度出现严重资金问题，导致亚马尔项目面临困境。关键时刻，中国资本发挥了重要作用。中国作为重要的入股方向俄罗斯提供了120亿美元的贷款，中国丝路基金也出资14亿美元收购了该项目9.9%的股份，正是通过丝路基金增加约3.01亿美元的公司注册资本，改善了亚马尔液化天然气公司净资产状况，这才让项目得以继续。在中资、俄资和国际银行等渠道共同努力下成功完成融资，也创造了"一带一路"资金融通的范例。

（3）带动当地物流航运长期稳定发展。

在亚马尔项目的带动下，项目所在地萨别塔地区也获得了发展。当地机场于2015年2月已经投入运营并开通了多条国内、国际航线，截至2017年11月26日，共飞行7 523航班次，运送乘客701 914人，货物9 200吨。所属萨贝塔海洋港口建成6个物资卸载泊位，已累计运载物资超过50万吨。亚马尔项目的建设不仅为我国新增了北部海上运来的天然气，同时开辟的北极航道成功实现北冰洋运输，穿越北极圈，连接北美、东亚和西欧三大经济中心的海运航道。亚马尔项目建设过程中超过60%的模块和零部件是经过白令海峡、通过北极东北航道运输，平均用时16天左右，比通过苏伊士运河节省近20天。与此同时，中国石油俄罗斯公司积极整合资源，利用各种机会引进中国服务进入亚马尔项目，实现了中石油整体效益最大化。2016年9月，协调亚马尔LNG公司，再次为海洋工程公司获得430吨的新增工作量。中国企业承揽了全部模块建造的85%，即6艘运输船的建造、15艘LNG运输船中14艘船的运营等，工程建设合同额达78亿美元，船运合同额达85亿美元。既赢得效益，又大大带动模块建造和造船等产业升级。①

---

① 谢多. 丝路基金董事长谢多：服务"一带一路"促进资金融通［EB/OL］. https：//www. yid-aiyilu. gov. cn/ghsl/gnzjgd/89041. htm.

（4）有助于俄罗斯能源产业升级转型。

亚马尔 LNG 项目对于俄罗斯政府和诺瓦泰克公司同样具有重要意义，LNG 将帮助俄罗斯实现一系列目标：增加能源出口量；使俄罗斯有机会进入以前难以介入的能源消费市场；促进新技术的引进和消化利用；带动关联产业的发展；支持关键地区如北极和远东地区的经济发展；开发具有战略重要性的北极航道；加强俄罗斯在亚太地区的地缘政治影响；等等。

（5）有助于深化两国人民文化交流。

借"一带一路"东风，亚马尔项目的成功实践不断丰富和拓展中俄互利共赢合作的内涵和外延，成为中俄全面战略协作伙伴关系的重要支撑，能源合作在我国对外交往中始终是一项重要内容。在能源合作之外，两国人民相互的工作互动和深层次上的交流使得更多的传统文化和观念相互融合。从此，两国人民友谊不断深化，正如两国企业合作时所说，"两个新朋友不如一个老朋友"，一声老朋友，道尽数不完的友谊。

五、中新（重庆）战略性互联互通示范项目

（一）发展历程

中新（重庆）战略性互联互通示范项目的开始，源于 2013 年 10 月，中国国务院副总理张高丽在中新双边合作联委会第 10 次会议期间，向新加坡张志贤副总理提议，在中国西部地区开展继苏州工业园、天津生态城之后的中新第三个政府间合作项目。随后，双方就此达成共识。2014 年 8 月，习近平总书记在南京会见前来参加青奥会开幕式的新加坡总统陈庆炎，正式谈及设立第三个国家级合作项目的议题，并明确指出第三个项目设于中国西部。2015 年 5 月 27 日，亚欧互联互通产业对话会在重庆开幕，中共中央政治局常委、国务院副总理张高丽出席。此次对话会主题是"创新带领行动，推进亚欧互联互通"，这与后来中新第三个政府间合作项目定位为"互联互通示范项目"不谋而合。2015 年 11 月 7 日，中华人民共和国和新加坡共和国在新加坡发表《中华人民共和国和新加坡共和国关于建立与时俱进的全方位合

作伙伴关系的联合声明》。① 同日，中新两国政府在新加坡签署了《关于建设中新（重庆）战略性互联互通示范项目的框架协议》及其补充协议，正式启动以重庆为运营中心的第三个政府间合作项目。②

中新（重庆）战略性互联互通项目的发展过程中，也在不断地加入越来越多的兄弟城市。2017 年 8 月，渝桂黔陇四省区市签署了《关于合作共建中新互联互通项目南向通道的框架协议》，制定了《关于合作共建中新互联互通项目南向通道的协同办法》，建立共商、共建、共享"南向通道"工作机制。③ 2018 年 4 月 20 日，渝桂黔陇四省区市邀请青海省等 6 省份参加在渝召开的"南向通道"2018 年中方联席会议，并发出了邀请兄弟省区共同参与"南向通道"建设的"重庆倡议"。2018 年 11 月，中新两国正式签署《关于中新（重庆）战略性互联互通示范项目"国际陆海贸易新通道"建设合作的谅解备忘录》，将"南向通道"正式更名为"陆海新通道"，进一步拓展了通道建设的内涵、意义和重点领域，④ 重庆、广西、贵州、甘肃、青海、新疆、云南、宁夏 8 个西部省份 7 日在重庆签署合作共建中新互联互通项目国际陆海贸易新通道（简称"陆海新通道"）框架协议，将合作推进"陆海新通道"建设，助推我国加快形成"陆海内外联动、东西双向互济"的对外开放格局。2019 年 1 月 7 日至 8 日，中新互联互通项目联合实施委员会第四次会议及共建"陆海新通道"主题对话会在重庆举行。来自中国重庆、贵州、甘肃、青海、新疆、云南、宁夏等西部 12 个省区市，及新加坡、越南、泰国等东盟国家政商界的近 400 名代表为"陆海新通道"发展建言献策。

中新（重庆）战略性互联互通项目的发展离不开两国经济主体的共同引导和推进。2018 年 11 月 2 日，首届中新（重庆）战略性互联互通示范项目

① 中华人民共和国和新加坡共和国关于建立与时俱进的全方位合作伙伴关系的联合声明（全文）[EB/OL]. http：//www. gov. cn/xinwen/2015 - 11/07/content_5006011. htm.

② 中新签署第三个政府间合作项目协议并就启动中新自贸协定升级谈判换函 [EB/OL]. http：//sg. mofcom. gov. cn/article/dtxx/201511/20151101161046. shtml.

③ 谢宇飞. 中新互联互通项目南向通道"朋友圈"进一步扩大 [EB/OL]. http：//www. gov. cn/xinwen/2018 - 09/06/content_5319791. htm.

④ 中华人民共和国和新加坡共和国政府联合声明（全文）[EB/OL]. https：//www. yidaiyilu. gov. cn/zchj/sbwj/71719. htm.

金融峰会（以下简称中新金融峰会）在重庆悦来国际会议中心举行，峰会主题为"开放·创新·互联·共享"——加强金融互联互通全力服务"一带一路"。本届金融峰会，旨在进一步强化中新金融合作的示范辐射作用、打造中国—东盟合作新典范、推进"一带一路"沿线国家和地区资金融通，全面释放和激发金融服务产业、金融服务"一带一路"的能力。峰会的举办，将对中新金融市场实现优势互补、促进两国金融创新和东盟各国共同发展具有重大意义。从峰会成果新闻发布会上可以了解到，首届中新金融峰会成果丰硕，不仅有 46 家中新双方主体达成 36 项合作协议，还收获了很多良好的、极具操作性的观点和建议。

该项目的顺利推进也离不开中新双方政府间的良好信任与深度合作。中国与新加坡两国政府充分利用联合工作委员会会议等形式，灵活运用线上视频会议来克服疫情期间跨国交流障碍，采取循序渐进的方法逐步落实高层共识，在越来越高级别的会议中敲定落实合作进展。首先，中新（重庆）战略性互联互通示范项目联合工作委员会第二次会议于 2020 年 10 月 20 日召开，参会人员包括中方的商务部部长、重庆市人民政府副市长，新加坡方的人力部长兼内政部第二部长、新加坡总理公署兼国家发展部政务部长以及联合工作委员会成员单位代表，深入讨论了共建中新（重庆）战略性互联互通示范项目的合作内容及工作机制。两个月后，由中新两国副总理出席的双边会议进一步召开，系统梳理了当前合作成果，推动高层共识的进一步落实与转化。双边会议具体包括中新双边合作联委会第十六次会议、苏州工业园区联合协调理事会第二十一次会议、天津生态城联合协调理事会第十二次会议、中新（重庆）战略性互联互通示范项目联合协调理事会第四次会议。在这些会议中，中新双方就"一带一路"倡议合作框架下的经贸合作与创新发展、金融合作、公共卫生合作、人文交流与可持续发展、国家级双边合作项目等重点合作领域展开充分讨论，打开思路，探索实效举措。在此基础上，双方对于进一步合作的方向达成共识，强调以推动互联互通、金融支撑、三方合作及法律司法合作为合作重点，以挖掘"陆海新通道"潜力为主要工作抓手，以抓重点项目的形式推动合作深入发展，形成更多示范项目，创造更积极的正面影响惠及当地经济及人民。值得注意的是，针对中新双方合作的重点领域——经贸合作往来，中新双方继续跟进双边自贸协定升级版的后续谈判，旨在推动区域全面经济伙伴关系协定落地生根，转为切实的经济红利，为两国地区经济的稳定增长注入动能。[①]

（二）项目现状

中新（重庆）战略性互联互通示范项目是中国和新加坡设立在中国西部地区的中新第三个政府间合作项目，以中国直辖市重庆作为项目运营中心。该项目是"一带一路"众多项目中一个典型而具有标志性的双边合作项目。这是中新第三个政府间合作项目，以"现代互联互通和现代服务经济"为主题，以重庆为运营中心，金融服务、航空产业、交通物流、信息通信为四大重点合作领域。双方牵头部门分别为中国商务部和新加坡贸工部。这是一个中新两国共同推进的国家级、战略性互联互通示范项目。

2019年4月12日，市中新示范项目管理局通报，截至当年3月底，"陆海新通道"国际铁海联运累计开行901班。以重庆和新加坡为"双枢纽"的"陆海新通道"，由重庆向南经贵州等省份，通过广西北部湾等沿海沿边口岸，通达新加坡及东盟主要物流节点，运行时间比经东部地区出海减少12天左右。这条通道成功实现了重庆与西部省区市、西部与东盟、"一带"和"一路"三个连接，高度契合了"一带一路"倡议、西部大开发和长江经济带发展战略。其中，"渝黔桂新"铁海联运班列累计开行854班。与中欧班列（重庆）实现无缝衔接，成为服务"一带一路"和长江经济带建设的重要战略性通道。截至2022年，中新（重庆）战略互联互通项目已启动运营7年多，渝新互联互通进一步加强。双方共同谋划，开创性地打造了陆海新通道，成功实现丝绸之路经济带（"一带"）和21世纪海上丝绸之路（"一路"）在重庆有机衔接。目前，中新双方已建立"陆海新通道"高官会机制，共同编制通道国际合作规划，积极带动东盟其他国家及"一带一路"沿线国家和地区参与通道建设。陆海新通道中国国内"朋友圈"拓展至西部所有省区市。

---

① 赵宇飞，耿鹏宇. 中新互联互通项目3周年签约137个项目 总金额219亿美元 [EB/OL]. https：//www. yidaiyilu. gov. cn/xwzx/gnxw/71067. htm.

2020 年 9 月 25 日，万国数据重庆数据中心在重庆两江新区开工建设，助力重庆与新加坡在 IDC（互联网数据中心）、云计算、大数据等领域展开全面合作。①

在贸易畅通和资金融通上，得益于项目的优越性和政府主体的大力支持，该项目的贸易交流和资金交流如雨后春笋般快速发展。2018 年 10 月底，重庆已设立中新互联互通股权投资基金，总规模约 1 000 亿元，以加大对金融服务、航空旅游、交通物流、信息通信四大领域的投资引领作用。其中，拟形成基石基金 200 亿元，募集社会资金约 800 亿元，已在信息科技、城镇化基建、教育、交通等领域实现投资 77.6 亿元。截至 2020 年 10 月底，中新（重庆）战略性互联互通项目累计带动约 300 个双方政府部门、商协会、企业参与项目合作，推动签署各类协议 68 个、合作项目 230 个，总金额超过 322 亿美元，逐渐成为共建"一带一路"国际合作新名片。资金流通方面，中新跨境融资模式建立并向中国西部其他省区复制推广，截至 2020 年 10 月 31 日，为四川、新疆、陕西等中西部 8 省区融资逾 42 亿美元。此外，中信银行国际业务运营中心也已落户重庆，归集西南、西北 16 家分行业务，实现国际结算 37 亿美元，年结算量将达 200 亿美元，为投资"一带一路"的相关企业，提供跨境综合金融服务。②

除了在经济贸易上，该项目不断进步发展，在文化交流和民意沟通上，该项目也起到了不可或缺的桥梁作用。截至 2020 年底，除金融服务、航空产业、交通物流、信息通信等四个重点合作领域结出丰硕成果外，中新互联互通项目在拓展双方旅游、教育科研、医疗健康、农产品贸易等领域合作方面也捷报频传。韩宝昌在回答中新网记者提问时介绍，双方推动新加坡国立大学（重庆）研究院项目落地，推动重庆莱佛士医院正式开业、中新（重庆）国际肿瘤医院落户。此外，双方还积极探索能源、农业、城市发展等多个领域合作，推动重庆市璧山区与淡马锡理工学院开展能源项目合作；共同启动

---

① 设立中新（重庆）战略性互联互通示范项目 ［EB/OL］. https：//www. yidaiyilu. gov. cn/xwzx/dfdt/99993. htm.

② 中新互联互通项目渐成共建"一带一路"国际合作新名片 ［EB/OL］. https：//www. yidaiyilu. gov. cn/xwzx/dfdt/154344. htm.

中新互联互通项目农产品出口计划,探索打造"中国西部—东盟"农产品贸易服务平台。①

(三)项目意义

1. 国内意义

(1)加强中新合作深度,扩大两国合作利益。

中新(重庆)互联互通无缝契合我国"一带一路"战略的愿景,旨在通过在重庆和新加坡之间构建全方位的互通互联,鼓励新加坡一方参与到我国的"一带一路"建设中来,促使双方在政治、经济和文化等方面实现更为深入的交流合作。其中,在中新(重庆)战略性互联互通示范项目打造过程中形成的一大批旗舰项目对于中国国内的经济具有广泛的辐射作用。这些项目尽管运营中心在重庆,但其带动的中新两国的经贸增长、服务互联互通惠及的是包括西南地区在内的中国国内地区,乃至于更广泛的东南亚地区,共享减少贸易成本带来的经济增长红利,带动"一带一路"倡议框架下的海上丝绸之路及丝绸之路经济带发展壮大。

(2)开启重庆第二次经济生命之春,助力重庆腾飞。

该项目的成功推行,针对主要创办地重庆来说,无疑开启了重庆作为直辖市的第二次经济生命之春,为重庆再次腾飞带来重大机遇。地处西部内陆的重庆,地区恶劣的地理环境导致其对外开放长期处于不利的地位,"渝新欧"欧亚大陆桥有效打破这一瓶颈,使重庆地区作为丝绸之路的载体,承接向西开放的战略使命。随着合作的深入,重庆在"一带一路"中具有承东启西、连接南北的作用,表现在它向西是广阔的亚欧腹地和大西洋,向东是太平洋,向南则是东盟和印度洋,是丝绸之路和长江经济带的联络节点,在"一带一路"建设中焕发出十分优越的区位优势。重庆依托"渝新欧"国际物流通道和渝昆东南亚国际贸易大通道,在未来具有强劲的发展势头和活力。

---

① 刘相琳. 中新互联互通项目近半签约合作项目为金融领域[EB/OL]. https://www.yidaiyilu.gov.cn/xwzx/gnxw/82699.htm.

中新战略性互联互通示范项目作为"一带一路"倡议框架下中国进一步深化对外开放的战略性平台，其落户于重庆有助于进一步做强做优重庆打造内陆开放高地的实力。依托中新战略性互联互通示范项目建设背景，在专心致志推动重大项目建设的同时，重庆作为重要节点城市，融合对接"一带一路"倡议高质量发展、长江经济带和西部大开发等国家级重大发展战略，是难得一遇的重大历史发展机遇。项目的高速发展正形成以重庆为枢纽的现代互联互通，一方面加快重庆产业转型升级，提升重庆的国际化水平，另一方面则加快引领西部全方位提升开放水平。

（3）创建我国西南部地区之间的共同交流协作平台。

该项目合作领域和合作内容上的深入使其互联互通过程中成了地区之间的共同交流协作平台。中新（重庆）互联互通项目是我国与新加坡继苏州工业园区和天津生态园后的又一示范性项目，以现代互联互通和服务经济为主题，无缝契合我国"一带一路"倡议及以重庆为运营中心的政府间合作项目。合作内容包括通信、物流和金融等方面，航空运输的时效性和可达性在中新（重庆）互联互通中将充当载体角色，在承载两个地区之间、两个地区与其他地区之间的贸易往来和交流协作中发挥至关重要的作用。值得注意的是，相对于东部沿海地区，不利的地理位置、高昂的运输成本和稀缺的金融资源一直是阻碍西部地区经济发展的老大难问题，引导西部地区融入中国以国内大循环为主体、国内国际双循环相互促进的新发展格局是带动西部地区经济发展的重要动力。中新战略性互联互通项目可充分发挥其加强互联互通的优势，带动西部地区融入中国经济发展全局，打通物流通道和融资渠道的"任督二脉"，展示出强大的辐射带动作用。

（4）促进两国群众民意交流。

该项目在多领域拓展合作过程中推动经济贸易发展的同时还惠及两国人民群众，增强了民意沟通。伴随着经贸合作的深入，两国人民的密切往来会带动相关社会组织的蓬勃发展，包括商会、医院、教育培训合作等。例如，伴随着中新战略性互联互通项目的开展，新加坡中华总商会全球第二代表处作为企业家联合交流的重要社会组织在重庆成立。再例如，为服务企业的人才需求，新加坡南洋理工大学和新加坡工艺教育局积极开展与重庆的教育培训合作，为相关企业培养关键领域的技术人才和相关职业技能。在未来的发展上，中新（重庆）互联互通项目将会为两国人民的交流提供更为便利的通道和情感联系渠道。在"联接"新时代的赛道上，中新互联互通项目已然掀起"联接经济"新浪潮。

2. 沿路国家影响

（1）有利于共享对外开放和共享中新两国的资源和市场。

"一带一路"倡议具有现实可行性的理论基础在于其充分挖掘了各国互联互通、发挥各自包括资源禀赋和技术在内的比较优势、连接广大市场共享对外开放红利的价值共创机制，秉持了共商共建共享的平等合作精神强调发展红利由参与各国平等共享，因此得到了沿线国家和国际社会的广泛支持。中新（重庆）战略性互联互通项目作为"一带一路"倡议合作框架下的旗舰项目，继承了"一带一路"倡议的基本内核，强调共享中国和新加坡两方的市场和资源，发挥各自的比较优势，通过关键基础设施等硬件项目的建设和双方政府密切的政策对接合作实现软联通，打破时间和空间的限制，为两国的紧密合作创造更为有利的环境。其中，重庆江北国际机场与新加坡樟宜国际机场的合作是实现中国和新加坡的空中互联的关键工作抓手。此外，中新互联互通南向通道的建设在中新两国共同努力下拉开帷幕，该通道的建设对两国深化经贸合作、共享发展红利具有战略性价值，具体表现为以下三个方面：第一，助力中国—东盟自贸区"升级版"的务实推进；第二，南向通道与"渝新欧"通道的连通将实现"一带"与"一路"的巧妙互通；第三，为我国西部大开发战略注入新的活力。

（2）实现了海上的"21 世纪海上丝绸之路"和陆上的"丝绸之路经济带"的有机联动。

新加坡高度重视"一带一路"倡议合作框架下陆上"一带"的"丝绸之路经济带"与海上"一路"的"21 世纪海上丝绸之路"战略性相互协同带动、形成有机整体的构建。为实现这一目标，中新互联互通项目南向通道（简称南向通道）于 2017 年被提出，旨在将陆上"丝绸之路经济带"关键节点城市重庆与海上"21 世纪丝绸之路"关键节点港口广西钦州港相连，进而将陆上丝绸之路沿线经济体经由这条南向通道与东南亚及更广袤的国家和地区实现互联互通。在此过程中，重庆和新加坡作为这条战略纽带的"双枢纽"，在陆上"一带"与海上"一路"的战略性融合中发挥了不可替代的作用，为海陆空一体的陆海新通道建设和"一带一路"完成环线的形成发挥了重要作用。依托于全面互联互通体系的逐步建成，中新合作的标杆项目的辐射和带动作用将沿着陆海新通道不断扩散。

（3）从中新合作拓展到更为广泛的东盟。

新加坡与中国之间，各项合作历来积极、顺畅，不断结出硕果。国际陆海新通道的建设与联通不仅有益于中新合作，更有益于推动东盟实现进一步的区域一体化进程，加深中国与东盟各国的密切合作。中国与新加坡合作的累累果实对于带动更多东盟国家参与"一带一路"倡议起到了重要的示范效应，中新合作过程中探索的合作工作机制为更广泛的东盟各国合作的开展积累了宝贵的制度财富。例如，在金融合作上，依托新加坡的牵线搭桥，中国在国际陆海新通道实现互联互通精神引领下，积极推进与东盟的合作，促成了 RCEP 的签署落地。值得注意的是，新冠肺炎疫情的突然爆发给全球经济合作带来了巨大冲击，全球产业链、供应链面临断链风险，在此关键时刻，国际陆海新通道发挥了重要的积极作用。在加强各国产业链、供应链安全和联系，保障医疗、生产生活物资供应方面发挥了不可替代的作用，彰显了互联互通这一目标的战略性和示范性。

六、中白工业园区

（一）发展历程

中白工业园，全称为中国—白俄罗斯工业园，坐落于"丝绸之路经济带"中贯通欧亚的重要枢纽——白俄罗斯明斯克州。中白工业园作为由习近平主席与卢卡申科总统共同确定的重大战略性项目，是两国领导人合作共识的重要落地成果，两国对于中白工业园的建设工作高度重视，致力于将其打造成为"一带一路"倡议合作框架下的旗舰项目，"丝绸之路经济带"上的一颗明珠。

中白工业园区开发股份有限公司于 2012 年 8 月在白俄罗斯首都明斯克注册成立，由中国机械工业集团有限公司、招商局集团有限公司、中工国际工程股份有限公司、哈尔滨投资集团有限公司及白俄罗斯明斯克州政府、明斯克市政府及白俄罗斯地平线股份公司共同出资而成。中方股比 68%，白方股比 32%。2010 年 10 月，卢卡申科总统访华期间，白俄罗斯经济部与中工国际签署《关于在白俄罗斯共和国境内建立中国—白俄罗斯工业园区的合作协议》。① 中白工业园开发的正式启动以《中华人民共和国与白俄罗斯共和国关于中白工业园区的协定》的签订为标志，于 2011 年 9 月 18 日正式开始②。此后，为了进一步保障中白工业园有利的开发环境，中白双方在法律保障制度、全面战略伙伴关系构建、两国友好合作条约协定方面频频发力，双方的合作共识逐步转化为具有约束力的重要外交文件，包括第 253 号《关于中国—白罗斯工业园区》法令、《中华人民共和国和白俄罗斯共和国友好合作条约》③等重要文件。

2014 年之后，中白工业园的建设进入加快阶段。时任国务院副总理张高丽于 2014 年 9 月访问白俄罗斯时，与白方领导人就加快中白工业园的共建进程达成了一致，并提出了组建工业园协调工作组的合作机制，通过中方商务部与白方经济部对接共同推动工业园建设形成更多务实成果。基于中白工业区良好的合作基础和合作经验，中白双方就合作范围和合作项目做进一步扩展，双方于 2014 年 12 月 22 日在北京正式签署《中国商务部和白俄罗斯经济部关于共建"丝绸之路经济带"合作议定书》。④ 该合作协定书强调了以中白双方政府间合作委员会分委会为主要合作框架，从投资、贸易、经济技术、

---

① 境外经贸合作区调研：仅少数良性运行亟待转型升级［EB/OL］. https：//www. yidaiyilu. gov. cn/xwzx/gnxw/84224. htm.

② 中白在京签署共建"丝绸之路经济带"合作议定书［EB/OL］. https：//www. yidaiyilu. gov. cn/xwzx/gnxw/76990. htm.

③ 赵静. 中国已与中东欧 13 国签署推进"一带一路"合作文件［EB/OL］. https：//www. yid-aiyilu. gov. cn/xwzx/gnxw/15306. htm.

④ 中俄在京签署共建"丝绸之路经济带"合作议定书［EB/OL］. http：//www. gov. cn/guowuyuan/2014－12/24/content_2795752. htm.

工业园区建设和基础设施互联互通上重点发力，全面提高合作水平。2015 年
5 月 10 日，习近平主席在明斯克同白俄罗斯总统卢卡申科举行会谈。12 日，
习近平主席对白罗斯进行国事访问，访问期间习近平主席与白罗斯总统亚历
山大·卢卡申科一同参观了园区的建设场地。习近平主席称工业园为"丝绸
之路的明珠"。两国领导人签署"巨石"总体规划书，并对入驻园区的第一
批企业进行了评估。2018 年，中白双方签订关系意向书正式确立双方的发展
友好省州关系，在此合作框架下航天科技六院等一批企业加大与中白工业园
的合作，中白工业区的建设有序推进中。中白工业园的建设于 2019 年再获突
破——白俄罗斯总统卢卡申科签署总统令，给予中白工业园区域性经济特区
地位，使园区企业、居民在物流运输及生产活动方面得以最大限度享受欧亚
经济联盟的海关便利政策。这是对中白工业园促进白俄罗斯经济发展的认可。
2020 年 12 月 14 日，中国和白俄罗斯政府间合作委员会第四次会议期间，商
务部副部长、国际贸易谈判副代表俞建华与白俄罗斯经济部长切尔维亚科夫
通过视频方式正式签署《中华人民共和国商务部和白俄罗斯共和国经济部关
于启动〈中国与白俄罗斯服务贸易与投资协定〉谈判的联合声明》。① 白俄罗
斯外交部 2020 年 12 月 31 日表示，白俄罗斯 2021 年担任独联体轮值主席国
期间将在物流方面推动与中国"一带一路"倡议对接，共同推进中白工业园
区的发展。②

（二）项目现状

第一，在经贸合作方面，中白工业园显著带动了中白双方企业参与"一
带一路"倡议建设的积极性，并显著提升了中白双方的贸易、投资、金融合
作水平。中白工业园坐落于丝绸之路经济带中贯通欧亚的重要枢纽——白俄
罗斯明斯克州。中白工业园规划面积 91.5 平方千米，它是中白合作共建丝绸
之路经济带的标志性工程。与其他境外园区相比，中白工业园一个重要优势

---

① 中国商务部与白俄罗斯经济部在京签署共建丝绸之路经济带合作文件 ［EB/OL］. http：//
www. mofcom. gov. cn/article/ae/ai/201412/20141200844050. shtml.

② 中华人民共和国和白俄罗斯共和国关于建立相互信任、合作共赢的全面战略伙伴关系的联合
声明 ［EB/OL］. http：//cpc. people. com. cn/n1/2016/0930/c64387 – 28751583. html.

是成立了中白产业投资基金。这一基金是国资委倡议、招商局集团发起成立并由招商资本管理的一只国家级基金，主要投资中白工业园入园企业和优质项目。2017年8月，该园区已初具规模，吸引了中国石油、中兴、华为等为代表的国内企业入驻。2019年白对华农产品和食品出口额超1.3亿美元，比上一年增长59.6%。2020年前11个月对华出口额就已接近2.39亿美元，几乎是2019年全年的两倍。目前对华出口已占白俄罗斯全部农产品和食品出口的4.5%，中国成为白农产品和食品的第三大出口市场。中白巨石工业园入园企业有38家，中国企业占19家，包括华为、中兴通讯、中联重科、成都新筑、中国一拖、马兹潍柴、中新智擎等。白俄罗斯希望以后全国1/3的国民生产总值从中白工业园中来。2020年白俄罗斯对华鸡肉、牛肉、乳制品、菜籽油、豆油和糖果等产品出口大幅增长，并开始对华出口肉罐头、淀粉和食糖。为了扩大对华乳制品出口，2018～2020年白方共向中国发送了14个乳制品集装箱专列。

第二，伴随着中白工业园区建设的不断推进，中白工业园区创造的经济红利逐步显现，中白工业园在中白两国以及国际社会的影响力不断提升。中白工业园作为中国和白俄罗斯基于对国内发展阶段和国际政治经济环境的现实判断后共建的战略性项目，既是"一带一路"倡议下的标志性工程，更是进一步推进欧亚地区经济一体化、欧亚命运共同体构建的重要枢纽和天然纽带。其建设的好坏是对于"一带一路"倡议是否现实可行、"一带一路"倡议合作框架下中国与沿线各国能否共创价值共享红利的实践回答，其建设成果一直是国际社会共同关注的焦点。当前中白工业园区取得的建设成就带来了显著的正面影响，对于进一步推动中白两国合作、"一带一路"倡议高质量发展并提高"一带一路"倡议的国际认可度具有重要作用。中白工业园作为新时期双边或多边经济合作促进区域经济一体化发展的产物，其发展的有利条件在于：中白全面战略协作伙伴关系及势头良好的经贸关系，白俄罗斯宏观经济形势趋稳，基础设施较为完备，地理位置优越，拥有自由经济区建设经验等。首先，中白工业园区的建设获得了白俄罗斯内部的高度认可，白俄罗斯于2019年初发布第490号"关于海关监管"总统令，中白工业园被批准确立为白俄罗斯境内第一个区域经济特区。其次，中白工业园区在中国国内亦广受好评，其作为新中国海外攻坚克难案例在新中国成立 70 周年成就展中得到重点宣传。最后，国际社会亦多次赞扬中白工业园区的发展，获得诸多国际奖项，例如来自世界自由经济特区联盟（FEMOZA）的全球发展最快的特殊经济区园区奖、2019 全球年度最佳自由区奖、"一带一路"倡议中东欧最佳项目奖等。①

（三）项目意义

1. 国内意义

（1）有利于我国对东欧的深化合作战略。

白俄罗斯是"一带一路"在欧亚地区的重要节点国家，是连接欧亚大陆的天然枢纽。中白工业园是两国合作的标志性工程和命运共同体构建的纽带，是新时期双边或多边经济合作促进区域经济一体化发展的产物。中白工业园发展的有利条件较多，较为明显的表现在中白全面战略协作伙伴关系及势头良好的经贸关系，并且该国近几年的宏观经济形势趋稳，在公共设施建设上较为完备，白俄罗斯所处的地理位置优越，白俄罗斯也拥有一定自由经济区建设经验。近年来，中国和中东欧国家经贸合作扎实推进，其中包括白俄罗斯在内的中白工业园区。中白工业园将双方的发展战略、项目规划、标准制度建立等进行对接，全面提升贸易、投资、基础设施建设等全领域的深度合作，对顺利推进"一带一路"建设具有重要意义。

（2）有利于我国企业在境外的全面发展。

欧盟国家科技发达，产品质量好、标准高，市场成熟。工业园企业目前仍以中白企业为主，产品与欧盟标准仍有差距，在欧盟市场竞争力相对弱，但是在中白工业园区的历练中，将会使得我国的企业在竞争中成长，增强我国企业的生命力和创新力。2018 年园区各项工作取得了较好的成绩，入园企业、居民数量增加，涉及的行业也在增多，不少产品已在园区内投入生产，中国援助的住宅楼和科技成果转化合作中心项目也相继动工。2022 年 5 月，

---

① 参考新华思路数据库网站，https：//www.imsilkroad.com/login#.

园区已吸引来自中国、白俄罗斯、俄罗斯、美国、德国、奥地利、立陶宛和以色列等国90家企业入驻，入园企业合同投资总额已经达到12.6亿美元，其中中国企业46家。

（3）深化我国与白俄罗斯人民的文化交流。

中白关系是建立在高度互信、平等相待基础上的。中国和白俄罗斯都恪守主权平等原则，认为国家不分大小、贫富和强弱，都是国际社会的平等一员。尽管中白相距遥远，国情差别也很大，但这并不妨碍我们平等相处。中国尊重白俄罗斯从本国实际出发奉行的内外政策和选择的发展道路，支持白俄罗斯为捍卫国家主权和民族尊严、维护社会稳定、促进经济社会发展所做的努力；而白俄罗斯也支持中国在国家发展和国际事务中的自主选择。明斯克中国文化中心在2016年12月设立。中国大使馆文化处负责人张宏伟说，成立两年来，中国文化中心共举办各类文化及旅游活动270余场，参与人数2万多人。[1]

2. 对白俄罗斯的意义

（1）加强白俄罗斯与中国的联通设施交流。

与东南亚、非洲等地区的园区不同，中白工业园通过中欧班列，其辐射半径远远增强。每天有12列往返的中欧集装箱班列过境白俄罗斯。中白工业区能够通过中欧班列发挥由点到线、由点及面的效应。2018年，双方签订了发展友好省州关系意向书，航天科技六院、陕西宝光控股公司等企业与中白工业园合作稳步推进，白俄罗斯中心在西安外国语大学正式揭牌，西安咸阳国际机场与明斯克机场直航项目积极推进，中欧班列"长安号"已开行至白俄罗斯首都明斯克并实现常态化运营。

（2）搭建中白之间交流的文化平台。

中白人民都有勤劳勇敢、善良质朴的优秀品质和不畏强暴、抵御外侮的光荣传统。在反法西斯战争中，中国人民和包括白俄罗斯在内的苏联人民并

---

① 吴焰，曲颂．中国投资助白俄罗斯发展民族工业　文化融入创中国文化风景线［EB/OL］．https：//www.yidaiyilu.gov.cn/xwzx/hwxw/23046.htm.

肩战斗，结下了深厚、真挚的友谊。白俄罗斯人民欣赏中国的灿烂文化和悠久历史，钦佩中国人民在国家建设事业中取得的成就；中国人民也乐见白稳定发展，重视白在国家建设事业中的做法和积累的经验。中白友好合作关系经受住了时间和国际风云变幻的考验，中白人民是同甘共苦的朋友。中白工业园区的成立和发展更促进了中白人民之间的友谊。截至 2018 年 12 月，白俄罗斯已有 4 所孔子学院，2 所孔子课堂，20 所中小学开办了汉语教学。2018 年 10 月 9 日，为期 4 天的中国电影展在明斯克中央电影院开幕，共展映了《战火中的芭蕾》《飞越老人院》《米花之味》《烈日灼心》《重返 20 岁》和《绣春刀》等 6 部中国影片。①

（3）带动白俄罗斯当地产业对外贸易发展。

务实合作、互利共赢是中白关系发展的强大动力。在经贸领域，中白积极挖掘合作潜力，互通有无，力求实现优势互补。中国从白进口农业生产所需的钾肥，白从中国进口人们生活所需的一些日用消费品等。目前双方正积极推进机械制造、电信、热电站等领域的合作。白俄罗斯 2021 年担任独联体轮值主席国期间将在物流方面推动与中国"一带一路"倡议对接。2019 年白对华农产品和食品出口额超 1.3 亿美元，比上一年增长 59.6%。2020 年前 11 个月对华出口额就已接近 2.39 亿美元，几乎是 2019 年全年的两倍。目前对华出口已占白全部农产品和食品出口的 4.5%，中国成为白农产品和食品的第三大出口市场。2020 年白俄罗斯对华鸡肉、牛肉、乳制品、菜籽油、豆油和糖果等产品出口大幅增长，并开始对华出口肉罐头、淀粉和食糖。为了扩大对华乳制品出口，2018～2020 年白方共向中国发送了 14 个乳制品集装箱专列。潍柴马兹项目是中白两国合作的首个柴油发动机项目。2018 年 11 月份，潍柴马兹项目在中白工业园投产运营，预计年产 20 000 台柴油发动机，将弥补白俄罗斯在柴油发动机生产领域的空白。

（4）为白俄罗斯当地人民带来新就业机会。

2018 年，中白工业园向当地纳税 1 676.15 万美元，有 5 101 名白俄罗斯

---

① 吴焰，曲颂. 中国投资助白俄罗斯发展民族工业　文化融入创中国文化风景线［EB/OL］. https：//www.yidaiyilu.gov.cn/xwzx/hwxw/23046.htm.

人在中白工业园找到了工作，当地建设企业分包工程合同额 9 338.91 万美元，白方人员接受中方经营管理培训超过 300 人次。这一年里，中白工业园严格控制开发成本，加快建设速度，起步区建设实际投资仅为预算金额的 52.27%，为白俄罗斯政府减少财政支出 1.05 亿美元。中白是全面战略协作伙伴关系及势头良好的经贸关系，白俄罗斯是中国在独联体地区重要的经贸合作伙伴。独立后，白俄罗斯经济长时间保持中高速增长。白俄罗斯位于俄罗斯与欧盟之间，地理位置优越，是欧亚大陆上铁路、公路、输油输气管道、水路和航空交通枢纽。

（5）有利于白俄罗斯未来新兴产业发展。

2020 年，园区已被白俄政府列为首个 5G 试验区和首个无人车试验区。园区已吸引了一批极具科技创新实力的优质企业入驻，园区中资企业生产的高科技测温防疫智能机器人也被用于明斯克机场等公共场所，为白俄罗斯新冠疫情防控发挥作用。2020 年之后，中白工业园正在策划的第二个五年规划将着力发展新兴产业，使中白工业园成为两国扩大区域合作和经贸交流的产业聚集平台。规划将围绕"产业化、国际化、数字化、生态化"方向，着力发展新兴产业，从建设期迈向高质量发展，使中白工业园成为两国扩大区域合作和经贸交流的产业聚集平台。招商局集团将继续发挥央企的先锋模范作用，在商务部、国资委等相关国家部委的支持下，和其他股东一起，将中白工业园打造成为"丝绸之路经济带"上的标志性项目和中白双方互利合作的典范。

七、厦门大学马来西亚分校

（一）发展历程

2012 年 2 月 28 日，厦门大学正式宣布到马来西亚设分校。2013 年 1 月 21 日，马来西亚政府正式邀请厦门大学到马来西亚创办分校。同年 10 月 4 日，在中国领导的见证下，签订了中国国家开发银行全面支持厦门大学马来西亚分校建设协议。2014 年 7 月 3 日，分校举行奠基典礼，马来西亚时任总理纳吉布出席。9月底,马来西亚分校一期工程招标开标。2014年10月17日,中国电建承建厦门大学马来西亚校区破土动工,标志着中国第一所海外大学正式诞生。10月21日,中国水电七局承建厦门大学马来西亚校区破土动工。一期工程总工期为24个月,已于2015年9月满足首批学生开学入住要求。2016年2月,分校迎来首批200名新生,正式开始办学。2016年9月,首批440名中国学生抵达马来西亚,开始在分校的留学之旅。这些学生高考成绩均在本一批次重点线以上。目前,约5 020名学生正在分校学习生活,他们来自马来西亚、中国、印度尼西亚、孟加拉国、埃及、赞比亚、韩国、日本、斯里兰卡、缅甸、哈萨克斯坦、土库曼斯坦和乌兹别克斯坦等28个国家和地区。2017年3月,厦门大学马来西亚分校一期工程竣工投入使用,工程总建筑面积约27万平方米,总投资约7.5亿林吉特。2017年9年9日,厦门大学马来西亚分校二期工程开工建设,首阶段将新建4栋高层学生公寓,1栋学生餐厅,1栋国际学术交流中心和1座水上音乐广场。凌云4宿舍楼已于2018年9月投入使用。2017年,校方认为教师长期居住在学生宿舍不利于教学工作,为此在校外租赁了一批房屋作为教师公寓。2018年起有更多的教师居住在校外。2018年4月25日,厦门大学马来西亚分校与澳大利亚国立大学签订关于学术合作的谅解备忘录。这旨在促进两校在互惠领域的交流合作,特别是在交换生的方面。2018年5月3日,厦门大学马来西亚分校与爱尔兰都柏林商学院签订关于学术合作的谅解备忘录。2018年6月,厦门大学马来西亚分校与辛辛那提大学签订了关于学术合作的谅解备忘录和其他的合作协议。2019年9月,厦门大学马来西亚分校迎来首批本科毕业生,包括242名马来西亚籍学生在内的371名学生获得厦门大学校长张荣颁发的学位证书。

马来西亚总理纳吉布在对中国进行正式访问前接受新华社记者书面采访时表示,中国是马来西亚的真朋友和战略伙伴,他致力于推动马中关系迈上新高度。应时任国务院总理李克强邀请,纳吉布于2016年10月31日至11月6日对中国进行了正式访问。2015年3月,习近平主席在博鳌亚洲论坛年会与他会见时指出,中马关系正处于历史上最好时期;2015年11月,李克强总理访马期间表示,中马是好邻居、好伙伴、好朋友。他极为赞成习近平主席和李克强总理对两国关系的定位,厦门大学马来西亚分校的开办就是一个体现马中两国关系强劲的极好范例。2018 年,厦门大学马来西亚分校面向河北、江苏、浙江、福建、江西、山东、河南、湖北、湖南、广东、广西、四川、贵州、云南、陕西、甘肃、宁夏、青海、海南、辽宁等二十个省区招收高考考生。除汉语言文学与中医学专业为中英双语教学,其余专业均为英语教学,从 2019 年起,学校要求考生英语分数达到该科满分的 80%。在中国十三届全国人大一次会议第三场"代表通道"集中采访活动中,全国人大代表、厦门大学校长张荣表示,厦门大学马来西亚分校建设顺利,未来将为"一带一路"合作倡议的实施输送更多高素质国际化人才。①

(二)项目现状

厦门大学马来西亚分校(Xiamen University Malaysia),于 2016 年正式办学,是第一所在海外设立的中国知名大学分校,是厦门大学海外直属校区,由厦门大学全资所有。位于马来西亚首都吉隆坡西南 45 千米,坐落在马来西亚联邦行政中心布城和吉隆坡国际机场之间,交通便利,环境优美。从机场快线的沙叻丁宜车站步行前往校园仅需十分钟,搭乘机场快线花费 18.3 林吉特即可到达吉隆坡中央车站。校区占地 900 亩,建筑面积计划为 47.55 万平方米,在校生总规模计划为 1 万人,将涵盖本科、硕士、博士三个教育层次。首期建筑面积 26.64 万平方米,于 2016 年投入使用,总耗资约合人民币 16 亿元。

2020 年 12 月 13 日,北半球已经进入寒冬。但位于马来西亚首都吉隆坡市郊的厦门大学分校还是一片葱郁的热带风光。目前就读于该校的马来西亚和中国学生已经超过 1 300 人,校园里充满了生机与活力。在多功能活动中心二楼篮球馆中,两名马来西亚当地学生正快乐地打着篮球。其中一位来自槟城的学生告诉记者,他对自己的学校充满信心。厦门大学马来西亚分校目前共设有 12 个专业,除了中文和中医,其他专业全部按国际标准采用英文教

---

① 马跃华. 厦门大学马来西亚分校:镶嵌在"一带一路"上的明珠 [EB/OL]. http://www.scio.gov.cn/ztk/wh/slxy/31209/document/1492497/1492497.htm.

学。预计到 2022 年，厦门大学马来西亚分校在校学生将超过 5 000 人，最终学生规模将达 1 万人。未来，分校将为"一带一路"沿线国家培养大批所需国际化人才。2020 年 12 月 13 日，厦门大学马来西亚分校校长王瑞芳说，明年厦大马来西亚分校计划从印度尼西亚、菲律宾、越南、泰国、缅甸等周边国家能够招收一定数量的学生；厦门大学马来西亚分校要更好地服务马来西亚、东南亚还有"一带一路"上的中国企业，该校培养的人才要为当地的经济、社会发展服务。①

厦大马来西亚分校归由教育部直属的厦门大学全资所有，是国家"211 工程"和"985 工程"重点建设的高水平大学，学生学习期满并达到有关培养要求的，颁发厦门大学相应的毕业证书及学位证书，证书与厦门大学本部完全一致。作为中国与马来西亚友好结交的象征，马来西亚 2015 年担任东盟轮值主席国期间，中马两国在中国—东盟、东盟与中日韩等框架下进行了良好配合，推动中国和东盟关系深入发展，支持东盟共同体建设，推进区域全面经济伙伴关系协定谈判，推动全面有效落实《南海各方行为宣言》和"南海行为准则"磋商进程，为维护地区和平稳定发挥了建设性作用。厦门大学马来西亚分校是两国高等教育合作新的里程碑，为当地社会培养急需的优秀人才，深化中马两国友谊。

（三）项目意义

1. 国内意义

（1）为国内学子和海外华人学生提供更多升学机会。

厦大马来西亚分校可为国内学子，尤其是马来西亚华文独立中学学生以及周边国家的华人学生提供更多升学途径。马来西亚槟城韩江中学是一所华文独立中学，该校校长周美俐表示，华文独中每年都会参加由马来西亚董教总举办的统考，但这一考试成绩却不被马来西亚教育部所承认，导致韩江中

---

① 杨涵，邓彦子. 厦门大学马来西亚分校开创跨文化新路［EB/OL］. https：//baijiahao. baidu. com/s? id = 1588747293336849878&wfr = spider&for = pc.

学高中生升学的途径仅限于国外大学和马来西亚国内私立大学。厦大在马来西亚设立分校，将会为华文独中学生升学提供更多途径。

（2）有利于培养国际人才。

两国社会各界人士的关注和捐助是对分校建设的有力鼓舞和推动。分校将努力成为一所教学与科研一流、多元文化交融的国际性大学，竭诚培养有尊严、有智慧的青年才俊。对于到分校就读的中国学生来说，有助于其国际视野的养成，使他们成为良好的区域公民，为马来西亚、中国与"一带一路"沿线各国人民的福祉和社会进步作出贡献。

2. 对马来西亚的意义

（1）丰富当地高教结构。

马来西亚的高等教育脱胎于前殖民地英国的高教体制，至 2012 年已有英国、澳大利亚、荷兰等国十几所大学在马办分校，逐渐形成欧美与本土结合的高教结构。作为第一所入驻马来西亚的亚洲知名大学，厦门大学在东南亚的声誉很好。厦门大学进驻马来西亚，将丰富本地的高教文化，也会对其高教体制产生有益影响。厦大到马来西亚设立分校将会与本地私立、国立大学产生良性竞争，提升教学质量，让马来西亚高等教育发展更趋多元，并吸引更多国际学生来马学习，同时也将为马来西亚学子提供更多选择。厦大副校长邬大光表示，该校将秉承"感恩、奉献及责任"的精神来设立分校，"我们会像当年的陈嘉庚那样，绝对不会以利益为目的，而是为了传播中华文化。"

（2）有利于带动马来西亚当地经济发展。

厦大马来西亚分校的创办，显然每年为马来西亚带来不少的流动人口，并且在学校创办和维护办学期间，可以为马来西亚提供就业，增强社会稳定性。在学校办学期间，为马来西亚人民提供更多的就学机会的同时，也让他们感受不一样的文化氛围，同时也可以为马来西亚国家培养更多的知识分子和有用的人才。这些学子们毕业之后，大部分选择留在马来西亚工作，可以说，该校的创办既带动了当地的经济发展，也为未来的经济发展储备了人才。

（3）为中马之间的文化交流输送人才。

厦大马来西亚分校的举办，为马来西亚和中国之间的良好合作关系搭建了一个平等而且接地气的平台，在这所学校里，华人和留学国人与马来西亚学生们共处一校，在鲜活地传播我国的传统文化的同时，还为更多马来西亚人普及我国的真实信息。有效减少了国外网站上不真实的中国"威胁论"等论调的影响，有利于展现真实的中国，弘扬了源远流长的真实中华文化。这些人还会在未来的中马建交平台中继续发光发热，成为文化交流的部分。

第六章　共建"一带一路"对疫情之年中国和世界经济的稳定机制分析

▶导言◀

　　2020 年初爆发的新冠肺炎疫情先后对中国及世界经济造成严重冲击，疫情的传播速度之快，传染范围之广，使全球经济陷入衰退困境，是人类社会所面临的一次前所未有的全球性大灾难。疫情爆发后，中国通过采取强有力措施有效抑制疫情蔓延扩散，率先恢复常态并实现经济增长，在全球复苏过程中发挥了带头兵和强心剂的作用。疫情之年，共建"一带一路"逆势增长，硕果累累，中国通过共建"一带一路"将自身稳定发展与全球经济复苏相连接，成为"双循环"新发展格局中连接国内大循环和国际循环的重要桥梁。

　　事实证明，共建"一带一路"在疫情之年不仅对稳定中国经济发挥了积极作用，在助力全球经济复苏中也展现出强大的生命力，对稳定"一带一路"沿线国家和全球经济做出了重要贡献，是中国提高全球治理话语权、实现高水平对外开放、构建人类命运同体的有力抓手。展望未来，中国将继续通过共建"一带一路"为世界经济贡献中国智慧、中国方案和中国力量，助力世界经济早日摆脱困境、加速复苏。

一、新冠疫情对全球经济冲击概览

新冠肺炎疫情爆发后对全球经济先后产生两波冲击,在中国,最先从需求侧和供给侧对中国经济形成冲击,随着疫情在全球大流行,疫情对欧美等发达国家造成第二波冲击。新冠疫情的全球蔓延造成全球生产要素流动受阻,生产链和供应链断裂,全球经济体陷入了衰退困境。

(一) 对中国经济的冲击

新冠肺炎疫情爆发的初期,中国虽然通过强有力措施有效抑制了疫情扩散,但是疫情还是对经济造成了巨大的负面冲击。首先是从需求端冲击第三产业,其中,受冲击最严重的主要是交通运输仓储、批发零售、旅游、住宿、餐饮、线下娱乐、农林渔牧等行业。根据国家统计局数据,疫情爆发后的2020年2月,中国消费、投资和进出口累计增速均发生显著下降,中国社会消费品零售总额、固定资产投资额、进出口总值的累计增长均发生断崖式下滑,其中消费和投资下降超过20%,进出口下降超过10%,直到2020年底,持续负增长①。由此可见,新冠肺炎疫情不仅在短期内对中国经济造成巨大冲击,并且也带来了长期的负向影响。

其次是从供给端冲击制造业,根据国家统计局数据,2020年2月中国制造业采购经理指数、非制造业商务活动指数和综合PMI产出指数均发生明显下降。其中,2020年中国制造业采购经理指数为35.7,同比下降27%;非制造业商务活动指数为29.6,同比下降45%;综合PMI产业指数为28.9,同比下降45%。随着疫情防控取得有效进展,2020年3月,各项指标回归正常水平②。由此可见,新冠肺炎疫情在短期内对中国经济造成冲击,但是及时高效的防疫使得中国经济迅速从疫情中恢复。

最后,疫情还对其他领域造成严重影响。一是增加失业风险,随着经济增速大幅放缓,企业裁员现象日益增加,部分中小微企业停产甚至倒闭,就

---

①② 参见国家统计局网站,https://data.stats.gov.cn/easyquery.htm? cn = A01.

业形势愈发严峻。疫情爆发后，2020 年 2 月，全国城镇调查失业率上升至 6.2%，31 个大城市的城镇调查失业率为 5.7%，分别比 2019 年 12 月份上升 1 个和 0.5 个百分点①。二是地方政府财政赤字扩大，一方面，由于企业生产经营活动缩减，地方政府财政收入锐减；另一方面，应对疫情的财政支出大幅增加，由此造成财政收支缺口扩大。三是金融风险增加，由于债务违约率不断增加，中小银行风险加剧，股市下跌可能再次引发股票质押融资风险，同时资本外流的压力不断增大。

（二）对全球经济的冲击

1. 对全球资本市场的冲击

随着新冠肺炎疫情的全球大流行，由新冠肺炎疫情带来的资本市场冲击几乎席卷了全世界的主要经济体，增加了世界各国国内的金融风险。随着美国日益成为新冠疫情冲击严重的地区，美国金融市场剧烈动荡，多个市场指标的变化值创造了历史峰值。

在股票市场，2020 年 3 月 9 日到 18 日的 8 个交易日中，美国股市一共发生了 4 次一级熔断。自从 1987 年美国股市建立熔断机制以来，这是第二次发生熔断，而连续发生 4 次熔断更是史无前例。2020 年 3 月中旬，一周内美国股市的跌幅创下了 2008 年金融危机以来的新高，此外纳斯达克指数、道琼斯工业指数、标普 500 指数纷纷跌回至 2016 年年底的水平。在债券市场，美国 1 年期和 3 月期国债收益率一度接近于零，而 10 年期国债收益率也下降到 1953 年至今的最低水平。在外汇市场，从 2020 年 2 月下旬开始，美元指数发生了剧烈震荡，下跌至 3 月中旬。在大宗商品市场，伦敦金在 2020 年 3 月，一周内下跌 8.6%，此外，由于石油输出国组织与西方国家就石油产量和石油价格谈判破裂，石油价格剧烈波动。

作为全球金融市场的中心，美国本土的金融波动快速传导和转嫁到世界其他地区的金融市场，并在全球金融市场产生了连锁反应，使世界金融资产

---

① 参见国家统计局网站，https://data.stats.gov.cn/easyquery.htm?cn = A01.

严重缩水，国际金融财富大幅贬值。为了抵御新冠疫情对美国经济的剧烈冲击，美国政府采取了扩张型的货币政策，先后通过降息、大规模量化宽松计划和购买国债等方式，向金融市场流入大量流动性货币。此举不仅加剧了美国本土金融市场的不稳定性，更使得美元在全球泛滥，增加了世界各国承担美元贬值的巨大风险，诱发了世界各地金融市场的潜在危机。事实上，股市的暴跌和熔断不仅发生在美国，欧洲、日本和韩国等主要经济体也经历了金融市场的剧烈动荡。

2. 对全球贸易的冲击

各国采取的新冠疫情防控措施不仅直接影响了跨国贸易的发展，而且改变了国际贸易的地区和产业结构，重新塑造了未来世界贸易的发展布局。根据联合国贸易和发展会议，2020 年全球贸易额萎缩约 9%。各国在疫情期间的"封锁"措施，不仅使得全球贸易量往来降低，也延缓了跨境投资项目的进程。出于对疫情冲击下全球经济发展前景的担忧，各国跨国企业需要对投资项目进行新一轮评估。根据联合国贸易和发展会议发布的《全球投资趋势监测报告》，2020 年全球对外直接投资总规模约为 8 590 亿美元，同比下滑了 42%①。

首先，新冠疫情防控措施直接阻碍了跨国贸易的发展。疫情爆发后，世界各国相继出现个人防护装备、呼吸机和氧气罐等医疗物资严重短缺现象，部分国家在不同程度上采取了关税或者非关税贸易限制。一方面，部分国家为了保障本国疫情防控所需的医疗物资、医疗设备和药品的稳定供应，对进口的疫情防控物资进行差别性优待，并限制本国的防控物资出口，使得全球贸易配置产生了扭曲。另一方面，为了尽可能降低进口货物带来的疫情输入风险，部分国家甚至直接对疫情防控商品之外的跨国交易建立非关税壁垒，降低了跨国交易的频率，使得全球贸易量大大降低。

其次，新冠疫情防控改变了世界贸易的商品格局。为了预防防疫物资出现供不应求的短缺现象，各个国家采取多种方式来提高本国疫情防控医疗物

---

① https：//unctad. org/webflyer/global – investment – trend – monitor – no – 38.

资和医疗设备的供给能力。一是通过政策激励或投资促使制造业企业转向生产医疗物资，从而增加本国防疫产品的供给；二是"加大进口、限制出口"防疫物资双措并举，在全球范围内对防疫物资展开激烈争夺，由此对世界贸易的商品格局产生了重要影响。

最后，新冠疫情防控改变了世界贸易的流向。由于各个国家爆发新冠疫情的时间节点不同，疫情严重程度和防疫严格程度也存在较大差异，因此对防疫设备和医疗物资的需求也不一致。由于中国在新冠疫情暴发初期就采取强有力措施，有效抑制疫情蔓延，并且迅速投入防疫物资的生产，凭借其雄厚的制造实力，中国成了世界防疫物资的主要出口国，而欧美等国则成为全球防疫物资的净进口国。随着新冠疫情在世界范围内持续蔓延，部分商品在一定时期内出现贸易流向变化，对世界贸易产生深远影响。

3. 对全球生产链的冲击

随着新冠疫情的全球扩散及感染人数大幅攀升，各国纷纷采取"封城""封国"的措施，对全球制造业的生产、运输和用工都将造成负面影响，全球生产价值链受到严重打击，并加速全球供应链"脱钩"的趋势。

首先，新冠疫情防控措施直接使得全球生产链环节发生断裂。为控制新冠疫情在世界范围内的传播，很多国家采取了阻止国际活动的措施。一方面，多数国家普遍采取限制人员和货物跨境流动的措施，这就导致全球生产链发生突然中断，并产生国家之间生产链的"楔形效应"；另一方面，当新冠病例感染激增时，国家普遍会采取停工停产等减少人员密集的措施，这使得本国的生产进程放缓，并进一步导致该国在全球生产链中的环节出现停滞。新冠疫情的持续发展和蔓延将对全球生产链产生持续性冲击。

其次，新冠疫情防控促使各国完善本国生产流程，降低对全球生产链的依赖性。经济全球化使得各国成为全球生产链中的一环，然而新冠疫情的全球爆发使得各国更加重视提高本国生产链的完整性，尤其是关乎国民生产健康安全的医疗行业，若是过度依赖全球生产链的供给，应对突发重大公共卫生事件的治理能力将被大大削弱。事实上，随着新冠疫情在全球蔓延，许多国家不仅鼓励传统制造业企业转向生产医疗物资用品，更加大了公共医疗卫生行业的投资力度。

最后，新冠疫情防控可能直接重塑全球生产链的某个环节。为了降低新冠疫情传播的风险，各国采取的普遍措施是保持社交距离，减少人与人之间的接触，避免参加大规模的群体聚集性活动，这些措施在一定程度上改变了人们的生活方式和消费习惯，而需求侧的冲击将引起供给侧的调整和变化，从而引起全球生产链的重塑。例如，旅游、航空、文娱等密集接触型的行业发展受到较大冲击，从而引起全球生产链的实质性改变。

二、共建"一带一路"在疫情之年逆势增长

（一）政策沟通硕果累累

2020年，共建"一带一路"在政治沟通领域取得丰硕成果。中国与许多国家和国际组织签署了"一带一路"合作文件。其中，中国首次与区域性国际组织"非盟"签署了"一带一路"倡议合作文件，与基里巴斯、乌克兰、国际海底管理局等签署合作文件（见表6-1）。2021年初，中国与刚果（金）、博茨瓦纳签署了一系列"一带一路"合作协议。

表6-1　　　　　2020~2021年，中国同"一带一路"沿线国家
和国际组织签署的合作文件

时间	内容
2020年1月6日	与基里巴斯签署共同推进"一带一路"建设等多项合作文件
2020年11月11日	与国际海底管理局签署《关于推进丝绸之路经济带和21世纪海上丝绸之路建设的谅解备忘录》
2020年12月中旬	与非盟签署《中华人民共和国政府与非洲联盟关于共同推进"一带一路"建设的合作规划》
2020年12月23日	与乌克兰签署《中华人民共和国政府和乌克兰政府关于共建丝绸之路经济带和21世纪海上丝绸之路的合作规划》

时间	内容
2021年1月6日	与刚果（金）签署了两国政府关于共同推进"一带一路"建设的谅解备忘录
2021年1月7日	与博茨瓦纳签署两国政府关于共同推进"一带一路"建设的谅解备忘录等合作文件

资料来源：笔者整理自一带一路网。

在疫情之年，"一带一路"成员充分利用最新网络技术，举办线上多边合作会议。尽管各国对疫情防控措施的限制大大减少了各国之间的面对面会谈，但"一带一路"沿线成员国之间的交流并未因疫情防控而停止。截至2020年底，"一带一路"沿线国家已举办30余场线上多边视频会议，涵盖疫情防控、高质量共建"一带一路"等多个议题（见表6-2）。

表6-2 2020年中国发起的部分重要多边"一带一路"会议

时间	内容
2020年6月18日	中国举办主题为"加强'一带一路'国际合作、携手抗击新冠肺炎疫情"的视频会议，25个国家的外长或部长级官员及联合国、世卫组织负责人与会，共同探讨"一带一路"国际合作为疫情防控在政策沟通、科技、供应链稳定等方面的作用
2020年12月14日	国际视频研讨会"中国新发展格局与高质量共建'一带一路'"成功举行，与会的30多位外国政要、专家学者探讨"一带一路"高质量发展之道
2020年12月18日	"一带一路"国际合作高峰论坛咨询委员会会议召开，会议强调要把"一带一路"打造成合作之路、健康之路、复苏之路、增长之路

资料来源：笔者整理自一带一路网。

（二）设施联通稳步推进

在疫情期间，共建"一带一路"设施联通并没有因为疫情而出现停滞，相反很多标志性项目在疫情期间顺利完工，提高"一带一路"沿线国家互联互通水平，进而促进沿线的经济复苏。

设施联通方面取得突破性进展的当属中老铁路和中老高速。中老铁路和中老高速是共建"一带一路"和老挝"变陆锁国为陆联国"战略对接的标志性项目，是中国企业"走出去"的显著标志，在通车运行后对我国经济双循环新发展格局和老挝本国的经济发展产生了不可估计的功效。新冠疫情的爆发并没有推迟中老铁路的工期，相反，中老昆万铁路的关键隧道——安定隧道顺利贯通，为全线建成通车奠定了坚实基础。中老铁路通车将全面加强中国与老挝在经贸、教育、医疗卫生等领域的合作，运行后将大幅度提高沿线地区的运力，大力推动铁路辐射地区的经济发展，为沿线地区的经济复苏注入强大动力。

在疫情之年，共建"一带一路"沿线其他项目按照高标准、高水平规划建设，也取得顺利进展。2020年，中国企业承建和参与投资的"一带一路"项目（见表6-3），包括铁路、路桥、港口和航空等稳步推进，表明以铁路、公路、海运、航空、管道和空间综合信息网络为核心的全方位、多层次、复合型基础设施网络正在加快形成。

表6-3　　2020年中企承建和参与投资的"一带一路"沿线项目进展

基建类别	时间	项目名称	项目进展
铁路	3月20日	越南直达中国广西凭祥铁路口岸的进境水果班列	实现常态化开行
	8月17日	越南互联互通国际通道防东铁路铺架	完成石马2号双线大桥最后重大720吨的箱梁
	11月25日	匈塞铁路塞尔维亚泽蒙至巴塔吉尼卡段左线	顺利建成通车运营
路桥	2月26日	柬埔寨58号公路	正式通车
	6月22日	马来西亚吉隆坡捷运二期最难盾构区间隧道：大马城北站到南洞口盾构区间	顺利贯通
	10月25日	中巴经济走廊首个大型轨道交通项目、巴基斯坦首条地铁：巴基斯坦拉合尔轨道交通橙线	正式开通运营
	12月10日	孟加拉国帕德玛大桥项目	主桥钢梁成功合龙

基建类别	时间	项目名称	项目进展
港口	3月18日	中国邮政航空有限责任公司航线	首次执行郑州至首尔货运航线
能源	3月2日	世界最大联合循环电站:沙特阿美吉赞3 850兆瓦电站项目12燃机	带负荷并网成功
	5月18日	"中国造"中东首个清洁燃煤电站:阿联酋迪拜哈斯彦4×600MW清洁燃煤电站项目1号机组	一次并网发电成功
	12月3日	中俄东线天然气管道中段	正式投产运营

资料来源:作者整理自一带一路网。

(三) 贸易畅通逆势增长

在疫情冲击下,全球投资大幅下滑,贸易萎缩,但是"一带一路"沿线投资却显现出明显的逆势增长。2020年,中国对"一带一路"沿线国家非金融类直接投资呈现出逆向增长的态势,总计177.9亿美元,同比增长18.3%,占同期总额的16.2%,较上年提升2.6个百分点。中国与"一带一路"相关国家进出口总额合计9.37万亿元,同比增长1%[①]。共建"一带一路"显示出强劲韧性。

(四) 资金融通不断深化

在疫情之年,人民币国际化进程取得了重大进展。在人民币国际化道路上,2020年,随着国际市场的需求增加,人民币国际化呈现出以下两点主要变化,一是人民币跨境收付的金额迅速增长,其中前三季度人民币跨境收付额度已经超过2019年全年,达到了20多万亿元。二是人民币计价的影响力持续扩散,以人民币计价的大宗国际化期货品种增加了低硫燃料油期货和国际铜期货两类,总数上升至6个。在疫情肆虐和全球经济衰退的背景下,人民币国际化能取得积极进展体现了国际市场对人民币的强韧需求。

[①] 参见商务部网站,http://fec.mofcom.gov.cn/article/fwydyl/zgzx/202102/20210203039372.shtml.

此外,"一带一路"专项资金"丝路基金"新增加 10 个签约项目,多边金融性机构亚洲基础设施投资开发银行成员国增加 3 个,总体数量增至 103 个,覆盖了世界大多数国家和地区。

(五)民心相通达成共识

面对疫情,共建"一带一路"沿线国家对创建数字丝绸之路达成广泛共识。2020 年 6 月 18 日举办的"一带一路"国际合作高级别视频会议上,中国和 25 个国家的外长或部长级官员及联合国、世卫组织负责人共同发表了《"一带一路"国际合作高级别视频会议联合声明》,明确了"在疫情冲击全球经济社会发展的背景下,各国需要加强在数字经济、医疗产业和食品安全领域的合作,并在电子商务、智慧城市、人工智能和大数据技术应用等领域培育新的经济增长点,借鉴国际良好实践并缩小数字鸿沟"。该声明表明数字丝绸之路已成为共建"一带一路"新的合作共识,在未来共建"一带一路"将在数字经济领域达成更多合作。

此外,中国始终秉持人类命运共同体理念,将"一带一路"建设成健康丝绸之路。面对疫情,中国通过"一带一路"建立人类卫生健康共同体,通过国际抗疫合作、捐助防疫物资,为沿线国家人民的生命保驾护航,使得中国与沿线民众的心更近、情更浓。

三、共建"一带一路"对中国经济的稳定机制

(一)与"一带一路"国家进出口贸易稳定中国对外贸易

在疫情冲击下,为稳住外贸基本盘,中国海关总署先后出台了《关于应对疫情影响促进外贸稳增长的十条措施》《海关支持中欧班列发展的措施》《海关支持综合保税区发展措施》和《关于统筹做好口岸疫情防控和通关便利化工作措施清单》等文件,应对外贸下行压力。

主要包括五个方面的措施:一是简化通关作业流程,针对疫情防控特殊时期,全面优化企业注册、审批、报关、查验等流程;二是精简单证及证明

材料,进一步深化"放管服"改革,免予企业在进出口申报环节提交合同、装箱单等随附单证;三是降低企业通关费用,对受疫情影响未及时报关的进口货物减免滞报金,延长汇总征税报关单电子支付时限;四是支持培育新的外贸增长点,推进全球维修和再制造业务在综合保税区内全面落地实施,集聚对外贸易新动能、打造对外开放新平台;五是积极应对国外限制性措施,加大对外交涉力度,促使因疫情原因对我国货物贸易采取限制措施国家取消或调整对我商品限制进口措施。

根据国家统计局,2020 年,中国进出口对外贸易中,出口总额为 179 326 亿元,同比增长 4.1%,进口总额为 142 231 亿元,同比略微下降 0.7%,净出口总额为 37 096 亿元,同比增长 27.1%(见表 6-4)。其中,与"一带一路"国家贸易情况和整体情况大体一致,对"一带一路"国家出口 54 263 亿元,同比增长 3.2%,进口 39 433 亿元,同比下降 1.7%,净出口 14 830 亿元,同比增长 18.8%,占同期总额 40%。

表 6-4　　　　　　2019 年和 2020 年中国进出口总额以及
与"一带一路"国家进出口　　　　　　　　单位:亿元

进出口	2019 年	2020 年	2020 年增长
出口总额	172 342	179 326	4.1%
进口总额	143 162	142 231	-0.7%
净出口总额	29 180	37 096	27.1%
对"一带一路"出口	52 585	54 263	3.2%
对"一带一路"进口	40 105	39 433	-1.7%
对"一带一路"净出口	12 480	14 830	18.8%

资料来源:国家统计局官网。

在全球经济低迷、贸易不振的情况下,中国与"一带一路"沿线国家之间的贸易额仍然保持正增长,展现出共建"一带一路"在促进贸易方面强大的生命力,并且中国对"一带一路"国家的净出口占到同期的 40%,这表明共建"一带一路"在中国对外贸易中占据重要地位,对于稳定相互之间的经济发展与保障民生具有十分重要的积极意义。

对外贸易是中国经济健康可持续发展的重要保障,是融入世界经济的基本形式。共建"一带一路"作为新时代全球最受欢迎的国际公共产品之一,是中国推进全球治理的良好实践,对构建全球贸易网络具有重要意义。疫情在全球的蔓延,增加了全球增长的不确定性和下行风险,为优化我国贸易结构提供了契机。"一带一路"贸易畅通体现了我国外贸的韧性和外贸发展的范围之大,为世界贸易开辟了新机遇。后疫情时代,要推动优质贸易发展,以"一带一路"建设为契机推进多边合作和自由贸易机制。

(二)"一带一路"国家对华投资稳定中国吸引外资

在疫情冲击下,为稳住外资基本盘,中国商务部、工信部、央行和海关等部门纷纷出台措施,从税收、信贷保险到融资等多方面支持企业复工复产渡过难关。例如,2020 年 3 月下旬,商务部和财政部联合印发《关于用好内外贸专项资金支持稳外贸稳外资促消费工作的通知》,提出全力支持稳住外贸外资基本盘,对受疫情影响较大的外经贸领域予以倾斜外经贸发展专项资金等;2020 年 4 月 1 日,商务部印发《关于应对疫情进一步改革开放做好稳外资工作的通知》,从 5 个方面提出 24 条具体举措和工作要求。

受疫情影响,全球跨境投资均有下降,但是外商在华投资略有增长,"一带一路"沿线国家对华投资合作稳中有进。根据商务部,2020 年,"一带一路"沿线国家对华直接投资为 574 亿元人民币,与 2019 年基本持平;沿线国家在华新设立企业 4 294 家,为中国创造宝贵就业机会。2021 年一季度,"一带一路"沿线国家在华新设立企业 1 241 家,同比大幅上涨 44%,实际投资 32.5 亿美元,同比增长 64.6%(见表 6 - 5)。

表 6 - 5　　　　　　　　　2019～2020 年中国外商直接投资　　　　　　单位:亿元

外商直接投资	2019 年	2020 年	2020 年增长
总额	9 415	10 000	6.2%
"一带一路"沿线国家对华直接投资	576	574	- 0.3%

资料来源:国家统计局官网。

中国是国际贸易的重要组成部分，对国际贸易和世界经济具有重要的影响。中国稳定外贸基本盘，一是能够促进国民经济有序运行与平稳增长，二是能够化解国内现有的过剩产能，为产业结构调整和转型升级争取时间，三是能够承担大国使命，稳定全球经济增长预期，促进全球经济复苏。此外，稳定外商投资可以持续吸引国外的资金、技术和先进管理经验，促进国民经济增长与产业转型升级，进而促使我国企业在国际市场中更具竞争力。

总体而言，稳外贸外资对我国积极有效应对疫情冲击，恢复国民经济正常运行并且在疫情期间实现中国经济增长，起到了不可忽视的重要作用。共建"一带一路"作为我国外贸外资的重要组成部分，在疫情之年稳中有进、行稳致远，对稳定中国经济起到积极作用。

四、共建"一带一路"对沿线国家经济的稳定机制

（一）中国对"一带一路"沿线国家直接投资逆势增长

2020年，在对外投资方面，中国对外非金融类投资1 102亿美元，同比下降0.4%，但对"一带一路"沿线国家直接投资177.9亿美元，同比增长18.3%（见表6－6），占同期总额的16.2%，较上年同期提升2.6个百分点，主要投向新加坡、印度尼西亚、越南、老挝、马来西亚、柬埔寨、泰国、阿联酋、哈萨克斯坦和以色列等国家。这说明即使是在十分严峻的疫情形势下，中国对"一带一路"主要相关国家的投资不仅没有减少，反而大幅增长，逆势上扬的数据充分彰显了共建"一带一路"的强劲韧性与饱满活力，在沿线国家出现经济困境之时及时施以援手。

表6－6　　　　2019～2020年中国对外直接投资与对外承包工程　　单位：亿美元

对外经济	细分	2019年	2020年	2020年增长
对外直接投资（非金融类）	总额	1 106	1 102	－0.4%
	对"一带一路"国家直接投资	150	177.9	18.3%

对外经济	细分	2019 年	2020 年	2020 年增长
对外承包工程完成营业额	总额	11 928	10 756	−9.8%
	对"一带一路"国家完成营业额	980	911	−7.0%

资料来源:商务部官网。

对外承包工程方面,中国企业在"一带一路"沿线国家新签对外承包工程项目合同 5 611 份,新签合同额 1 414.6 亿美元,同比下降 8.7%,占同期我国对外承包工程新签合同额的 55.4%;中国对外承包工程完成营业额 1 560 亿美元,同比下降 9.8%,其中在"一带一路"沿线国家完成营业额 911.2 亿美元,同比下降 7%,占同期总额的 58.4%。对外承包工程为当地带来宝贵的就业机会和税收收入,有力地支持了共建"一带一路"国家经济的复苏与发展。

2021 年前 4 个月,中国对外非金融类直接投资 342.5 亿元,同比下降 5.2%,但对"一带一路"沿线国家投资 59.6 亿美元,同比提升 1.8 个百分点。对外承包工程方面,我国企业在"一带一路"沿线的 59 个国家新签对外承包工程项目合同 1 465 份,新签合同额 415.6 亿美元,同比增长 25.2%,占同期我国对外承包工程新签合同额的 58.2%;完成营业额 234.6 亿美元,同比增长 12.9%,占同期总额的 55.1%。

国际金融论坛发布的《2021"一带一路"调查报告》发现,2020 年新型冠状病毒肺炎疫情对世界各国国内生产总值(GDP)增长产生重大影响。根据国际货币基金组织(IMF)2021 年 4 月的数据,2020 年全球经济将萎缩 3.3%,这是自 20 世纪 30 年代大萧条以来最严重的衰退。超过 2/3 的受访央行对"一带一路"项目实施的负面影响较小。尽管如此,75% 的受访央行认为"一带一路"倡议将有助于其辖区疫情后经济复苏①。

(二) 中欧班列助力"一带一路"国家贸易畅通

疫情爆发后,各国采取的防疫措施导致航运大面积瘫痪,海运价格大幅

---

① http://www.gov.cn/xinwen/2021−05/30/content_5614026.htm.

度上涨，而中欧班列由于采取分段运输方式，在疫情防控之下显示出独特优势，成为亚欧大陆贸易往来的重要战略通道。在疫情期间，中欧班列保持安全高效运行，源源不断地将医疗防疫物资和生产原料运至欧洲，是全球防疫物资运输的重要通道，成为各国携手抗疫的"生命通道"和"大动脉"，为各国的经济复苏和提振经济起到了重要的促进作用。图6-1数据显示，2020年中欧班列开行突破1万列，2020年前10个月的运量就超过了2019年全年，成为助力各国抗疫的"钢铁运输驼队"。中欧班列连接了21个欧洲国家中的92座城市，强有力地保障了国际供应链的安全稳定。

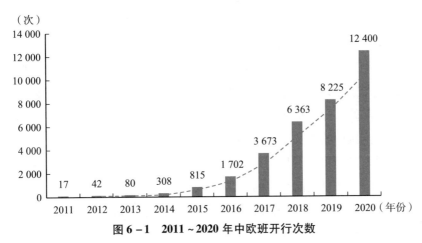

图6-1　2011~2020年中欧班开行次数

资料来源：笔者根据公开资料整理。

五、共建"一带一路"对世界经济的稳定机制

全球经济受到新冠疫情重创，世界各国面临前所未有的挑战和挑战。在中国政府和人民的共同努力下，中国的疫情得到了稳步控制。在防疫常态化和管理常态化的背景下，社会生产逐步恢复秩序。中国经济复苏势头良好，逆势增长。今天，中国经济平稳增长给世界带来信心和希望，"一带一路"共建惠及许多国家的发展，是世界经济复苏的重要渠道。

（一）贡献全球抗疫，助力全球经济"活"起来

疫情爆发初期，各国对检测试剂盒、防护服、医用口罩等防疫物资的需求剧增。作为全球制造业大国，中国在快速控制疫情后，迅速实现复工复产，为全球抗疫提供了大量防疫物资，而共建"一带一路"在助力全球抗疫中起到了桥梁作用，架起了抗击疫情的"生命通道"。2020 年，"一带一路"合作国家在疫情中互相支持、团结抗疫、共同发展，中国积极发挥全球抗疫物资最大供应国的作用，先后向 150 多个国家和国际组织提供了 280 多批紧急抗疫物资援助。例如，"一带一路"沿线国家肯尼亚共和国受到疫情严重影响，2020 年 6 月，18 家中国企业为肯尼亚捐赠了价值 300 万元的防疫物资，包括 KN95 口罩、一次性医用口罩、消毒液、呼吸机、防护服等。此外，共建"一带一路"是确保人民健康的"健康之路"，中国还向"一带一路"国家派出医疗专家队，中方企业根据所在国的实际需要，建设临时医院，组织生产当地急需的医疗防护物资等。

随着疫苗接种的普及，中国加强疫苗研发、生产与分配合作，让疫苗真正成为各国人民用得上、用得起的公共产品，"一带一路"沿线国家也开始看到打开国门、恢复疫前交往的一线希望。截至 2021 年 5 月底，中国已经或正在向 80 多个国家提供疫苗援助，向 40 多个国家出口疫苗，中国已经向国际社会提供了超过 3.5 亿剂疫苗。

共建"一带一路"沿线国家成为首批受助国。疫苗的普及意味着早日解封，畅通国际交往，恢复经济活力，在这个意义上，"一带一路"沿线国家最先体验到和收获了来自疫苗公共产品的现实收益。中国以实际行动促进疫苗公平分配，推进国际抗疫合作，尽己所能为其他国家特别是发展中国家获取疫苗提供帮助，体现出负责任大国担当，赢得了国际社会的积极评价。

（二）跨境电商带动全球贸易

新冠肺炎疫情爆发后在全球迅速蔓延，2020 年 4 月，世界贸易组织预测 2020 年全球货物贸易量将下降 12.9% ~31.9%，然而 2020 年 10 月，世界贸易组织对该预测进行了修改，认为 2020 年全球货物贸易量只会下降 9.2%。

其中，跨境电子商务对疫情之下的全球贸易发展起到了重要作用。共建"一带一路"前几年中，中国与沿线国家展开"丝路电商"建设，至 2019 年底，中国在"一带一路"沿线国家实现了跨境电商贸易全覆盖，为促进中国和沿线国家的跨境电商发展打下了良好基础。

在疫情期间，跨境电商由于具有线上营销、网络交易的特点，可以有效避免人与人之间的密集接触，减少了许多中间环节，成为国际货物贸易的重要销售渠道。疫情期间，各国的网络商品交易规模迅速增加，跨境电商模式不断革新，跨境社交电商、跨境直播电商、跨境短视频等方式层出不穷，大力带动了跨境电商贸易的发展。

据中国海关统计，2020 年我国跨境电商进出口 1.69 万亿元，同比增长了 31.1%，其中出口 1.12 万亿元，增长 40.1%，进口 0.57 万亿元，增长 16.5%，跨境电商成为我国"稳外贸"的重要举措。截至 2020 年底，中国已经在世界贸易组织、G20、APEC 等多边场合，提出跨境电商的"中国方案"，并与 22 个国家签署了电子商务合作备忘录。

（三）提供全球资金保障

共建"一带一路"设立专项投资基金。其中最著名的是"丝路基金"，为共建"一带一路"提供资金支持和担保。2020 年，丝路基金新签项目 10 个，新增承诺投资约 8 亿美元和 114 亿元人民币。通过股权投资，签约各类项目 49 个，承诺投资约 117 亿美元。合同投资资金的 70% 用于电站开发、基础设施建设、港口交通、高端制造等大型国际合作项目。

"丝路基金"类似于回收期较长的私募股权投资类型，类似于国际金融公司和非洲开发银行的发展共同基金。由于没有短期回报需求，投资周期较长，这些基金专注于投资股票。此外，此类投资往往更侧重于初创企业和未上市项目，而不是专注于投资上市公司。丝路基金以固定投资为主，在结构和决策上比以贷款为主的多边发展机构更灵活、更简单。值得注意的是，股权投资不需要像债权投资那样需要资金担保或定期支付本息。

新冠肺炎疫情爆发后，亚洲基础设施投资开发银行宣布设立"新冠肺炎疫情危机复苏基金"。协助成员国克服经济和金融紧急情况以及公共卫生压力,将帮助包括越南、格鲁吉亚、巴基斯坦、土耳其和哈萨克斯坦在内的十几个国家摆脱公共卫生紧急情况。共建"一带一路"金融一体化,将有助于沿线国家在医疗、应急等领域加强人际关系,扩大中国的"朋友圈"并且推动人民币国际化。

此外,中国也是G20债务暂停倡议的积极参与者,是G20成员国中债务暂停程度最高的国家。一些已经暂停债务的国家与中国是"一带一路"倡议的合作伙伴。它们都为保护中国及有关国家人民的基本生活作出了直接和积极的贡献。

(四)推动构建人类命运共同体

新冠肺炎疫情在全球的爆发和肆虐为世界各国设立了警醒:"人类命运共同体"是世界发展需要达到的高度和未来趋势,只有从更高层次去思考全球性公共卫生问题,实现合作共赢,人类才有摆脱困境。经历了与新冠肺炎疫情的抗争,世界各国的前途命运从来没有像如今这般紧密相连、休戚与共,中国与世界各个国家和地区之间的关系也进一步深化。

纵观人类发展史,人类在与大灾大难的博弈中涅槃,在与命运的抗争中发展和进步。经济全球化是历史发展的必然产物,也是人类社会文明进步的体现,未来人类社会的发展也不可能倒退至各个国家变成"孤岛"的状态。全球性的问题要通过全球各国的通力合作来解决,这也是解决新冠肺炎疫情问题的出路。

多年以来,共建"一带一路"已成为中国与世界各国一起构建人类命运共同体的基础平台。事实证明,共建"一带一路"在疫情之年对稳定中国经济、促进沿线国家经济发展和推动全球经济复苏中发挥了重要的积极作用。展望未来,中国将持续通过共建"一带一路"为世界经济贡献中国智慧、中国方案和中国力量,助力世界经济早日摆脱困境、恢复常态,而构建人类命运共同体也将成为广泛接受的全球共识。

▶▶ 实证篇

第七章 共建"一带一路"对我国农产品出口的促进机制研究

▶导言◀

新冠疫情背景下，发展中国家面对的贫困与饥饿问题日益严峻，提高农产品贸易水平是"一带一路"沿线各国的重要发展诉求。但现实中仍然存在各种因素阻碍贸易的增长，提高贸易便利化水平有利于降低显隐性贸易阻碍。本章的研究为提高贸易便利化水平，加深国家间的农业合作，促进"一带一路"倡议高质量发展和国内国际双循环战略的深化提供了政策启示。本章首先从出口贸易规模、出口产品结构、出口国家情况三个角度对沿线各国的农产品贸易现状进行分析。此外还探讨了沿线各国的贸易便利化发展特征，指出现有贸易便利化水平测度数据具有不连续的局限性，并手动测算了衡量贸易便利化水平的 TFI 指数。在此基础上，本章在拓展的引力模型框架下，基于"一带一路"沿线 42 个国家（地区）2013 年到 2018 年的样本数据，实证分析了贸易便利化水平对我国农产品出口的影响。研究结果表明，贸易便利化水平的提高显著增大了我国农产品出口量，分指标对于我国对沿线各国农产品出口量的影响程度存在差异，从大到小依次为管制制度环境、海关环境、口岸效率和电子商务环境。

值得注意的是，农产品具有保质期短、低附加值的特点，运输时间长短会极大影响贸易成本与贸易利得，减少贸易阻碍将有助于我国农产品出口产生新的增长点，深化沿线各国的农业合作，可以释放贸易潜力，为"一带一路"沿线各国保障粮食安全、解决饥饿与贫困问题贡献力量。

一、问题的提出

全球粮食安全及贫困问题是长期困扰着许多发展中国家的重要发展议题，在新冠疫情的冲击下，饥饿与贫困问题显得尤为严峻，对于发展水平相对落后的"一带一路"沿线各国来说尤是如此。世界各国急需实现粮食安全与营养、解决饥饿与贫困的切实方案，该方案的实现呼吁深化农业合作与贸易，共同促进农业可持续发展。"一带一路"倡议作为顺应世界潮流而生的国际合作及全球治理新模式的有益探索，理应回应沿线各国的农业合作需求，因此，推进"一带一路"倡议框架下的农业合作对于"一带一路"高质量发展意义重大。2017 年 5 月发布的《共同推进"一带一路"建设农业合作的愿景与行动》亦指出，在"一带一路"倡议下，农业国际合作成为沿线国家共建利益共同体和命运共同体的最佳结合点之一。农产品贸易作为农业合作的重要形式和组成成分，贸易便利化作为降低贸易壁垒的重要抓手，探讨如何通过提高贸易便利化水平，降低贸易壁垒，进而促进沿线各国农产品贸易具有重大的现实意义和理论价值。

"一带一路"倡议经过多年发展，取得了丰硕成果。根据中国一带一路网的数据统计，截至 2021 年 1 月 30 日，中国政府已围绕贸易畅通、资金融通、民心互通、政策沟通和设施联通等五大合作内容，与 140 个国家、地区及 31 个国际组织建立起合作关系，205 份政府间合作协议得到签署，实现了国际共识持续扩大、标志性项目取得实质进展、经贸投资合作不断扩大、多元化投融资体系得以建设、人文交流合作不断深入等多项成就①。与此同时，我国作为农产品生产及贸易的大国，不断深化与"一带一路"沿线各国的农产品贸易合作，推动共建贸易通道，提升贸易便利化水平，降低贸易壁垒，推动贸易规模的扩大和贸易范围的拓展。

---

① 刘梦. 已同中国签订共建"一带一路"合作文件的国家一览［EB/OL］. 中国一带一路网，https：//www.yidaiyilu.gov.cn/gbjg/gbgk/77073.htm.

(一) 贸易便利化

贸易便利化作为降低贸易成本的重要抓手,该概念来自于世贸组织谈判的重要文件《贸易便利化协定》。该协定起源于 1996 年的新加坡部长级会议,经历了 2004 年谈判正式启动、2009 年形成文本草案及 2013 年"巴厘一揽子协定"达成,2015 年形成正式文件并于 2017 年 2 月获得超过 2/3 成员国投票通过,达到生效的法定门槛。"贸易便利化"概念正式载入文件成为世贸组织谈判的一个重要成果。《贸易便利化协定》通过对各成员国的政策环境、口岸建设及管理现代化等方面提出一定要求,在降低显隐性贸易阻碍方面发挥不可替代的作用,从而促进全球贸易的增长。WTO 的研究报告显示,全球范围的贸易便利化水平提升将带动约 1/7 贸易成本的降低以及约一万亿美元的贸易增长[①]。我国在《贸易便利化协定》生效之后认真履行成员国义务,加强了对于政策环境、口岸建设及管理现代化等方面的发展,沿线各国的贸易便利化水平也呈改善趋势。但与发达国家相比,沿线各国的贸易便利化水平仍存在改善的空间。

(二) 贸易便利化的定义

随着世界贸易的发展,强化基础设施水平、削减关税、消除隐形壁垒等贸易便利化措施被越来越多的国家关注,但目前未有统一的概念来界定什么是贸易便利化。在 WTO 的定义中[②],进出口程序优化被囊括在内,又细化为整理、展示、沟通和处理货物在流通中需要的信息等一系列行为、常例和手续。UNCTAD 认为[③],加快货物运输、放行及清关从而减少费用是贸易便利化的内涵。OECD[④] 将促进贸易流动畅通无阻的一系列步骤定义为贸易便利

---

①② WTO, Trade and Development: Recent Trends and the Role of the WTO, World Trade Report 2014, 2014.

③ UNCTAD, Trade Facilitation, UNCTAD website: https://unctad.org/en/Pages/DTL/TTL/Trade – Facilitation.aspx.

④ OECD, Trade Facilitation and the Global Economy, OECD Publishing: https://doi.org/10.1787/9789264277571 – en.

化。APEC[①] 对贸易便利化的定义则是使用工具与技术帮助成员掌握专业技能、降低成本以使货物和服务更好地流动。贸易便利化水平的提高对于进一步释放农产品贸易潜力具有重要的作用。参照以上文献，本书将贸易便利化定义为通过改善贸易阻碍因素来使成本降低、进出口效率提高进而使贸易流量增加的一系列举措。下面研究中的具体措施包括口岸环境、监管环境、电商发展以及海关环境。

(三) 贸易便利化的计算

贸易便利化的测算主要由国际组织进行。WTO (2013)[②] 发布了贸易便利化自评指南来计算各国家的贸易便利化水平。具体的计算过程由来自贸易便利化领域的 76 位专家按照基本标准要求对基本标准进行评分，完成评估报告。APEC (2012)[③] 采取关键绩效指标 (key performance indicator, KPI) 来量化各国的贸易便利化水平。世界经济论坛 (2012) 运用贸易促进指数来计算贸易便利化水平。《全球贸易促进报告》发表为两年一期，量化了有关市场、边境、基建、经商的四大指标。

此外，威尔森、曼恩和大冢 (Wilson、Mann and Otsuki, 2003)[④] 亦构建了贸易便利化测评体系，该体系涉及口岸、海关、规制、电商等四个方面，具体细分包括 13 个小指标。相关数据来源于 WDI 数据库、GCR 和《清廉指数报告》。总的来说，尽管测算计算的方法、指标略有不同，但贸易便利化水平的测算都共同反映了贸易便利化的内涵。本书先采用贸易促进指数对"一带一路"沿线各国的贸易便利化现状进行分析，进而参考威尔森、曼恩

[①] APEC, Measuring the Impact of APEC Trade Facilitation on APEC Economies: A CGE Analysis, Economic Committee, 2002.

[②] WTO, "Trade Facilitation", WTO website: https://www.wto.org/english/tratop_e/tradfa_e/tradfa_e.htm.

[③] APEC, "APEC's Achievements in Trade Facilitation 2007 – 2010: Final Assessment of the Second Trade Facilitation Action Plan", APEC website: https://www.apec.org/, 2012.

[④] Wilson J, Mann C, Otsuki T, "Trade Facilitation and Economic Development: A New Approach to quantifying the impact", in The World Bank Economic review, 2003, Vol. 17, No. 3, pp. 367 – 389.

和大冢（2003）① 对沿线各国的贸易便利化水平进行手动测算。

（四）贸易便利化与出口

现有的研究贸易便利化经济效益的方法主要有两种，其一是利用 CGE 模型，其二是基于引力模型的研究。在使用 CGE 模型的研究中，赫特尔、沃姆斯利和板仓（Hertel，Walmsley and Itakura，2001）② 研究发现电子商务的标准化将增加亚洲两国之间贸易量。APEC（1999）③ 基于 CGE 模型研究发现，出口增加在一定程度上得益于进口成本的降低。

其二是基于拓展的引力模型。赫特尔、沃姆斯利和板仓④ 的研究成果表明，若 APEC 内贸易便利化得到整体提升，将会使组织内部的贸易额增加至原来的121%，并且世界贸易额的增加也将受益。方晓丽、朱明侠（2013）⑤ 研究东盟国家发现，贸易便利化是出口量提升的最重要因素。叶明、张磊（2013）⑥ 将贸易便利化影响的研究对象设置于金砖国家，发现我国将会多出口 300 多亿美元的农产品至该区域，如若互联网普及率得到显著提升。

对于贸易便利化各指标的影响程度，研究结果有所差异。菲利佩和库玛尔（Felipe and Kumar，2012）⑦ 研究发现，中东贸易的发展得益于贸易便利化水平的提高，其中基础设施改进最具有贡献性。伊瓦诺和科克帕特里克

---

① Wilson J，Mann C，Otsuki T，"Trade Facilitation and Economic Development：A New Approach to quantifying the impact"，in The World Bank Economic review，2003，Vol. 17，No. 3，pp. 367 – 389.

② Hertel，Thomas W，Walmsley T，et al.，"Dynamic Effect of the ' New Age ' Free Trade Agreement between Japan and Singapore"，in Journal of Economic Integration，2001，Vol. 16：446 – 484.

③ APEC，"Measuring the Impact of APEC Trade Facilitation on APEC Economies：A CGE Analysis"，in Economic Committee，2002.

④ Wilson J，Mann C，Otsuki T，"Assessing the Benefits of Trade Facilitation：A Global Perspective" [EB/OL]. in World Bank working paper，2005.

⑤ 方晓丽，朱明侠. 中国及东盟各国贸易便利化程度测算及对出口影响的实证研究 [J]. 国际贸易问题，2013（9）：70.

⑥ 叶明，张磊. 贸易便利化对金砖国家区域经济合作影响分析 [J]. 复旦学报（社会科学版），2013（6）：163.

⑦ Felipe J，Kumar U，"The Role of Trade Facilitation in Central Asia：A Gravity Model"，in Eastern European Economics，2012.

(Iwanow and Kirkpatrick)① 分析得出以下结论，监管环境的改善相比于基础设施水平的提高更重要。马凌然（2011）② 发现海关环境与服务贸易有更为紧密的关系。

总的来说，贸易便利化的提高有助于贸易流量的增加，但细分指标的相对影响大小未有统一结论。因此，我们需要进行异质性分析，探究贸易便利化的各二级指标对于我国农产品出口的相对影响大小。

二、我国农产品出口现状分析

（一）研究范围界定

农产品研究范围的界定参考了孙林等（2008）③ 的研究成果，以《国际贸易标准分类》（SITC Rev. 4）为标准，收集了以下四类产品的数据，分别是：第 0 类（食品及活动物）、第 1 类（饮料及烟类）、第 2 类（除燃料外的非食用原料）及第 4 类（动植物油脂及蜡）。

本书研究对象是参与"一带一路"建设的 65 个国家，这 65 个国家主要分布在东亚、西亚、南亚、中亚及中东欧，但由于 23 个国家数据缺失，仅对剩下的 42 个国家进行研究，具体如表 7 - 1 所示。

表 7 - 1　　　　　农产品出口研究的 42 个"一带一路"国家

区域	国家
东盟的 6 国	新加坡、马来西亚、印度尼西亚、泰国、柬埔寨、越南
西亚的 10 国	伊朗、土耳其、约旦、黎巴嫩、以色列、沙特阿拉伯、阿联酋、科威特、希腊、塞浦路斯

① Iwanow T, Kirkpatrick C, "Trade facilitation, regulatory quality and export performance", in Journal of International Development, 2007.

② 马凌然. 上海新兴国际服务贸易发展中的海关职能研究［D］. 上海：上海交通大学硕士学位论文，2011.

③ 孙林，倪卡卡. 东盟贸易便利化对中国农产品出口影响及国际比较——基于面板数据模型的实证分析［J］. 国际贸易问题，2013（4）：139.

区域	国家
南亚的 5 国	印度、巴基斯坦、孟加拉国、斯里兰卡、尼泊尔
中亚的 2 国	哈萨克斯坦、吉尔吉斯斯坦
独联体的 6 国	俄罗斯、乌克兰、格鲁吉亚、阿塞拜疆、亚美尼亚、摩尔多瓦
中东欧的 13 国	波兰、立陶宛、爱沙尼亚、拉脱维亚、捷克、斯洛伐克、匈牙利、斯洛文尼亚、克罗地亚、波黑、保加利亚、马其顿、阿尔巴尼亚

资料来源：笔者绘制。

（二）农产品出口现状分析

1. 出口贸易规模

我国与表 7 - 1 中 42 国 2013 ~ 2018 年的农产品贸易情况整体上呈稳中增长的态势。2013 ~ 2018 年同比增长 7.9%，与我国出口到全世界的农产品总额增长率基本保持一致。同样地，我国出口到 42 个沿线国家的农产品总额占对世界农产品出口总额的比重，从 2013 ~ 2018 年整体呈增长趋势，2017 年达到 25.06% 的最大占比。具体情况如表 7 - 2 及图 7 - 1 所示。

表 7 - 2　　　　　　2013 ~ 2018 年我国农产品出口贸易规模

年份	我国出口到 42 个"一带一路"沿线国家的农产品总额（亿美元）	我国出口到全世界农产品总额（亿美元）	占比（%）
2013	141.94	637.58	22.26
2014	155.33	658.79	23.58
2015	146.36	618.73	23.65
2016	154.37	629.62	24.52
2017	170.96	682.11	25.06
2018	184.47	736.60	25.04

资料来源：根据 UNCOMTRADE 数据库整理。

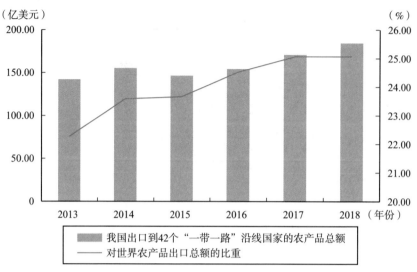

图7-1 2013~2018年我国农产品出口贸易规模

资料来源：根据 UNCOMTRADE 数据库整理。

　　综上，"一带一路"沿线国家已成为我国重要的农产品贸易伙伴，同时还存在着更大的市场潜力。在"一带一路"倡议深化发展的过程中，我们应继续推动农产品方面的交流合作，致力于帮助相关地区解决饥饿与贫困问题。

2. 出口产品结构

　　从2013~2018年，在整体呈增长态势的情况下，四类农产品出口规模有增有减，且变化幅度不尽相同（见图7-2、图7-3）。其中，第0类和第2类占据了绝大部分的出口份额，总占比90%以上。这两类农产品的增长幅度较另外两类也更为明显，第0类近6年来增长了接近20亿美元的出口量，第2类则增长了13亿美元的出口量。第1类与第4类出口规模相对较小，且增长不明显。

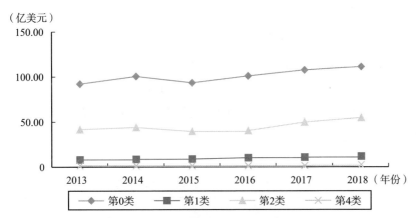

图 7-2 2013～2018 年我国农产品细分分类出口规模

资料来源：根据 UNCOMTRADE 数据库整理。

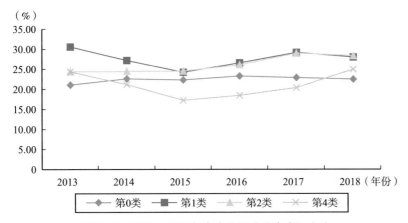

图 7-3 2013～2018 年农产品细分分类出口占比

资料来源：根据 UNCOMTRADE 数据库整理。

综上，结合对图 7-2 的分析，可以发现第 0 类和第 2 类是我国最主要的农产品出口分类，不仅在出口到"一带一路"沿线国家的农产品中占据重要地位，同时在我国出口到世界的农产品中也占据了绝大份额，是农产品贸易发展的中坚力量。

3. 出口国家情况

按我国 2018 年出口农产品的金额进行统计分析，排名前 20 位的国家主要集中在西亚、东盟及南亚，总共占据了将近 96% 的出口份额，如表 7 – 3 所示。在 20 国中，西亚、东盟和南亚国家分别为 6 个、5 个及 4 个，但东盟国家贡献份额更大（见图 7 – 4）。

表 7 – 3　　　　　　　　2018 年"一带一路"农产品出口额前 20 国

国家（地区）	2018 年农产品出口额（亿美元）	占比（%）	地区
印度尼西亚	29.83	16.17	东盟
泰国	22.22	12.05	东盟
马来西亚	21.40	11.60	东盟
俄罗斯	20.98	11.37	独联体
越南	15.04	8.15	东盟
新加坡	11.95	6.48	东盟
印度	10.07	5.46	南亚
波兰	6.14	3.33	中东欧
阿联酋	5.98	3.24	西亚
土耳其	5.93	3.21	西亚
伊朗	5.09	2.76	西亚
巴基斯坦	4.62	2.50	南亚
沙特阿拉伯	3.37	1.82	西亚
孟加拉国	3.31	1.79	南亚
以色列	2.79	1.51	西亚
斯里兰卡	2.02	1.09	南亚
捷克	1.74	0.94	中东欧
哈萨克斯坦	1.73	0.94	中亚
乌克兰	1.73	0.94	独联体
黎巴嫩	0.88	0.48	西亚
总计	176.81	95.85	

资料来源：根据 UNCOMTRADE 数据库整理。

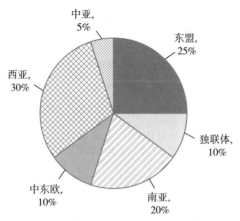

图7-4 2018年"一带一路"农产品出口额前20国区域分布

资料来源：根据UNCOMTRADE数据库整理。

综上，我国农产品出口的地区结构呈现一定的不平衡性，这不仅与贸易伙伴国的经济发展水平有关，也与两国间的接壤情况、直线距离、人口数量及贸易便利化水平有很大关系。

三、贸易便利化水平现状分析及相关体系的构建

（一）贸易便利化水平现状分析

首先，本书研究对象是参与"一带一路"建设的65个国家，但由于11个国家数据缺失，仅对以下国家进行研究，具体如表7-4所示。

表7-4　　　　　　贸易便利化研究的55个"一带一路"国家

区域	国家
东亚2国	蒙古国、中国
东盟的9国	新加坡、马来西亚、印度尼西亚、泰国、老挝、柬埔寨、越南、文莱、菲律宾
西亚的14国	伊朗、土耳其、约旦、黎巴嫩、以色列、沙特阿拉伯、阿曼、阿联酋、卡塔尔、科威特、巴林、希腊、塞浦路斯、埃及的西奈半岛

续表

区域	国家
南亚的 6 国	印度、巴基斯坦、孟加拉国、斯里兰卡、尼泊尔、不丹
中亚的 2 国	哈萨克斯坦、吉尔吉斯斯坦
独联体的 6 国	俄罗斯、乌克兰、格鲁吉亚、阿塞拜疆、亚美尼亚、摩尔多瓦
中东欧的 16 国	波兰、立陶宛、爱沙尼亚、拉脱维亚、捷克、斯洛伐克、匈牙利、斯洛文尼亚、克罗地亚、波黑、黑山、塞尔维亚、罗马尼亚、保加利亚、马其顿、阿尔巴尼亚

资料来源：笔者绘制。

本研究首先采纳了 WEF 2014 年与 2016 年发布的《全球贸易促进报告》中的贸易促进指数作为对贸易便利化水平的测量[1]。其中的贸易促进指数（ETI）囊括了四个部分，具体是：市场准入、边境管理、基础设施及经营环境，分数范围为 1～7。

从整体来看，"一带一路"沿线可划分为 7 大区域，按照贸易便利化水平从高到低排序，依次为中东欧 16 国、东盟 9 国、西亚 14 国、东亚 2 国、中亚 2 国、南亚 6 国。纵向来看，各区域的贸易便利化水平均呈增长的趋势。与此同时，部分区域内差距亦呈变大的趋势，例如东亚 2 国、东盟 9 国、南亚 6 国、中亚 2 国、独联体 6 国。

（二）贸易便利化测评体系的构建

1. 基准测评体系的选择

由于贸易促进指数（ETI）是隔一年统计一次，数据并不连续，所以本书借鉴威尔逊（2003）[2] 所构建的贸易便利化测评体系，利用 WEF 发布的

---

[1]　World Economy Forum, "The Global Enabling Trade Report 2014"［EB/OL］. https：//www. weforum. org/reports/global – enabling – trade – report –2014，2014.

[2]　Wilson J, Mann C, Otsuki T, "Trade Facilitation and Economic Development：A New Approach to quantifying the impact"：367 – 389.

《全球竞争力报告》（GCR）、透明国际发布的《清廉指数报告》及世界银行数据库（WDI）中的相关数据，手动测算 2013～2018 年的沿线各国贸易便利化水平（TFI）。该体系首先包括口岸效率（PE）、监管环境（RE）、海关环境（CE）、电子商务发展（EB）这4个一级指标，其次又囊括了更为细分的11 个二级指标（见表 7-5）。

表 7-5　　　　　　　贸易便利化水平（TFI）测评体系

一级指标	二级指标		单位	数据来源
口岸效率（PE）	港口效率	P_1	1～7	GCR
	海港基建水平	P_2	1～7	WDI
	空港基建水平	P_3	1～7	GCR
管制制度环境（RE）	政府政策透明度	R_1	1～7	GCR
	监管标准严格程度	R_2	1～7	GCR
	法律法规执行力度	R_3	1～7	GCR
海关环境（CE）	非常规费用	C_1	1～7	GCR
	隐藏性贸易壁垒	C_2	1～7	GCR
	贪污受贿	C_3	0～100	GCR
	清廉指数	C_4	0～100	透明国际
电子商务发展（EB）	电子商务普及率	E_1	1～7	GCR

资料来源：笔者绘制。

（1）口岸效率包含3个二级指标，分别是港口效率、海港基建水平和空港基建水平，评分越高则说明口岸效率越高。

其中，港口效率借鉴了 GCR 中的海关手续负担（burden of customs procedures）；海港基建水平借鉴了世界银行数据库（WDI）中港口基础设施的质量这一指标；空港基建水平借鉴了 GCR 中的政府决策透明度（quality of air transport infrastructure）。三个指标的分数范围均为 1～7。

（2）管制制度环境包含3个二级指标，分别是政府政策透明度、监管标准严格程度和法律法规执行力度，管制制度环境越利于贸易开展，则评分越高。

其中，政府政策透明度借鉴了 GCR 中的政府关系的透明度（transparency of government policymaking）；监管标准严格程度借鉴了 GCR 中的政府监管的负担（burden of government regulation）；法律法规执行力度借鉴了 GCR 中的法律框架解决争端的效率（efficiency of legal framework in setting disputes）。三个指标的分数范围均为 1 ~ 7。

（3）海关环境包含 4 个二级指标，分别是非常规费用、隐藏性贸易壁垒、贪污受贿和清廉指数，该指标用来衡量商品过境的成本及其管理的透明度，评分越高则进出口厂商过境成本越低。

其中，非常规费用借鉴了 GCR 中的非常规付款（irregular payment）；隐藏性贸易壁垒参考了 GCR 中的非关税壁垒的普遍性（prevalence of non-tariff barriers）；清廉指数借鉴了透明国际组织《清廉指数报告》中的腐败认知指数（corruption perceptions index）。前 2 个指标的分数范围为 1 ~ 7，第 3 个指标的分数范围为 0 ~ 100。

（4）电子商务环境包含 1 个二级指标电子商务普及率，用来衡量最新电子信息技术在商务中的应用程度，评分越高则商务的便利程度越高。

其中，电子商务普及率借鉴了 GCR 中的最新技术的可达性（availability of latest technologies）。

2. 数据处理及计算

（1）对缺失数据进行处理。由于统计年份的差异，在《全球竞争力报告》中个别国家未被统计到，本部分参考孙林[①]（2013）的做法，以前一年数据将缺失数据补足。

（2）对数据进行标准化处理。由于 11 个二级指标数据的数据来源、取值范围不同，数据缺乏可比性与可计算性。本部分参考孔庆峰、董虹蔚[②]

---

① 孙林，倪卡卡. 东盟贸易便利化对中国农产品出口影响及国际比较——基于面板数据模型的实证分析 [J]. 国际贸易问题，2011（8）：101.

② 孔庆峰，董虹蔚.“一带一路”国家的贸易便利化水平测算与贸易潜力研究 [J]. 国际贸易问题，2015（12）：165.

（2015）进行标准化处理。

（3）确定各指标的权重。在贸易便利化测评体系构建出来的情况下，本部分借鉴萨蒂的层次分析法，同时参考威尔逊[①]（2003）赋予了一级指标相应的权重，本部分构建了表7-6所示的贸易便利化权重表。

表7-6　　　　　　　　　　　　贸易便利化权重表

一级指标权重	二级指标权重	总权重	
口岸效率（0.5906）	港口效率（0.3333）	0.1969	K_{11}
	海港基建水平（0.3333）	0.1969	K_{12}
	空港基建水平（0.3333）	0.1969	K_{13}
管制制度环境（0.2276）	政府政策透明度（0.1634）	0.0372	K_{21}
	监管标准严格程度（0.5396）	0.1228	K_{22}
	法律法规执行力度（0.2970）	0.0676	K_{23}
海关环境（0.0630）	非常规费用（0.25）	0.0158	K_{31}
	隐藏性贸易壁垒（0.25）	0.0158	K_{32}
	贪污受贿（0.25）	0.0158	K_{33}
	清廉指数（0.25）	0.0158	K_{34}
电子商务发展（0.1187）	电子商务普及率（1.0000）	0.1187	K_{41}

资料来源：笔者绘制。

在该权重表计算出来的前提下，贸易便利化水平及其四个一级指标分值范围均为0~1，计算公式如下：

口岸效率 $PE = P_1 K_{11} + P_2 K_{12} + P_3 K_{13}$

管制制度环境 $RE = R_1 K_{21} + R_2 K_{22} + R_3 K_{23}$

海关环境 $CE = C_1 K_{31} + C_2 K_{32} + C_3 K_{33} + C_4 K_{34}$

电子商务 $EB = E_1 K_{41}$

贸易便利化水平 $TFI = P_1 K_{11} + P_2 K_{12} + P_3 K_{13} + R_1 K_{21} + R_2 K_{22} + R_3 K_{23} +$

---

① Wilson J, Mann C, Otsuki T. Trade Facilitation and Economic Development: A New Approach to quantifying the impact [J]. World Bank Economic Review, 2003, Vol. 17, No. 3: 367–389.

$C_1K_{31} + C_2K_{32} + C_3K_{33} + C_4K_{34} + E_1K_{41}$

代入可得 $TFI = 0.1969P_1 + 0.1969P_2 + 0.1969P_3 + 0.0372R_1 + 0.1228R_2 + 0.0676R_3 + 0.0158C_1 + 0.0158C_2 + 0.0158C_3 + 0.0158C_4 + 0.1187E_1$

（三）描述统计

按照上述方法手动测算出了 2017 年 52 国的 TFI 水平分数及排名，如表 7 - 7 所示。

表 7 - 7　　　　　　　2017 年 52 国 TFI 水平分数与排名

国家/地区	TFI	排名	国家/地区	TFI	排名	国家/地区	TFI	排名
新加坡	0.91	1	捷克	0.62	19	科威特	0.53	37
阿联酋	0.86	2	泰国	0.61	20	伊朗	0.52	38
卡塔尔	0.79	3	印度尼西亚	0.61	21	越南	0.52	39
马来西亚	0.75	4	马其顿	0.60	22	斯洛伐克	0.52	40
爱沙尼亚	0.74	5	埃及的西奈半岛	0.59	23	塞尔维亚	0.51	41
以色列	0.71	6	波兰	0.59	24	孟加拉国	0.50	42
阿塞拜疆	0.68	7	黑山	0.58	25	乌克兰	0.50	43
沙特阿拉伯	0.68	8	阿尔巴尼亚	0.58	26	柬埔寨	0.49	44
约旦	0.66	9	俄罗斯	0.58	27	摩尔多瓦	0.49	45
塞浦路斯	0.66	10	希腊	0.57	28	黎巴嫩	0.49	46
中国	0.65	11	斯里兰卡	0.57	29	菲律宾	0.45	47
印度	0.64	12	匈牙利	0.56	30	蒙古国	0.43	48
阿曼	0.64	13	保加利亚	0.56	31	吉尔吉斯斯坦	0.42	49
斯洛文尼亚	0.64	14	克罗地亚	0.55	32	波黑	0.42	50
格鲁吉亚	0.64	15	巴基斯坦	0.55	33	尼泊尔	0.41	51
拉脱维亚	0.64	16	亚美尼亚	0.54	34	也门	0.36	52
立陶宛	0.63	17	罗马尼亚	0.54	35	平均	0.59	—
土耳其	0.62	18	哈萨克斯坦	0.53	36			

资料来源：WDI、GCR、《清廉指数报告》，笔者手动测算所得。

2017 年 52 个国家中超过平均分 0.59 的国家共有 24 个，剩下 28 个国家低于平均分。具体来看，排在前五的国家依次为新加坡、阿联酋、卡塔尔、马来西亚及爱沙尼亚，排名最后五位的国家分别是蒙古国、吉尔吉斯斯坦、波黑、尼泊尔和也门。此结果与《贸易促进报告 2016》中 ETI 的排名顺序基本一致，说明本文所构建的测评体系具有一定的真实性与可信性。

值得注意的是，2017 年中国的 TFI 水平在本书所研究的 52 个国家中排名 11 位，处于上游水平，但从分数差距上来看，与新加坡、阿联酋等国家仍有很大的差距。

四、贸易便利化与我国农产品出口的实证分析

(一) 模型设定

本书沿用廷伯根 (Tinbergen，1962)[①] 的引力模型框架对贸易便利化水平和农产品出口的关系进行实证分析。此后，并参照林纳曼 (Linnemann，1967)[②] 引入了更多的解释变量，构建拓展的贸易引力模型。本书回归模型如下：

$$\ln EX_{it} = \alpha_0 + \beta_1 \ln GDP_{it} + \beta_2 \ln POP_{it} + \beta_3 \ln DIS_{it} + \beta_4 \ln TFI_{it} + \beta_5 BOR_{it} + \varepsilon_t$$

$$(7-1)$$

其中，所研究区域国家以 i 表示，不同年份以 t 表示。EX_{it} 表示 t 时期中国与所研究国家出口贸易规模；GDP_{it} 表示 t 时期 i 国家的经济总量；POP_{it} 表示 t 时期 i 国家的人口总量；DIS_{it} 表示两国之间的直线距离；两国之间接壤情况以 BOR_{it} 表示，取值为 0 或 1；t 时期所研究国家的贸易便利化水平以 TFI_{it} 表示。α_0 为常数项，β 为待估计参数，ε_t 为随机误差项。

同时，考虑到 TFI 其下更细化的四个一级指标，即所研究国家的口岸效

---

① Tinbergen, J, Shaping the World Economy: Suggestions for an International Economic Policy, Twentieth Century Fund, New York, 1962: 53.

② Linnemann H, "An econometric study of international trade flows", in Journal of the Royal Statistical Society, 1967, Volume20, No. 2: 92 – 99.

率（PE）、监管环境情况（RE）、海关环境（CE）及电子商务环境（EB）与我国农产品出口之间的关系，将以上内容分别加入上述模型（7-1），得到模型（7-2）～模型（7-5），如下：

$$\ln EX_{it} = \alpha_0 + \beta_1 \ln GDP_{it} + \beta_2 \ln POP_{it} + \beta_3 \ln DIS_{it} + \beta_4 \ln PE_{it} + \beta_5 BOR_{it} + \varepsilon_t$$

$$(7-2)$$

$$\ln EX_{it} = \alpha_0 + \beta_1 \ln GDP_{it} + \beta_2 \ln POP_{it} + \beta_3 \ln DIS_{it} + \beta_4 \ln RE_{it} + \beta_5 BOR_{it} + \varepsilon_t$$

$$(7-3)$$

$$\ln EX_{it} = \alpha_0 + \beta_1 \ln GDP_{it} + \beta_2 \ln POP_{it} + \beta_3 \ln DIS_{it} + \beta_4 \ln CE_{it} + \beta_5 BOR_{it} + \varepsilon_t$$

$$(7-4)$$

$$\ln EX_{it} = \alpha_0 + \beta_1 \ln GDP_{it} + \beta_2 \ln POP_{it} + \beta_3 \ln DIS_{it} + \beta_4 \ln BE_{it} + \beta_5 BOR_{it} + \varepsilon_t$$

$$(7-5)$$

表7-8解释说明了各变量的预期符号。

表7-8　　　　　　　　　　变量预期符号及说明

解释变量	预期符号	理论说明
GDP_{it}	+	体现所研究国家的经济总量，反映进口需求大小。经济实力强，则认为会有更大的贸易流量
POP_{it}	不确定	一方面，人口总量多的国家（地区）可能存在国内无法满足的消费从而带来进口量的上升；另一方面，国内分工深化劳动效率提高而自给自足
DIS_{it}	-	运输成本因距离变大，成本高或利润少都不利于贸易发展
BOR_{it}	+	两国接壤降低运输及沟通，有利于贸易开展
TFI_{it}	+	贸易成本因贸易便利化水平高而降低，减小贸易阻力
PE_{it}	+	口岸效率涉及农产品出口最基本的运输问题，口岸效率越高越会有效降低运输成本，对贸易量的增加有促进作用
RE_{it}	+	经商者利益因良好的规制环境受到保护，从而促进贸易增加
CE_{it}	+	海关环境好坏影响通关效率及贸易成本
BE_{it}	+	电子商务环境的发展会降低融资成本，使信息更加及时透明，对贸易有促进作用

资料来源：笔者绘制。

（二）数据选择与数据来源

由于数据缺失，65 个国家中剩下 42 个国家供本书进行研究，样本的时间跨度为 2013~2018 年。

EX 代表我国向所研究对象国出口的农产品规模。由于出口数据的不可获得性，本书用所研究对象国从我国进口农产品的数额进行替代。农产品相关数据的收集参考了孙林等（2008）① 的做法，本书共收集了 42 个国家共 6 年的农产品进口数据。数据来自 UN Comtrade 数据库。

GDP、*POP* 分别代表所研究对象国的经济规模及人口规模，其中 GDP 以现价美元进行统计。以上数据从世界银行数据库收集整理得来。

DIS、*BOR* 分别代表各伙伴国（地区）首都或主要城市与中国首都之间的直线距离及是否接壤情况，数据来源于法国国际经济研究中心 CEPII 数据库。

TFI 代表各伙伴国的贸易便利化水平，此指数基于上面的测评体系计算而来，原始数据来源与 GCR 及《清廉指数报告》。

（三）模型回归及分析

本书选取 2013~2018 年中国同 42 个所研究对象国共计 252 个观测值进行分析研究，对拓展的引力模型进行回归，回归结果见表 7-9。

表 7-9　　　　　　　　　　　　　模型回归结果

	式（1） lnEX	式（2） lnEX	式（3） lnEX	式（4） lnEX	式（5） lnEX
lnGDP	0.672 *** (0.0819)	0.691 *** (0.0824)	0.722 *** (0.0788)	0.641 *** (0.0849)	0.725 *** (0.0803)
lnPOP	0.217 ** (0.108)	0.194 * (0.108)	0.184 * (0.106)	0.251 ** (0.111)	0.166 (0.107)

---

① 孙林，倪卡卡. 东盟贸易便利化对中国农产品出口影响及国际比较——基于面板数据模型的实证分析 [J]. 国际贸易问题，2011（8）：101.

	式（1）lnEX	式（2）lnEX	式（3）lnEX	式（4）lnEX	式（5）lnEX
ln*DIS*	-2.330*** (0.500)	-2.431*** (0.499)	-2.178*** (0.506)	-2.470*** (0.495)	-2.511*** (0.494)
BOR	0.190 (0.318)	0.161 (0.319)	0.125 (0.315)	0.0991 (0.315)	0.0941 (0.316)
ln*TFI*	0.886** (0.350)				
ln*PE*		0.488* (0.293)			
ln*RE*			0.709*** (0.234)		
ln*CE*				0.533*** (0.197)	
ln*EB*					0.0625 (0.221)
CONSTANT	-23.54*** (4.496)	-24.53*** (4.500)	-21.77*** (4.602)	-23.27*** (4.503)	-26.04*** (4.433)
OBSERVATIONS	252	252	252	252	252
R - SQUARED	0.8694	0.8708	0.8684	0.8711	0.8714
NUMBER OF COUNTRY	42	42	42	42	42

注：***、**、*分别表示在1%、5%、10%的水平上显著。
资料来源：根据 Stata 14.0 软件回归结果整理。

1. 整体回归分析

根据表7-9的结果，式（1）的 R^2 为0.8694，有较好的拟合优度。同时各变量符号也符合预期，模型具有较好的解释效果：

TFI 与我国农产品出口的关系为显著正相关。在其他不变的情况下，贸易便利化水平每1%的提升幅度，会带来我国农产品出口规模0.886%的扩大。这说明 *TFI* 的提高会在极大程度上降低贸易成本与阻力，积极影响农产

品贸易发展。所研究对象国经济规模、所研究对象国人口总量与我国农产品出口的关系为显著正相关。所研究对象国与我国之间的距离和我国农产品出口之间的关系为显著负相关。接壤情况 BOR 的回归系数为 0.190，但是该系数并不显著，可能是由于因为参与分析的 42 国中与我国接壤的国家数量较少。

2. 分指标回归分析

根据表 7 - 9 的回归结果，式（2）~ 式（5）的 R^2 分别为 0.8708、0.8684、0.8711 和 0.8714，都具有较好的拟合优度。同时各变量符号符合预期，模型具有较好的解释效果：

从表 7 - 9 可以看出，四个一级指标与农产品出口之间均有正向相关关系。其影响程度依次是管制制度环境、海关环境、口岸效率和电子商务环境，以上因素每提高 1%，将会使农产品贸易额分别增加 0.709%、0.533%、0.488% 和 0.0625%。"一带一路"沿线多为发展中国家，经济发展稍显落后仍存在较大的进步空间，对于管制制度环境及海关环境这种隐形的影响因素，这些国家可以通过向发达国家学习以进行提升，但是口岸基础建设及电子商务所要求的网络环境需要大量的资金投入来进行发展，所以在普遍不发达的情况下其影响力度较前两个指标会小一些。

五、结论与政策建议

本章首先对当前我国的农产品出口现状和沿线各国的贸易便利化水平进行了分析，在此基础上手动测算了贸易便利化水平，之后在引力模型框架下检验了贸易便利化与我国农产品出口之间的关系，得出了以下结论：第一，"一带一路"沿线国家的贸易便利化水平整体不高，内部差异大。我国目前的贸易便利化水平位于世界中上游，不过相较上游国家仍有差距。第二，两国贸易流量的增加得益于贸易便利化水平的提升，其中管制制度环境和海关环境的促进作用更为明显。

基于以上分析，本章就促进我国农产品的出口提出以下两个方面的政策建议：

（1）从提高口岸效率、改善管制环境、改善海关环境、增进电子商务水平四个方面提高我国的贸易便利化水平。

（2）深化国际合作，推进《贸易便利化协定》实施。该协定的落实存在诸多问题，如部分国家对协定实施选择性落实及技术性贸易措施成为"逆便利化"重要手段。我国应积极推动引领该协定的落实进程，加快国家间通关便利化流程标准的对接与统一。

第八章 "一带一路"沿线国家投资环境对中国企业对外直接投资的影响研究

▶导言◀

本章基于 2009～2018 年中国在"一带一路"沿线 44 个代表性国家和地区的直接投资数据，利用 Heckman 两阶段模型定量估计东道国投资环境与中国企业投资区位选择和投资规模决策之间的关系，并通过分组研究，探究这种关系的国别差异和动态变化。研究表明：在不同投资阶段，东道国投资环境对中国企业投资决策的影响不同。在决定是否投资阶段，中国企业倾向于投资环境尤其是政治环境较差的国家。在投资规模决策阶段，中国企业会更加关注东道国的经济基础和市场管制力度。另外，东道国投资环境对中国企业投资规模的影响具有国别差异和动态变化。当东道国投资环境较差时，投资环境与中国企业投资规模呈显著的负相关；当东道国投资环境较好时，投资环境对中国企业投资规模有正向影响。随着时间的推移，东道国经济条件和市场管制力度对企业投资规模的影响日趋明显，政治环境的影响力逐渐减弱。

一、问题的提出

自实施"走出去"战略以来，中国企业顺应全球化趋势，积极开展对外直接投资（Outward Foreign Direct Investment，OFDI）。截至 2018 年，中国对外直接投资的存量规模达到 19 822.7 亿美元，位列全球第三。随着"一带一路"倡议的不断推进，中国企业正在加快在沿线国家的投资布局。最新数据显示，2020 年末，中国企业在"一带一路"沿线的 63 个国家和地区共投资设立 1 万多家境外企业，涉及 18 个行业大类。2018 年中国对外直接投资中有 12.5% 流向"一带一路"沿线国家，共计 178.9 亿美元。

"一带一路"倡议的提出为中国企业海外投资的市场开拓和布局优化创造了良好条件，但由于"一带一路"沿线的大多数国家属于发展中国家，政治制度、经济环境和社会建设方面都存在较多薄弱环节。海外投资企业面临着政局动荡、债务危机、宗教冲突等诸多来自东道国国家层面的风险，投资活动存在较大不确定性。比如，在 2015 年，斯里兰卡当局由于政局变动，叫停了科伦坡港口城项目①；同年，柬埔寨政府基于民众的环保诉求，暂停了中柬合作水电大坝项目；2018 年，马来西亚政府出于对预算缺口可能扩大的担忧，正式暂停了中国企业在当地的多个投资项目。根据美国传统基金会对中国对外直接投资项目的企业跟踪数据，在中国对外的失败投资中，很大一部分是对"一带一路"沿线国家的投资。这些投资失败的案例和数据都表明"一带一路"沿线国家复杂多变的投资环境给我国企业"走出去"造成了诸多障碍，对企业认知和抵抗风险的能力提出更高要求。另外，投资失败也可能和企业自身风险意识不足有关。有学者提出，中国各地政府和企业为了响应国家战略的号召，短期内迅速推出许多投资项目，"一带一路"被项目化、泡沫化的风险大幅提高（张述存，2017）。

那么，对沿线国家投资失败是否是因为企业存在非理性行为？目前中国企业对来自于东道国国家层面的风险的偏好是怎样的？未来企业在对"一带一路"沿线国家进行投资时需要格外关注哪些风险？针对以上问题，本书希望通过理论分析和实证检验予以回答。

本书虽然围绕的仍是对外直接投资区位选择这一经典论题，但克服了相关文献指标选取单一、对比研究不足的问题。主要创新点包括：（1）目前国

---

① 一年后，该项目全面复工。

内外文献更多地侧重于东道国政治风险,对宏观经济和市场环境方面关注度不够,无法全面反映一国的投资环境综合状况。本书参考中国社会科学院中国经济与政治研究所从2013年起每年公布的《中国海外投资国家风险评级报告》,从政治环境、经济条件和市场管制三方面构建了一套系统的国家投资环境评估体系。(2)以往虽有部分研究注意到了国别差异,但基本上都是按照经济发展水平对国家进行分类。然而东道国的经济发展水平仅仅是中国企业对外直接投资时的其中一个考量因素,利用单一指标难以综合表现各国的差异。本书紧扣研究对象,以投资环境的优劣为分类标准,将"一带一路"沿线国家分为高风险和低风险国家。(3)由于时间的限制和政策的时滞性,目前少有文献考察中国对外直接投资行为在"一带一路"倡议实施后的变化。本书将样本分为2009~2013年和2014~2018年两个子样本,对比"一带一路"倡议提出前后,东道国投资环境以及市场规模、资源禀赋等其他关键因素与中国企业投资规模之间的关系。

二、投资环境定义及理论分析

(一)核心概念界定

"投资环境"(investment environment)是一个综合性的概念。《市场经济大辞典》对"投资环境"的解释是:"投资者进行投资活动所具备的外部条件,包括投资硬环境和投资软环境";《中国百科大辞典(第七卷)》给出的定义是:"投资环境又称投资气候,指工程项目建设和生产运营所必需的各项条件的综合";中国人民大学出版社出版的《投资经济学》教科书中的定义是:"投资环境是指决定和影响投资的各种政治因素、自然因素、经济因素和社会因素相互依赖、相互完善、相互制约所形成的矛盾统一体。"国内外各文献对"投资环境"的概念界定虽然在表述上略有差别,但基本内涵一致。投资环境是指在一定时期内,影响或制约投资活动与结果的外部条件的总称(郭信昌,1991;聂名华,1991;Stern,2002)。

投资环境是一个内涵和外延丰富的系统,既包括政治形势、法律法规、经济发展水平等国家层面的宏观环境，也包括市场竞争程度、自然资源、人力资源、基础设施、技术水平等产业层面的中观环境。宏观投资环境对所有海外投资产生一般性的保护或制约，而中观投资环境对海外投资的吸引力则会因企业的投资动机不同而存在差异。本书所指的投资环境特指宏观层面的投资环境，包括一国的宏观政治经济制度和发展水平。同时，基于投资主体的安全保障、投资获利和经营便利三大共性需求，从政治基础、经济条件和市场管制三个维度衡量一国的投资环境。

（二）理论分析

1. 东道国政治环境对中国企业 OFDI 的影响

对于政治环境，本书参考被学者们普遍使用的世界银行全球治理能力指数（WGI）的研究方法，从政治稳定性、政府效率、政治民主、法治水平、腐败控制和监管质量六个维度进行考察。东道国的政治稳定性是外资企业生存发展的基本保障，是中国 OFDI 进入的前提。稳定的政治环境能为企业提供安全、稳定的投资环境，使企业的资产免于因战乱或不连贯的政策而遭到破坏。政府效率反映政府提供公共服务及政策制定的质量、效率、独立性。东道国政府的高效率意味着企业可以享受到有效的公共服务、面临较少的限制和政治压力，从而降低外资企业的交易成本。政治民主度体现了公民在言论、集会和媒体等方面的自由程度。因此，东道国的政治环境主要通过影响政策的稳定性和市场运行的规范性，对外资企业资产的安全性和交易成本产生影响。理论上，政治环境越好的东道国对中国企业 OFDI 的吸引力越强。

2. 东道国经济条件对中国企业 OFDI 的影响

对于经济条件，参考《中国海外投资国家风险评级（2018）》研究报告和PRS 集团的国家风险国际指南，从经济规模、经济增速、城镇化水平、物价变动、就业情况和偿债能力五个维度评价。一国的偿债能力反映出主权债务风险程度，当债务偿还出现困难时，会引发系统性风险，极大损害外资企业的投资收益。因此，东道国的宏观经济条件决定了投资市场的规模和增长潜力价值，是海外投资收益水平的基本保障。理论上,"一带一路"沿线国家经济条件越好,对企业投资收益的保障程度越高,越能吸引中国企业直接投资。

3. 东道国市场管制对中国企业 OFDI 的影响

对于市场管制,本书采用美国传统基金会经济自由度指数(IEF)的研究结果,从投资自由度、贸易自由度、商业自由度、劳工自由度四个维度衡量[①]。投资自由度和贸易自由度反映了东道国经济的开放程度,影响外资企业进入的难易程度。商业自由度和劳工自由度决定了企业开办的便利性和生产经营所花费的制度性交易成本,影响企业的投资收益。中方企业进入"一带一路"沿线国家,必须服从当地的投资规则与市场管制措施。当地的市场管制力度越大,企业经营受到的限制越多,所要付出的交易成本则越大。准入限制放宽、本地资源自由转让等开放的市场环境能够提高企业的投资便利度,刺激资本流入(Meyer & Nguyen,2005)。因此,理论上,东道国市场管制力度越小,越能吸引中国企业进行投资。

虽然理论上东道国的政治环境和经济条件越好,市场管制力度越小,对外资的吸引力越强。那么,中国企业在"一带一路"沿线国家的投资存在有悖于经典投资理论的非理性行为吗?为回答这个问题,本书从政治环境、经济条件和市场管制三个方面,构建了一个系统的投资环境评估体系,实证分析中国企业面对投资环境迥异的沿线国家如何进行区位选择。另外,由于"一带一路"沿线国家投资环境差异较大且中国企业对外投资存在多种动机,东道国投资环境对中国企业投资影响的大小和方向可能不同。因此,本书还将基于国别差异视角,探究东道国投资环境对 OFDI 是否存在异质性影响。

---

① 其中,投资自由度包括 6 个中类指标(是否有外国投资代码、政府是否鼓励外国企业公平的参与投资、是否对外汇进行管制、外国公司是否享受同等待遇、政府对支付、转移和资本交易是否进行限制、某些特殊行业是否拒绝外国投资)。商业自由度包括 10 个中类指标(新成立一家企业须办理的手续数目、新成立一家企业所需的时间、新成立一家企业的费用、新成立一家企业的最低资金、企业获得许可证须办理的手续、企业获得许可证需要花费的时间、企业获得许可证的费用、企业关闭需要的时间、企业关闭的费用、关闭企业的恢复率)。贸易自由度包括贸易加权的平均关税率和非关税壁垒数量 2 个中类指标。劳工自由度包括最低工资、工作时数限制的严格程度以及解雇冗员的成本等4 个中类指标。

三、研究设计

（一）变量选取

1. 被解释变量

对外直接投资规模：本书着重考察投资规模问题，选用我国对"一带一路"沿线国家和地区年度直接投资流量数据。数据来源于历年《中国对外直接投资统计公报》。

2. 核心解释变量

投资环境：以往文献对投资环境的考察侧重于政治方面，测算方法是直接采用世界银行公布的国家治理指数（WGI）或 PRS 集团公布的国家风险国际指南（ICRG）。但正如前文的分析，投资环境除了政治风险之外，还应包括经济金融风险和营商环境等方面。本书主要参考中国社会科学院中国经济与政治研究所的《中国海外投资国家风险评级（2018）》研究报告，并结合世界银行的国家治理指数（WGI）和美国传统基金会的经济自由度指数（IEF）以及方慧和宋玉洁（2019）、周伟等（2017）的实证研究，从政治环境、经济条件和市场管制三个方面衡量东道国的投资环境，构建了包含 3 个一级指标、16 个二级指标在内的投资环境评估体系，数据均来自于权威数据库。各指标的说明与数据来源详见表 8 - 1。由于每个方面都包含几个指标，本书将通过因子分析法测算得出投资环境综合得分值。

表 8 - 1　　　　　　**"一带一路"沿线国家投资环境评估体系**

大类指标	子指标	指标说明	数据来源
政治环境	政治稳定性	评估出现暴力或恐怖主义的可能性，政府执政能力的稳定性以及制度的连续性	世界银行全球治理指数（Worldwide Governance Indicators，WGI）

大类指标	子指标	指标说明	数据来源
政治环境	政府效率	评估政府提供公共服务及政策制定的质量、效率、独立性	世界银行全球治理指数（Worldwide Governance Indicators，WGI）
	政治民主度	评估国民的政治生活参与度，包括公民的选举权、言论和集会自由等	
	法治水平	评估法律体系的完备性、执法力度及司法独立程度	
	腐败控制	评估政府对腐败的控制力度	
	监管质量	评估政府监管市场的能力	
经济条件	经济规模	人均 GDP（按照 2005 年美元不变价）	世界银行世界发展指数（World Development Indicators，WDI）
	经济增速	GDP 年增速（按照 2005 年美元不变价）	
	城镇化水平	城镇化率	
	物价变动	按消费者价格指数衡量的通货膨胀年率	
	就业情况	失业率	
	偿债能力	出口价格指数/进口价格指数	
市场管制	投资自由度	反映个人和企业资本自由流出或流入国境的难易程度	美国传统基金会经济自由度指数（Index of Economic Freedom，IEF）
	贸易自由度	反映进出口的关税和非关税壁垒	
	商业自由度	反映在一国开办、运营和关闭企业所需成本的高低及手续的繁简程度	
	劳工自由度	反映政府对劳动力市场的管制力度，比如制定关于最低工资、工作时间等的规定	

注：政治环境各指标的分值范围为 -2.5~2.5 分，分值越高，环境越好。市场管制各指标的分值为 0~100 分，分数越高，管制力度越小。

3. 控制变量

从现实情况来看，在中国企业对"一带一路"沿线国家进行投资的实例中，扩大市场、寻求自然资源、降低劳动力成本和获取先进技术这四种投资动机都可能存在。因为我们看到既有对以色列、新加坡、捷克等发达国家的上行投资，也有对泰国、马来西亚等上中等收入国家的平行投资，对柬埔寨、缅甸、越南、老挝等下中等收入国家的下行投资,以及对科威特、卡塔尔、阿塞拜疆等自然资源丰裕型国家的投资。不同投资动机的存在决定了东道国不同区位优势对中国企业 OFDI 的吸引力存在强弱之分。为了控制东道国其他因素对企业投资决策的影响,本书基于投资动机角度,重点选取自然资源禀赋、市场规模、劳动力禀赋、技术水平、双边经贸关系和基础设施状况六个控制变量。具体的测度方法见表 8 - 2。

表 8 - 2　　　　　　　　　控制变量的测度方法

变量名称	衡量指标	数据来源
自然资源丰裕度	东道国燃料、矿石和金属出口占货物总出口的比重	国研网"一带一路"研究与决策支撑平台
劳动力禀赋	东道国劳动人口占总人口的比重	国研网"一带一路"研究与决策支撑平台
市场规模	GDP 总量(按照 2005 年美元不变价)	世界银行 WDI 数据库
技术水平	信息通信技术产品出口占制成品出口的比例	世界银行 WDI 数据库
双边经贸关系	中国与东道国之间的进出口总额	国家统计局
基础设施状况	东道国每百人中使用互联网的人数	世界银行 WDI 数据库

(二)模型构建

观察中国对"一带一路"沿线国家直接投资的流量数据,可以发现中国 OFDI 数据在某些国家、某些年份存在缺失、为负数的情况。不少文献在实际处理时直接删除了 OFDI 数据缺失或为负的样本,但正如蒋冠宏和蒋殿春(2012)所指出的,数据缺失或为负的现象并非偶然,而是企业根据东道国经济和政治环境变化做出的投资决策。投资数据缺失说明中国企业在该国的投资活动并不频繁,为负说明收回额大于投资额。忽略这部分样本会导致样本选择偏差(sample selection bias),直接影响估计结果的有效性。为此,本书采用赫克曼(Heckman,1979)两阶段选择模型,将中国企业对外直接投资行为分为进入选择和规模决策两个阶段。第一阶段采用 Probit 模型,估计中国企业对某国进行直接投资的概率。然后在控制投资概率的基础上，估计投资规模决策模型即第二阶段模型。

$$OFDI\_D_{it} = \alpha Z_{it} + \mu_{it} \qquad (8-1)$$

$$E(OFDI_{it} \mid OFDI\_D_{it} = 1) = \beta X_{it} + \gamma \lambda + \varepsilon_{it} \qquad (8-2)$$

式中，i 表示东道国，t 表示时间。在式（8-1）中，$OFDI\_D_{it}$ 为 0-1 变量，当对外投资流量 $OFDI_{it} > 0$ 时，$OFDI\_D_{it} = 1$，当对外投资流量 $OFDI_{it} \leqslant 0$ 或缺失时，$OFDI\_D_{it} = 0$；Z_{it} 为影响企业投资进入的因素。式（8-2）中，λ 为逆米尔斯比率（$Mills$），由第一阶段模型计算得出，用以修正样本偏差；X_{it} 为影响投资规模的因素。

本书在前人研究的基础上，在计量模型中加入投资环境、自然资源丰裕度、市场规模、劳动力禀赋、技术水平、双边经贸关系、基础设施状况等解释变量。为了体现因果关系以及减轻内生性，自变量均选择滞后一期值。为减轻异方差问题，将除综合得分以外的所有变量进行对数化处理。需要指出的是，在赫克曼（Heckman）两阶段模型中，第一阶段模型中必须至少有一个只影响投资概率而不影响投资规模的变量。否则会导致 λ 与 X_{it} 高度相关（Heckman，1979）。根据前面的分析，在中国企业对"一带一路"沿线国家进行投资的实例中，扩大市场、寻求自然资源、降低劳动力成本和获取先进技术这四种投资动机均存在，说明从整体上看，东道国自然资源丰裕度、市场规模、劳动力禀赋、技术水平和中国企业投资概率之间没有确定的关系，并不是决定企业是否投资的必要条件①。相反，投资环境、双边关系直接影响到海外企业面临的宏观经济和政治环境，是决定海外企业能否生存的外部支撑力，必然会影响企业的投资概率。东道国自然资源丰裕度、市场规模、劳动力禀赋、技术水平则是作为外部引力，刺激有相关需求的企业加大投资。另外，受刘海洋等（2013）的启发，选择中国企业上一期的投资决策 $OFDI\_D_{it-1}$ 作为影响本期投资概率但不影响投资规模的变量。最终的第一阶段式（8-3）和第二阶段式（8-4）回归模型如下：

---

① 在本书尝试性构建计量模型的过程中，回归结果也表明东道国自然资源丰裕度、市场规模、劳动力禀赋、技术水平并不会显著影响中国企业投资概率。

$$Pro(OFDI\_D_{it}) = \varPhi(\alpha_0 + \alpha_1 ENVI_{it-1} + \alpha_2 \ln Trade_{it-1} + \alpha_3 OFDI\_D_{it-1} + \varepsilon_{it})$$

$$(8-3)$$

$$\ln OFDI_{it} = \beta_0 + \beta_1 ENVI_{it-1} + \beta_2 \ln Resource_{it-1} + \beta_3 \ln Market_{it-1} + \beta_4 \ln Labor_{it-1}$$
$$+ \beta_5 \ln Tech_{it-1} + \beta_6 \ln Infrast_{it-1} + \beta_7 \lambda_{it} + \mu_{it} \qquad (8-4)$$

式中，$\varPhi(.)$ 表示标准正态分布的概率分布函数，$ENVI$、$Trade$、$Resource$、$Market$、$Labor$、$Tech$、$Infrast$ 分别表示东道国的投资环境状况、与中国的贸易关系、自然资源丰裕度、市场规模、劳动力禀赋、技术水平和基础设施状况。在后续分析各分类指标的影响时，依次用政治环境得分 $Politic_{it-1}$、经济条件得分 $Economic_{it-1}$ 和市场管制得分 $Freedom_{it-1}$ 替换模型中的投资环境综合得分 $ENVI_{it-1}$。因为各分类得分的值域为（0，1），可以进行对数化处理。

（三）数据说明与处理

囿于数据的可得性和完整性，本书最终选择"一带一路"沿线的 44 个国家①为研究对象。为避免金融危机对估计结果的影响以及后续动态效应的研究需要，选取的时间区间为 2009～2018 年。

在通过因子分析法对东道国投资环境进行测度前，为消除量纲的影响，首先对所有指标进行标准化处理。本书参照中国社会科学院中国经济与政治研究所每年公布的《中国海外投资国家风险评级（2018）》，采用 0-1 标准化的方法，将原始数据 x 通过公式 $x^* = 1 - \left| \dfrac{x - x_{\text{适宜值}}}{\max - \min} \right|$ 转换成标准化值 x^*，数值越高表示投资环境越好。其中，适宜值的设定采用两种方法：一是设定绝对适宜值，即适宜值的大小与样本国家的选择无关；二是相对适宜值，即在样本中选择一个值作为适宜值。参照《中国海外投资国家风险评级

---

① 44 个国家涵盖了六大经济走廊，包括"新亚欧大陆桥经济走廊"：哈萨克斯坦、白俄罗斯、乌克兰、摩尔多瓦、阿塞拜疆、亚美尼亚、波兰、捷克、匈牙利、保加利亚、塞尔维亚、立陶宛、阿尔巴尼亚、克罗地亚、斯洛伐克、斯洛文尼亚、爱沙尼亚、拉脱维亚；"中伊土经济走廊"：吉尔吉斯斯坦、土耳其、阿联酋、沙特阿拉伯、卡塔尔、科威特、黎巴嫩、约旦、以色列、埃及、巴林、阿曼；"中新经济走廊"：越南、老挝、泰国、柬埔寨、马来西亚、印度尼西亚、菲律宾、新加坡；"孟中印缅经济走廊"：印度、斯里兰卡、孟加拉国；"中巴经济走廊"：巴基斯坦；"中蒙俄经济走廊"：蒙古国、俄罗斯。

（2018）》的做法，在 16 个二级指标中，除通货膨胀率之外，其他指标的适宜值均为相对适宜值。对于通货膨胀率，选择 2% 为适宜值；对于失业率，选择当年样本国家中的最小值为适宜值，剩余其他指标均选择当年样本国家中的最大值为适宜值。

四、实证分析

（一）"一带一路"沿线国家投资环境测度结果

东道国投资环境的测度是将 16 个二级指标所包含的信息通过最后的投资环境综合指标反映出来。这种多指标的降维问题在统计学中通常采用因子分析或主成分分析法，找出少数几个互不相关的公因子（主成分）来尽可能地反映原来数据所包含的绝大部分信息。为避免信息重叠和权重赋值的主观性，本书通过 SPSS 23.0 软件利用因子分析法对"一带一路"沿线国家 2008 ~ 2017 年[①]的投资环境进行测度。

为进一步分析各国的得分[②]和排名情况，表 8 - 3 选取了 2008 年、2012年、2013 年和 2017 年 4 年的数据。根据因子分析的结果，"一带一路"沿线各国投资环境呈现以下几个鲜明特征：（1）从动态变化看，各国的排名和分数有升有降。这一点说明本书不存在因核心解释变量变化微小导致估计结果存在较大偏差的问题。（2）发达国家和发展中国家的投资环境存在较大差异。高收入国家的投资环境普遍优于中低等收入国家。虽然各年排名有变化，但前十位、后十位以及平均水平以上的名单变化不大。新加坡、拉脱维亚、捷克、以色列、立陶宛等高收入国家基本都在前十位，而越南、乌克兰、吉尔吉斯斯坦、印度、巴基斯坦、老挝、孟加拉国和柬埔寨基本排名都在后十位。

---

① 为减少互为因果造成的内生性问题，本书对所有解释变量取滞后一期值。

② 按照因子分析的方法，负值表示得分低于平均水平。

表 8-3　　　　　　　"一带一路"沿线各国投资环境综合得分

国家	2017 年		2013 年		2012 年		2008 年	
	得分	排名	得分	排名	得分	排名	得分	排名
新加坡	1.52	1	1.36	1	1.29	1	1.38	1
拉脱维亚	0.79	2	0.67	7	0.63	6	0.56	9
捷克	0.77	3	0.73	4	0.66	5	0.68	5
立陶宛	0.76	4	0.73	5	0.68	3	0.59	8
爱沙尼亚	0.71	5	0.91	2	0.77	2	0.89	2
以色列	0.69	6	0.68	6	0.62	7	0.79	3
阿联酋	0.61	7	0.47	13	0.37	13	0.27	13
斯洛文尼亚	0.52	8	0.74	3	0.66	4	0.63	7
波兰	0.52	9	0.64	8	0.54	11	0.48	10
卡塔尔	0.45	10	0.62	11	0.57	9	0.21	17
斯洛伐克	0.39	11	0.63	9	0.56	10	0.66	6
匈牙利	0.38	12	0.63	10	0.61	8	0.75	4
马来西亚	0.38	13	0.25	15	0.18	16	0.17	21
阿尔巴尼亚	0.29	14	0.1	20	0.05	23	0.03	22
克罗地亚	0.28	15	0.48	12	0.39	12	0.26	15
保加利亚	0.26	16	0.28	14	0.3	14	0.23	16
亚美尼亚	0.21	17	0.15	17	0.18	17	0.21	18
阿曼	0.2	18	0.15	18	0.14	19	0.27	14
约旦	0.13	19	0.1	21	0.16	18	0.18	20
巴林	0.12	20	0.24	16	0.28	15	0.33	12
塞尔维亚	0.05	21	0	23	0.06	22	-0.12	24
沙特阿拉伯	0	22	-0.1	24	0.02	24	-0.02	23
蒙古国	-0.03	23	-0.33	27	-0.29	27	-0.15	26
科威特	-0.11	24	0.12	19	0.14	20	0.39	11
土耳其	-0.11	25	0.03	22	0.12	21	0.21	19
哈萨克斯坦	-0.21	26	-0.47	32	-0.35	30	-0.27	28

续表

国家	2017 年		2013 年		2012 年		2008 年	
	得分	排名	得分	排名	得分	排名	得分	排名
黎巴嫩	-0.34	27	-0.29	26	-0.16	25	-0.15	25
白俄罗斯	-0.35	28	-0.67	39	-0.52	37	-0.69	40
俄罗斯	-0.37	29	-0.48	34	-0.54	38	-0.62	38
阿塞拜疆	-0.38	30	-0.35	29	-0.3	28	-0.38	30
泰国	-0.4	31	-0.19	25	-0.28	26	-0.19	27
斯里兰卡	-0.41	32	-0.36	30	-0.44	32	-0.5	36
埃及	-0.42	33	-0.6	37	-0.37	31	-0.33	29
印度尼西亚	-0.45	34	-0.47	33	-0.49	35	-0.42	33
菲律宾	-0.48	35	-0.33	28	-0.45	33	-0.4	32
摩尔多瓦	-0.49	36	-0.37	31	-0.3	29	-0.39	31
越南	-0.5	37	-0.58	36	-0.57	39	-0.66	39
乌克兰	-0.53	38	-0.51	35	-0.46	34	-0.44	34
吉尔吉斯斯坦	-0.54	39	-0.61	38	-0.52	36	-0.58	37
印度	-0.56	40	-0.69	40	-0.65	40	-0.46	35
巴基斯坦	-0.79	41	-0.88	43	-0.85	43	-0.79	41
老挝	-0.83	42	-0.89	44	-0.88	44	-0.79	42
孟加拉国	-0.85	43	-0.84	42	-0.78	41	-0.89	43
柬埔寨	-0.91	44	-0.72	41	-0.79	42	-0.93	44

本书测度的结果和中国社会科学院中国经济与政治研究所的《中国海外投资国家风险评级（2018）》结果差异不大，且与现实情况也比较一致。总体来看，投资环境较好的国家主要有新加坡和拉脱维亚、捷克、匈牙利、立陶宛等东欧发达经济体，这些国家经济发展水平高、政局稳定、市场运行机制成熟。而印度、巴基斯坦、老挝、孟加拉国和柬埔寨等发展落后国家，经济基础薄弱，营商环境恶劣。其中，老挝、孟加拉国和柬埔寨都是目前联合国认定的最不发达国家。同时，这些国家国内政局动荡，内乱频繁，缺乏稳

定的社会经济发展环境。

为进一步探究各国投资环境差异的来源，有必要计算政治环境、经济条件和市场管制三大分类指标，并进行对比分析。但在使用因子分析法计算分类指标时，数据未通过 KMO 检验和 Bartlett 球度检验，不满足因子分析的前提条件。这是因为组内二级指标之间的相关性不强，这一点也说明本书构建的投资环境评估体系具有科学性、全面性。因此，为计算分类指标得分，本书直接采用各二级指标的简单算数平均数作为各细分指标的得分。

虽然东道国的投资环境和经济发展水平有密切联系，但根据综合指标和各分类指标的对比情况，可以发现部分国家在政治环境、经济条件和市场管制方面发展并不均衡（见表 8-4）。以柬埔寨为例，按照 2017 年投资环境综合得分排名，柬埔寨位列最后。在政治环境和市场管制方面，得分和排名都靠后，但在经济条件方面，得分和排名处于中等水平。实际上，柬埔寨经济总量基数小，但经济增速快。有数据显示柬埔寨在 1993~2013 年这 20 年内经济发展迅速，年均增长率达到 7.7%，排名世界第六[①]。但柬埔寨国内政治的不确定因素较多，党派纷争频繁，政局动荡。因此，从整体上看，柬埔寨的投资环境质量较差，风险较高。

表 8-4　2017 年"一带一路"沿线各国投资环境总得分、分类指标得分

国家	投资环境		政治环境		经济条件		市场管制	
	得分	排名	得分	排名	得分	排名	得分	排名
新加坡	1.52	1	0.92	1	0.80	1	0.92	1
拉脱维亚	0.79	2	0.67	6	0.63	15	0.83	2
捷克	0.77	3	0.73	3	0.69	5	0.82	3
立陶宛	0.76	4	0.70	4	0.63	16	0.76	5
爱沙尼亚	0.71	5	0.80	2	0.64	12	0.55	26
以色列	0.69	6	0.66	7	0.70	4	0.70	11
阿联酋	0.61	7	0.61	10	0.67	7	0.68	14

---

① 资料来源：http://opinion.china.com.cn/opinion_17_136517.html.

续表

国家	投资环境		政治环境		经济条件		市场管制	
	得分	排名	得分	排名	得分	排名	得分	排名
斯洛文尼亚	0.52	8	0.70	5	0.63	13	0.54	29
波兰	0.52	9	0.62	9	0.67	6	0.69	13
卡塔尔	0.45	10	0.52	13	0.75	2	0.71	9
斯洛伐克	0.39	11	0.64	8	0.56	26	0.57	24
匈牙利	0.38	12	0.57	11	0.65	9	0.71	10
马来西亚	0.38	13	0.50	14	0.64	11	0.78	4
阿尔巴尼亚	0.29	14	0.41	17	0.58	21	0.67	15
克罗地亚	0.28	15	0.55	12	0.53	34	0.57	23
保加利亚	0.26	16	0.49	15	0.62	17	0.70	12
亚美尼亚	0.21	17	0.33	28	0.57	23	0.73	8
阿曼	0.2	18	0.45	16	0.53	32	0.74	7
约旦	0.13	19	0.39	20	0.48	38	0.60	20
巴林	0.12	20	0.35	25	0.71	3	0.75	6
塞尔维亚	0.05	21	0.40	18	0.53	33	0.52	31
沙特阿拉伯	0	22	0.33	27	0.52	36	0.64	18
蒙古国	−0.03	23	0.40	19	0.65	8	0.56	25
科威特	−0.11	24	0.35	24	0.59	19	0.53	30
土耳其	−0.11	25	0.28	33	0.61	18	0.55	27
哈萨克斯坦	−0.21	26	0.29	32	0.54	29	0.63	19
黎巴嫩	−0.34	27	0.17	40	0.64	10	0.52	32
白俄罗斯	−0.35	28	0.21	34	0.56	25	0.55	28
俄罗斯	−0.37	29	0.20	37	0.52	35	0.58	22
阿塞拜疆	−0.38	30	0.19	38	0.46	40	0.59	21
泰国	−0.4	31	0.33	26	0.58	22	0.38	40
斯里兰卡	−0.41	32	0.37	22	0.40	43	0.47	35
埃及	−0.42	33	0.14	43	0.33	44	0.66	16
印度尼西亚	−0.45	34	0.36	23	0.53	31	0.38	41

续表

国家	投资环境		政治环境		经济条件		市场管制	
	得分	排名	得分	排名	得分	排名	得分	排名
菲律宾	−0.48	35	0.32	29	0.55	27	0.47	34
摩尔多瓦	−0.49	36	0.30	30	0.50	37	0.43	36
越南	−0.5	37	0.30	31	0.58	20	0.41	38
乌克兰	−0.53	38	0.21	35	0.43	41	0.41	39
吉尔吉斯斯坦	−0.54	39	0.20	36	0.42	42	0.64	17
印度	−0.56	40	0.38	21	0.55	28	0.29	43
巴基斯坦	−0.79	41	0.13	44	0.47	39	0.51	33
老挝	−0.83	42	0.17	39	0.63	14	0.26	44
孟加拉国	−0.85	43	0.16	42	0.54	30	0.42	37
柬埔寨	−0.91	44	0.16	41	0.57	24	0.37	42

（二）东道国投资环境对中国企业对外投资决策的影响

1. 总体影响

首先，通过计量方法估计"一带一路"沿线国家的投资环境综合得分、分类指标得分与中国企业对应的对外直接投资额之间的关系（见表 8 − 5）。

表 8 − 5　　　　　　　　变量描述性统计结果

变量名	平均值	标准差	最小值	最大值
$\ln OFDI$	8.66	2.56	0	13.86
$ENVI$	−0.0002	0.56	−1.39	1.60
$\ln Politic$	−0.95	0.50	−2.30	−0.06
$\ln Economic$	−0.68	0.23	−1.39	−0.13
$\ln Freedom$	−0.66	0.34	−2.04	−0.02
$\ln Resource$	2.73	1.33	−2.53	4.58

续表

变量名	平均值	标准差	最小值	最大值
ln*Market*	25.23	1.46	22.27	28.61
ln*Labor*	4.23	0.079	4.046	4.46
ln*Tech*	0.39	1.97	-4.6	3.77
ln*Infrast*	1.82	1.41	-3.51	3.51
ln*Trade*	13.26	1.71	8.91	16.32

从总体样本的回归结果看,在核心解释变量方面,东道国投资环境综合情况与中国企业直接投资概率呈显著负相关,但不影响投资规模(模型8-1),东道国政治环境与投资概率和投资规模呈显著负相关(模型8-2),经济条件和市场管制均会正向影响中国企业投资概率和投资规模(模型8-3、模型8-4)。在控制变量方面,东道国的自然资源禀赋、技术水平、基础设施状况对中国企业对外直接投资规模均有稳定的影响,在所有模型中系数都显著,市场规模和劳动力禀赋的作用不稳定,在个别模型中系数不显著。据此可以得出的结论是:

(1)在不同投资阶段,东道国投资环境对中国企业投资决策的影响不同。在进入决策阶段,中国企业对"一带一路"沿线国家投资时倾向于投资环境尤其是政治环境较差的国家,具有"制度风险偏好"(Buckley 等,2007;Kolstad & Wiig,2012)。在投资规模决策阶段,企业会更加关注东道国的经济条件和市场管制力度,政治环境的负作用与经济条件、市场管制的正向作用相抵消,导致东道国整体投资环境对投资规模的作用不显著。

(2)在投资动机方面,中国对"一带一路"沿线国家的投资以寻求自然资源、扩张市场和提供基础设施为主。根据美国传统基金会对中国1亿美元对外投资项目的统计,在产业分布方面,能源、交通运输和信息技术是中国对"一带一路"相关国家直接投资较为重要的产业领域。2013~2018年,中国对"一带一路"沿线国家超过1亿美元的投资项目共计2 399.1亿美元,能源、交通运输和信息技术行业共计1 615.6亿美元,占总额的67.4%[①]。

---

① 美国传统基金会"中国全球投资跟踪"数据库(China Global Investment Tracker),https://www.aei.org/china-global-investment-tracker/.

对于中国企业呈现出的"政治风险偏好"特征，其背后可能有几方面的原因：第一，投资动机驱动。本书的实证结果验证了中国企业对"一带一路"沿线国家的直接投资以寻求自然资源和提供基础设施为主。有学者指出由于资源开发过程中存在较大的寻租空间，资源型国家通常制度环境较差，腐败情况严重（Robinson et al.，2006）。基础设施缺口较大的国家通常社会发展落后，政治法律制度建设不完善。在这种情况下，中国企业在强烈的自然资源需求和基建输出的驱动下，会提高对东道国投资环境的容忍度。第二，投资主体因素。数据显示，中方在"一带一路"沿线的投资以国有企业尤其是大型央企为主体。和民营企业相比，国有企业更有可能获得政府关于对外投资的审批以及有利的政策支持，具备更强的抗风险能力（陈兆源，2016）。同时国有企业还肩负着国家战略任务，更加重视长期利益，因此更能包容短期内东道国在投资环境方面的劣势。第三，制度相似性因素。由于中国与沿线大多数发展中国家在制度尤其是政治制度方面存在较大的相似性，中国企业能够很好地在市场经济制度并不完善的国家与当地政府打交道，拥有非市场优势。艾泽曼和斯皮格尔（Aizenman J. & Spiegel M. M.，2006）指出，新兴市场跨国公司在高风险发展中国家投资时拥有应对不完善制度环境的经验，有较强的关系能力和较低的适应成本（见表 8 - 6）。

表 8 - 6 东道国投资环境对中国企业对外直接投资决策的总体影响（Heckman 两阶段模型）

变量	模型 1	模型 2	模型 3	模型 4
选择方程：$OFDI\_D$				
$envi$	- 0. 259 ** (0. 102)			
$lnpolitic$		- 0. 541 *** (0. 129)		
$lneconomic$			0. 221 ** (0. 103)	

续表

变量	模型 1	模型 2	模型 3	模型 4
ln*freedom*				0.092 * (0.0474)
L. OFDI_D	0.901 *** (0.170)	0.976 *** (0.188)	0.775 *** (0.147)	0.812 *** (0.146)
ln*trade*	0.423 *** (0.0631)	0.521 *** (0.0871)	0.399 *** (0.0646)	0.388 *** (0.0687)
Constant	−6.497 *** (0.934)	−4.834 *** (0.774)	−5.772 *** (0.960)	−6.010 *** (1.036)
LM 检验 P 值	0.0000	0.0000	0.0000	0.0000
样本量	358	358	358	358
回归方程：ln*OFDI*				
envi	0.157 (0.413)			
ln*politic*		−1.576 *** (0.457)		
ln*economic*			2.812 *** (0.756)	
ln*freedom*				1.401 *** (0.462)
ln*resource*	0.831 *** (0.273)	0.712 *** (0.108)	0.784 ** (0.366)	0.947 ** (0.451)
ln*market*	0.406 *** (0.116)	0.306 *** (0.0827)	0.289 *** (0.0787)	0.313 *** (0.0716)
ln*labor*	0.195 ** (0.0890)	0.202 (0.273)	0.207 ** (0.0967)	0.103 (0.111)
ln*tech*	0.193 ** (0.0950)	0.313 *** (0.0852)	0.471 (0.779)	0.201 * (0.103)

续表

变量	模型 1	模型 2	模型 3	模型 4
ln*infras*	−0.765 *** (0.135)	−0.603 *** (0.113)	−0.731 *** (0.124)	−0.839 *** (0.123)
Constant	−10.79 ** (5.28)	−20.57 *** (5.78)	−9.977 (9.412)	−14.26 ** (6.859)
样本量	358	358	358	358

注：***、** 和 * 分别表示在 1%、5% 和 10% 的水平上显著；括号内为标准差；LM 检验的 P 值表明存在样本选择偏差，需要使用 Heckman 两阶段模型（下同）。

2. 异质性影响

总体回归结果表明"一带一路"沿线国家的投资环境与中国企业对外直接投资规模没有显著关系，一方面是因为分类指标作用的相互抵消，另一方面也可能来源于国别差异。由于"一带一路"建设横跨亚欧非三大洲，沿线国家国情差异较大，中国企业在不同国家进行投资时所持动机和考虑的因素都存在差异，导致从整体上看，东道国投资环境对中国企业投资规模的影响不明显。

为了进一步探究沿线国家投资环境对中国企业投资规模的影响是否存在国别差异，本书根据投资环境的优劣，将 44 个样本国家分为高风险组（投资环境综合得分普遍低于平均水平）和低风险组（投资环境综合得分普遍高于平均水平），每组正好都包含 22 个国家。同样采用 Heckman 两阶段模型（见表 8 −7）。

表 8 −7　　　东道国投资环境对中国企业对外直接投资规模的影响——
基于国别差异（Heckman 两阶段模型）

变量	投资环境		政治环境		经济条件		市场管制	
	高风险	低风险	高风险	低风险	高风险	低风险	高风险	低风险
envi	−1.248 *** (0.346)	2.125 *** (0.744)						

续表

变量	投资环境		政治环境		经济条件		市场管制	
	高风险	低风险	高风险	低风险	高风险	低风险	高风险	低风险
lpolitic			-1.411***(0.356)	-1.328(1.299)				
leconomic					1.878**(0.907)	6.838***(1.173)		
lfreedom							1.705**(0.831)	5.154***(1.144)
lresource	1.066***(0.298)	0.384*(0.209)	0.744**(0.311)	0.235(0.324)	1.031***(0.279)	0.242*(0.124)	0.933***(0.274)	0.291*(0.142)
lmarket	0.249*(0.129)	0.881***(0.227)	0.260**(0.121)	0.951***(0.224)	0.304***(0.0546)	0.778***(0.212)	0.481***(0.110)	0.969***(0.219)
llabor	0.250*(0.128)	-1.636(3.345)	0.179**(0.0865)	3.608(3.630)	0.237*(0.122)	-2.174(2.907)	0.399(0.306)	-0.413**(0.199)
ltech	0.0749(0.103)	0.294*(0.158)	0.143(0.101)	0.460***(0.168)	0.100(0.078)	0.557***(0.143)	0.155(0.142)	0.316**(0.150)
linfras	-1.229***(0.415)	0.239(0.361)	-0.819***(0.309)	0.521(0.340)	-0.421***(0.115)	-0.0924(0.316)	-0.671***(0.116)	0.148(0.320)
Constant	18.54(15.78)	-11.87(13.50)	11.46(12.37)	-35.66**(15.33)	18.17(13.97)	-19.80(20.18)	16.94(13.03)	-16.94(12.32)
LM 检验P 值	0.0001	0.0021	0.0008	0.0007	0.0001	0.0014	0.0002	0.0039
样本量	182	176	182	176	182	176	182	176

首先，从投资类型看，中国企业的投资动机存在明显的国别差异。在投资环境较差、风险较高的国家，中国企业的主要投资目的是寻求自然资源和提供基础设施。而在投资环境较好的国家，市场寻求型、技术寻求型 OFDI 占多数。这一结论也符合经济逻辑，拓展市场的前提是需要稳定的宏观环境，只有在各项制度相对完善的国家，才能保障企业正常开展销售活动。较高的

技术水平能为中国企业的"顺梯度投资"提供技术学习空间。基础设施缺口越大表明中国提供基础设施的市场规模越大。

也正是因为企业投资动机的差异，导致东道国投资环境对中国企业投资规模的影响方向与程度不一致。总体上看，当东道国投资环境较差时，投资环境与中国企业投资规模呈显著的负相关关系；而当东道国投资环境较好时，投资环境与中国企业投资规模表现为显著的正相关关系。在影响程度上，和低风险国家相比，高风险国家政治环境对中国企业 OFDI 的影响更强，经济条件和市场管制影响更弱。对这一现象可能的解释是：对资源需求型和基础设施建设类投资而言，企业主要考量的是当地的自然资源禀赋和基建需求，对市场因素的依赖度较小。对市场拓展类投资而言，东道国消费市场的规模和增长潜力对企业投资收益的影响更大，东道国对市场的管制决定了企业所承担的制度性成本。对技术寻求类投资而言，由于技术对经济发展至关重要，很多国家为了保持自己的技术优势，通常会采取技术封锁，所以技术寻求型 OFDI 更倾向于市场自由度和开放度较高的国家。

3. 动态变化

随着国内产业结构的调整以及对外投资经验的丰富，我国企业对外直接投资的投资动机和区位选择也在不断调整（裴秋蕊、卢进勇，2019），东道国投资环境与中国企业投资规模之间的关系也会随之变动。为探究其中的动态变化尤其是在"一带一路"倡议提出之后，包括沿线国家投资环境和资源禀赋、市场规模等在内的众多关键因素如何影响我国企业投资决策，本书进行了分样本检验，对比"一带一路"倡议提出前后，东道国投资环境以及其他关键因素与中国企业投资规模之间的关系。实证结果表明在"一带一路"倡议提出前后，中国企业在沿线国家的投资行为发生几点显著变化：

（1）东道国整体投资环境对中国企业对外投资规模的影响由负转正，政治环境对企业投资规模的影响略微减弱，国内企业对东道国经济条件和市场管制的关注度明显提高。一方面，随着时间的推移，国内企业对外投资经验日趋丰富，风险意识增强，开始重视东道国经济条件和市场管制力度对企业投资效益的影响，注重投资质量方面的提升。另一方面，随着"一带一路"

倡议的推进,中国不断深化与沿线各国的投资合作领域,不再局限于传统的资源型行业,对政治环境的依赖度降低,更加注重通过市场化的方式与各国开展合作。

(2)"一带一路"倡议提出之后,市场扩张、技术学习(输出)以及提供基础设施的对外投资显著增加,资源寻求型投资逐渐减少。共建基础设施作为"一带一路"倡议合作的重点内容,既能满足沿线国家对经济发展尤其是高质量基础设施的强烈诉求,又能有效地缓解我国产能过剩的压力,为我国供给侧结构性改革提供时间窗口(陈甬军等,2019)。除了提供基础设施建设服务,中国也在向沿线国家转移先进的科技创新成果。《共建"一带一路"倡议:进展、贡献与展望》报告指出,"目前中国与沿线国家已签署46个科技合作协定,共建5个区域技术转移平台。并在推动北斗导航系统、卫星通信系统和卫星气象遥感技术三项技术服务于沿线国家建设。"同时,"丝绸之路经济带"作为"一带一路"中的"一带",连接着活跃的亚太经济圈和发达的欧洲经济圈,也为我国企业通过联合建设向欧洲企业学习先进技术架起了一座稳固的桥梁。

根据以上的分析,本书认为国内企业并未因政策红利而降低风险意识,出现"制度风险偏好"强化的问题。相反,我们可以看到在"一带一路"倡议提出之后,国内企业对东道国的经济条件和市场管制力度更为关注,充分说明了国内企业在进行对外经济合作时,市场导向、合规经营意识加强。这一结论有力地驳斥了一部分人提出的地缘政治论,也缓解了少数研究者对"'一带一路'被项目化"的担忧(见表8-8)。

表8-8　　　　东道国投资环境对中国企业对外直接投资规模的
影响——基于动态变化(Heckman两阶段模型)

变量	投资环境		政治环境		经济条件		市场管制	
	前	后	前	后	前	后	前	后
envi	−1.945 ** (0.939)	0.350 (0.321)						

变量	投资环境		政治环境		经济条件		市场管制	
	前	后	前	后	前	后	前	后
lpolitic			− 1.791 *** (0.481)	− 1.217 ** (0.593)				
leconomic					0.776 *** (0.177)	3.198 *** (0.243)		
lfreedom							1.489 ** (0.719)	6.678 *** (1.528)
lresource	0.680 *** (0.127)	0.578 *** (0.150)	0.675 *** (0.134)	0.586 *** (0.144)	0.674 *** (0.132)	0.448 *** (0.040)	0.793 *** (0.130)	0.668 *** (0.153)
lmarket	0.134 *** (0.0138)	0.203 *** (0.0268)	0.110 ** (0.0523)	0.336 *** (0.0875)	0.135 * (0.0699)	0.399 *** (0.0273)	0.189 ** (0.900)	0.401 *** (0.0601)
llabor	0.108 (0.0931)	0.427 ** (0.206)	0.0957 (0.0736)	0.630 *** (0.109)	0.192 (0.147)	0.587 (0.538)	0.269 (0.207)	0.636 ** (0.307)
ltech	0.308 (0.427)	0.931 *** (0.158)	0.588 *** (0.194)	0.826 *** (0.189)	0.138 ** (0.0667)	0.961 *** (0.215)	0.196 ** (0.0947)	1.288 *** (0.222)
linfras	− 0.702 *** (0.113)	− 1.106 *** (0.179)	− 0.513 ** (0.248)	− 0.927 *** (0.142)	− 0.726 *** (0.166)	− 1.212 *** (0.177)	− 1.001 *** (0.229)	− 1.899 *** (0.107)
Constant	− 30.88 *** (5.269)	− 28.32 (26.72)	− 48.92 *** (8.434)	− 31.97 *** (7.315)	− 45.27 *** (14.08)	− 20.88 (16.06)	− 50.48 *** (12.01)	− 29.89 ** (14.44)
LM 检验 P 值	0.0018	0.0009	0.0015	0.0003	0.0000	0.0007	0.0002	0.0008
样本量	159	158	159	158	159	158	159	158

4. 稳健性检验

本书采用改变估计方法和替换变量衡量指标两种方法进行稳健性检验。首先选用常规的面板数据估计方法作为替换方法。根据 F 检验、LM 检验和 Hausman 检验的结果，最终选择随机效应模型。对于样本期内个别投资流量为负数①的问题,本书参考巴斯和赫费克(Busse and Hefeker,2007)的方法,通过公式 $\ln\left[OFDI_{it}+(OFDI_{it}^2+1)^{\frac{1}{2}}\right]$ 进行替换。总体回归结果表明(见表8-9),总体而言,东道国投资环境整体状况与中国企业直接投资规模没有显著关系,政治环境与中国企业直接投资规模呈明显的负相关关系,经济条件和市场管制与中国企业投资规模呈正相关。这一点与前面结论一致。东道国的自然资源禀赋、市场规模、基础设施状况对中国企业对外直接投资规模有显著的影响,技术水平和劳动力禀赋的作用并不稳定,这一结论与Heckman两阶段模型的估计结果吻合。

表8-9   东道国投资环境对中国企业投资规模的总体影响(随机效应模型)

变量	投资环境	政治环境	经济条件	市场管制
envi	−0.396 (0.363)			
lnpolitic		−3.217*** (0.801)		
lneconomic			0.570** (0.275)	
lnfreedom				0.388* (0.200)
lnresource	0.409* (0.211)	0.582*** (0.192)	0.878* (0.452)	0.679* (0.348)
lnmarket	0.201*** (0.0761)	0.405*** (0.0728)	0.626*** (0.207)	0.701*** (0.191)
lnlabor	0.201 (0.231)	0.316 (0.298)	0.399*** (0.107)	0.307* (0.161)
lntech	0.379* (0.196)	0.776** (0.374)	0.219 (0.168)	0.426 (0.347)

① 负值的出现说明当年投资收回额大于对外投资额,也可能是因为统计数据的调整。

变量	投资环境	政治环境	经济条件	市场管制
ln*infras*	− 0. 915 ** (0. 442)	− 0. 836 ** (0. 403)	− 1. 196 *** (0. 215)	− 0. 963 *** (0. 220)
Constant	− 39. 78 * (20. 51)	− 48. 26 ** (23. 31)	− 36. 76 * (18. 94)	− 34. 01 ** (16. 42)
样本量	320	320	320	320
年份	固定	固定	固定	固定
R − sq	0. 1813	0. 2520	0. 2002	0. 1978

其次,本书将劳动力禀赋、技术水平的测算指标替换为总劳动力人数、高科技产品出口占比,利用 Heckman 两阶段模型进行稳健性检验。得到的结论与前文基本一致(见表 8 − 10),说明本书的估计结果是稳健的。具体而言,东道国投资环境对中国企业投资决策的影响在不同投资阶段存在差异。在进入决策阶段,中国企业倾向于投资环境尤其是政治环境较差的国家,呈现"风险偏好"。在规模决策阶段,企业对东道国经济条件和市场管制力度的关注度高于政治环境。

表 8 − 10 　　　　东道国投资环境对中国企业投资规模的总体影响

(替换变量)(Hechman 两阶段模型)

变量	模型 5	模型 6	模型 7	模型 8
选择方程: *OFDI_D*				
envi	− 0. 235 ** (0. 137)			
ln*politic*		− 0. 696 *** (0. 102)		
ln*economic*			0. 788 ** (0. 423)	

续表

变量	模型 5	模型 6	模型 7	模型 8
ln*freedom*				0.601 ** (0.323)
L. OFDI_D	0.589 *** (0.137)	0.897 *** (0.193)	0.705 *** (0.101)	0.883 *** (0.210)
ln*trade*	0.313 *** (0.0923)	0.387 *** (0.106)	0.395 *** (0.135)	0.318 *** (0.0916)
Constant	−3.667 *** (0.524)	−4.037 *** (0.577)	−3.957 *** (0.838)	−4.762 *** (0.813)
LM 检验 P 值	0.0000	0.0000	0.0000	0.0000
样本量	352	352	352	352
回归方程：ln*OFDI*				
envi	0.283 (0.259)			
ln*politic*		−1.291 *** (0.220)		
ln*economic*			4.585 *** (0.631)	1.890 *** (0.323)
ln*freedom*				
ln*resource*	0.613 *** (0.113)	0.702 *** (0.192)	0.810 *** (0.121)	0.885 *** (0.187)
ln*market*	0.412 *** (0.121)	0.336 *** (0.0915)	0.291 * (0.156)	0.309 * (0.166)
ln*labor*	0.206 ** (0.110)	0.198 (0.147)	0.211 ** (0.113)	0.204 (0.151)
ln*tech*	0.184 *** (0.0336)	0.302 ** (0.162)	0.398 (0.294)	0.209 ** (0.112)
ln*infras*	−0.623 *** (0.132)	−0.721 *** (0.152)	−0.568 ** (0.245)	−0.796 *** (0.218)

续表

变量	模型 5	模型 6	模型 7	模型 8
Constant	-9.676 (7.167)	-10.87 (6.998)	-8.955** (3.876)	16.16 (11.97)
样本量	352	352	352	352

五、结论与启示

(一) 研究发现

本书系统地构建了投资环境评价体系,从政治环境、经济条件和市场管制三个方面,利用因子分析法对"一带一路"沿线各国的投资环境进行定量评估。在此基础上,利用赫克曼两阶段模型估计东道国投资环境对中国企业投资进入决策和投资规模决策的影响,并探讨这种关系的差异性、动态性。

本章研究有以下几点重要发现:(1)沿线各国的投资环境差异较大。虽然各国每年投资环境的绝对和相对水平都有所变化,但整体而言,高收入国家的投资环境普遍优于中低等收入国家。(2)在不同投资阶段,东道国投资环境对中国企业投资决策的影响不同。在进入决策阶段,中国企业对"一带一路"沿线国家投资时倾向于投资环境尤其是政治环境较差的国家,具有"制度风险偏好"。在投资规模决策阶段,企业会更加关注东道国的经济条件和市场管制力度,东道国整体投资环境对投资规模的作用不显著。(3)东道国投资环境对中国企业投资规模的影响具有明显的国别差异。当东道国投资环境较差时,投资环境与中国企业投资规模呈显著的负相关;而当东道国投资环境较好时,投资环境对中国企业投资规模则表现为正相关。这是因为在不同东道国的投资动机不同。(4)东道国投资环境与中国企业投资规模之间的关系呈现动态变化。随着时间的推移,东道国经济条件和市场管制力度对企业投资规模的影响日趋明显,政治环境的影响力逐渐减弱,侧面反映出"一带一路"倡议提出后,中国企业仍然坚持理性投资,并未因政策红利驱动而降低风险意识,目前不存在个别学者提出的"'一带一路'被项目化"

问题。（5）从投资动机看，一方面，在投资环境较差、风险较高的国家，自然资源寻求型和基础设施输出型 OFDI 占多数，而在投资环境较好的国家，市场和技术寻求型 OFDI 占多数。另一方面，我国与"一带一路"沿线国家的投资合作领域不断扩大，技术学习（输出）和提供基础设施的投资显著增加。

（二）启示和建议

面对投资环境迥异的沿线国家，为推动"一带一路"的高质量建设和企业对外投资效率的提升，企业、社会和国家三方面都需作出努力。一方面，对于投资企业自身而言，需要加强风险防范意识，制定风险管理机制。另一方面，国家和社会需要建立一套系统、完备、有效的海外投资社会服务体系，弥补东道国投资环境的缺位。本书基于风险管理的角度，提出以下几点建议：

（1）开展尽职调查和信息共享。为更好地防范与应对东道国投资环境方面的风险，各投资主体需要综合利用公共信息开展尽职调查，充分了解东道国经济、法律、社会情况，做好风险识别、风险评估、风险控制和风险应对。另外，类似"抱团出海"的投资模式，"抱团风控"的风险管理模式也不失为一种可行的办法。行业协会要充分发挥组织作用，鼓励企业间进行信息共享、经验交流、联合调查，增强单个企业的风险管理能力。

（2）加强高质量智库建设，完善投资风险评估体系。目前无论是在投资企业内部、中介机构还是地方政府或国家层面都存在很多"一带一路"研究中心和服务平台，但资源分散、信息不共享也导致信息质量参差不齐。建议完善现有的国家级信息平台，加强对国际知名智库、行业协会等研究机构研究成果的搜集、整理和加工，全面统计沿线国家政治、经济、金融、社会、市场以及细分行业等方面的数据，定期发布"一带一路"海外投资风险管理的成功和失败案例，为企业进行投资风险管理提供有效的数据和建议。在投资风险评估体系建立方面，建议进一步完善海外投资国家风险评估体系，同时细化信息公开工作，以数据库的形式实时公布和监测国家风险指数。

（3）完善海外投资保险制度。通过保险机制进行风险分散是有效应对投资风险的重要途径，海外投资保险制度是国际投资保护的重要法制之一。相比美国、日本、德国、法国、英国等发达国家，我国海外投资保险制度的发展较为滞后，不能很好地满足现阶段对外投资业务的需求。为充分发挥海外投资保险制度在鼓励资本输出、降低投资损失方面的作用，立法机构需要加快海外投资保险立法工作，从法律层面赋予承保机构代位求偿权。政府一方面需要加大对海外投资保险业务的财政支持力度，提高现有机构的承保能力；另一方面可以加大保险业务的对外开放程度，发挥不同担保机构的优势，推动我国海外投资保险业务的发展。

（4）升级双边投资协定。据商务部统计，截至2018年，我国已与"一带一路"沿线58个国家签订双边投资协定，但现有生效的双边投资协定基本沿用老版本，标准较低、质量不高、针对性较差（杨宏恩等，2016；刘晶，2020）。为适应新的形势，我国应在全面、准确识别投资风险的基础上，推动双边投资协定升级，更新并制定更具针对性的条款。比如，引入"保护伞"条款（刘晶，2020），改革争端解决机制（世界银行，2019）等，并确保双边投资协定的效力，为中国企业"走出去"营造一个公平、公正、稳定的投资环境。

第九章 共建"一带一路"的第三方市场合作效果分析

——以喀麦隆克里比深水港项目和巴基斯坦卡西姆港燃煤电站项目为例

▶**导言**◀

　　"一带一路"倡议的提出为国际经贸合作提供了新平台，为全球经济的增长提供了新引擎。在过去的多年中，中国与沿线国家的经济联系更为紧密、合作关系更为深入，经贸合作取得了重大进展和显著成效。然而，沿线大多数国家有着不完善的基础设施、复杂的营商环境和很大的资金缺口，各方在合作过程中需要克服极大的困难。对于"一带一路"建设中存在的各种问题，需要充分调用各方资源，建立和完善更加广泛和多层次的联合发展合作的创新机制。第三方市场合作就是在这种情况下出现的，这是中国在"一带一路"背景下开创的新型国际经贸合作模式，它能有效地将中国的优势生产能力与发达国家或跨国公司的高端技术和先进理念结合，进而与发展中国家的发展需求进行有效匹配，各方优势可以相互协调并得到充分发挥，实现互利共赢。第三方市场合作是下一步高质量共建"一带一路"的重要环节，这对启发欧美、日韩等发达国家参与到"一带一路"建设中来，推进构建人类命运共同体具有积极意义。

　　当前，国内外学界对第三方市场合作的研究还处于起步阶段，研究文献较少，大多研究都停留在合作前景、潜在问题和政策建议的总结概述上，并没有对具体的合作项目进行分析总结，也没有对合作各方的优势进行比较分析。因此，本研究问题的贡献在于在已有研究成果的基础上，完善对第三方市场合作内涵和模式的阐述，并通过对具体项目的深入分析，论证第三方市场合作对各方的效用，探讨第三方市场合作可能面临的问题，并给出政策建议，从而丰富第三方市场合作的研究成果。此外，第三方市场合作已经确定了关键的产业和领域，但总体上还处于初步探索阶段，成熟的合作机制还没有形成。通过对第三方市场合作的典型项目——喀麦隆克里比深水港项目和巴基斯塔卡西姆港燃煤电站项目进行深入分析，探讨第三方市场合作中可能面临的问题，提炼经验，并为合作机制的建设提出建议，为后续"一带一路"框架下第三方市场合作的开展提供有益的借鉴。

探索共建"一带一路"的第三方市场合作效果，前提是了解第三方市场合作的提出背景，即"一带一路"的概念、理论和进展。"一带一路"的定义是三位一体的，它既是倡议，又是战略，也是项目。通过中国与亚洲国家合作双赢的基本模型和中、亚、欧、非各国多边共赢的拓展模型阐释了"一带一路"的经济本质。然后对第三方市场合作这一概念的内涵和外延进行更加明确的界定，第三方市场合作以平等协商，互利共赢，互补互利，开放包容为原则，企业主导，政府推动，将中国的优势生产能力与发达国家的高端技术、先进理念和资金相结合，有效匹配广大发展中国家的发展需求，使得各方优势可以相互协调并得到充分发挥，共同促进第三国工业的发展、基础设施水平的完善和民生的改善，达到各方利益共同发展的结果。然后，对第三方市场合作的发展现状和最新进展进行了整理和分析。在此基础上，以中法合作的喀麦隆克里比深水港项目和中卡合作的巴基斯坦卡西姆港燃煤电站两个典型项目为例，对项目过程和取得成效进行简要介绍，分析第三方市场合作这种新模式在其中起到的作用，同时对合作中遇到的问题以及合作经验与对策进行阐述。在此基础上，探讨第三方市场合作面临的诸多挑战，并给出政策建议。具体来说，营商环境复杂、相关国家债务负担与违约风险、利益分配易出现摩擦以及知识产权保护领域存在不信任等都对第三方市场合作造成了阻力。因此，建立和完善数据共享平台、创新和拓宽投融资渠道、建立公开透明的项目建设信息发布机制、引进第三方组织参加评估第三方国家债务可持续性，是实现第三方市场合作可持续发展的重要保障。

本章将在梳理和讨论第三方市场合作理论的基础上，进一步对典型项目进行研究，分析第三方市场合作在其中起到的作用，以及合作中出现的问题。在此基础上，探讨第三方市场合作面临的挑战，并给出实际可行的建议。

一、第三方市场合作的提出

"一带一路"倡议的提出，为促进世界经贸合作往来提供了全新平台，为世界经济迎来新的增长点打开了发展空间。多年来，中国与沿线国家在区域经贸合作上取得了一些重大进展，经济领域联系更加紧密、合作更加深化。截至 2021 年 1 月 30 日，中国已与 140 个国家、地区和 31 个国际组织，签署了 205 份共建"一带一路"合作文件①。2013~2019 年，中国与"一带一路"沿线国家货物贸易进出口总额从 1.04 万亿美元增至 1.34 万亿美元，实现非金融类直接投资累计超过 1 000 亿美元，年均增长 4.4%②。

"一带一路"建设已经取得重要进展和显著成效，但是随着"一带一路"的进一步推进，各方在合作中遇到的具体问题需要得到更好的解决，如沿线大多数国家有着不完善的基础设施、复杂的营商环境和很大的资金缺口，各方在合作过程中需要克服极大的困难，这就需要充分调用各方资源，创立和完善更加广泛和多层次的联合发展合作机制。

---

① 中华人民共和国商务部. 中国已与 138 个国家、31 个国际组织签署 201 份共建一带一路合作文件，http://www.mofcom.gov.cn/article/i/jyjl/j/202011/20201103016788.shtml.

② 中华人民共和国商务部. 中国"一带一路"贸易投资发展报告 2020 发布"一带一路"倡议七周年　高质量共建持续推进，http://fec.mofcom.cn/article/fwydyl/zgzx/202009/20200903000037.shtml.

(一) 第三方市场合作提出的背景

第三方市场合作就是上述在这一背景下应运而生。这是中国在共建"一带一路"的发展过程中开创的国际合作新模式,它能有效地将中国的优势生产能力与发达国家或跨国公司的高端技术和先进理念结合,进而与发展中国家的发展需求进行有效匹配,各方优势可以相互协调并得到充分发挥,实现互利共赢,共同促进第三国工业的发展、基础设施水平的完善和民生的改善。

国家"十四五"规划中指出,推动共建"一带一路"高质量发展,坚持共商共建共享原则,秉持绿色、开放、廉洁理念,深化务实合作,加强安全保障,促进共同发展,推进基础设施互联互通,拓展第三方市场合作①。目前,进入了高质量共建"一带一路"的发展新阶段,第三方市场合作将成为共建"一带一路"高质量发展的关键环节,对启发欧美、日韩等国加入"一带一路"建设中来,推进构建人类命运共同体具有积极意义。

(二) 第三方市场合作的现实意义

当前,第三方市场合作已经确定了重点合作产业和地区,但总体上处于初期探索阶段,成熟的合作机制还没有形成。本章通过对第三方市场合作的典型项目——喀麦隆克里比深水港项目和巴基斯坦卡西姆港燃煤电站项目进行深入分析,探讨第三方市场合作中可能面临的问题,提炼经验,并为合作机制的建设提出建议,为后续共建"一带一路"第三方市场合作的开展提供有益的借鉴。

《中华人民共和国政府和法兰西共和国政府关于第三方市场合作的联合声明》(2015)(以下简称《联合声明》)的签署标志着第三方市场合作作为一种新型国际合作模式正式确立下来。《联合声明》明确了第三方市场合作应当遵循企业主导,政府推动;平等协商,互利共赢;互补、互利、开放、包容的基本原则。《联合声明》也拟定了双方开展合作的领域,具体包括基

---

① 中华人民共和国中央人民政府. 中共中央关于制定国民经济和社会发展第十四个五年规划和二〇三五年远景目标的建议. http://www.gov.cn/zhengce/2020-11/03/content_5556991.htm.

础设施和能源、航空、交通、农业、卫生、气候和金融保险行业。此外，双方政府认为应重视发挥多双边对话合作机制作用，与联合国、国际货币基金组织、世界银行等国际组织和各区域多边开发银行，特别是亚洲基础设施投资银行的对接和协调，共同参与在第三方市场的合作项目①。2019 年的政府工作报告中首次提出"拓展第三方市场合作"，"第三方市场合作"由此成为推进"一带一路"建设的重要路径。

　　总的来说，第三方市场合作作为一种新型国际合作模式，是高质量共建"一带一路"的重要环节，对促进国际经贸合作、共同发展具有重要意义。第三方市场合作可在广泛的领域通过多种合作模式进行，前景十分广阔，但挑战也是并存的。但是具体来看，关于第三方市场合作的研究大多聚焦在比较宏观的建议层面，结合案例对第三方市场合作中遇到的实际困难及解决措施的研究较少。因此，本章通过对具体项目的深入分析，论证第三方市场合作的效用，探讨第三方市场合作可能面临的问题，并给出政策建议，从而丰富第三方市场合作的研究成果。

二、第三方市场合作的理论

（一）第三方市场合作的内涵

　　关于第三方市场合作的定义，目前学术界还未有权威界定，相关研究大多援引官方文件。2015 年 6 月中国与法国共同发表的《中法关于第三方市场合作的联合声明》中首次提出第三方市场合作的概念，声明指出第三方市场合作是在坚持平等协商，互利共赢，互补互利，开放包容原则的基础上，由企业主导，政府推动，将中国中端制造能力同发达国家高端技术、先进理念结合起来，为第三国提供高水平、高性价比、更具竞争力的产品和服务，实

---

① 中华人民共和国政府和法兰西共和国政府关于第三方市场合作的联合声明［EB/OL］. 新华网，http://www.xinhuanet.com/world/2015-07/01/c_1115787201.htm.

现"1＋1＋1＞3""三方共赢"的新型"北—南—南"合作模式①。

2019 年 9 月，国家发展和改革委员会发布的《第三方市场合作指南和案例》明确指出，"第三方市场合作是指中国企业（含金融企业）与有关国家企业共同在第三方市场开展经济合作。作为开放包容的国际合作模式，第三方市场合作有助于中国企业和各国企业优势互补，共同推动第三国产业发展、基础设施水平提升和民生改善，实现 1＋1＋1＞3 的效果"②。

也有学者对第三方市场合作做了进一步的说明。一方面，中国在中端设备制造和产能上具有比较优势，但一直处于全球价值链的中下游，在经济由高速增长转变为高质量发展的大背景下，产业结构升级，由全球产业链中低端进入高端领域是发展的重要方向。另一方面，发达国家在先进技术、核心装备、先进管理理念等方面具有比较优势，但普遍存在产业空心化、海外市场需求不足等问题，自身发展动力不足，经济增长面临压力。同时，大多数发展中国家正处于工业化初期，需要对基础设施进行建设和完善、发展工业和推进城市化进程，但技术水平和资金实力不足。第三方市场合作使发达国家的高端技术和中国优越的生产能力互为补充，也满足了发展中国家的发展需求，可以充分释放中国和合作伙伴的优势，实现多边共赢。

从上述官方文件和过去的研究中可以看出，第三方市场合作是共建"一带一路"的新型国际合作模式，有关国家企业主要是指发达国家的企业或跨国公司，第三方市场主要是指非洲、东南亚等发展中国家的市场，第三方市场合作的基础是"优势互补"，理念是"平等协商，开放包容"，方式是"企业主导"，目标是"三方共赢"，这与"一带一路"的"共商、共建、共享"理念高度一致。

（二）第三方市场合作应用的理论原则

第三方市场合作是"一带一路"框架下的新型国际合作模式，属于国际

---

① 中华人民共和国政府和法兰西共和国政府关于第三方市场合作的联合声明［EB/OL］. 中国政府网，http：//www. gov. cn/xinwen/2015 – 07/01/content_2888266. htm.

② 第三方市场合作指南和案例［EB/OL］. 国家发展和改革委员会官网，https：//www. ndrc. gov. cn/fzggw/jgsj/wzs/sjjdt/201909/t20190904_1037022. html.

经济合作的讨论范畴，本部分主要从经济角度主要以国际合作中主流的比较优势理论、规模经济理论和逆向技术溢出效应对第三方市场合作的经济内涵进行分析。

1. 比较优势理论

比较优势理论认为，国际贸易能够产生的原因是不同国家在生产不同产品上存在比较优势，如果一国在生产某种产品上具有更低的机会成本，那么该国在生产这种产品上就具有比较优势。比较优势理论起源于对双边贸易的研究，但在后续研究中已拓展至多边领域的范畴。第三方市场合作本质上就是实现各国生产能力、技术能力、融资能力以及市场空间上的优势互补，充分利用中国在基础设施和中端制造领域的比较优势，发达国家和跨国公司在高端技术、先进管理上的比较优势为广大发展中国家提供更加优质的产品和服务，同时第三方国家也能发挥其在劳动力供给、产品销售渠道等方面的比较优势。因此，第三方市场合作的"优势互补"从根本上来说就是各国比较优势的结合。

以中日计划合作建设泰国东部经济走廊项目为例，中日两国将以泰国东部经济走廊发展需要为前提，重点改善该区域交通设施、能源资源、智慧城市等领域环境，中国在基础设施建设、中端设备制造方面极具竞争力，日本在高端技术、工程管理等领域处于领先地位，显然，双方存在着各自的比较优势，且两国的比较优势相对于第三国来说仍然存在，同时中国开放战略及第三方市场合作与泰国"4.0"战略高度契合，这就成为三方务实合作的坚实基础。

2. 规模经济理论

规模经济理论的含义是，当一个公司同类产品的绝对数量在一定时期内有所上升，其单位成本就会有所下降，也就是说，扩大其经营规模就能够减少平均成本，从而促进其利润率水平的上升。基于该理论，企业有不断扩大经营规模以获取更大市场份额的动机。然而，规模经济是有边界的，当生产规模扩张到一定程度时，由于市场份额、交易成本、协调成本等制约因素，扩大经营反而会给企业带来规模不经济，出现规模扩大但单位生产成本增加的情况。经济全球化的进程使不同国家市场之间的界限不断模糊，拓展海外市场成为企业延伸规模经济边界的有效方式。

以中国和多数欧洲国家为例，由于国内需求日益饱和，规模经济逐渐转变为规模不经济，双方都有很强的动机去开拓海外市场从而获取更大的市场份额，甚至通过在他国进行基础设施建设的方式为该国经济长足的发展增添动力，从而为自身的规模经济生产提供广阔空间。中欧采取第三方市场合作的方式能够充分发挥双方的特定优势，为第三国提供高水平、高性价比和更具竞争力的产品和服务，进而在第三国市场获取更大的市场份额，扩大规模经济的边界，为各方经济发展增添新的增长引擎。

3. 逆向技术溢出效应

逆向技术溢出效应是指以寻求技术为目的的外国直接投资对投资企业产生的技术外溢效应。投资企业通过外国投资项目吸引和学习东道国的相关先进技术，同时投资企业寻求技术投资所带来的国内技术领先地位将加速行业整体创新和学习，从而提高技术水平和研发能力，甚至促进母国产业结构的优化升级。这种现象主要发生在发展中国家的跨国公司在发达国家的外国投资行为中。

在原有的对外投资模式中，发展中国家为了寻求先进技术，一般会选择产业技术水平较高的国家作为东道国，通过投资并购等方式获取当地技术。但选择将高技术水平的发达国家作为东道国进行投资存在诸多问题，这些国家市场往往具有劳动力成本高、市场较为饱和、同业竞争激烈等特征，同时受地理、政治、文化等因素的制约，技术寻求型的对外投资活动往往面临多重困境。如今中国的产业结构已实现了较大调整和突破，要想取得进一步的技术溢出，助力产业结构的优化升级，应积极探索更加多元的合作模式。第三方市场合作为技术寻求开辟了一条新的路径，技术寻求型投资活动在东道国的选择上出现了更多的可能性，在第三方市场上的合作，供给方两国之间的紧密合作必然会带来一部分技术溢出，同时参与国还能享受到东道国较低的劳动力成本和广阔的市场份额，新的合作模式势必会带来更多投资合作的可能。同时,如何有效保护知识产权并合理利用国际经济合作中的技术溢出使之惠及更多国家,也是第三方市场合作未来应当关注的问题。

三、第三方市场合作的实践

(一)第三方市场合作的实践进展

近些年,在共建"一带一路"的过程中,中国积极与有关国家进行第三方市场合作,取得了重要的进展,系统化和多元化的合作格局正在逐步形成。到 2019 年 6 月,中国已经与法国、意大利、英国、德国、日本、韩国等 14 个国家建立了第三方市场合作机制,项目所在国涉及许多发展中国家,包括约旦、印度尼西亚、秘鲁、黎巴嫩、莫桑比克、埃塞俄比亚等。以举办论坛、和有关国家构建经济对话和建立工作组等途径为企业建立合作平台,逐步形成了与有关国家的合作共识以及合作机制。同时,中国还设立了第三方市场共同投资基金,为企业开展项目合作和共同投资提供资金支持。表 9-1 显示了中国和相关国家签署的第三方市场合作文件以及已建立的合作平台。

表 9-1   中国所签署的第三方市场合作相关文件

国家	签署文件	合作平台
中国—澳大利亚	《关于开展第三方市场合作的谅解备忘录》	中澳战略经济对话
中国—奥地利	《关于开展第三方市场合作的谅解备忘录》	中奥第三方市场合作工作组
		中奥第三方市场合作论坛
中国—比利时	《关于在第三方市场发展伙伴关系与合作的谅解备忘录》	—
中国—加拿大	《关于开展第三方市场合作的联合声明》	—
中国—法国	《关于第三方市场合作的联合声明》《中法第三方市场合作示范项目清单》	中法第三方市场合作指导委员会
		中法第三方市场合作论坛
		中法第三方市场合作基金

续表

国家	签署文件	合作平台
中国—意大利	《关于开展第三方市场合作的谅解备忘录》	中意第三方市场合作论坛
		中意第三方市场合作工作组
中国—日本	《关于中日企业开展第三方市场合作的备忘录》	中日第三方市场合作论坛
		中日第三方市场合作工作机制
中国—荷兰	《关于加强第三方市场合作的谅解备忘录》	—
中国—葡萄牙	《关于加强第三方市场合作的谅解备忘录》	中葡第三方市场合作工作组
中国—韩国	《关于开展第三方市场合作的谅解备忘录》	中韩共同开拓第三方市场联合工作组
中国—新加坡	《关于开展第三方市场合作的谅解备忘录》《关于加强中新第三方市场合作实施框架的谅解备忘录》	中新第三方市场合作工作组
		中新"一带一路"投资合作论坛
中国—西班牙	《关于加强第三方市场合作的谅解备忘录》	中西第三方市场合作工作组
中国—瑞士	《关于开展第三方市场合作的谅解备忘录》	中瑞第三方市场合作工作组
		"一带一路"能力建设中心
中国—英国	《关于开展第三方市场合作的谅解备忘录》	中英第三方市场合作工作组

资料来源：国家发展和改革委员会：《第三方市场合作指南和案例》。

（二）第三方市场合作类型

第三方市场合作模式在实践中蓬勃发展，涵盖领域日益丰富，包括基础设施、能源、金融、农业、医疗等，目前，这些领域的具体合作形式主要包括产品服务类、工程合作类、投资合作类、产融结合类和战略合作类五种。

其中产品服务类是指中国企业与外方企业在设备采购、认证许可、法律商务咨询等领域开展合作，共同为第三方市场客户提供整体解决方案；工程合作类是指中国企业与外方企业通过总分包、联合竞标等方式，共同在第三方市场开展项目；投资合作类是指中国企业通过并购、合资、参股等方式，与外方企业共同在第三方市场开展投资，形成风险共担、利益共享的合作格局；产融结合类是指中外方金融机构通过银团贷款、联合融资、转贷款、股权参与等多种方式在第三方市场开展合作，拓宽企业融资渠道，分散金融机构融资风险，实现企业和金融机构共生共荣；战略合作类是指中国企业和外方企业通过签署战略合作协议、建立战略合作联盟等形式在第三方市场开展涉及研发、制造、工程、物流、资本、人才等全方位、多领域、多层次合作，实现资源共享和优势互补，同时为第三方市场带来更多发展机遇①。表9－2是各种合作类型下的合作典型案例。

表9－2　　　　　　　中国开展第三方市场合作的领域与案例

领域	代表性项目	参与企业
产品服务类	印度尼西亚中爪哇燃煤电站项目	中国通用技术（集团）控股有限责任公司
		美国博莱克－维奇公司
		日本住友商事和三菱重工联合体
工程合作类	卡塔尔卢赛尔体育项目	中国铁建股份有限公司
		澳大利亚 Aurocon 公司
		英国 AFL 公司
投资合作类	澳大利亚能源网项目	国家电网有限公司
		新加坡能源公司
产融结合类	加纳特马港扩建项目	中国银行
		国际金融公司（IFC）
战略合作类	几内亚"赢联盟"	中国宏桥集团
		中国烟台港集团
		新加坡韦立集团
		几内亚 UMS 公司

资料来源：国家发展和改革委员会：《第三方市场合作指南和案例》。

---

① 第三方市场合作指南和案例［EB/OL］. 国家发展和改革委员会官网，https：//www. ndrc. gov. cn/fzggw/jgsj/wzs/sjjdt/201909/t20190904_1037022. html.

四、共建"一带一路"的第三方市场合作案例分析

(一)喀麦隆克里比深水港一期项目

1. 项目简介

喀麦隆克里比深水港一期项目是高质量共建"一带一路"第三方市场合作的典型项目,该项目建设地位于非洲中部西海岸喀麦隆克里比市南约 30 千米,是喀麦隆首个大型深水港口,也是喀麦隆建国以来最大的一个建设项目。该项目采用 EPC 模式,由中国港湾工程有限责任公司总承包,资金来源 85%为中国进出口银行双优贷款,15% 为喀方配套资金。项目内容主要有设计并建造 1 个 4 万吨级多用途泊位和 1 个 5 万吨级集装箱泊位、1 355 米长防波堤、港池航道疏浚、陆域堆场、港作设备、配套设施以及辅助建筑等,合同金额约为 5.68 亿美元,合同工期 36 个月,于 2011 年 6 月开工,2014 年 6 月如期竣工[①]。2015 年 9 月,中国港湾与法国博洛雷集团和法国达飞海运集团共同组成联合体,即喀麦隆克里比深水港集装箱码头运营公司(以下简称"运营公司"),成功中标了克里比深水港集装箱码头 25 年的特许经营权,2018 年 3 月 2 日,克里比深水港集装箱码头开始正式启用[②]。

喀麦隆克里比深水港工程项目的第一期施工完成并正式投入使用后,喀麦隆无一深水港口的境况成为了历史,其港口交通运输布局和基础设施配置情况得到了很大的改善。该港口辐射刚果、乍得等数十个内陆国家,是一条便捷的出海通道,已经成为非洲中部地区大型综合港口枢纽。

2. 合作意义及前景

克里比深水港项目的顺利建设,使喀麦隆集装箱港口的运营能力得到极

---

① 港湾出海记 40 年 40 项目 | 喀麦隆克里比深水港一期 – 中国港口网 [EB/OL]. 大众新闻网,http://www.ddzzd.com/guojidongtai/2363468_2.html.

② 许华江. 中法企业第三方市场合作分析——以喀麦隆克里比深水港项目为例 [J]. 国际工程与劳务,2019 (10),P. 28.

大提升,更是促进了后方物流园区的发展,吸引了众多公司来投资建立工厂,推动各种工商业项目落地。并且,建设发展物流园区可以促进城市整体基础设施的改善和现代化工业的发展,进而带动相关行业发展,促进当地就业和经济的增长,实现港口城市和国家经济实力的全面提高。另外,该项目能够成为典范,加快非洲"三网一化"建设进程,进而使非洲国家的高速公路、铁路和水路网络得到完善,帮助非洲国家逐步实现工业化,促进地区商品、服务和人员的流动,促进非洲国家的区域经济一体化。此外,该项目的实施将有助于吸引大量的中国、外国和本地企业入驻,引进高端技术、先进理念和资金支持,从而使劳动者的整体素质和公共管理服务水平得到提高。更重要的是,可以充分发挥各方优势,促进必要资源的流动,加深各方之间的贸易往来,使各方获益。

从企业的角度看,中国港口与法国公司之间的合作不仅利用了中国港湾在港口建设和维护方面的专业知识,而且还充分结合了法国博洛雷公司在港口运营和水陆物流方面的优势以及法国达飞公司在航运路线和货运资源方面的优势,促进克里比深水港的建设和运营的顺利进行。此外,与法国公司共同开发第三方市场,实现了从项目承包商到项目运营商的身份转变,参与到了港口的管理运营中,实现了自身产业链的延伸和由"工"向"商"的产业转型升级。同时,中国港湾深入参与了克里比港区的发展规划,投资建设了疏港路,签署了后方物流园区的投资协议,并积极协助政府制定政策和促进投资。通过该项目的实施,中国港湾成功向产业链的上下游延伸,在当地形成了一定的产业规模和品牌效应。后期,中国港湾成功签署了高速公路一期工程、克里比深水港项目二期建设合同以及《克里比港口合作经营协议》,参与港口投资和经营,为中国港湾深入开拓喀麦隆市场和周边国家地区奠定了坚实的基础。

3. 合作中遇到的问题

(1)文化存在差异。由于中国港湾与法国公司的背景和文化上的差异,它们的运营方式和运营理念也大不相同。法国公司拥有丰富的港口营运经验,明确的战略目标和相对完整的产业链,且因港口营运和物流是相辅相成的关系，法国公司愿意增加对港口周围相应基础设施的投资。同时，由于这是一家私营企业，项目相关负责人拥有更多权限，公司组织结构更扁平，拥有较短的决策周期。相比之下，中国海港的海外港口运营投资业务仍处于起步阶段，由于国有企业的性质，各种事情的决策需要经过多级审批，决策速度较慢。因此，在运营中双方对潜在风险的预判和风险偏好很不相同，这也导致了在运营公司内部决策过程中双方之间的分歧。

另外，中国港湾对中国与非洲之间的文化差异缺乏全面而充分的了解，也没有做好预期和准备。在项目实施过程中，第三方政府的工作效率不高，对于项目实施初期承诺的供水供电等配套设施没能及时供应，项目的后续运营受到了一定负面影响。

（2）角色定位不清晰。合作初期，中国港湾对法国公司的战略意图了解得不够充分，在合资公司中对自己扮演的角色没有清晰的定位，使得即使自身在重大问题上拥有一票否决权，但不能充分发挥自身所拥有的资源在合资公司中的作用，状态比较被动。此外，中国和这些法国公司在科特迪瓦、加纳等国家均有过合作经历，但是合作关系更多是承包商与业主的关系，双方对于新的合作模式没有做到很好的定位。

（3）风险管控问题。该港口建设工程是中国港湾同法国公司首度在喀麦隆海域开展的合作项目，也是中国港湾首次在非洲大陆中部国家进行的港口经营。对于新地区、新模式和新合作关系，中国港湾面临着更高的政治风险、市场风险、法律风险、信息风险等，在项目谈判和实施过程中，中国港湾对当地的法律法规、不同投资方式对应的不同法案等缺乏学习和了解，没能根据市场变化及潜在风险及时预警①。

4. 合作经验与对策

（1）加强沟通，增进理解。针对企业制度和背景造成的问题，首先，中国港湾对自身审批程序进行调整，提高审批速度，和上级单位保持及时沟通；

---

① 许华江. 中法企业第三方市场合作分析——以喀麦隆克里比深水港项目为例 [J]. 国际工程与劳务，2019（10），P. 29.

其次，向合作公司介绍自身管理系统和审批程序，通过提高透明度的方式将自己存在的局限性与对方坦率沟通，增强双方之间的理解。

（2）有所取舍，合作共赢。为股东创造财富是合资公司的根本目标，但是各方不可避免地会在经营过程中遇到利益冲突。根据对前期取得信息的理解，中国港湾对自身和运营公司的核心利益有着更加明确的认识，并且对其他各方的利益进行了梳理，对未来可能发生的冲突进行了分析，在保证核心利益的基础上适当放弃一些非核心利益，制订解决冲突的方案，从而实现共同利益的最优解。

（3）主动整合资源，提升自身价值。只有在相互理解和相互尊重的基础上，合作才能起到互为补充、共同创造更大价值的作用，从而使可持续发展成为可能。中国港湾的理念是成为基础设施及相关领域的卓越组织者和集成服务领导者。它了解自己的价值和其他方的需求，在运营公司遇到问题时，积极对资源进行整合，并在关键节点上进行资源的投入，从而实现有效匹配，效果事半功倍。

另外，凭借与政府的良好关系以及在当地的优良信誉，中国港湾以股东的身份搭建起运营公司和政府之间的桥梁，在双方的沟通协调过程中发挥了极为重要的作用。同时，中国港湾和各方保持着较好的关系，能够直接获取最新消息，从而能够预见一些潜在风险并及时规避，营运过程中的管控风险能力得到很大提高。

经过多年的战略合作，中国港湾与法国企业之间的技术交流与业务合作逐步发展形成了一种新模式，从最初的中国港湾被动接收法国企业的"通知"逐步发展变成了主动"提前征求意见"，中国港湾在合作中的话语权和影响力越发强大。

（二）巴基斯坦卡西姆港燃煤电站项目

1. 项目简介

2014年"中巴经济走廊"开始实施初期，中国电力建设集团有限公司（以下简称"中国电力建设"）便开始了对海外合作新模式的探索，将外国公司的资金和资源优势和中国电力建设的技术与管理优势相结合，同时依托中国强大的生产能力，寻找在第三方市场进行战略投资的机会。其中，巴基斯坦卡西姆港燃煤电站项目是"中巴经济走廊"战略规划下涉及第三方参与的首个项目，也是投资合作类的第三方市场合作的典范。

卡西姆港燃煤电站坐落在卡西姆港口工业园区，巴基斯坦卡拉奇东南大约 37 千米，靠近阿拉伯海的海滩。该项目以 BOO 模型进行投资和开发，中国电力建设负责从设计规划到建设营运的整个流程，由中国电建集团海外投资有限公司（以下简称"电建海投"）和卡塔尔 Al Mirqab Capital 公司（以下简称"AMC 公司"）按照 51%：49% 的比例共同投资。卡西姆工程包括电站工程、电站配套的卸煤码头及航道工程，电站设计安装 2 台 660MW 超临界机组，总装机容量为 132 万千瓦，年均发电量约 90 亿千瓦时，总投资约 20.85 亿美元，于 2015 年 5 月开工，建设期为 36 个月，2018 年 6 月 30 日进入商业运行期，为期 30 年①。

2. 合作意义及前景

卡西姆港燃煤水电站项目是中巴经济走廊优先选择建设的第一批项目和首个落地的能源类标杆工程，是"中巴经济走廊"中的"先行者"。它是巴基斯坦单机容量最大、最先进的火力发电厂，巴基斯坦总理谢里夫将其视为"巴基斯坦第一工程"。建成的卡西姆项目是巴基斯坦南部的火电基地，将电力并入 500kV 主网，解决中北部地区电力短缺、卡拉奇地区每天停电 12 个小时以及一些农村和山区几乎没有电力供应的问题。同时，通过以煤代油调整巴基斯坦的电力能源结构，降低区域的供电成本，在改善投资环境、完善基础设施建设、稳定就业和发展经济等方面意义重大。

从企业层面看，一方面，中国电建具有投资、建设和运营的产业链一体化优势，电建海投经过多年海外业务的发展，拥有非常专业的管理团队和管理能力，依托中国电建全产业链的优势上下游各个环节实施全面把控，有效

---

① 巴基斯坦卡西姆港燃煤电站 PPP 项目［EB/OL］. 中国政府采购网，http：//www. ccgp. gov. cn/ppp/gj/201706/t20170621_8410859. htm.

地实现了成本控制和执行效率的提高；另一方面，作为一家跨国投资企业，AMC公司积极投身于发达国家和新兴市场，并且与巴基斯坦政府保持着良好的关系，对巴基斯坦的营商环境了解更为深入，凭借AMC公司在巴基斯坦政坛的影响力，项目得以顺利推进，从根本上解决了在巴基斯坦投资可能面临的较大风险。中国电建与AMC公司的合作，既发挥了中国电建的技术和管理优势，又充分结合了AMC的政治和资金优势，使得卡西姆项目的建设和运营得以顺利进行。与此同时，中国电力行业在装备制造方面门类齐全、规模较大，拥有具备一定技术水平的产业体系，卡西姆项目采用的电站设备超过99%均由中国制造，直接促进了超过60亿元中国设备的出口，对中国标准、技术和设备在沿线国家的普及起到重要推动作用，同时有利于中国自身产业的调整和升级。

卡西姆项目是探寻更多国家参与"中巴经济走廊"建设的初次尝试，是"中巴经济走廊"探索更多国家参与建设的首次尝试。中国电建和AMC公司优势互补，在项目实施过程中进行了真诚的合作，建立起信任的关系，形成了科学的合作体系。以卡西姆项目为基础，中卡双方有意共同开拓中东及其他电力投资市场，进一步开展更为深入的合作。

3. 合作中遇到的问题

（1）文化差异。中国电建和AMC公司来自不同国家和地区，跨文化的差异是合资公司营运过程中面临的巨大挑战。企业文化的差异势必会造成管理理念和模式的不同。深受西方企业管理制度的影响，合作方派遣的员工极为注重个人的权、责、利，职责清晰、分工明确的管理方式是他们所认同的，不会主动执行职责定义模糊或分配不明确的任务。同时，他们非常重视个人权利，当个人利益与集体利益产生矛盾时，他们会优先考虑个人利益。中国员工恪守组织纪律，注重奉献和奋斗，愿意主动参与非分内任务。不同的文化背景导致中外员工在合作中发生了不断地碰撞和磨合。例如，在项目实施的紧要时期，中国员工通过加班来减短工期，但外籍员工不同意这种方法，在工作协调方面付出了很大成本，对工作效率和项目进度都带来了一定负面影响。

（2）公司制度差异。卡西姆项目的管理制度在很大程度上沿用了中国电建在国内的管理体系。比如在财务审计上,除了外部的会计师事务所进行年度审计外,还需要进行内审。但是,AMC 公司觉得这种双重审核是重复的,并且是对资源的浪费,不赞同中国公司组织内部审核。此外,外国公司对中国国有企业的管理制度存有一定偏见,认为这种制度还不够规范,因为除了董事会在各种事务上作出决定外,还存在总经理办公室等集体决策机构,没有给下属足够的权限,影响了工作效率,与现代企业管理制度不相符。

（3）利益诉求存在分歧。中国公司在海外进行投资,追求互惠互利,即在实现自己的投资收益目标的同时,也能够推动建设项目所在国家的发展。而外国公司追求利益的最大化,更加重视股东的投资回报率,与中国公司"互利共赢"的理念存在一定差异,这也是中外公司在合作中发生较多分歧的主要原因。例如,由于巴基斯坦的经济发展不及预期以及某些外部因素的作用,公司在营运期间在收回电费方面面临较大压力,且当地货币的贬值也给整个项目的投资收益带来一定负面影响。中国公司基于共享利益和共担风险的原则寻求再投资,但 AMC 公司站在自身利益的角度,在追加投资方面存在很大分歧,给项目的长期稳定发展带来不小压力。

（三）合作经验与对策

1. 跨文化管理

跨文化管理在合资公司的顺利运营中起着关键作用。首先,由于各自文化是长期形成的,短期内很难相互适应,因此对于不同文化背景的员工,应实行差异化管理,以减少因文化差异而发生的冲突。其次,可以通过调整固有的管理理念和创新管理方法,在合资企业中建立共同的价值观,并就企业文化达成共识。此外,跨文化意识是避免跨文化冲突的有效方法,通过开展与跨文化有关的培训,可以增进对不同文化的理解,提高语言技能、跨文化的敏感性和适应性,以及处理跨文化冲突的能力,使双方沟通更加有效,合作更加顺畅。

2. 寻求共同目标和利益平衡

卡西姆项目是电建海投首次以国际混合资本模式开发的海外大型工程项

目，与卡塔尔的企业也是首次合作，各方的投资目的与文化习俗等均存在差异，因此不可避免地会在合作中遇到一些问题。中方深知 AMC 公司与巴基斯坦政府之间的密切关系，并强烈希望帮助巴基斯坦政府解决能源短缺问题，通过寻求共同的目标和利益平衡来达成共识。

3. 建设国际化复合型人才队伍

在与 AMC 公司的合作和不断地磨合中，中国电建培养了一批善于商务谈判、资金运作和工程管理的人才队伍，他们具有较强的专业知识、熟悉国际规则和沟通技巧，在合作项目的运营和推进的过程中起到了非常重要的作用，推动项目顺利完成。国际化、复合型人才队伍的建设进一步提升了中国电建在海外电力投资领域的国际化水平和竞争能力，也为日后其在第三方市场合作上的更多尝试奠定基础。

五、共建"一带一路"的第三方市场合作的前景与挑战

（一）共建"一带一路"的第三方市场合作的前景

1. 政策支持是重要保障

"十四五"规划中指出，扩大第三方市场合作是推进高质量共建"一带一路"的有效途径。基于"一带一路"的第三方市场合作将会为三方国家的经济发展注入强大活力，而"一带一路"建设不断取得新成果，"朋友圈"不断扩大，合作机制不断完善，由于新冠肺炎疫情，全球经济低迷，"一带一路"倡议将为促进全球经济复苏、维持国际合作价值链稳定提供重要平台和渠道，"一带一路"建设也将迎来广阔的市场空间，这又为第三方市场合作带来了新机遇。

中国"一带一路"倡议已与多国发展规划对接（见表 9－3），例如越南"两廊一圈"、蒙古国"发展之路"、沙特"2030 愿景"、泰国"东部经济走廊"、哈萨克斯坦"光明之路"、土耳其"中间走廊"等。中国与他国战略发

展规划的对接将进一步降低贸易和投资的壁垒，推动国家之间的政策沟通、设施联通，使企业之间的合作领域更加广阔，为第三方市场合作带来更多机遇。

表9-3　　　　　　　与"一带一路"倡议对接的别国发展战略

国家	战略规划
越南	两廊一圈
非盟	2063 年议程
蒙古国	发展之路
沙特	2030 愿景
匈牙利	向东开放
泰国	东部经济走廊
欧亚	经济联盟
哈萨克斯坦	光明之路
土耳其	中间走廊
印度尼西亚	全球海洋支点
波兰	琥珀之路
英国	英格兰北方经济中心
欧洲	容克投资计划
俄罗斯	欧亚经济联盟
澳大利亚	北部大开发
菲律宾	大建特建

资料来源：中国一带一路网：https：//www.yidaiyilu.gov.cn/.

2. 第三方市场需求旺盛

一方面，"一带一路"国家基础设施发展需求指数长期维持在130以上，然而在2020年有显著下降（见图9-1），这是由于受新冠疫情影响，世界经济深度衰退，全球投资大幅放缓，各国政府财政收入普遍下降导致资金紧缩，以及国际人员、物资流动受阻，导致项目建设发展。但是，由于这些国家基础设施发展水平普遍较低，随着后疫情时代国际经济秩序的恢复，未来仍有很大的投资需求和发展潜力，尤其是在交通、新能源和通信领域。另一方面，2020年"一带一路"国家基础设施发展热度下滑，新冠疫情全球大流行引发连锁反应，各国政府短期内支持政策向民生和医疗领域的倾斜，为公共卫生领域的第三方市场合作带来新机遇。

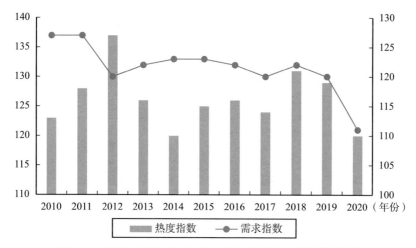

图9－1　2010～2020年"一带一路"国家基础设施发展指数
资料来源：中国对外承包工程商会，中国信保国家风险数据库。

在新冠肺炎疫情背景下，为加快基建市场回暖、充分发挥基建对经济发展的拉动作用，各国纷纷出台与基建相关的经济刺激计划（见表9－4）。截至2020年8月，马来西亚、乌兹别克斯坦、印度等"一带一路"国家均已推出包括基建在内的经济刺激政策。全球基础设施中心（Global Infrastructure Hub）发布的数据表明，2021年全球交通行业投资需求预计将达到1.7万亿美元，能源行业1万亿美元，通信行业3 000亿美元，水务行业2 000亿美元，全行业供需差距相比上年进一步扩大至5 000亿美元。随着各国相关计划的实施和推进，基建市场活力将进一步释放，基础设施投资也将成为刺激经济复苏的重要增长点，使得第三方市场合作的发展空间更加宽广。

表9-4　　　　　推出基建相关经济刺激计划的"一带一路"国家

国家	是否曾进入紧急状态	是否曾宣布封城令	是否曾宣布关闭国界	基建经济刺激计划额度
格鲁吉亚	√		√	0.3亿美元
拉脱维亚	√	√		8.8亿欧元
立陶宛	√		√	22.0亿欧元
马来西亚		√	√	74.4亿美元
尼泊尔				0.5亿美元
乌兹别克斯坦			√	2.8亿美元
以色列			√	2.5亿美元
印度		√	√	20.5亿美元

资料来源：中国信保国家风险数据库。

(二) 共建"一带一路"的第三方市场合作的挑战

1. 营商环境复杂

东道国营商环境的复杂性是开展第三方市场合作的现实困境。东南亚、非洲等广大发展中国家和地区作为开展第三方市场合作的主要区域，这些市场拥有巨大发展潜力的同时，也存在政治生态复杂、融资渠道不健全和文化习俗差异等不确定、不稳定因素，导致第三方市场合作的开展面临诸多挑战。

第三方市场合作主要涉及基础设施、能源开发和交通运输等领域，建设周期长、耗资巨大，具有高敏感性的特点，第三方市场营商环境的微小变动都可能带来较大影响。首先，第三方市场政治转型过程中所衍生出的复杂政治生态对第三方市场合作具有直接影响。例如中韩在泰国的"东部经济走廊（EEC）"高铁工程，该项目是泰国总理巴育推进区域协调发展的重要规划，但是由于触碰到了不同既得利益集团的利益，使得泰国政治转型过程中固有的社会矛盾难以通过该规划得到调解，泰国国内政治的复杂性也在一定程度上增加，使得中韩在泰国的第三方市场合作面临很大阻碍。其次，融资渠道不健全给第三方市场合作项目的启动和建设带来了较大阻碍。第三方市场主要以发展中经济体为主，由于相关国家和地区自身市场机制、金融环境和主权信用评级难以达到国际金融机构的一般贷款条件，存在融资渠道单一和融资困难的问题。此外，受新冠疫情影响，目前国际金融机构支持重点偏向能够快速抑制疫情传播、重整经济秩序的公共卫生、贫困救济等领域，第三方市场合作的融资难度加大。最后，文化习俗差异所导致的合作企业间经营理念、管理模式、员工价值观的差异以及对东道国政府办事风格和效率的不了解会对第三方市场合作项目的建设和运营产生直接或间接影响，在合作过程中凸显出的文化习俗差异性、法律适用范围和市场开放程度等因素，都可能会给第三方市场合作带来发展阻力。

2. 存在相关国家债务负担与违约风险

第三方市场合作主要集中在基础设施、能源等领域，具有耗资巨大、投资周期长的特点，这无疑对相关国家债务承受能力提出了较高要求。根据2019年国际货币基金组织测算的世界各国政府债务占 GDP 比重情况来看，"一带一路"沿线国家债务占比基本在30%以上，大部分国家位于30% ~ 60%的区间内，部分东南亚国家、南亚国家如马来西亚，债务率接近60%，印度债务率超过70%，而中东欧和南欧国家债务负担情况更为严峻，普遍高于80%。整体来看，沿线国家的债务水平基本在可控范围内，但存在上升趋势。此外，根据标准普尔公司发布的主权信用评级数据，一半以上的"一带一路"沿线国家的评级位于 BBB - 及以下，存在较高的违约风险。

新冠肺炎疫情暴发前，全球债务水平已创历史新高，疫情暴发后，各国政府为最大限度消除经济受到的负面冲击，颁布了一系列刺激措施，主权债券发行量激增。国际金融协会（IIF）数据显示，2017 ~ 2019 年政府债券发行总额的平均水平为0.9 万亿美元，预计随着各国政府疫情应对措施进一步推进，全球债务水平将在 2020 年达到历史新高。在世界经济陷入深度衰退，各国财政压力显著增大的情况下，部分发展中国家受疫情暴发以来大宗商品价格下跌和资本流动萎缩等因素的影响较大，主权偿付能力持续下降，正常的对外偿付面临较大挑战，给第三方市场合作带来了较大的偿付风险。

3. 利益分配容易出现摩擦

一方面，第三方市场合作中，面临利益分配等竞争问题。法国、德国、日本等国对开展第三方市场合作的倡议很有意向，但其对"一带一路"倡议的两面看法仍然存在，中国与相关国家在第三方市场上存在竞争，在合作中如何分配利润、达成共识的谈判过程较为困难。以中德合作为例，中国与德国在中东欧市场上存在竞争关系，德国是中东欧国家最大的投资者，也是波兰、匈牙利、捷克、斯洛伐克、斯洛文尼亚等国最大的单一贸易伙伴。在德国的供应链中，中东欧国家占据着重要地位，其与德国开展贸易的 1/3 是中间产品。中国在中东欧国家进行的匈塞铁路、中欧陆海快线等重大基建工程，在一定程度上与欧盟和德国形成了竞争关系。中国与欧盟和德国在中东欧国家的第三方市场合作要想顺利进行，各方就要在市场份额和供应链等利益分配问题上达成共识。

另一方面，中外企业在第三方市场开展合作的利益诉求上存在分歧。中国企业在海外进行投资建设，追求的是达到自身投资收益的同时，为东道国带来发展，实现多方共赢，而外国企业更多追求股东的投资收益，以利益最大化为目的，双方存在一定分歧，这也是中外企业在合作过程中存在争议比较多的一个关键点，在一定程度上影响了项目建设和运营的进度和效率。

4. 知识产权保护领域存在互信问题

部分国家在相互交流高端技术和保护知识产权等方面存在较多顾虑，对本国参与第三方市场合作设置了较多限制，使得安全、公共卫生等领域尖端技术的互相交流受到阻碍。例如，中德双方在网络安全领域开展了合作，在《第四轮中德政府磋商联合声明》中，"双方同意，不从事或在知情情况下支持利用网络侵犯知识产权、窃取贸易机密或商业秘密，以使其企业或商业行业获得竞争优势"，在一定程度上可以适当消除德方在合作中的疑虑。然而，对技术信息泄露的担忧依然存在。德国联邦教研部在《中国战略》文件中特别指出，在诸如发布关键技术信息或"市场换技术"等问题上，必须与中方小心合作[1]。日本政府对中国也仍坚持在合作中提防的态度，在参与"一带一路"建设、与中方开展第三方市场合作方面对本国企业设限较多[2]。

六、完善共建"一带一路"第三方市场合作的政策建议

(一) 完善数据共享平台

第三方市场信息共享平台的完善可以为参与第三方市场合作的企业提供有关东道国国家概况、法律法规、文化习俗、商业环境、基础数据等关键信息，协助企业解决在东道国招标、投资、施工过程中面临的信息缺失等一系列困难。以中法项目来说，提供国别风险提示资料，此外，投资决定基于对前期基本数据的搜集和分析，如宏观经济增长预期、外贸数据、物流数据、航运数据等。如果仅由企业收集这些数据，存在着低效率和成本高昂的问题。因此，两国政府可以合作建立一个信息共享数据库，帮助中法两国公司便捷高效地开展项目合作。

(二) 创新和拓宽融资渠道

"十四五"期间，应当根据相关文件所明确的遵循国际惯例和债务可持续的原则，健全多样化投融资制度、体系要求，不断开拓我国资本市场的投融资途径。一方面，加强国家开发银行、丝路基金与"一带一路"沿线国家的金融机构间合作，通过股权合资方式实现第三方市场的投资机构与区域性金融组织的合作对接，创建第三方市场合作的共同投资基金。另一方面，建设与国际资本市场接轨的投融资平台，吸引国际私有资本加入。这不仅能够帮助弥补工程中的资金短缺问题，更能够借鉴民间私有资本在项目运行中的管理思想、融资方式和经营实战经验等来增加项目建设和运行中成功的可能性。例如，巴基斯坦卡西姆发电厂建设采用了 BOT 方式，卡塔尔的 AMC 公

---

[1]　郑春荣."一带一路"倡议视域下的中德关系：潜力与挑战 [J]. 同济大学学报 (社会科学版)，2016 (6)：45.

[2]　付江."一带一路"第三方市场合作效果评估 [J]. 中国经贸导刊，2020 (6)：26.

司作为财务投资者参加了项目公司的运营,在项目贷款融资和资金及时就位等方面发挥了重要作用,有助于管理和分担项目的财务风险。

(三) 建立公开透明的项目建设信息发布机制

海外研究机构认为,"一带一路"沿线国家的基础设施建筑工程项目所需要面对的主要困难并不是缺少足够的私有资本,而是由于投资者们普遍忌惮在这些基础设施建设项目中存在的财务问题、风险问题和交易框架问题,这些问题将直接对项目能否实现盈利产生影响。企业、国际多边组织和中外专业机构需协助政府建立公开透明的项目建设信息发布机制,包括项目的财务状况、风险管控情况和盈利能力等,客观评估建设项目对第三方市场合作各方产生的政治效益、经济效益和社会效益,既能推动"一带一路"倡议下第三方市场合作项目的融资和实施,更有利于扩大第三方市场合作的影响力,进一步提升我国国际形象,增进互信与理解。

(四) 引进第三方组织参与评估第三方国家债务可持续性

财政部在第二次高峰论坛上发布了"一带一路"债务可持续性分析报告,其中的国家债务可持续性评估指标体系用于对建设国家债务违约风险进行评估。在对第三方国家的债务可持续性进行评估时,还应引入第三方组织,如世界银行、会计师事务所等,这样既能发挥其专业优势,更重要的是可以使评估结果更加客观公正,具有说服力。从而有效降低违约风险,推动第三方市场合作项目的落地和顺利进行,保障参与企业的经济利益免受损失。

政策篇

第十章 共建"一带一路"高质量 发展的基本思路与要求

▶导言◀

习近平总书记在第三次"一带一路"建设座谈会上指出，要正确认识和把握共建"一带一路"面临的新形势，"总体上看，和平与发展的时代主题没有改变，经济全球化大方向没有变，国际格局发展战略态势对我有利，共建'一带一路'仍面临重要机遇。同时，世界百年未有之大变局正加速演变，新一轮科技革命和产业变革带来的激烈竞争前所未有，气候变化、疫情防控等全球性问题对人类社会带来的影响前所未有，共建'一带一路'国际环境日趋复杂。我们要保持战略定力，抓住战略机遇，统筹发展和安全、统筹国内和国际、统筹合作和斗争、统筹存量和增量、统筹整体和重点，积极应对挑战，趋利避害，奋勇前进。"① 这个对共建"一带一路"面临新形势的科学分析为我们制定推动共建"一带一路"高质量发展的基本发展思路和工作要求奠定了理论基础。

2021 年 3 月 11 日，十三届全国人大四次会议表决通过了《关于国民经济和社会发展第十四个五年规划和 2035 年远景目标纲要的决议》。《中华人民共和国国民经济和社会发展第十四个五年规划和 2035 年远景目标纲要》第四十一章（"推动共建'一带一路'高质量发展"）对共

---

① 习近平出席第三次"一带一路"建设座谈会并发表重要讲话［EB/OL］. http：//www. gov. cn/xinwen/2021 - 11 - 19/content_5652067. htm.

建“一带一路”高质量发展指明了清晰的思路和要求。

通过总结过去共建“一带一路”高质量发展的经验、明确当前共建“一带一路”高质量发展的成果、参考未来共建“一带一路”高质量发展的方向，可以对共建“一带一路”高质量发展的基本思路与要求进行梳理和总结。对共建“一带一路”高质量发展的基本要求可以按照政策沟通、设施联通、贸易畅通、资金融通和民心相通这五个方面的发展进行梳理。

一、共建“一带一路”高质量发展的基本思路

“十四五”规划明确提出，推动共建“一带一路”高质量发展的基本思路是“坚持共商共建共享原则，秉持绿色、开放、廉洁理念，深化务实合作，加强安全保障，促进共同发展”①。

其中，坚持共商共建共享原则即倡导多边主义，由各方平等协商、责任共担、共同受益。共商强调集思广益，在“一带一路”建设过程中既要充分考虑各方关切利益，更要广泛调动多方的智慧，形成合力，收集创意，探索求同存异、互惠共赢的有效合作机制和模式。共建强调的是在建设过程中充分挖掘、发挥各方比较优势，充分调动沿线各国的建设积极性，积小流以成江海，以持之以恒的奋斗不断推进“一带一路”建设。共享谈的是发展成果和发展红利的分配问题，强调要尽可能多地创造发展成果，同时确保成果公平地由参与各方共享，以合理的利益共享机制着力打造“一带一路”沿线利益共同体和命运共同体。

秉持绿色、开放、廉洁理念即以绿色为发展底色、以开放为发展前提，坚持一切合作都在阳光下运作。绿色意味着积极推动绿色基础设施建设、绿色投资、绿色金融，以保护人类赖以生存的共同家园为最终目的，正确应对环境保护与气候变化的挑战。开放包含着两个方面的含义，一方面是指支持

---

① 中华人民共和国国民经济和社会发展第十四个五年规划和 2035 年远景目标纲要［M］. 北京：人民出版社，2021.

开放型经济以及包容和非歧视的全球市场,另一方面是指欢迎所有感兴趣的国家参与合作,旗帜鲜明反对保护主义。廉洁意味着各方要建设廉洁文化,打击腐败,为"一带一路"打造走深走实、行稳致远的坚强保障,共建风清气正的丝绸之路。

深化务实合作强调的是要将合作共识更多地转化为可落地的项目建设上。在基础设施互联互通方面,继续在包含铁路、公路的陆路运输上持续发力,在海路运输上着重港口建设运营,同时重视能源合作相关的油气管道、通信网络、电力输送的基础网络搭建与完善。在实体经贸合作方面,以六大经济走廊建设为主要工作抓手,以经贸、产业合作园区建设为工作重点突破口,以园区发展带动投资、产业集聚、就业创造,在创新中不断发展。在深化贸易和投资关系方面,以自由贸易区建设为主要抓手,在深化发展阶段主要重视政策层面的规则和标准体系的软联通,对标国际标准,打造全球一流的营商环境和机制保障,充分释放互联互通的经济红利。在金融合作方面,聚焦于资金融通这一关键,强调打开思路,从融资渠道、融资方式、融资成本三方面综合发力,发挥创新精神打通资金融通的堵点难点,构建投融资一体的长效机制。在民心相通方面,强调以人文交流合作带动各国人民相知、相亲,发展更为包容的合作伙伴关系,打造更为坚实的合作基础,让各国人民沐浴在"一带一路"倡议的先进理念和切实红利中。

加强安全保障即坚决维护主权、安全和发展利益,为共建"一带一路"高质量发展营造良好的外部环境。主权利益寸土不让,国家安全是必须守住的底线。在"一带一路"倡议发展过程中,要重视总体国家安全观的引领指导作用,从维护海外利益安全的战略全局出发,贯彻落实共同、综合、合作、可持续的新安全观,与"一带一路"沿线国家共同摸索打造"一带一路"境外安全风险识别、防控和应急的有效体系和长效机制。坚决维护发展利益,要以基础设施等重大项目建设和产能合作为重点,解决好各类关键问题,加强文化交流与人才合作,确保更多合作成果落地。

促进共同发展即聚焦发展这个根本性问题,通过提出新的可行计划和方案,引领和促进国际关系的均衡发展。"一带一路"倡议努力同主要国家和地区已有的地区合作机制保持合作对话关系,同既有的发展型国际组织进行交流和沟通，致力于创造一个更均衡、更可持续、更有利于各国共同发展的国际合作体系，强调构建新型国际关系，充分释放各国发展潜力，在各国经济大融合中发展大联动实现成果大共享的多方共赢。

二、共建"一带一路"高质量发展的基本要求

（一）加强发展战略和政策对接

共建"一带一路"高质量发展的首要要求是加强沿线国家和地区之间的战略和政策有效衔接。具体来说，包括两个方面的主要内容和三个重点任务。两个方面的内容包括，一方面要注重代表合作国重大历史抉择和系统顶层设计的战略层面的对接，关键是形成合作共识；另一方面要注重战略派生出的执行政策层面的对接，关键在于将合作共识落实为切实可操作的政策、规则和标准。要推进上述两个方面的主要合作内容，关键是抓住推进工作的"牛鼻子"。"一带一路"倡议高质量发展过程中，要着力攻克三个重点任务，抓住三个工作重点，具体包括创新对接方式、拓展规则对接领域和提高对接效率。

首先，在思想上必须认识到战略对接和执行政策对接的重要性。战略规划是一国基于各国发展需要和发展实际制定的顶层设计，是基于长远发展视角、旨在引领发展全局的最高层次规划①。发展战略层级的对接是合作各国之间的最深入、最根本的政策沟通，建立战略层面的合作共识既是政治互信的重要表现，更是之后加强交往、发展合作的重要基础，统领更多细化和执行政策的有效对话和精诚合作。政策、规则和标准是重大抉择和顶层设计的细化和载体，国与国之间在政策、规则和标准上的合作以战略规划层级的合作共识为基础，是对发展战略合作、宏观的顶层共识落到每一个具体的微观上的细化政策和执行环节，明确实现互利共赢合作愿景的主要机制。具体体现在，综合考虑各国的实际约束和比较优势，将大写意的、抽象的合作意向

---

① 参考时任国家发改委主任何立峰于2017年5月14日在"一带一路"国际合作高峰论坛的讲话"加强政策沟通 做好四个对接"。

转化为可执行、可评价的具体时间表和路线图，关键在于将大目标结合现实条件发展科学合理地拆解为分阶段小目标加以落实。其次，微观层面的、具体项目的发展细则对接，是连接各国执行机构的有效路径。在对接发展细则、共建具体项目的过程中不断发现问题和解决问题，将不断推动双方政府建立更为顺畅、更为及时、更为全面的对话渠道和机制，提高资源配置精准度和有效性，及时解决合作分歧和落实难点，使得合作关系向更深入发展。这是将合作精神转化为实际行动，落实为一项项具体的合作成果和合作成就的重要一步，亦是对长期深入合作的重要保障。

加强发展战略和政策对接的要求，要明确以下三个方面的重点任务。

第一，创新对接方式。经过实践，目前"一带一路"沿线国家与地区已经探索出一系列成熟且行之有效的开展对接工作的合作机制和制度安排，既包括顶层设计层面的战略对接、规划对接，亦包括执行细化层面的具体政策对接、项目对接。随着"一带一路"倡议合作从夯基垒台、立柱架梁的大写意布局迈向聚焦重点、精雕细琢的高质量发展阶段，沿线各国的对接方式还需进一步结合现实条件和合作需求，打开思路，勇于创新，以阻碍更少、成本更低、灵活度更高的方式发展合作、强化对接，推动双方合作共识尽早落地，合作效益尽早显现。以政府间合作谅解备忘录签署为例，进一步开展对接可以从顶层入手，双边联合专家团队共同编制互利共赢的合作规划，畅通对话协商的平台，明确合作的重点方向、重点领域和重点项目，从战略层面引领双边合作的进一步落实；另外，进一步开展对接亦可以从更为务实、更为微观的具体执行政策、具体发展细则、具体共建项目开始，率先在条件合适、基础良好的地区、领域开展重点项目、示范项目的合作，以实实在在的合作成绩和经济效益从下往上推动合作共识的进一步发展，让合作各国人民尽早见证、分享"一带一路"倡议下政策对接的滚滚红利。

第二，拓展对接领域。伴随着"一带一路"倡议进入精耕细作、走深走实的高质量发展阶段，"一带一路"倡议的理论体系和内涵不断发展，新冠肺炎疫情的爆发等国际形势的改变亦对"一带一路"倡议的合作领域提出了新的要求。在此背景下，"一带一路"倡议发展以十个之路为定位，即努力将"一带一路"倡议建设建成和平之路、繁荣之路、开放之路、绿色之路、创新之路、文明之路、廉洁之路以及健康之路、增长之路和减贫之路。针对"一带一路"倡议定位的发展,"一带一路"倡议合作框架下的对接领域也应相应拓展。例如,针对廉洁之路的建设,中国可考虑发起相关倡议,完善"一带一路"建设过程中的反腐败法制体系和机制建设,增加"一带一路"倡议下项目建设各环节的透明度。再例如,加强"一带一路"倡议在可持续发展相关的全球性议题上的合作,包括推动"一带一路"倡议创造的经济红利切实转为沿线各国人民的收入提高、贫困减少、生活改善,发展在减贫、生态、数字信息、贸易、能源等领域的全方位对接合作。

第三,提高对接效率。要以提高对接效率为前提条件,积极推动重点领域或流程的规范及标准对接,最大限度降低因制度和标准不同而造成的无谓损失,为增进国家间科技、经贸、教育、旅游、文化、卫生、体育等各方面交往提供便利。在战略与政策对接的过程中,对效率的关注有利于各方资源的集聚、产业集群的出口,实现以短期效益驱动长期产业集群升级驱动的转型,实现由过去的以单边和双边利益关系主体到多边利益共同体的转型。

(二)深入推进设施互联互通

共建"一带一路"高质量发展要重视基础设施的互联互通。设施联通是合作发展的基础,也是"一带一路"建设的优先领域。"一带一路"倡议自提出以来,沿线国家之间以基础设施互联互通规划和技术标准对接为切入点,以基础设施建设项目为依托,务实推进各国在铁路、公路、水运、民航、邮政等领域的深度合作,推动区域交通互联互通不断取得新进展。未来还将继续深入推进设施互联互通。

具体来说,"一带一路"倡议框架下基础设施的互联互通关键在于打造陆海天网四位一体联通的互联互通网络,构建国际陆海贸易新通道。该互联互通网络的基本框架是"六廊六路多国多港",强调在新亚欧大陆桥等六大经济走廊的引领下,以陆海新通道、中欧班列等重点项目为骨架,以铁路、港口、管网为依托,通过基础设施项目的精耕细作打通节点,切实提高"一带一路"倡议参与各国的互联互通水平。互联互通网络的打造是个循序渐进、由点及面的过程,关键是要推进位于网络节点的关键城市和关键通道的建设，以项目制的形式推进互联互通网络体系的形成。在"一带一路"倡议精耕细作、聚焦重点的高质量发展阶段，推进重大合作项目有序建设的过程中，要格外注意对项目的质量、可持续性、抗风险能力、价格、是否包容可及等多维度的全过程把控，内化于项目建设的全过程之中。

其中，通过加快推动陆上、海上、天上和网上四位一体的联通，以"六廊六路"为基础设施互联互通的主要方向和主要内容，以多国多港为落脚点，通过与"一带一路"沿线国家共建一批重要港口和节点城市，进一步繁荣多方面协同合作。同时，目前形成的以新亚欧大陆桥等经济走廊为引领，以中欧班列、陆海新通道等大通道和信息高速路为骨架，以铁路、港口、管网等为依托的互联互通网络已初具规模，打造的国际陆海贸易新通道已初见成效，未来还将继续深入推进高效节约的贸易通道建设工作。对关键通道、关键城市和关键项目的聚焦，有助于统筹协调资源配置，优先打通缺失环节、畅通瓶颈问题、提升通达水平，未来要科学规划聚焦的方向和程度，有序推动关键环节的高效发展。

深入推进设施互联互通的要求，要明确以下三个方面的重点任务。

第一，深化融合发展。应将基础设施互联互通和产业园区建设、产业投资更好地进行整合，并从人才战略的高度做好当地员工的培训工作，加速提升合作方的劳动生产率，有效帮助合作方经济长期可持续发展。

第二，强化资金保障。设施互联互通的基础是资金，有效解决设施联通项目的融资困难问题，为设施互联互通提供资金支持和保障。可以考虑充分利用现有平台，积极探索重大基础设施项目投融资的模式；还可以针对性地发挥股权投资基金、地区性开发性金融机构的作用，对重点设施联通项目进行组合投资。

第三，开展合作示范项目。考虑联合沿线国家通过共同进行第三方合作战略规划、共同构建项目库、信息库和数据库以及共同开展第三方项目可行性研究等形式，积极开展一批第三方合作示范项目，介绍先进技术、管理模式优势、建设能力优势等多个方面的先进经验，推动实现基础设施建设与各东道国要素禀赋优势有机结合的共赢局面。

（三）持续扩大双向贸易与投资

共建"一带一路"高质量发展要持续扩大双向贸易与投资，在沿线国家之间实现贸易可持续发展。具体来说，包括两方面的主要内容：一是在贸易投资方面，应推动"一带一路"倡议合作框架下沿线各国的贸易投资合作优化升级，积极探索丝路电商等贸易投资合作的新业态新模式；二是在国际产能合作方面，强调进一步深化合作关系，积极拓展更多合作伙伴和第三方市场，打造更为全面、更具韧性的产业链、供应链合作体系，带动双向贸易和投资的进一步发展。

其中，贸易投资合作优化升级既包括提升贸易投资合作质量，优化贸易投资结构，拓展贸易投资领域，也包括探索如丝路电商之类的各类跨境电商等新型贸易投资平台，创新投资贸易合作形式。持续扩大双向贸易与投资，要明确以下三个方面的重点任务。

第一，提升贸易质量。提升贸易质量，包含了两个维度，一是双向贸易额的进一步增长，二是贸易结构的改善优化，后者越发重要。在调整改善贸易结构的过程中，我们强调要注重发挥沿线各国的比较优势，充分运用其资源禀赋，发挥其技术特长，允许更多高质量的优质产品进入中国广大市场，在允许沿线各国共享中国超大规模市场红利的同时，惠及中国广大消费者。要发展跨国贸易，增大贸易额，关键是打造沟通跨国生产者、消费者的交易平台，丝路电商就是其中的典型代表。要鼓励发展一系列有助于连接生产者与消费者、降低贸易成本、减少贸易技术壁垒、减少贸易文化壁垒的新业态新模式，激活贸易需求，为"一带一路"倡议框架下贸易关系的深化注入活力。同时，中欧班列、陆海新通道等互联互通网络的建立有助于为贸易产品的物流运输提供保障，为贸易大发展增添新的动能。在此之外，还要注重高标准的自由贸易区建设，为贸易自由便利积极创造良好国际环境。

第二，创新投资合作。"一带一路"倡议发起以来，在实际基础设施项目的建设中探索应用了一批较为成熟的投资合作模式，接下来应总结经验，加以继承，同时大胆发展、创新对外投资合作方式。具体来说，投资合作创新的动力既来自于国内有实力企业的"走出去"，也来自于沿线共建国家企业的来华投资，在应对更丰富的国际投资场景中，企业自发的探索创新会发现更多更灵活的投资合作机制，在实践中发现真知，并建设建成一批高质量标杆项目，推动互惠共赢的"一带一路"倡议框架下产业链、供应链、价值链的三链一体合作网络的构建。

第三，加强机制建设，丰富合作对话渠道。首先，在深化高层级的、战略层次的共识方面，还需进一步努力，为投资贸易合作的进一步发展打好基础。持续推进与合作国家的战略、规划、机制的多层级对接，灵活运用双边经贸联委会、混委会、贸易畅通工作组、投资合作工作组等多元协调合作机制，为"一带一路"倡议高质量发展提供坚实的制度保障。同时，继续发挥进口博览会、中国国际服务贸易交易会等一系列重大展会平台的作用，加强企业之间的直接对话，促进更多合作成果的落实转化。

（四）坚持以市场为导向的资金融通

共建"一带一路"高质量发展要始终坚持以市场为导向的资金融通。具体来说，包括以下几个方面：首先在行为主体上，要坚持市场之手在企业间、项目间资金资源配置的基础性作用，强调企业的主体地位；其次，在"一带一路"倡议框架下的投融资体系构建中，要在充分尊重遵循国际惯例的前提下，守住债务可持续、风险可防控的底线，在此基础上大胆发展和创新金融合作框架，发挥共建"一带一路"专项贷款、丝路基金等多元投融资工具的作用，推动"一带一路"倡议合作框架下金融合作网络的建立健全。其中，实现金融基础设施的互联互通是打通金融合作网络的关键，在一定的互联互通水平下，带动更多国际组织、多边机构和各国金融机构共同参与投融资，共享"一带一路"倡议下的金融市场投资机会。另外，还要注重在建立健全"一带一路"金融合作网络的同时，完善风险防控和安全保障体系的重要性。企业是共建"一带一路"的主体，"走出去"的中国企业要践行高质量发展理念，强化风险防范意识，着力提高风险防控能力，既要合法合规经营，又要履行社会责任，成为共建"一带一路"的形象大使。

坚持以市场为导向的资金融通的要求，可以结合我国国际国内双循环的新发展格局，要明确以下方面的重点任务：

加大对产业链供应链短板弱项的投资支持，畅通国内大循环。针对我国产业链供应链部分领域关键核心技术存在"卡脖子"问题的现实情况，需充分发挥金融投资对于产业发展、供给结构改善的引领撬动作用，发挥金融力量盘活产业链供应链发展全局，着力补齐产业链供应链短板弱项，畅通国内大循环。具体来说，应在投资力度上对创新主体有所倾斜，对于关键核心技术应重点支持；同时在长效制度体系构建上，充分保障和尊重创新的投资回报，吸引更多资本进入到对创新的投资中。除了对创新主体有所倾斜之外，还应对影响创新全局的重点基础性设施、技术创新平台建设重点投资，强调政府出资的产业投资基金在投资过程中的创新倾向性。

（五）深化重点领域的交流合作

共建"一带一路"高质量发展要深化各重点领域的交流与合作，特别是人文领域的合作。具体来说，"一带一路"倡议合作框架下的人文交流可进一步在公共卫生、绿色发展、文化艺术、数字经济、科技教育等领域发力，充分发掘民间组织和社会组织的力量，加强往来，密切交流，打造多层次、多主体、多主题的人文交流互动格局。其中，在科学技术交流领域应把握住数字技术这一战略关键，紧跟世界技术进步前沿和产业发展趋势，推动更多共建数字丝绸之路、创新丝绸之路的行动计划得以实施。此外，针对国际社会日渐关注的绿色发展问题同样可在"一带一路"倡议人文交流互动中加强合作，充分交流关于气候变化、野生动物保护、海洋保护、荒漠化防治等国内外关切议题的解决思路，在合作中推动绿色丝绸之路的建设建成。同时，针对新冠肺炎疫情爆发以来的国际社会健康合作的高涨需求，"一带一路"倡议理应与时俱进，积极推动实施发展"一带一路"国家进行医疗卫生和传染病防控的合作行动计划，使"一带一路"建设发展成为健康丝绸之路。

其中，加强多领域人文合作和多样化交流沟通对推进"一带一路"建设、促进沿线国家共同发展、推动构建人类命运共同体具有深远意义。一方面，深化重点领域的合作交流传承了"丝绸之路"的精神，通过推动各国民众之间的交往交流交融，通民心达民意、汇民情，实现增进信任、促进友谊、深化合作、共同发展的效果，推动理念认同、利益契合、感情友好的稳定发展模式。另一方面，深化重点领域的合作交流对促进"硬合作"意义重大，通过形式丰富的人文交流实现的民心相通对"一带一路"倡议高质量发展、深化沿线国家合作共赢关系、推动构建人类命运共同体具有正向的促进作用。

第十一章　共建"一带一路"的
体制与机制创新

►导言◄

　　"一带一路"倡议顺应了全球化的趋势，倡议提出多年以来，逐渐得到国际社会的广泛支持。联合国第七十一届大会通过决议，欢迎"一带一路"倡议，敦促国际社会为确保"一带一路"倡议等发展举措"得到充分实施"提供"所需的安全环境"，该决议获 193 个会员国一致同意。[①] 值得注意的是，共建"一带一路"涉及的地域广泛、跨境经贸关系复杂多样，现有的国际制度无法满足其需要。因此，创新是高质量共建"一带一路"的重要推动力量，需要通过体制与机制创新，促进"一带一路"建设走深走实、行稳致远。

　　过去多年，共建"一带一路"高质量发展在体制与机制创新方面积累了一定先进经验的同时，还为未来明确了体制与机制创新的工作思路和方向。具体来看，建设更高水平开放型经济新体制是高质量共建"一带一路"在体制创新方面的重大突破，为"一带一路"倡议持续发挥积极作用奠定了坚实的基础。同时，基于政策、设施、贸易、资金和民心的五通发展框架、内容和指标，也为高质量共建"一带一路"在机制创新方面提供了体系化的支持和系统化的思路。

---

　　① 联大通过决议呼吁国际社会为"一带一路"建设提供安全环境［EB/OL］. http：//world. people. com. cn/nl/2016/1118/c100228880287. html.

一、建设更高水平开放型经济新体制

党的十九届五中全会《建议》提出"十四五"时期经济社会发展主要目标，强调"更高水平开放型经济新体制基本形成"。"十四五"规划明确提出要建设更高水平开放型经济新体制，并具体指出了加快推进制度型开放、提升对外开放平台功能、优化区域开放布局和健全开放安全保障体系等四个方面的建设路径，为我国实行更高水平对外开放指明了前进方向、提供了遵循依据①。

改革开放以来，我国坚持对外开放基本国策，打开国门搞建设，实现了从封闭半封闭状态到全方位开放的伟大历史转折。进入新发展阶段，我国对外开放的基本国策不会动摇，开放的大门只会越开越大。当前，我国发展环境面临深刻复杂变化，对扩大对外开放提出了新的要求和挑战。建设更高水平开放型经济新体制，既是顺应发展环境变化做出的战略选择，更是完善社会主义市场经济体制、以高水平开放促进深层次市场化改革的内在要求。"十四五"时期，为塑造我国国际经济合作和竞争新优势，我国将加快构建以国内大循环为主体、国内国际双循环相互促进的新发展格局。新发展格局不是封闭的国内循环，而是更加开放的国内国际双循环，更加需要坚定不移扩大开放，推动由商品和要素流动型开放向规则等制度型开放转变，建设更高水平开放型经济新体制。

建设更高水平开放型经济新体制，需要进一步强化改革创新，形成国际合作与竞争新优势。一是加快推进制度型开放。通过完善外商投资准入前国民待遇加负面清单管理制度、建立健全跨境服务贸易负面清单管理制度、稳妥推进金融领域开放、稳慎推进人民币国际化、提高对外衔接环节的管理服务等机制与举措，实现促进外资企业与内资企业在公平的市场环境中开展有序竞争、境内外资本市场互联互通、以人民币自由使用为基础的新型互利合

---

① 中共中央关于制定国民经济和社会发展第十四个五年规划和二〇三五年远景目标的建议 [EB/OL]. http：//www. gov. cn/zhengce/2020－11/03/content_5556991. htm.

作关系以及优质高效的对外衔接等良好开放局面。二是提升对外开放平台功能。统筹推进各类开放平台建设，完善自由贸易试验区和自由贸易港的布局，创新提升重点开发开放试验区和边境经济合作区，加快推动贸易创新，促进投资升级，建设对外开放新高地。三是优化区域开放布局。各地应立足自身优势扩大开放，强化区域间开放联动，构建陆海内外联动、东西双向互济的开放格局。四是健全开放安全保障体系。伴随着更高水平的对外开放，构筑相应的监管和风险防控体系有助于建设高水平、持续和稳定的开放型经济新体制。要健全外商投资国家安全审查、反垄断审查和国家技术安全清单管理、不可靠实体清单等制度，并建立重要资源和产品全球供应量风险预警系统，加强对国际收支和对外资产负债的检测，构建海外利益保护和风险防范体系，在实现多方共赢局面的同时，维护海外中国公民、机构的安全和正当权益。

多年来，在建设更高水平开放型经济新体制方面，中国基于对外开放系统工程的框架内做出了一系列具体行动，包括推进海南自贸港建设，加入RCEP（区域全面经济伙伴关系协定），争取加入CPTPP（全面与进步跨太平洋伙伴关系协定），开办上海进口博览会，还有自贸区扩大到 21 个省份等工作①。

开放型经济新体制的许多制度创新助力"一带一路"规划、布局和目标的实现。首先体现在沿边省份大胆开启自由贸易区试点，总结成果经验并加以推广。沿边省份在建设"一带一路"倡议中具有独特优势，许多互联互通关键城市和项目坐落于沿边省份，机制先行，充分挖掘沿边省份发展潜力有助于"一带一路"倡议的深入发展。例如，通过在云南设立自由贸易试验区的形式，扩大了云南在"一带一路"建设全局的辐射作用，盘活发展要素，汇聚发展资源，通过区域性国际经济贸易中心、科技创新中心、金融服务中心、人文交流中心等中心的建设，提高自由贸易试验区以点带面，以局部试验带动开放全局的战略作用。在云南等沿边省份之外，更多的新体制综合试点试验在积极开展中，涉及济南市、南昌市、唐山市、漳州市、东莞市、防

---

① 胥会云，林小昭，祝嫣然. 自贸区扩至 21 省份，更高水平开放推动发展新格局［EB/OL］. https：//baijiahao. baidu. com/s? id = 1678468083159865519&wfr：spider&for = pc.

城港市、浦东新区、两江新区、西咸新区、大连金普新区、武汉城市圈、苏州工业园区等 12 个城市和地区，旨在为我国不同条件、不同区位的城市探索出融入开放型经济全局的可复制、可推广的经验与模式。在探索促进开放的体制机制创新的过程中，强调"摸着石头过河"，积极试验，及时总结，从具备成熟条件的、实施难度较低的试点区域先做起，再由点及面、以示范带全局，使得开放和改革经验惠及全国。

其次，除了在国内各地区广泛开展试点之外，开放型经济新体制亦积极谋求与国际通行标准下的制度体系和监管模式对接，助力"一带一路"倡议互联互通目标的实现。其中最为关键的是法律法规和管理制度的国际接轨，具体包括以下两个方面。

第一个方面，在海关、税收、外汇等环节实现管理服务制度国际化，降低贸易成本。其中最为重要的是海南自由贸易港出入境管理制度改革。具体来说，在管人、管货方面结合疫情常态化现实，对管控措施进行优化升级，构建便利、有序、规范的人员和货物流动秩序。此外，在税收管理方面，充分研究进出口税收管理的国际管理和国际经验，提高管理水平，下调总体税费。在外汇管理方面，强调进一步放大外汇服务于实体经济贸易和对外开放全局的作用，建立健全跨境资本流动"宏观审慎 + 微观监管"两位一体管理框架，不断提高开放经济宏观管理和服务能力。

第二个方面，在外商投资方面，重点落实外商投资法，不断健全外商投资准入前国民待遇加负面清单管理制度。强调继续降低外商投资准入门槛，缩短外商投资准入负面清单，建立健全服务贸易和技术贸易等管理制度，推动外资企业和内资企业的公平充分竞争，释放多双边贸易投资协定的政策红利，充分调动国内国外两个市场、两个资源的优势。

再者，构建开放型经济新体制还通过优化区域开放布局助力"一带一路"建设。在开放型经济新体制引领下，区域间开放联动性增强，陆海内外联动、东西双向互济的开放格局逐步形成，助力"一带一路"互联互通体系的发展。现阶段的体制机制创新主要围绕以下两个方面展开。

第一个方面，在东部沿海地区和超大特大城市，强调利用其开放先导优势，推动其率先实现全方位高水平开放，打造开放制高点。具体来说，珠三角战略区的布局以粤港澳大湾区建设为主要抓手，以"两廊两点"架构体系为目标，提高创新要素跨境流动便利化水平，深入推进重点领域规则衔接、机制对接，助力深圳发展为中国特色社会主义先行示范区。在长三角战略区，强调对标国际先进产业体系和前沿科创能力，加快建设沿沪宁产业创新带和长三角 G60 科创走廊，扩大长三角地区高效配置全球资源能力和辐射带动全国协同发展能力，推动浦东打造社会主义现代化建设引领区进程。

第二个方面，在中西部和东北地区，强调打造对外开放新前沿。首先，在中西部地区加快建设互联互通大通道，以开放促增长，借助"一带一路"建设的历史机遇，推动中西部地区融入全国发展大局，发展成为高标准高水平的内陆多层次开放平台。其次，在长江中游以城市群协同发展为主要抓手，通过一系列制度安排加强都市圈建设，培育建设一批中高端产业集群，迎接新一轮的产业结构布局调整和产业转移。最后，在成渝地区继续推进成渝地区双城经济圈建设，在东北地区持续推进振兴政策，以辽宁沿海经济带为开放前沿，打造长吉图开发开放先导区。

最后，开放必涉及安全稳定的底线问题，在构建开放型经济新体制进一步扩大对外开放的深度、广度的同时，还需建立健全开放安全保障体系，全面统筹、正确把握开放和安全、发展和安全的关系。特别是新冠肺炎疫情发生以来，如何建立与更高开放水平相适配的监管和风险防控体系，成为构建开放型经济新体制建设的重要内容。现阶段的工作主要从以下五个方面进行。

第一个方面，在贸易方面，积极构建产业损害预警体系，创新发展并灵活运用贸易救济、贸易调整援助等政策工具，沉着应对经贸摩擦。具体来说，一是要提高企业的风险意识，引导企业加强防范风险的主体意识。在此基础上，充分发挥行业协会、商会等有助于加强企业交流的社会组织的作用，鼓励行业内、产业内、社会组织内的企业共享风险监测、风险应对相关的经验，开展贸易救济规则和实务培训以提高企业应对风险的能力。在此，在政府方面，强调加强对企业风险应对的服务功能，增大与风险防范化解相关的公共品供给，例如常态化跟踪研判重点国别、重点企业和重点产品，并将跟踪研判的数据观点与相关政府部门、行业组织、智库、企业等共享。二是对于国家层面的经贸摩擦，政府应积极开展对外工作，作为国家利益代表参与经贸政策协调磋商，同时要对经受经贸政策冲击的企业施以援手，有针对性地建立健全贸易调整援助制度。

第二个方面，在投资方面，在降低投资门槛、开放投资领域的同时，要划好安全红线。具体来说，在外商投资前要进行充分的国家安全、反垄断和技术安全等方面的审查，发展健全反垄断审查和国家技术安全清单管理和外商投资国家安全审查等制度。其中，明确涉及国家安全的敏感领域和技术清单，在此基础上在敏感领域加快发展外商投资国家安全审查制度并尽快落实，在初期便对国家安全风险源头进行有效管理，并进行有效预防和化解。此外，伴随着全球化的深入，跨国企业呈现出又大又强的特点，如谷歌等，跨国并购活动不断增加，国际投资中的反不正当竞争和反垄断形势越发严峻。在此背景下，需健全反垄断审查制度，从源头对恶性并购以建立垄断地位的投资加以制止，维护市场稳定底线，保障以消费者利益为主的社会福利最大化。在敏感技术方面，要建立健全安全清单管理制度。

第三个方面，在供应链安全方面，建立健全各产业关键投入品的全球供应链风险预警系统，推动国际供应链安全保障合作。各产业关键投入品既包括重要资源产品，如能源、矿石、粮食等大宗商品，也包括依托关键技术的生产线、产业链上游产品和机器设备，如芯片等。在重要资源产品保障方面，强调建立以国有经济为基础、企业为主体的大宗商品市场化保障体系，一是要积极提高国内对重要资源产品的商业性储备，二是要积极参与大宗商品的全球市场，提高综合议价能力，推动稳定全球大宗商品价格。在关键技术方面，强调加强企业间的互信互惠关系，同时强化知识产权保护的国际合作，防范关键技术投入品断供、关键技术"卡脖子"的供应链断链风险。

第四个方面，在外汇管理方面，重视常态化监测制度的建立，在跟踪监测基础上注重维持国际收支基本平衡，同时保障外汇储备稳定在一定水平。在跟踪监测国际收支情况方面，关键是健全国际收支监测和统计体系，对于人民币国际化、汇率波动、国际收支以及外汇储备这几个核心项目和相互之间的变动关系建立健全长期跟踪研究制度，把握短期资本流动的特征性事实和一般性规律，加强管理。在对外债务方面，关键在于国有企业的境外负债管理问题，强调加强国有企业境外投资和境外资产内部风险披露，基于此对其进行常态化跟踪监测，并基于监测数据建立健全国有企业境外负债的预警、监管和约束机制。

第五个方面，在海外其他突发风险的管理方面，强调建立健全海外利益风险预警防范和保护体系，提高突发风险应对能力，减少损失。其中，一是要强调驻外机构的作用，优化提升其基础保障能力，在应对风险时发挥驻外机构的统筹协调作用。二是要充分调动驻外企业、社会组织及多边组织等一切力量，积极融入当地环境，减少与当地人民、当地社区、当地社会组织和当地政府的冲突。同时，运用好对外援助这一政策，强调对外援助对国家海外利益的综合支撑服务作用。

二、搭建战略规划对接体系和政策标准联通平台

在"一带一路"倡议的建设发展过程中，最大、最根本的体制机制创新是建设更高水平开放型经济新体制，在该体制下统领"一带一路"倡议建设过程中的制度建设与发展。推动构建更高水平开放型经济新体制的关键在于加快推进制度型开放，制度型开放是构建更高水平开放型经济新体制整体工作全局的"牛鼻子"。如何落实制度型开放？最重要的是在制度体系、监管规则、经济发展政策方面与国际接轨，强调与国际通行规则相互衔接。以此为目标，创新工作方法，拓展工作内容，拓宽工作领域，推动中国多层次、多方位的制度体系和政策标准与"一带一路"沿线各国率先实现对接，具体可包括投资保护协定、税收征税协定等。除了与沿线各国合作之外，与重要的国际组织沟通对话亦至关重要，重要工作是加速"一带一路"倡议同相关区域或国际发展议程有机相融、有效对接，形成合力，在推动全球经济治理体系改革、维护多边贸易机制、构建全球高标准自由贸易网络等方面实现"1+1>2"的协同增效。以下分别从中国与沿线国家合作，中国与重要国际组织合作两个方面来梳理"一带一路"倡议建设过程中在政策沟通方面所做的体制机制创新。

第一，"一带一路"倡议自发起以来，中国在与沿线国家的密切合作探

索中,发展了一系列有助于深化两国合作关系、落实两国合作共识、保障项目建设进度和合作成果及时显现的一系列体制机制安排。

自"一带一路"倡议提出以来,很多国家便开始寻求与之战略对接。具体包括俄罗斯"欧亚经济联盟"、英国"英格兰北方经济中心"、欧洲"容克投资计划"、土耳其"中间走廊"、蒙古国"草原之路"战略、哈萨克斯坦"光明大道"、越南"两廊一圈"等国家或区域战略规划①。在与沿线各国进行政策沟通以实现战略对接的过程中,"一带一路"倡议高度重视求同存异,牢牢把握住双边国家经济发展具备优势互补经济结构、具有合作共赢潜能的基本点,灵活调整合作领域,强调"量力而行",突出在共识多、分歧少、阻碍小、成本低的领域率先开展试点合作,项目建设和共识深化相互促进,循序渐进,逐步深化。由小及大,由点及面,在示范项目的带动下,双边国家政策对接范畴逐渐拓展,从较易推进的交易层面的国际贸易领域逐步拓展为规则层面的贸易投资规则和产业政策的对接整合,从较不敏感的边境规则逐步深化扩展为边境内规则对接。

第二,在与沿线国家开展政策对接之外,"一带一路"倡议作为国际倡议,在探索如何与现有的国际组织及其发起的战略性倡议、规则对接融合的过程中,从目标、理念到具体方案发展了一系列体制机制创新。下面将结合"一带一路"倡议分别与联合国和世界银行就"可持续发展议程""高效投融资方案"和"创新型金融保障体系"对接的实际案例,展开论述"一带一路"倡议建设过程中在与国际组织对接过程中所做的体制机制创新。

首先,"一带一路"倡议与联合国"可持续发展议程"的对接。

2017年在北京举行的"一带一路"国际合作高峰论坛上,联合国秘书长古特雷斯表示,"一带一路"倡议和联合国的可持续发展目标具有共同愿景和目标,均旨在促进全球的共同发展,为全球发展创造新机遇、注入新动能,都是国际社会的优质公共品。② 对此,习近平主席亦明确回应道:"我们要把'一带一路'建设国际合作同落实联合国2030年可持续发展议程、二十国集

———————————

① 参考中国一带一路网:https://www.yidaiyilu.gov.cn/.

② 首届"一带一路"国际合作高峰论坛——"我们正走在一条充满希望的道路上"[EB/OL]. http://www.12371.cn/2021/05/02/ARTI1619917254543928.shtml.

团领导人峰会成果结合起来，同亚太经合组织、东盟、非盟、欧亚经济联盟、欧盟、拉共体区域发展规划对接起来，同有关国家提出的发展规划协调起来，产生'一加一大于二'的效果。"① 充分肯定了联合国 2030 年可持续发展议程为全球发展合作的规划作用，明确了"一带一路"倡议与联合国"可持续发展议程"的高度契合性，指出了加强"一带一路"倡议与联合国"可持续发展议程"加强合作的必要性。中国通过领导人会谈、积极参与圆桌峰会等方式，达成了有效谈判结果，并以在圆桌峰会公报中专设"愿景展望"部分对共同责任、共同目标、共同愿望加以明确表述的方式巩固落实谈判成果。

其次，"一带一路"倡议与世界银行在"高效投融资方案"方面的对接。

在投融资实践方面，"一带一路"倡议高度重视在体制机制、政策与服务方面学习世界银行先进的投融资经验，重视以联合投资实际项目的形式密切开展切实合作。同时，高度重视世界银行集团的国际金融公司和多边担保投资机构的不同金融功能，以共同投资项目的机制落实合作精神，开展切实合作，在联合投资的实践中吸收转化来自世界银行的经验。例如，在巴基斯坦水利项目开发过程中，国际金融公司与"一带一路"倡议下的丝路基金共同投资；同时，国际金融公司亦与"一带一路"倡议下的中国进出口银行、中国投资有限公司、中国—东盟投资合作基金等其他金融机构在基础设施投资领域频频联手。

在投融资理论研究方面，中方主要通过中国财政部与世界银行展开合作，对"一带一路"经济学开展了深入的理论研究，并重视将理论研究转化为相关的政策建议，服务于"一带一路"倡议实践的发展。其突出特色在于充分利用经济学前沿的量化工具对于"一带一路"倡议下项目的潜在风险、预期收益进行了深入分析，为"一带一路"倡议的投融资可行性提供了坚实的理论基础。除了部委和世界银行联合资助理论研究机制以外，世界银行亦联手沿线国家多边开发银行共同发起"全球基础设施基金""全球连通性联盟"等组织，为"一带一路"倡议下的基础设施项目提供准备资金和交易结构建

---

① 习近平总书记在第二届"一带一路"国际合作高峰论坛开幕式上的主旨演讲［EB/OL］. http：//www. xinhuanet. com/pohnzs/2017 – 05/14/c_112e969677. htm.

议,从投融资方面助力项目的顺利进行。另外,中国还通过签署谅解备忘录、联合设立多边开发融资合作中心等方式,巩固、加强与世界银行等多边开发机构的合作。例如,中国财政部与世界银行集团等 6 家多边开发机构签署了关于加强在"一带一路"倡议下相关领域合作的谅解备忘录。再例如,中国财政部与世界银行等多边开发银行共同设立了多边开发融资合作中心。

在政策标准联通方面来看,中国抓住标准化这个实现政策互联互通的关键,以发布行动计划的方式引领"一带一路"倡议下中国与沿线各国的政策、标准、规则的深入对接。具体来说,中国于 2018 年发布《标准联通共建"一带一路"行动计划(2018 – 2020 年)》(以下简称为《行动计划》)①。该行动计划明确了需求导向、标准引领、创新合作、互利共赢、滚动实施五大基本原则,强调对接与兼容,在对接过程中推动中国标准赢得国际认可。在《行动计划》指导下,"一带一路"倡议下的标准化对接合作不断深化,标准化合作水平不断巩固提高,标准化合作渠道不断拓展,标准化合作机制基本建成,并形成了一批互认标准的示范项目。

总而言之,"一带一路"倡议在推进政策沟通的同时,分别在搭建战略规划对接体系和政策标准联通两方面进行了丰富实践,并在实践中总结了一批有助于工作开展的合作机制安排,是重要的体制机制创新。

三、打造陆海天网四位一体联通体系和国内外产业链

互联互通是"一带一路"倡议的基本使命和倡议重点,基础设施互联互通更是"一带一路"倡议优先建设的重点领域。在丰富的基础设施项目实践中,"一带一路"倡议积累了一批有助于基础设施项目有序开展的成熟工作机制,是"一带一路"倡议体制机制创新的成果之一。

基础设施建设领域的体制机制创新首先表现在合作形式、层次日益多元化。合作主体包括沿线国家的中央与地方不同层面;合作机制包括高官和工

---

① 国家标准化委员会. 标准联通共建"一带一路"行动计划(2018 – 2020 年)[EB/OL]. http://www.scio.gov.cn/m/xwfbh/xwfbh/lxqfbh/37601/39274/xgzc39280/Document/1641459/1641459.htm.

作层定期会晤、企业和行业协会对口沟通等丰富机制；合作形式则包括重点项目推进、签署部门合作备忘录、在专项领域签署具有一定约束力的次区域或双边协议等。其中一个突出创新是重视成立国家层面的联合工作机制共同统领多主体、多层次的项目合作，双边政府对于企业层面、行业层面的合作具有较为深入的参与，及时在政策上回应企业需求。具体的机制安排包括建立跨境基础设施互联互通工作机制，或者成立次国家级联合工作组等，在这样的组织安排下共同推出基础设施项目，研究制订互联互通规划和具体行动计划。

以西部陆海新通道建设为例，在体制机制安排上首先成立了西部陆海新通道建设指挥部办公室，并在该办公室组织下印发《西部陆海新通道综合交通基础设施建设实施方案（2019－2020年）》（以下简称《方案》），统筹全局。《方案》统筹推进一批西部陆海新通道重大综合交通基础设施建设项目，从主通道、重要枢纽、核心覆盖区、辐射延展带等四个维度，明确了西部陆海新通道建设的空间布局。同时，《方案》明确了西部陆海新通道的战略定位，具体包括：第一是为了推动西部大开发新格局的战略通道；第二是联通陆上"一带"和海上"一路"的陆海联动通道；第三是带动西部地区融入国际经济合作的陆海贸易通道；第四是推动交通物流经济深度融合的综合运输通道。

除了上述在项目建设的实体经济层面的体制安排创新，在基础设施项目的投融资方面亦有新的机制安排。其创新首先体现在盘活多种类型金融组织的力量，综合运用中国进出口银行、国家开发银行和沿线国家银行，以及世界银行、亚洲基础设施投资银行、亚洲开发银行等区域性多边金融机构及国际开发金融组织的多方力量，形成合力。其次，在充分调动多个金融组织参与热情基础上，积极创新投融资合作模式，例如政府与社会资本合作（PPP）模式等，强调将投资企业、工程承包商及商业性投资基金等金融资本加以整合，形成利益共同体，联合参与投资建设与运营。

总而言之，"一带一路"倡议发起后，区域基础设施互联互通领域作为重点建设领域进行了丰富的实践，并在实践中产生了不少体制创新。伴随着联通体系的构建和发展，沿线各国的互联互通水平得到了有效提升，推动了国内供应链和国际产业链的相互畅通、相互依存。在国内供应链和国际产业链的构建过程中，亦积累了许多体制机制创新成果。

首先，在国内，中国着力推进贸易产业链、供应链的稳定畅通，并进行了一系列体制创新。具体表现为以下几种形式：对外贸转型升级基地加以认定表彰，对加工贸易产业园区持续培育，还建设了一批国家进口贸易促进创新示范区，扩大进口规模，带动相关产业转型升级。此外，全国性的供给侧结构性改革亦是推动国内供应链和国际产业链构建完善的重要力量。

其中，中国尤其重视发挥供应链公共平台的带动作用。在国内供应链和国际产业链的构建过程中，我国于 2017 年发布建设"一带一路"全球供应链创新工程暨全球智慧供应链公共平台。该平台按照中央供给侧改革、经济高质量发展、经济现代化体系建设、"一带一路"倡议、新型城镇化建设等总体部署进行建设，积极贯彻落实国家供应链体系建设的相关政策举措，推动构建以产业链、供应链、价值链协同驱动创新的区域经济协同发展新格局，结合"一带一路"城市合作计划暨投资促进行动、"一带一路"特色小镇产业园区文旅目的地示范工程、"一带一路"新商业领袖计划、"一带一路"国际创业创新数字平台暨双创推进工程，联合创建全球智慧供应链产业联盟，积极推进"一带一路"全球供应链创新工程暨全球智慧供应链公共信息平台建设，积极开展基于产业链、供应链、价值链协同创新的试点城市、示范产业园区、示范企业等示范基地建设。同时，该平台还通过积极倡导绿色供应链和努力构建全球供应链两条举措推进国际产业链的持续建设。

其次，有一部分体制创新安排产生于参与构建全球供应链、融入全球供应链网络的实践中。具体包括以下几种形式：一是通过合作区的建设推进全球供应链的畅通提效，包括境外经贸合作区、边境经济合作区和跨境经济合作区等。二是注重引导企业打造重要资源和关键投入品的全球供应链风险预警系统，强调在充分联通并灵活利用国内国外两个市场两种资源的同时，通过系统安排提高全球供应链风险管理水平。三是制订并实施国家供应链安全计划，建立健全风险预警评价指标体系，完善风险预警机制。四是从更根本的层面，参与全球供应链规则的制定，重视通过更为科学合理的规则制定带动全球供应链向更为安全、更具韧性、更为畅通、更为高效的方向持续发展，推动彰显供应链利益共同机制的全球经贸新规则的确立。

四、健全多元化标准化投融资体系

资金融通是"一带一路"行稳致远的保障,开放包容、尊重市场规律的投融资体系是高质量共建"一带一路"的内在要求。要坚持市场主导,多方力量共同参与,加强债务和风险管理,践行绿色发展理念,实现可持续发展,结合中国金融业开放促进"一带一路"建设。秉持共商共建共享的原则,坚持企业为主体、市场化运作、互利共赢。自"一带一路"倡议提出以来,我国紧紧围绕沿线国家基础设施互联互通和贸易投资合作的融资需求,动员各利益相关方积极参与,协同打造共商、共建、共享的"一带一路"投融资体系。

具体建设工作包括:第一,统筹国内和国际资源。充分运用中国政府官方发展援助、开发性金融机构、政策性金融机构、商业性金融机构等国内资金资源,共同推动"一带一路"融资体系建设。要充分发挥政策性金融机构和开发性金融机构的作用,提高"一带一路"专项的丝路基金和商业性金融机构在共建"一带一路"中的参与度。此外,多边开发性机构、国外投资者拥有资金丰富和知识专业的优势,要充分调动其积极性,共同打造风险可控、收益可观、利益共享的重点项目,实现国内国际资金相互补充。第二,统筹政府和市场力量。要有效发挥政府政策的指导和激励作用,促进"一带一路"沿线国家之间的发展规划衔接,形成区域基础设施建设规划和融资安排,打造透明、友好、公平的融资环境。对于意义重大的战略性项目,开发性金融机构、政策性金融机构、主权财富基金以及国有企业等公共性质的投资要互为补充,同时带动私人资本进入,推动政府和社会资本合作模式(PPP)不断迈上新台阶。在风险可控的前提下鼓励创新融资模式、渠道、工具与服务,发展和完善股权融资市场和本币债券市场,形成一整套的金融政策组合工具。从根本上来说,"一带一路"建设还是要靠市场的力量。要遵循市场规律和国际通行规则,充分发挥市场在金融资源配置中的决定性作用和各类企业的主体作用,实现各方资金共同参与的良好格局。第三,统筹多边和双边合作。"一带一路"建设中的大多数项目属于双边合作，特别是基础设施、贸易投资和产能合作等项目。要高度重视双边融资合作，用好我国与资金使用国两种金融资源、两个金融市场，统筹建设好双边项目。同时，充分发挥多边开发机构较强的召集力，探讨既符合多边开发机构各自宗旨及发展战略，又契合"一带一路"建设的合作领域，通过联合融资、平行融资、三方合作、多方合作等不同形式，开展"一带一路"相关合作，促进共同发展。第四，统筹近期和长期任务。近期应将有限资金集中投向重点地区、重点国家，抓好关键项目、示范性项目，少花钱多办事，集中力量办大事，让有关国家不断有实实在在的获得感。中长期要全面考虑"六廊六路多国多港"建设的融资需求，以点带面，由线到片，通过多元化融资渠道和完善资金管理机制，为"一带一路"建设提供更强大、稳定、可持续的融资支持。

"一带一路"倡议自提出以来，中国积极推进"一带一路"投融资机制建设，初步形成了以政策性、开发性和商业性贷款为主，投资基金、证券发行为辅的多种融资方式并举，政府、私营部门和国际性金融机构共同参与的投融资体系。然而，"一带一路"投融资体系从建设之初就面临到诸多挑战。"一带一路"投融资体系面临的风险和挑战主要表现在，沿线国家债务负担沉重，信贷违约风险高；中资金融机构的融资行为不够规范，开放度和透明度不足；国际金融机构和国内民营企业的参与度不足；遭受西方国家的批评和质疑，如所谓的给东道国带来"债务陷阱"等。为应对"一带一路"融资的风险和挑战，健全"一带一路"投融资新体系，中国加强了融资风险的评估和监控，具体举措包括以下八个方面。

第一，加强"一带一路"融资风险的评估和监测，控制信贷规模扩张速度，提升信贷资产的质量。中资金融机构应根据《"一带一路"融资指导原则》和《"一带一路"债务可持续性分析框架》，加强"一带一路"融资风险的事前、事中、事后的评估和监测，降低"一带一路"贷款的违约概率。考虑到中美政治、经济、科技竞争加剧，中国的贸易顺差将会大幅下降，中国外汇储备的增长将失去动能这一新形势，中国对"一带一路"项目的金融支持规模应维持大体稳定，不宜过快增长，以免对外汇储备的资产质量构成负面影响。

第二，加强政府间融资合作，拓展政府间合作模式。目前，"一带一路"政府间合作以双边合作为主，主要是中方与项目所在的沿线国家政府开展合作，共同为项目提供资金支持。近年来，多边机制在"一带一路"融资体系中的作用有所提升，如上合组织、东盟与中日韩（"10 + 3"）、中国—中东欧"17 + 1 合作"等。通过多边机制加强"一带一路"融资合作，不仅能够有效推动跨境基础设施建设，还有助于避免国际上对中国推动"一带一路"倡议意图的质疑①。未来，第三方合作应成为"一带一路"政府间合作的重要模式。第三方合作指两个国家在第三国开展市场合作，中国通过与发达国家在沿线国家开展第三方合作可以分散投资风险，实现与发达国家在资金、技术和海外投资经验方面的优势互补，有助于增进发达国家对中国"一带一路"倡议的理解。

第三，坚持开放理念，对接国际规则，加强与第三方国际金融机构的合作。中资金融机构应规范融资行为，坚持开放、绿色、廉洁理念，引入并构建各方普遍支持的规则标准，推动基础设施投融资环节遵循普遍接受的国际规则标准。中国应推动与沿线国家的开发性金融机构和国际大型多边开发银行的合作，积极利用现有多边和双边政府金融合作机制，将外部资金引入"一带一路"项目。通过银团贷款、联合融资、担保等风险分担机制，提升国际商业金融机构参与沿线项目融资的意愿。

第四，丰富政策性和开发性金融机构的资金支持模式。除贷款以外，中资政策性和开发性金融机构还可以通过设立投资基金、提供融资担保等方式为"一带一路"沿线项目提供支持。目前，国开行和进出口银行已经代表中国政府出资设立了一些合作基金，但这些官方基金仍由中方主要出资、负责运营，中方承担较大风险。国开行与进出口银行可以考虑直接与沿线国家金融机构合作设立投资基金，并要求一定的投资回报率，沿线国家金融机构负责投资基金的日常运营和管理，国开行和进出口银行只收取固定收益。另外，国开行与进出口银行还可以与沿线国家金融机构共同设立担保基金，为"一带一路"沿线项目提供资金担保和信用增级，包括对项目的资产证券化产品

---

① 参考中国一带一路网，https：//www.yidaiyilu.gov.cn.

提供担保。

第五，推动中、外资商业银行银团贷款，建立银行间长效合作机制。"一带一路"沿线的大型基础设施投资项目通常资金需求较大且周期较长，银团贷款可充分利用不同金融机构的资金与技术专长，降低项目总体风险以及单个机构的资金风险。建立银行间合作平台，形成常态化合作机制，有助于吸纳更多外资银行参与"一带一路"项目融资。中、外资银行将共享项目信息，分享融资经验，共同探讨"一带一路"沿线项目融资合作的近、远期目标，形成优势互补和互利合作。

第六，加强资本市场建设，推动资产证券化发展。近年资本市场对"一带一路"融资的支持虽然有所提升，但是相对于银行贷款其规模仍很有限。通过建设"一带一路"债券市场，可以吸引全球长期投资者，不仅有助于扩大"一带一路"融资规模，还能解决期限错配的问题。发展"一带一路"资产证券化市场，则能够动员更多资金参与"一带一路"沿线项目。单一项目未来收益的资产证券化，能够使项目投资提前回流，用于开展其他项目。对"一带一路"银行信贷资产的证券化，则将银行信贷资产转移到资本市场，解决了银行资金的流动性问题，并使银行不再扮演风险中心的角色。

第七，鼓励民营资本建立海外投资的产业基金和开展公私合营项目。民营资本在"一带一路"融资体系中发挥更大作用，有助于分散风险，拓展股权投资，避免国际质疑。相比国有企业，民营企业往往具有更好的成本管理能力、风险意识以及运营灵活度，但是在自有资本实力和融资能力方面略逊一筹。通过设立产业投资基金，便可让民营企业抱团出海，共同把握"一带一路"沿线国家的投资机会，并服务于国家战略。同时，民营企业也可以通过公私合营模式，即PPP模式，参与"一带一路"沿线项目。

第八，推动人民币贷款，拓展人民币结算体系。应大力推动"一带一路"融资与人民币国际化相结合，鼓励提高"一带一路"项目贷款中人民币贷款的比重。在当前中美经贸摩擦加剧和对美出口受阻的情形下，提高人民币贷款的比重，也可以缓解贸易顺差和外汇资金流入减少对中国的"一带一路"投融资体系的负面影响。要鼓励人民币贷款，中国需要完善人民币回流机制，拓展沿线国家对中国货币金融市场的投资渠道。另外，国内金融市场较高的融资成本限制了人民币贷款的竞争力,为降低人民币贷款成本,可考虑由财政部为国开行和进出口银行的人民币贷款提供贴息补助,而商业银行则可在国际点心债市场进行融资以降低成本。同时,为推广人民币在"一带一路"沿线项目跨境支付结算中的使用,还应进一步完善人民币跨境支付系统的建设,吸引更多境外机构参与到该系统中。

在健全多元化标准化的投融资体系的过程中,还成立一系列金融机构以专门应对"一带一路"建设对资金融通的需求。具体包括旨在促进亚洲区域一体化进程,提高亚洲国家互联互通水平的亚洲基础设施投资银行、丝路基金等。

由于"一带一路"倡议下进行的各项基础设施项目建设面临巨大资金缺口,仅凭政策性金融或者东道国金融无法满足建设需求,需要打开思路调动盘活一切可能资源。亚洲基础设施投资银行、丝路基金作为支持"一带一路"建设的重要金融机构,旨在推动政策性金融先行进入项目,进而发挥资金杠杆撬动更多项目融资的作用。此外,国内已有的金融机构,如国有大型银行、外资银行、股份制银行等,亦被充分调动积极性,为企业"走出去"参与"一带一路"建设提供信贷支持。同时,充分利用互联网金融等创新金融业态的力量,拓宽金融服务范围,打造新的金融合作范式,带动民间资本更多参与"一带一路"建设。在提高多金融机构参与热情之后,需要具体的机制安排提高金融机构之间的协同性。例如,各金融机构的境外主权债务头寸实行统一、归口管理,共享信息资源,共同设计项目融资结构、统一融资价格、风险分担机制等金融条款,共同提高金融服务水平。再例如,推进多家银行组建银团,推进"1+N"联合融资机制,即允许企业同时向多家银行融资以满足相对大额的项目资金需求,在银团层面实行统一管理、统一服务、统一报价的制度安排,减少银行间恶性竞争的同时加强了银行间风险共担机制。

在金融产品层面,"一带一路"倡议实践中亦有许多制度安排产生于金融产品的创新实践中。具体来说,重视运用商业贷款、"两优"贷款、保险、股权投资基金等多元金融工具,允许投贷结合、混合贷款、贷保结合等多元组合方式,形成更为灵活、更匹配企业需求的融资方案。此外,PPP模式作为与"一带一路"基础设施项目高度契合的融资模式在"一带一路"实践中得到广泛应用和较多发展。PPP 模式可发挥政府、民间资本、金融机构的力量，优势互补，形成合力。同时，在"一带一路"倡议实践中，企业探索了包括在东道国发行债券、以境外资产、股权抵押贷款等多元募资融资路径，既加快了双边国家的金融市场融合，也间接促进了抵押品交易市场的形成。

未来还将充分利用国际资本市场的资源，结合我国"十四五"规划以及"一带一路"沿线国家的发展目标与方向，以建立健全多元化投融资体系，进一步建设与国际资本市场接轨的投融资平台。

五、构建绿色人文交流的协调机制

在绿色人文交流方面，"一带一路"工作领导小组将各个部委的行动协调起来。在此框架下，共建"一带一路"的绿色人文交流协调机制的建立和推进，为"一带一路"软实力的构建提供了合作共赢的良好基础。

首先，中国政府以发布系列政策文件的方式强化自身的生态文明建设，同时推动"一带一路"的生态环境保护工作。《对外投资合作环境保护指南》于 2013 年发布，明确要求企业在参与"一带一路"建设中遵守东道国生态环境保护的相关法律法规和标准要求，切实开展污染防治工作，尽可能保护当地生物多样性。在此基础上，《推动共建丝绸之路经济带和 21 世纪海上丝绸之路的愿景与行动》于 2015 年发布，进一步要求企业在社会责任践行方面要积极主动，尤其是在保护生物多样性和生态环境方面。此后，《关于推进绿色"一带一路"建设的指导意见》和《"一带一路"生态环保合作规划》于 2017 年发布，正式提出绿色"一带一路"概念，明确了建设绿色丝绸之路的总体思路、基本要求和具体任务举措。

除发布一系列政策文件统领"一带一路"绿色发展全局之外，部委层面的工作亦积极开展。生态环境部积极联合中外合作伙伴成立"一带一路"绿色发展国际联盟。该联盟旨在为绿色技术交流、环保产业技术合作提供交流平台，推动绿色发展相关的技术创新创业基地和高端环保产业园的建设发展。此外，在理论研究方面，统筹国内外研究力量开发了中国境外投资项目环境风险快速评估工具，助力项目建设各阶段的环境与社会风险的识别与管理，在客观评估潜在影响的前提下为项目的绿色建设提供切实建议。

"一带一路"是一项具有深厚历史和文化底蕴的国际合作倡议。国之交在于民相亲,民相亲在于心相通,民心相通是共建"一带一路"行稳致远的社情民意基础,人文交流则是民心相通最可依赖的桥梁纽带。

在人文交流领域,"一带一路"倡议自提出以来发展了以元首外交引领、高访带动、高端机制示范、双边多边结合为主要特征的人文交流合作机制。此外,伴随着人文交流工作的逐步开展,双边共识不断积累,多元开放、多边参与、多主体共建共享的合作平台应运而生,人文交流实现了从点到面的突破。此外,中国重视将"一带一路"倡议的人文交流有机融入国家元首外交,配套了一系列机制化、常态化的人文交流活动,与重大外交活动和国际会议捆绑配套,进一步提高"一带一路"倡议人文交流工作的国际影响力。此外,中国已与俄罗斯、美国、英国、法国、德国等八个国家建立副总理级别的高级别人文交流机制,对于"一带一路"倡议下的人文交流全局具有广泛的辐射和带动作用。

人文交流是推动共建"一带一路"精谨细腻"工笔画"不可或缺的重要支点,为推动共建"一带一路"走深走实,推动构建人类命运共同体,共创人类社会美好未来注入更多正能量、暖力量。

现阶段,中国大力推动"一带一路"框架下的生态环境保护国际合作,与各方携手共同打造绿色国际公共产品,为全球环境治理带来信心。倡导建立"一带一路"防治荒漠化合作机制,设立气候变化南南合作基金,和有关国家及国际组织共同发起"一带一路"绿色发展国际联盟、发布《"一带一路"绿色投资原则》、实施绿色丝路使者计划培训各国学员 2 000 余人次等①。中国与"一带一路"国家在环境保护领域的合作取得丰硕成果,为凝聚全球环境治理合力、落实 2030 年可持续发展目标注入新动力,也为共建"一带一路"增添了新亮色。未来,更多更具创新力的绿色人文交流机制和成果将会伴随着"一带一路"实践的发展而逐渐涌现。

---

① 新时代的中国国际发展合作 [EB/OL]. http：//www. scio. gov. cn/zfbps/32832/Document/1696685/1696685. htm.

▶▶ **路径篇**

第十二章 共建"一带一路"的投资规划与资金融通

▶导言◀

"十四五"规划纲要提出"推动共建'一带一路'高质量发展",因此,"十四五"时期,在确定对"一带一路"国家的投资规划时,需要准确把握"高质量发展"的深刻内涵,要在投资规模总量上进行适当控制,在投资结构分布上进行适当调整,并逐步提升数字经济和绿色经济等新经济形态下相关项目的投资比重。此外,"十四五"时期对"一带一路"国家投资的产业结构和布局也要进行调整和优化,在产业布局上对中亚、东亚、东南亚和西亚进行差异化安排,发挥四个主要合作区域自身的区位优势,在产业结构上要基于国际国内双循环筹产业调整,努力构建"投资+贸易"的双向贸易态势。

具体到资金融通方面,"十四五"时期,推动高质量共建"一带一路"需要丰富多样的投融资参与主体,逐步形成层次化、差异化的投融资主体结构,搭建起多元化投融资主体的协调框架;要积极尝试各种"利益共享、风险分担"的投融资模式,利用好传统融资方式和各类资本市场,做到股权融资和债权融资相结合;要深化金融合作和风险监管合作,共同完善服务"一带一路"建设的金融支持保障体系;要通过投融资规则体系建设,提升投融资合作机制的长期兼容性,为各沿线国家之间推动高质量共建"一带一路"的务实合作提供有力支持。

一、"十四五"时期对"一带一路"国家的投资规划

(一) 投资规模与结构

《中华人民共和国国民经济和社会发展第十四个五年规划和 2035 年远景目标纲要》于 2021 年 3 月正式发布。同"十三五"规划纲要一样,"一带一路"建设作为纲要第十二篇"实行高水平对外开放开拓合作共赢新局面"的重要组成部分单列成章。"十四五"规划纲要关于如何共建"一带一路"倡议的变化主要体现在"高质量发展"的总体要求上。在"十四五"规划纲要中,关于"一带一路"倡议的表述由"十三五"规划纲要中的"推进'一带一路'建设"变为"推动共建'一带一路'高质量发展"①。要从三个角度把握"高质量发展"的内涵。第一,从微观角度看,每一个项目的质量要达到标准。既要符合国内标准,也要符合国际标准,更要符合当地的标准。每一个工程项目的质量要经得起历史检验,达到设计寿命。第二,"一带一路"建设需要有一个可持续发展的理念。要让高质量的项目长久地造福当地社会、经济、生态等方面的发展需要,树立可持续发展理念,大力倡导"共建绿色丝绸之路",这对于中国提升国家形象、有效防范中国企业"走出去"的环境风险,推动共建"一带一路"顺利进行具有重要意义。第三,"十四五"规划纲要"高质量发展"的总体要求明确了共建"一带一路"的基本原则。即要坚持"利益共享、风险共担"的原则,倡议虽然由中国提出和主导,但推进全面建设要靠参与各方共同努力,这样才能把"一带一路"倡议的内在红利变成现实的财富,由参与共建的各方共享。

因此,在高质量共建"一带一路"下一阶段的国际合作中,基于以上总体要求和基本原则,结合第二章基本理论模型的测算结果,建议"十四五"时期中方的非金融总投资规模应控制在 1 000 亿美元左右。"一带一路"倡议

---

① 中华人民共和国国民经济和社会发展第十四个五年规划和 2035 年远景目标纲要 [EB/OL]. http://www.gov.cn/xinwen/2021-03/13/content_5592681.htm? pc.

实施建设以来，前面 8 年的总投资规模为 1 382 亿美元，而"十四五"期间以及未来的一段时期更重要的是做深做实，关键是把每个项目做好做精，而不是继续扩大规模。"十四五"时期，要努力做好国内国外的统筹协调，妥善处理外部政治经济环境变化带来的挑战，有效应对国外疫情发展对当地项目建设带来的负面影响，因此要在投资规模总量上面进行适当控制，"十四五"期间非金融总投资 1 000 亿美元是一个大体指导性的规模，没有包括国际资本市场和共建国家的投融资规模。具体而言，在"十四五"规划涉及的5 年时间内，每年的中方非金融投资规模控制在 200 亿美元左右。另外，要在国民经济投资总规模当中为"十四五"期间非金融总投资的投资建设资金做好资金预算计划，确保以上投资规划安排的资金来源保障。

与此同时，"十四五"期间中方推动"一带一路"建设的投资结构也要调整。在 1 000 亿美元投资当中，数字经济和绿色发展项目的投资比重要逐步提升至 40% 左右。通过数字化转型将数字技术这个第四次工业革命的最新技术成果用在"一带一路"建设当中。比如，燃煤电厂"走出去"不再是简单地复制国内已有建设项目，而是通过数字化措施来防止污染、提高节煤等以实现绿色发展。"十四五"时期可以重点在这些传统项目建设上进行数字化的转型改造，促进数字经济产业的进一步发展。中国在应用场景方面已经走在大多数国家的前面，包括移动支付在内的数字经济技术会随着"一带一路"项目的建设在发展中国家推广，中国数字经济新技术的应用场景会在发展中国家实现应用，使得"一带一路"沿线的发展中国家甚至可以比一些发达国家提前享受到这些新的数字技术。[①] 在绿色发展方面，中方要继续与"一带一路"沿线国家加强政治互信，利用"一带一路"绿色发展国际联盟和生态环保大数据服务平台，分享中国在生态文明建设方面的理念和实践经验，持续推进环境相关的政策、标准、规划和技术沟通。同时，继续提高共建"一带一路"项目的生态环境治理水平，不断完善政策工具，发挥金融机构引导绿色投资的作用，引导企业更好履行环境责任，防范共建"一带一

---

① 国务院新闻办公室．"一带一路"专栏 "一带一路"发展数字经济点亮创新之路 ［EB/OL］. http：//www. scio. gov. cn/31773/35507/35510/35524/Document/1552823/1552823. htm.

路"的生态环境风险。通过绿色共建"一带一路"推动可持续性高质量发展，与合作伙伴共建万物和谐的美丽家园。

（二）产业格局

1. 四个主要合作区域的发展差异

"一带一路"倡议在面向中亚、东亚、东南亚和西亚四大区域的开放重点和开放策略上有所差异。这四个主要合作区域在政治文化基础、重点战略资源、人口经济需求等方面具有的基础各异，共建"一带一路"的推进方式和时间顺序上也有所不同。东亚和东南亚区域是开展近域贸易和拓展海权的主要地区，而中亚区域是拓展路权的主要地区。

东亚区域是中国对日本和韩国近域贸易和保障中国国际海运通道的关键地区。从近域贸易方面看，日本和韩国是中国的传统贸易伙伴，但中国与日韩产品的差异性较大，总体而言，竞争大于合作。从国际海运通道方面来看，东部沿海在未来相对长的一段时间内仍旧是远洋航线的主要登陆点，但中国还需要考虑在国内东北等地寻找新的登陆点，寻求中国国际海运新的出海口和突破点。

东南亚和南亚区域是中国对东盟近域贸易和联通海陆通道的关键转换区域。从近域贸易方面看，东盟是中国对外贸易中占比上升最快的新兴贸易伙伴，拥有较大的人口规模，近年来经济发展较快，并且部分国家工业化正处于初期发展阶段，与中国产业体系的互补性较强。随着中国在东南亚地区的投资日益增加，推动双方产业进一步整合，通过贸易一体化建设和产业园区投资，逐步提高中国的国际影响力。中新经济走廊旨在进一步整合东盟，重点实施项目包括公路、铁路、光纤通信、口岸和园区建设，分别在南宁—新加坡、昆明—仰光和昆明—曼谷三条线路上展开选线和建设工作。中巴经济走廊重在瓜达尔港的政治军事经济战略意义，以形成进入印度洋的便捷入海口和进入中东的前哨。由于瓜达尔港紧临伊朗和波斯湾，是中国能完全掌控的中东原油最近的陆上运输口岸。孟中印缅经济走廊是中国西南连通印度洋的通道，重在打通西南出海口。其战略意义在于开辟印度洋第二通道，寻求在吉大港、索纳迪亚港、皎漂港、科伦坡港等地提供西南最近出海口。重点实施项目包括公、铁项目建设以及产业园区建设。这一通道的打通对于改变中国能源和矿石进口通道具有重要战略意义，也将根本性改变中国的能源和资源深加工产业格局。

中亚区域是保障国际陆运通道和对欧洲及西亚远程贸易的主要地区。中亚地区在近域贸易上对中国的重要性相对较小，但在远程上西亚地区是中国与欧洲的陆路联系通道，此外西亚国家能源资源丰富，战略意义重大。中亚区域主要依托两条陆桥建设，一是新欧亚大陆桥，二是中蒙俄经济走廊。新欧亚大陆桥重在贯通欧亚大陆两端贸易联系，以形成直通中东欧的便捷贸易通道，推动高附加值成套机电设备出口。重点实施项目包括推动海关、商检卫检、投资等贸易便利化，其难点在于距离长，需要哈萨克斯坦和俄罗斯的配合。中蒙俄经济走廊战略意义在于以开发蒙古国的煤炭和矿产资源为重点，完善货运网络，其难点在于三国的利益诉求不同，选线认识上差距大。

西亚区域处于工业化初期阶段，地广人稀、经济量小，但石油等矿产资源丰富，该地区的贸易重点不在于工业制成品而是能源资源。而现阶段，与欧美国家相比，中国在该地区的投资和贸易比重相对较小，影响力不强。因此，可加强对该地区的资源类和基础设施类投资，推动中伊土经济走廊的建设。该通道的战略意义是稳定油气资源供给，通过发展消除"三股"势力滋生土壤，与大国竞争腹地。重点项目包括油气和钾盐资源开发，境外中国产业园区建设。其难点在于沿途地缘政治复杂，教派冲突激烈，国家关系复杂。

2. 产业结构调整

"十四五"时期，高质量共建"一带一路"面临着国际国内双循环的深刻调整，国家贸易类型将从向全球市场输出廉价消费品以获取能源矿产资源的传统模式转向输出高科技产品、成套设备和服务贸易的未来模式，这将不可避免地导致我国产业布局的结构性调整。中国原有的以面向欧美为主的全球价值链的构建存在安全隐患，"一带一路"倡议通过全面开放不仅可以让更多的城市参与到国际产业分工中，还可以通过不同扇面的产业协作形成多元、弹性的全球价值链，让更多的国家在全球产业分工中获利。

"十四五"时期,共建"一带一路"高质量发展将会继续推动以技术、信息、服务以及标准等输出为内容的服务贸易的发展,将不断带动沿海区域尤其是珠三角、长三角传统产业优势地区的经济发展转型,推动生产性服务业和高端制造业的发展,并在北京、上海、广州和深圳等核心城市积聚创新能力和国际职能,进而逐步从单纯的制造业基地走向全球性的经济枢纽。

高质量共建"一带一路"背景下,要基于国内国际双循环统筹产业调整,国家间贸易合作方式将进一步由单一的货物贸易格局逐渐转向"投资+贸易"双向贸易态势。通过设立境外经济贸易合作区,在有科技实力的"一带一路"沿线地区设立研发中心,在"一带一路"沿线国家建设出口加工区、能源资源生产基地、产业转移基地和产业平台等多种方式来加大对外产业投资。这也将使我国西部边境门户城市在统筹跨境合作方面的前沿作用更加显著和突出。

3. 能源安全格局优化

共建"一带一路"为优化中国能源供应通道创造了有利条件,"一带一路"沿线国家是中国进口能源的重要来源地,关系着中国的能源安全。以原油、天然气、煤炭、棉花、矿产品等大宗商品为例,截至 2020 年,中国从"一带一路"沿线国家的进口量分别占中国总产品进口量的 68%、92%、42%、35% 和 11%。然而,当前中国接近 90% 的进口能源依赖海运,且 80% 的进口海运能源必须通过北印度洋和马六甲海峡,运输渠道单一,导致我国能源运输风险较大。① 高质量共建"一带一路"为中国进一步拓展大量陆路通道,将中亚资源地与中国市场有效连接,为中国的能源安全提供保障。

"十四五"时期,拓展面向中亚的陆上油气资源通道,增强与"一带一路"沿线国家的能源资源开发与合作是未来的重要战略举措,将有可能改变中国能源加工产业布局。其中,包括推进与中亚、西亚以及俄罗斯的油气资源与战略通道合作,打通与俄罗斯、哈萨克斯坦、土库曼斯坦、蒙古国、缅

---

① 商务部国际贸易经济合作研究院. 中国"一带一路"贸易投资发展报告 2020 [EB/OL]. http://fec. mofcom. gov. cn/article/fwydyl/zgzx/202009/20200903000037. shtml.

甸和伊朗等国家的陆路资源通道，以及建设一批以油气为核心的能源资源勘探开发及加工转化合作带和示范区。伴随油气管线从西北和西南内陆的接入，优化调整基础设施集中投放格局也势在必行。中国过去十年能源加工重心向沿海集中，如果遇到外部的打击，整个国家会失去主要的支撑设施。而战略纵深更高的中部和西部地区，特别是地广人稀的西北地区，将会是加强基础能源深加工产业的重要选择。

二、"十四五"时期高质量共建"一带一路"的资金融通

（一）投融资主体

高质量共建"一带一路"需要丰富的投融资参与主体，积极吸引各类国际组织、开发性机构和市场主体共同参与，提高项目融资的透明度和包容性。具体而言，为了形成多样化、层次化和差异化的投融资主体结构，共建"一带一路"投融资主体可以分为以下几类:[①]

1. 国内商业性金融机构

国内商业性金融机构主要包括四大国有商业银行。一方面，商业银行提供了多样化的融资产品，涵盖了银行授信、国际银团贷款、境内发行债券等多种融资模式；另一方面，商业银行还提供了多元化的跨境金融服务，为国内企业赴海外投资提供了投资银行、财务咨询、境外保险和风险管理等业务。其中，中国银行和中国工商银行凭借其广泛分布的海外分支机构、成熟的多元化融资服务体系以及丰富的"走出去"经验，在"一带一路"融资市场中占据了较高的市场份额。

2. 国内政策性金融机构

国内政策性金融机构主要包括国家开发银行和国家进出口银行。政策性

---

① 国家开发银行研究院．"一带一路"投融资模式与合作机制的政策思考［EB/OL］. http：//m. chinaace. com/ccbp/ksdt/xu20200978145130. shtml.

银行主要以金融债券、吸收存款、政府和其他金融机构借款等融资模式为主。政策性银行可以通过以下两种方式为共建"一带一路"项目进行投资,一是提供商业信贷,其特点是两优贷款、专项贷款等长期限贷款的利率较低,二是设立双边或多边投资合作基金进行战略股权投资,通过兼并收购、重要少数股权投资、控股投资和债权等多种形式为共建"一带一路"境内外企业和大型项目提供低成本的融资支持。

3. 新兴多边开发性金融机构

新兴多边开发性金融机构主要包括亚洲基础设施投资银行和丝路基金,其特点是对接国际标准,为共建"一带一路"提供信贷、债券、股权投资和保险等多元化融资模式,此外,金砖国家新开发银行和上海合作组织开发银行也与"一带一路"投融资息息相关。

亚洲基础设施投资银行致力于基础设施建设,其成立宗旨是促进亚洲地区互联互通建设。亚洲基础设施投资银行的特点主要体现在以下三方面:一是与共建"一带一路"的共同特点是聚焦于基础设施建设和互联互通,对共建"一带一路"融资具有专项性;二是与现有的世界银行和亚洲开发银行等多边开发银行进行良好互补,侧重不同领域,弥补"一带一路"沿线国家和地区基础设施建设的资金缺口;三是可以结合丝路基金等新兴多边金融机构,利用多元化的金融创新方式,例如信贷、发行债券、公募、保险和资产证券化等,激发最大的融资潜能,产生更大功效。

丝路基金是为共建"一带一路"框架内的经贸合作提供融资支持而量身打造的中长期开发性投资基金。丝路基金按照市场化、国际化和专业化的原则设立,其主要经营业务为综合运用股权、债权、贷款和基金等多元化投融资方式,可与国际开发机构和境内外金融机构联合设立投资基金,从事资产受托管理、对外委托投资等业务。

金砖国家开发银行的设立旨在为金砖国家、其他新兴经济体和发展中国家进行基础设施建设方面的投资,创始成员为金砖五国(巴西、俄罗斯、印度、中国和南非),其中俄罗斯、印度和中国均为共建"一带一路"的重要参与国。金砖国家开发银行致力于绿色金融的发展,除金砖国家资本金之外,主要依靠发行绿色债券作为其资金来源。

目前，上海合作组织仍在积极探讨成立上合开发银行的可行性方案。由于上海合作组织成员国和观察国密集分布在"一带一路"沿线，上海合作组织为共建"一带一路"提供了重要的机制支撑和沟通保障，成为"一带一路"建设中机制对接的重要平台。上合组织成员国中的俄罗斯和哈萨克斯坦能源资源丰富，然而受制于基础交通条件等，能源开发有限，上合开发银行的成立主要为其成员国的基础设施建设提供资金，弥补资金缺口，推动各国间的经济合作。

4. 传统世界多边金融机构

第四类是传统世界多边金融机构，主要包括世界银行和亚洲开发银行。传统世界多边金融机构主要提供贷款业务，其特点是贷款利率较低、贷款期限较长，因此有利于"一带一路"项目的展开，并且可与国内商业性金融机构、国内政策性金融机构以及新兴多边开发性金融机构等联合起来进行投融资。

世界银行的主要贷款机构为国际复兴开发银行，其主要为能源和采矿，交通，供水、卫生设施和防洪等领域进行融资，而这些领域均与共建"一带一路"联系紧密。亚洲开发银行旨在通过提供贷款、联合融资相担保、技术援助和赠款等方式，支持其成员国在基础设施、能源、环保、教育和卫生等领域的发展，以此实现扶贫的战略目标。当前，东南亚地区是共建"一带一路"进展最快的地区之一，可通过亚洲开发银行进行融资，促进地区经济发展。

5. 出口信用保险机构

第五类出口信用保险机构，主要包括中国出口信用保险公司。中国出口信用保险公司是中国唯一提供出口信用保险业务的政策性保险公司，由国家财政预算安排其资金来源，旨在推动中国企业"走出去"，提高我国的对外开放水平。由于共建"一带一路"发展主要聚焦于基础设施建设和能源领域，项目存在施工周期较长、体量大和资金需求量较大的特点，并且部分

"一带一路"沿线国家的投资环境尚存在不稳定因素,因此国内企业对"一带一路"进行投资需要出口信用保险来提供保障。中国出口信用保险公司为参与共建"一带一路"投资的企业提供出口信用保险,为国内企业赴海外投资提供了坚实的后盾,使得其投资项目的风险更为可控。

总的来说,在高质量共建"一带一路"的背景下,国际组织、开发性机构和各类市场主体要加强协调和合作,尊重市场机制在金融资源配置中所起的决定性作用,实现各类投融资主体和谐高效合作。高质量共建"一带一路"过程中,多元化投融资主体相互合作是大趋势,例如,2017年,中国财政部与世界银行、亚洲基础设施投资银行、新开发银行、亚洲开发银行、欧洲投资银行和欧洲复兴开发银行等六家多边开发银行签署了《关于加强在"一带一路"倡议下相关区域合作的谅解备忘录》,达成了为基础设施建设和互联互通项目加大支持力度的共识,加强了共建"一带一路"投融资机制的稳定性、多元性和可持续性。

(二) 投融资方式

"十四五"期间,在高质量共建"一带一路"的背景下,不仅要发展常规融资方式,还要发展多种创新型投融资方式,努力提高资本市场特别是股票市场融资的透明度和效率,并发展融资和银行信贷工具。具体而言,优化投融资方式,不仅要结合股权融资和债权融资,还要积极尝试利益共享、风险共担的各种投融资模式。

1. 股权债权融资相结合

高质量共建"一带一路"要构建贷款、股权投资、债券融资、融资租赁和援助等多层次投融资体系。贷款包括商业银行的一般性贷款以及多边开发银行和国家开发银行的优惠贷款,后者贷款利率较低、期限长,能够更好地满足"一带一路"中长期项目的融资需求。[1]

---

① 中国金融家 中国金融新闻网. 如何构建"一带一路"多元化投融资体系 [EB/OL]. https: //www. financialnews. com. cn/zgjrj/201906/t20190612_161668. html.

目前，最常见的股权投资是短期私募股权投资，但高质量共建"一带一路"需要更好地适应建设项目的长期性。"一带一路"项目可设立中长期专项基金，例如，专门设立的丝路基金以及行业、区域和国家层面的基金。丝路基金是目前最受关注的"一带一路"投资基金，在首期400亿美元基础上增资了1 000亿元人民币。在产业层面，设立相关产业基金，覆盖基础设施建设、能源、黄金交易等共建"一带一路"的重点领域。在区域层面，在全国各地设立地方丝路基金，包括广东丝路基金、江苏沿海发展投资"一带一路"基金、广西丝路产业基金、甘肃丝路交通发展基金等。在国家层面，设立了1 000亿美元规模的中俄区域合作发展投资基金、100亿美元规模的中国—东盟投资基金、100亿美元规模的中非产能合作基金等。在推进高质量共建"一带一路"的过程中，要不断推动国际资本、国内资本、商业资本和社会资本等各类主体参与重大项目建设，持续支持共建"一带一路"项目的资金需求。

债券融资是高质量共建"一带一路"融资发展的短板。目前，亚洲国家正在考虑推动亚洲债券市场的发展。亚洲基础设施银行发行的长期债券提供了债券市场发展的经验。"一带一路"沿线国家已达成协议，通过本币债券市场改革，扩大共建"一带一路"项目的长期资金来源。同时，如何吸引民间资本也是基础设施融资面临的挑战。加强公私合作，通过公共部门资金拉动民间投资，是缩小基础设施建设资金缺口的重要途径。"十四五"期间，积极发挥政府社会资本合作在高质量共建"一带一路"建设中的融资作用，鼓励公私资金共同参与行业融资。政府与社会资本合作模式（PPP）通过建立跨境项目建设的成本风险分担和利益共享机制，实现合理的风险规避。多边开发机构、国家开发银行和国家初始投资专项基金应发挥积极催化剂作用，吸引更多社会资金。

2. 积极探索利益共享、风险分担的投融资模式

一方面，创新融资结构设计，探索"收益共享、风险共担"的投融资模式，灵活设立合适的融资模式。"一带一路"沿线国家多为发展中国家，处于不同的历史发展阶段，宏观经济政策和金融资源配置面临多种约束。另一

方面，金融机构在配置金融产品时，要结合当地实际，创新设计融资结构，以经济利益为导向，兼顾社会利益，提供合适的融资模式。①

在一些经济发展滞后、需要抓紧启动项目以消除发展瓶颈的国家，为提高融资效率，快速获得预期收益，宜采取针对性强、便捷快速的融资模式。经过多年的发展，部分国家在能源和基础设施方面取得了重大进展，有潜力实现更高水平的金融治理和提高要素配置效率，然而还要探索和完善项目融资的法律和监管环境，促进各类社会资本在规范有序的市场环境中自由流动和适度竞争，引导金融资本配置相应的资源。"一带一路"沿线国家面临多种风险，尤其是基础设施建设领域的多边合作项目，部分国家自身实力不足，在持续投入资金、实际经营管理、宏观债务管理等方面的能力仍有提升空间。金融机构要不断树立风险意识，改变传统的单打独斗、大包大揽的观念，创新运用风险分担理念，完善风险补偿和危机应对机制，在更广阔的市场中分散风险；要利用好国际银团贷款、资产证券化等措施，积极开发各类金融衍生品，规避交易中的各种汇率和利率风险，提高资金安全性。在参与大型项目时，要积极利用多边金融机构担保、出口信用保险和国际贸易保险等缓释风险措施，在部分风险较高的市场，引入多边投资担保机构来拓宽风险管理渠道。

同时，在"一带一路"倡议下，要创新投融资模式，推动投融资产品和制度创新，促进可持续融资发展。一是加快"一带一路"沿线金融机构布局。鼓励中资金融机构以"一带一路"为枢纽，布局全球网络，进一步完善境外人民币贷款支持政策。研究制定税收优惠政策，通过设立"白名单"等方式，提供增值税减免的优惠政策。对境外人民币放贷规模实行差异化管理，通过大项目补充抵押贷款等方式，为银行提供低成本资金支持。二是要进一步提升我国开发性和政策性金融机构的中长期投融资效益。合理确立外债结构控制目标，适度扩大中长期外债规模和比重，简化中国企业境外项目获得货币互换资金的程序，逐步提高境外人民币贷款的比例，在项目开发前期明

---

① 中国社会科学院世界经济与政治研究所."一带一路"多元化融资机制为基础设施融资提供解决方案［EB/OL］.中国网，http：//opinion.china.com.cn/opinion_60_165860.html.

确规定为预设条件。三是完善投资金融服务,包括国际银团、绿色金融、PPP 模式、项目收益债券、资产证券化等市场化方式,满足不同层次的资金需求。同时,与合作国政府、中外金融机构和企业建立强有力的风险分担机制,为"一带一路"建设提供长期可持续、风险可控的金融支持。

(三)投融资合作

经过多年的探索和实践,中国与"一带一路"沿线国家的金融合作机制在国家层面已基本形成,中国金融机构的外部布局也趋于完善,并且已经建立了多个多边合作机构,金融机构和国际组织共同为"一带一路"沿线国家基础设施建设和产能国际合作提供资金保障。但"一带一路"金融合作仍相对落后于其他领域的合作。现有的跨境金融合作,无论是公共的还是私人的,主要集中在特定的行业和地区。例如,中国与东南亚 10 国建立了区域金融稳定框架,中国主要商业银行在东南亚和中东欧的主要国家开设了分支机构,然而中国的金融机构尚未全面运作。"十四五"期间,高质量共建"一带一路"要进一步创新融资渠道,发挥亚洲基础设施投资银行和"一带一路"专项基金的融资作用。具体而言,可以从以下五个方面深化投资和金融合作。

1. 深化国家层面合作的广度和深度

在外汇互换方面,中国与 22 个"一带一路"沿线国家和地区签订了外汇互换协议,但这些国家主要集中在与中国经贸往来密切的亚洲地区,其他地区的"一带一路"沿线国家与中国基本没有外汇互换合作项目。中国的货币互换额度大部分分配给了中国香港、韩国等发达国家和地区,不能满足许多发展中国家对人民币的迫切需求。对此,中国要更加积极地回应其他地区和发展中国家的相关诉求,在严格风险评估的基础上,与更多"一带一路"沿线国家开展更加广泛的合作,深化与其他新兴市场国家的外汇合作,提高人民币在世界外汇储备中的比重,从而扩大人民币对国际货币体系的影响。

在构建金融稳定框架方面,中国要积极推动国际货币基金组织等国际组织改革,努力提高发展中国家在国际问题上的发言权。从这个意义上说,建立"一带一路"沿线国家金融合作框架,加强区域风险管理能力是一个可行的选择。《清迈协议》虽然有良好的初衷和制度安排，但仅限于东南亚和东亚地区，而"一带一路"沿线和拉美沿线等金融风险集聚的地区，尚未建立相应的保障机制。此外，《清迈协议》的美元互换额度仅为 2 400 亿美元，其中约 720 亿美元由成员国自由借贷，其余额度由国际货币基金组织提供资金支持，与国际货币基金组织 1 万亿美元的贷款限额相比，这只是杯水车薪。总体来看，现有的区域金融稳定框架仍远不能满足沿线发展中国家的需要，中国与沿线国家的合作有待加强和深化。

2. 推进资本市场建设

中国需要大力发展国内资本市场，开发更加丰富的金融产品，提供更加公开透明的金融服务，以满足国际市场的投资需求。目前，我国对"一带一路"建设的金融支持主要依赖间接金融渠道，资本市场作为直接金融平台的作用尚未充分发挥。未来，中国可考虑成为"一带一路"倡议的金融中心。以纽约、伦敦等主要国际金融中心为标杆，从市场规模、产品多样性、市场效率、监管水平等方面进行改进，推动国内资本市场发展。

首先，中国股票和债券市场有潜力成为"一带一路"建设项目的重要融资渠道。为此，我国证券交易所和银行间债券市场与"一带一路"沿线国家资本市场战略对接，促进信息公开共享，实现资本市场互联互通。中国通过瞄准优质跨境金融产品，鼓励中国股票和债券指数积极纳入国际指数，构建跨境风险防范网络，使中国和其他国家的企业能够获得更便捷、成本更低的融资，各国投资者可以分享基础设施建设和区域经济增长的红利。其次，积极发展互联互通的商品交易平台，这也是中国和"一带一路"沿线国家的一大优势。"一带一路"沿线国家资源丰富，通过加强与沿线国家的合作，可以显著扩大中国现货商品市场，提高国际投资者的参与度，因此，有必要积极构建商品交易平台，创造相互关联的市场条件，积极开发与沿线国家商品特点相匹配的期货合约，推动建立区域债券市场。坚持绿色发展理念，将绿色金融元素融入"一带一路"投资。截至 2018 年底，中国进出口银行已向全球投资者发行 20 亿元人民币绿色金融债券，推动"一带一路"绿色发展。① 要继续推动境内债券市场对外开放，建立覆盖"一带一路"沿线国家的区域性债券市场，发行人民币债券投融资手段，提供多种长期、多样化手段支持大型"一带一路"项目建设。最后，中国还需要加强与"一带一路"沿线国家的合作，共同构建互联互通的资本市场。同时，中方鼓励沿线国家金融机构参与中国二级市场交易，欢迎沿线国家优质企业来华直接融资，更好地保护投资者权益，为沿线国家企业融资提供便利。

3. 构建多元化投融资框架

2017 年，中国与联合国欧洲经济委员会签署谅解备忘录，建立"一带一路"PPP 工作机制，共同推动 PPP 模式更好地应用于建设合作项目。PPP 模式不仅填补了项目建设的资金短缺，还可以引入私营部门的监督管理机制，提高项目建设的质量和效率。从构建多样化的投融资体系框架的前进方向来看，除亚投行、丝路基金等金融平台外，构建多元化投融资框架还可以发行债券或建立各种创新的融资工具，尤其是调动更多的私营部门资源，积极推广 PPP 模式，增强基础设施建设项目对私营部门投资者的吸引力。

解决"一带一路"互联互通资金不足的问题，既要发挥公共资本和国际资本的作用，又要充分发挥民间资本和社会的积极性，要整合公私部门，最大限度发挥政府资金潜力，动用来自中国—东盟、欧亚大陆、中欧、东欧等20 多亿资金。成立新的丝路基金，激励民间资本参与共建"一带一路"，将公私合作（PPP）和建设—运营—转让（BOT）等有机结合，增加潜在的长期效益。引导保险和社会保障基金、养老基金等机构、商业和社会基金共同参与丝路基金建设。创新融资模式，鼓励发行债券融资和股权融资，鼓励政府、金融机构和企业在各类金融市场发行中长期债券。结合"一带一路"互联互通项目的特点和风险，发展金融创新收益和证券化类型，提供多样化、多层次的直接融资工具和满足特定项目需求的金融创新产品，积极推广投资与信贷的新发展模式。

---

① 中国进出口银行．绿色金融白皮书［EB/OL］．http：//www.eximbank.gov.cn/info/white POGF/202301/P020230106609856434614.pdf.

4. 推动人民币国际化

与美元、欧元等常见的国际货币相比，人民币的国际化水平还远远不够。直到 2018 年底，以人民币计价的国际债券库存仅为 1 075 亿美元，远低于 11.3 万亿美元和 9.3 万亿欧元的库存。中国与"一带一路"沿线国家的大部分贸易和投资仍以美元等第三方货币结算。促进人民币在"一带一路"沿线市场跨境商业和金融交易中的广泛使用，能够帮助中国和沿线国家的企业降低交易成本，提高投融资的便利性，并倒逼国内金融改革和金融开放。

人民币国际化与共建"一带一路"相辅相成。增加人民币在跨境结算中的使用将降低贸易成本，促进投资活动，并使当地人民受益于贸易的畅通。此外，提高人民币在国际外汇储备中的占比，可以减少"一带一路"沿线国家对美元的依赖，降低区域金融风险。为提高人民币国际化水平，央行将在国家层面加强与"一带一路"沿线国家的金融合作，扩大货币互换规模，共建区域网络。在制度层面，积极支持与沿线国家商业银行互联互通，推进人民币离岸市场建设。鼓励中国商业银行"走出去"，在境外设立分支机构，提高人民币、进出口商和投资在中国和沿线国家的可得性，提高投资者和居民的便利。此外，还要针对不同国家和地区企业的需求，开发更多的货币替代品，保护企业货币风险，促进人民币作为投资货币的使用。

（四）投融资规则

在构建"一带一路"投融资规则体系时，应充分考虑合作国家（地区）在经济、金融和市场发展水平上的各种需求，提高长期适应能力，协调金融机构、金融市场和金融监管等领域合作，促进国家金融机构和服务立体化布局，引导形成便捷的信息披露和共享机制，促进双边和多边经贸往来和经济，为伙伴国提供有力支持。

首先，积极推进金融市场基础设施建设和完善，促进各类金融机构协调有序发展。当前，"一带一路"沿线国家金融发展水平参差不齐，许多国家的金融基础设施十分薄弱，削弱了国际资金使用的流动性和效率。因此，通过加强国际货币支付、清算、货币互换等金融基础设施建设，有效降低交易成本，提高资金使用效率，保障资金安全，这既是参与国金融合作的重要领域，也是开放原则的内在要求。构建"一带一路"投融资规则体系，要推动形成银行、保险公司、证券公司、信用评级公司、会计师事务所、企业顾问等相互协调的网络化发展格局，有效协调政策性融资和商业融资之间的合作，在与沿线项目相关的合作计划、利率协议、担保方式等方面进行沟通合作，为项目建设提供强有力的资金支持。此外，高质量共建"一带一路"要充分发挥投资基金的积极作用，根据具体的投资项目设立相关国家联合发起的产业基金，从而引导资金流入，为项目落地提供资金支持。

其次，将着力推进"一带一路"建设项目的传播和信息共享，确保规则一致性，加强金融监管合作，避免金融监管套利。参照世界银行、国际货币基金组织、亚洲开发银行等国际组织为项目提供信贷的一般做法，为共建"一带一路"搭建投融资标准框架，设立最低信息披露标准、项目制定框架或目录，提供相关研究、数据库信息、财务信息，有效化解信息误解和信息不对称问题。搭建信息发布和交流平台，全面落实信息共享，促进形成开放、透明、结构良好和定义明确的层次结构。推进"一带一路"沿线国家金融监管体系对接，积极推进国家金融监管部门合作，共同应对可能存在的风险隐患。同时，金融监管套利使金融市场交易和活动更加隐蔽，波动性较大，加剧了信息不对称，增加了系统性风险。对此，各参与方要共同推动财务规则一致性建设，建立并落实问责制度、审计制度和社会监督机制，加强各项规则之间的协调和监督，杜绝寻租行为以实现金融规则体系的公平建设。

第十三章　共建"一带一路"的风险控制与项目管理

▶导言◀

"十四五"时期，高质量共建"一带一路"倡议面临经济、社会、政治和金融等诸多方面的潜在风险因素。潜在的风险中一部分源于"一带一路"沿线国家自身营商环境、资源环境、文化差异以及政治局势所产生的不确定因素，另一部分源于全球经济放缓和贸易保护主义上升带来的国际贸易周期的复杂性和多变性。而在推进高质量共建"一带一路"的过程中，面临复杂多变的国际贸易形势，各个沿线国家需要始终秉持共商共建共享的全球治理观，不断推动构建和深化国家间贸易安全对话和合作机制，努力搭建各沿线国家间政策体系和治理方式的协调机制。其中，参与到"一带一路"建设的国家需要致力于统一的义利观，灵活调整各类型的金融互惠工具，协商构建各种政策合作框架，不断推进经济贸易活动的高水平开放与创新。在"一带一路"框架下，共同促进各个沿线国家形成国家引导、社会响应、公众参与的经济、文化和环境全面协调发展局面。

与此同时，为高标准实现"一带一路"的目标，归根结底需要依靠"一带一路"框架中多个合作项目的有序推进。对于"一带一路"项目管理中遇到的问题，注意避免传统项目规划可能与当地经济发展现状与未来规划脱节的问题，由各相关参与国科学合理地编制合作项目的总体规划和行动方案；要从利于项目进展和监督管理等需要出发，由沿线各国一起成立"一带一路"的组织调节机构，坚持平等协商、责任共担、共同受益的合作共建原则，建立和完善各种项目风险管理和利益协调机制；要建立规划实施情况的动态评估机制，保障合作项目按照规划体系实施，注重相关项目的生态环境和气候影响，建立项目环境影响的分级分类管理体系；要建立重大项目信息储备平台，集合优势资源对项目难点痛点给予适当引导和支持，建立在建项目信息共享平台和质量跟踪平台，为有效地评估相关项目的实施进展情况提供可靠帮助。

一、加强"一带一路"的风险控制

（一）共建"一带一路"的潜在风险因素

1. 经济风险

在宏观经济层面，当前全球经济增长速度持续低迷，贸易保护主义抬头，金融风险较大。在全球经济增长速度持续低迷的大环境下，"一带一路"沿线部分国家出现了不同的经济波动，经济下跌情况明显，同时多个国家还出现了货币大幅贬值的情况。由于这些国家的发展颓势，我国海外投资的可持续性发展战略受到阻碍，融资压力倍增。过去多年，共建"一带一路"大部分以基础设施建设为主，这些项目具有前期投入大、需要资金持续跟进的特点，因此，高质量共建"一带一路"需要拓宽融资渠道，丰富融资方式，继续推进各国间的金融互助。

在沿线国家的营商环境层面，当前整体国际营商环境有所恶化，企业参与"一带一路"建设项目的经营风险上升，疫情的全球扩散引发了全球范围内财政政策、货币政策和贸易政策调整，企业海外经营风险有所上升。[①] 具体体现在以下四方面：一是随着逆全球化、民粹主义与保护主义抬头，一些

---

① 推进"一带一路"建设工作领导小组办公室. 共建"一带一路"倡议：进展、贡献与展望（2019）[M]. 北京：外文出版社，2019.

国家加强了对外资和国外企业的审查限制。过去几年，部分国家贫富差距不断拉大，逆全球化、民粹主义与保护主义盛行，少数国家民粹力量已经上台执政，并通过不利于外国企业的法律条文，中资企业在相关国家的经营风险显著上升。二是国际政治形势复杂多变，并叠加相关国家国内政治动荡或政权更迭频繁，导致这些国家利用外资的政策稳定性较差。部分"一带一路"沿线国家过去几年处于内忧外患的境地，国内出现政治动荡和战争风险，导致其营商环境出现较大不确定性，中资企业在相关国家的投资和经营面临较大风险。三是部分国家的法律与规则不符合国际规范，存在对外资过度规制与对内资过度保护的现象。例如，在市场准入标准方面，隐性门槛和投资审查壁垒过高极大提高了国外企业的进入成本；进口产品的质量标准变化频繁，在制定标准时较少考虑国外企业的意见，增加了国外企业进行生产调整的难度与成本。四是一些国家由于对华竞争和意识形态的差异，对我国存在一定的偏见，对我国国力不断提升抱有戒惧防备心理，因此，存在针对我国企业进行选择性执法的情况。

在法律法规层面，共建"一带一路"面临法律法规的一致性、完善性和连续性问题。由于哈萨克斯坦、土库曼斯坦等沿线国家并非世贸组织成员，其法律和政策不受世贸组织法律体系的约束，和世贸组织对进出口贸易的限制存在差异。其中一些国家立法基础不够完善，执法力度不强，合法难度较大，存在利益寻租空间。在法律基础不完善的环境下，外来投资自我保护能力有限，基础设施在遭受外来突发风险后，可能出现无人对其负责的情况。并且部分国家可能对法律政策进行调整来保护本国产业，而对外政策的反复变化对投资势必造成不良影响。

2. 社会风险

沿线地区文化信仰众多，历史问题杂多，语言习俗各不相同，民族宗教冲突严重，并且，部分国家甚至对我国进行长期和无情地抹黑和异化。在如此复杂的文化环境下，共建"一带一路"要避免陷入文明冲突和价值冲突陷阱，中国在对外宣传中需要重点注意沿线各国不同的文化背景，避免沿线国家对我国政策和文化进行异化曲解。

推进高质量共建"一带一路"的社会风险中，最重要的是环境影响。从经济发展对环境的影响来看，"一带一路"沿线大部分地区为发展中国家，经济水平相对较低，城镇化进程普遍较快。从发展体系来看，大多数国家的经济发展依赖于水、油、气、矿产资源的开发利用，而环境破坏、空气污染等环境问题则在开发利用过程中频频出现。环境污染、土地荒漠化以及物种的生存危险等环境和生态问题多发，不利于区域可持续发展。能源的合作与投资是当前"一带一路"倡议的重点领域之一，但近年来，全球加强温室气体排放监管的共识不断升温，应对日益紧迫的气候变化的呼声越来越高，"一带一路"东道国关于"可持续能源投资"的呼声越来越高。对此，海外煤电投资面临越来越多的争议和关注。关于燃煤发电项目给东道国带来不断恶化的环境压力和空气污染引起了更加广泛的争论。在气候变化问题日益紧迫的背景下，世界银行和日本、韩国等经合组织成员国家开始限制对燃煤发电项目的财政支持，鼓励清洁能源的发展。例如，来自26个国家的近120家公共和私人金融机构已同意将化石燃料排除在其投资之外；2020年9月，亚洲基础设施投资开发银行宣布将停止为火力发电项目和煤炭项目融资。①

部分"一带一路"重点建设项目在完成过程中面临较大的社会阻力。海外中资企业开展的基础设施项目"点多、线长、面广"，建立合理有效的沟通机制是"一带一路"建设中亟待解决的难题。共建"一带一路"过程中恶性事件时有发生，威胁到中国企业和中国公民的生命财产安全。部分国家的恐怖活动泛滥，时有针对中国公民和企业资产的绑架和袭击事件，在部分国家，国内安全形势恶化，威胁到我国建设项目和海外人员的安全。

宗教和文化差异带来的社会风险是企业参与"一带一路"建设时应考虑的风险②。"一带一路"沿线的大多数国家在文化和宗教信仰上都存在差异，需要注意的是，东南亚和中亚的许多国家都是伊斯兰国家，其中部分国家习俗还相对比较保守，还存在很多中国企业不熟悉的习俗禁忌，中国企业在一些国家的经验与所在国家不适应。除了伊斯兰教，"一带一路"沿线还有很

---

①　国家开发银行，联合国开发计划署. 融合投融资规则　促进"一带一路"可持续发展——"一带一路"经济发展报告（2019）.

②　丁剑平，方琛琳. "一带一路"中的宗教风险研究［J］. 财经研究，2017（9）：134 - 135.

多佛教和天主教国家,其社会对于中国企业也有一定的期盼和禁忌。而我国企业如果缺乏对当地文化的敏感特性,就极易同当地产生冲突。

3. 政治风险

首先,"一带一路"沿线国家内部政治对立是高质量共建"一带一路"的一个不确定因素。沿线国家政体不同,部分国家经济社会发展极不相称,国内政治分歧较严重。近年来,"一带一路"沿线国家政局持续性动荡,执政党更迭频繁,外交政策屡屡调整,因此,高质量共建"一带一路"需要加强对政治风险的研究和舆论,对其国内的种族、宗教和政党冲突进行深入评估和监测。

其次,共建"一带一路"面临战略管控问题和关键部门的利益协调制衡问题。"一带一路"沿线一直是大国利益冲突比较严重的地区,部分国家对"一带一路"沿线地区有战略规划,如美国提出的"新丝绸之路计划"和"印太经济走廊",俄罗斯提出的"欧亚经济联盟",印度提出的"香料之路计划"和"季风计划"等。以上大国的战略愿景旨在引领地区秩序的实施,加强与周边国家的关系,加强在地区问题上的领导力,这些战略的内容与共建"一带一路"相竞争。推进高质量共建"一带一路"过程中必须保持管理与战略的配合,兼顾国家需求和利益协调。

最后,在"一带一路"建设中,"三股势力"企图破坏我国边境安全的行为也值得关注。我国有9个省份与"一带一路"沿线国家接壤,这些省份过去在外贸方面较为落后,但现在正处在共建"一带一路"的前沿。边境稳定对于共建"一带一路"的顺利推进而言十分重要。近年来,边境沿线安全形势逐步好转,恐怖主义和暴力事件明显减少,但是邻国的边境安全状况令人堪忧,存在很大不确定性和风险,要警惕"三股势力"的渗透活动。

4. 金融风险

"一带一路"沿线发展中国家较多,经济普遍落后,资本市场发展滞后,产业结构单一,国际资源波动对国内经济状况影响较大。在宏观层面中的金融风险包括:一是项目融资的利率风险,在使用PPP和BOT模式进行直接或间接资助项目的过程中，利率的变化可能会降低项目价值或导致收入损失。二是外汇风险，“一带一路”沿线大部分国家货币风险较高，国际货币流动性较弱，汇率风险较高，缺少汇率风险对冲工具。三是外汇无法获得和无法转移的风险，当地货币难以兑换成所需外汇并带到国外，用于偿还外债和其他对外支付。四是通胀风险，通胀问题在“一带一路”国家普遍存在，例如，2017 年 4 月，乌克兰、伊朗和土耳其的通货膨胀率分别为 11.5%、11.2% 和 10.1%，其中 2015 年，乌克兰的通货膨胀率甚至高达 48.72%。①

　　项目投资有助于“一带一路”倡议的实施，而资本和法律是衡量投资安全水平的重要因素。“一带一路”沿线有 60 多个国家和地区，经济发展水平、政治制度和法律制度各不相同，这使得共建“一带一路”的对外投资在非常严峻的环境中进行，保障投资安全是最直接，也是最现实的问题。

　　微观层面的经济风险包括：一是项目资金来源的不确定性风险。“一带一路”沿线国家主要是经济低增长的新兴市场国家。由于这些国家没有足够的资金进行相关投资，私营部门的投资和外国公司的投资有限，中国政府理所应当地成为主要投资者。融资不确定性是共建“一带一路”的主要障碍，单一的投融资模式无法满足项目建设的需求，项目建设能否顺利融资成为共建“一带一路”建设的主要障碍。二是债务违约风险。2015 年以来，西方媒体报道称蒙古国、巴基斯坦、斯里兰卡等参与“一带一路”的国家面临债务偿还延迟的问题。发展中国家容易面临资金匮乏、治理不善以及偿债能力不足的问题。国际舆论对“一带一路”中提出债务问题，认为这是中国政府蓄意的战略外交行为。2016 年 5 月，美国《外交事务》杂志就将中国与斯里兰卡的合作描述为中国有意向斯里兰卡施加大量债务以实现战略利益，并且提出了“中国（债务）陷阱”的概念，这是最早将“一带一路”与“债务陷阱”联系起来的术语。2017 年 1 月，针对中国与斯里兰卡就汉班托塔港债务问题进行的正常商业谈判，印度战略家雷厄姆·切拉尼将其称为中国的“债务陷阱外交”，称“中国达到了将东道国拖入债务危机的政治目的”。2018 年

---

① 董小君，蒋伟. 控制四类风险是“一带一路”对外投资项目成败的关键［J］. 中国中小企业，2017（7）：78 - 79.

3 月，华盛顿全球发展中心发布了《就债务视角审视"一带一路"倡议》报告，提出了 8 个有可能爆发债务信任危机的"一带一路"沿线国家，报告中的观点被各大媒体广泛转载，越来越多的国际主流媒体和政客用"债务"一词来攻击"一带一路"。①

从沿线国家债务结构来看，部分"一带一路"沿线国家债务规模较大，容易受到新兴国家违约风险的影响。根据 2020 年 1 月世界银行对全球经济的预测，随着过去五年公共债务占 GDP 的比例从 30% 上升到 50%，低收入国家需要分配越来越多的公共收入来支付利息，如果未来几年借贷成本如预期上升，低收入国家的偿债压力将会增加，而当融资条件急剧紧张时，低收入国家可能面临资本流入和"借债还旧债"的两难境地。在"一带一路"沿线公共债务的历史性和结构性问题上，美国等西方国家称"一带一路"财政合作导致所谓的国债，污蔑中国通过贷款的方式与"一带一路"沿线国家进行基础设施合作，使这些国家因缺乏相应的偿还能力而将"主权"转让给中国。

客观上，债务风险已成为"一带一路"建设中最重要的挑战之一。在第二届"一带一路"高峰论坛上，中国财政部公布了《"一带一路"债务可持续性分析框架》，表示中国政府意识到"一带一路"建设可能带来的债务风险。印度学者也关注到，第二届"一带一路"高峰论坛强调债务可持续性，并提醒印度政府注意中国发出的这一信号。国际货币基金组织（IMF）总裁克里斯蒂娜·拉加德在北京参加第二届"一带一路"峰会时表示，该倡议可以提供伙伴国家亟需的基础设施资金，但是随着投资的增加，负债的债务也会随着增加。"一带一路"是以基础设施建设为主要内容的国际合作倡议，建设周期长，发展中国家在此过程中需要承担偿还债务的风险。中国本身作为沿线国家的重要出资国，已被国际舆论警告可能面临债务风险，中国企业在海外建设可能引发债务问题必须得到重视。②

①② 钟飞腾，张帅. 地区竞争、选举政治与"一带一路"债务可持续性［J］. 外交评论，2020（1）：5 - 6 + 20 - 64.

（二）防范共建"一带一路"风险的措施

1. 经济风险防范措施

（1）坚定不移加快"一带一路"金融开放。目前中国正稳步推进新一轮金融领域开放，金融开放的勇气是基于对本国经济自信基础之上的，同时开放又能有效促进经济活力。只有顺应开放的大势，跟上开放的潮流，统筹好自身安全与共同安全之间的关系，发挥负责任大国的作用，推动共建"一带一路"高质量发展，有效构建人类命运共同体，才能在全球化的大势下有效维护经济安全。一是要落实好金融改革开放的使命，根据国际经济金融发展变化和国家发展战略要求，研究推动改革开放新举措。二是为进一步加强国内经济金融安全，要推动"货物出海、企业出海、人民币出海"，提升金融业的全球竞争力，改善经济和金融管理能力，在开放的环境中提高金融管理能力和抗风险能力，增加参与国际金融管理的机会。三是在工业化进程中，要处理好与相关国家高质量共建"一带一路"过程中大宗商品进出的"窗口期"，加快商品期货市场对外开放，尽量减少价格波动带来的影响。四是完善多层次资本市场体系，进一步拓宽直接融资渠道，强化主板、中小板、创业板融资功能，深化新三板改革，促进私募基金发展，拓宽融资渠道，支持参与建设"一带一路"项目的公司。

（2）推进"一带一路"金融创新。一是深化金融产品创新，根据基础设施投资项目的特点和风险，创新标的物收益、开发性贷款、大型设备资产等证券化的金融产品。根据"一带一路"投资活动的特点，研发具有各种风险、条件、保费和价格的投资保险产品，提供资产保护与风险保障、金融产品及企业衍生品研发、财务咨询、投资、风险管理等境外金融服务。二是加快清算业务创新，在收付账等传统清算产品的基础上，为企业提供多渠道、多产品的投资理财服务。三是鼓励创建新的金融市场，从投融资角度加强电子网络平台建设，有效利用"大数据"和"云技术"，与供应链供应商、投资者、代理商等参与者共享信息资源。四是优化金融机构管理体制，鼓励金融机构构建互信治理结构，区分有效需求和绝对需求，适当开展风险评估。

五是"一带一路"金融创新要全过程以法治为基础，全过程要高度重视规避法律风险，在法治建设中，凝聚共识、平衡利益、保护发展、化解争端、终结争端等发挥着重要作用，建设创新的金融制度保障体系。①

（3）建立沿线国家宏观经济政策协调机制。共建"一带一路"为参与国之间宏观经济的协调和沟通，为制定有利于全球经济融合、协同和发展的政策提供了新的平台和渠道。"一带一路"沿线国家应以此为契机，促进全球宏观经济政策的协调和沟通，包括财政、金融、就业、产业和结构性改革政策，减少相关国家政策的不确定性和不连续性，将政策的负面影响减小到最低，从而促进全球经济可持续增长和应对潜在风险。

2. 社会风险防范措施

发展面临的问题，只有通过发展才能解决。应对高质量发展"一带一路"共建过程中的风险和挑战，需要加强统筹协调，建立中央、地方、企业和社会沟通协作机制，并且明确安排职责，各自履行自身义务，成为"棋局"中不可或缺的棋子。②

（1）在政府层面，要强调基础设施建设在"一带一路"高质量建设中的桥梁作用。促进人文沟通和交流，深化与各国在发展理念和价值观上的共识，构建命运共同体意识。继续与沿线国家开展安全合作，加强信息互通和信息交流，加强边境口岸安全管理。各级地方政府要加快公共服务平台建设，完善政策法规体系。加大市场数据采集力度，提高信息透明度，帮助企业全面了解外商投资风险成因，主动识别风险点，及时建立防控网络，尽最大努力减少或避免负面因素。

（2）在企业层面，要加强技术研发，增强企业真正的竞争力，在高质量共建"一带一路"过程中促进企业升级、实现企业高质量发展。从经营理念上看，海外中方企业应做好当地政府工作，树立企业形象，同时兼顾各种政

---

① 张春宇."一带一路"建设中的金融创新特点和问题［J］.中国远洋海运，2018（5）：9 + 46 - 47.

② 曲鹏飞.应对"一带一路"建设三大风险，需抓住这个关键点［EB/OL］.https：//www.investgo.cn/article/yw/tzyj/201907/457634.html.

治力量、民族、宗教信仰和民间组织的影响，与东道国建立广泛的沟通，建立常态化的沟通机制。这一过程尊重所在国的宗教信仰和习俗，自觉保护工人的合法权益和当地环境，降低企业风险。对于人才储备问题，海外中方企业应重点培养专业的风险管理团队，防止因对东道国政策、法律和社会文化无知而造成的损失。在安全方面，海外中方企业需要加强安全防御能力。一方面，按照国家发展改革委、国资委等相关部委要求，完善合规管理体系，加强合规培训，提高企业合规能力。另一方面，设立境外私营商会和境外产业组织分支机构，搭建信息资源交流平台，节约企业成本和精力，提高境外维权能力。在部分政局不稳定的国家，中方企业可探究适合东道国国情的新型模式，配备必要的防卫装备，保卫驻外人员的生命和财产安全。

（3）在公众层面，随着"一带一路"项目建设向高质量方向发展，我国人才储备不足的问题日益突出。在高质量共建"一带一路"项目的过程中，我国需要进行标准化研究和标准制定方面的技术人才，以及熟悉法律法规的管理人才。高校作为国家人才培养的最重要环节，可以开设"一带一路"相关课程、学科或专业，培养高水平的复合型人才。智库作为提供国家建言献策的重要机构，要充分发挥平台作用，加强对沿线国家潜在危险的预警分析，形成优质研究成果，为国家和企业提供服务。人文交流是传播中华优秀传统文化、树立积极正面形象的重要渠道。

3. 政治风险防范措施[①]

（1）政策制定者在审批重大海外项目时，需要塑造和强化地缘安全意识，定期开展地缘政治风险评估。国外大型基础设施建设项目是国际政治竞争的重要舞台，背后有着复杂的地缘政治博弈。行政地理地图包括政治地图、经济地图、人口地图、宗教地图和民族地图，这些地图的总和形成了复杂而敏感的地缘政治地图。决策部门亟须提高地缘安全意识，在审批境外大型项目时，建立具体的地缘政治风险识别标准和立项标杆。具体的地缘政治标准

---

① 张晓通，许子豪."一带一路"海外重大项目的地缘政治风险与应对——概念与理论建构[J].国际展望，2020（3）：80－96＋156.

包括政治、经济和文化三个方面。首先，相关项目是否会引发大国之间的地缘政治冲突，特别是重大基础设施建设项目是否正处于海陆力量的激烈竞争之中，即是否会显著改变现有的地缘政治利益格局。其次，如果该项目引起大规模的地缘经济竞争，将显著降低欧美等主要发达国家的经济利益，导致这些发达国家对中国实施反华、遏制和报复政策，并且需要考虑其他发展中国家的竞争力和就业是否会大大降低，影响发展中国家之间的团结。最后，该项目是否会引发大规模的宗教、文明和民族之间的冲突，是否会增加非传统的安全威胁。识别地缘政治风险，需要有关部门牵头，形成部门联动机制，在准确认识地缘政治风险及其发生机制的基础上，制定有效的地缘政治风险防控策略，事先进行预评估，创造性地调整地缘政治利益结构，努力实现包括大国利益在内的各方利益动态的新平衡。

（2）在评估海外大型项目时，企业和银行需要加大投入并定期进行地缘政治风险评估。诸多重大国际危机背后都有着非常复杂的地缘政治因素，企业应对这些风险的重要性也与日俱增。国外私营部门、银行和金融业明显加强了风险管理，通过政治风险保险、增加银行准备金、进行对冲交易、购买金融衍生品和改善合同净额结算条款来降低风险；对于海外项目，开展在事前、事中和事后预防和管理国家风险。进入 21 世纪以来，欧亚集团、牛津分析等多家国际政治风险咨询公司的地缘政治风险业务迅速扩张，其对地缘政治风险防范的认知远超过中国。鉴于共建"一带一路"项目面临巨大的地缘政治风险，中国企业和银行需要加大对地缘政治风险研究的投入。当前，中国企业在地缘政治风险防控中的一个突出问题是缺乏对地缘政治的敏感度和专业知识，很多学术界对外企项目的实际机制并不了解。存在明显的"两张皮"现象。因此，迫切需要在地缘政治专家与企业之间架起沟通与合作的桥梁。对此，企业协会、商会和相关政府部门可以搭建平台，共同推进地缘政治风险的防范工作。

（3）建立"一带一路"沿线国家安全对话与合作机制。在"一带一路"沿线的部分国家和地区，地缘政治和军事冲突激烈，恐怖主义问题严重，分裂势力猖獗，对安全稳定共建"一带一路"构成威胁。沿线国家共同建立安全对话与合作机制，形成共同的制度化对话框架，针对高质量共建"一带一路"的重要安全问题进行接触协商。尊重各方利益，整合各方最大利益，达成共识，逐步扩大利益交汇点。沿线国家共同建立规范的安全合作机制，包括定期和不定期的联合反恐演习、海上合作巡逻、大型救灾演习、地区维和演习和网络安全突发事件等，提高合作水平，建立有效保障力量，为"一带一路"建设保驾护航。

重点关注三个方面：首先，专注于风险管理并充分利用政治保险工具。一方面，对于高风险项目，选择政治和商业保险覆盖的买方信用保险；另一方面，可探索选择世界银行隶属下的全面政治保险。其次，着眼于风险缓释，合理设计运营模式，同时必须摒弃传统的参与投标方式，合理承担大额长期贷款风险。最后，着眼长远发展，将民生项目联合开发与当地政府利益挂钩，民生工程以经济走廊重要项目为核心，可联合开发、共同收购。通过利益联动，加强地方政府和社会公众的支持，增强地方政府治理的民意基础，增加民生工程和投资文化交流，增加员工本土化以实现项目公司的本土化和发展，积极以其他方式回馈社会，获得民众的支持。

4. 金融风险防范措施

（1）运用现有成熟的金融产品，防范化解金融风险。一是防范和控制利率风险，通过固定利率贷款担保和政府利率担保来抵御利率波动风险，使用货币组合结算项目成本或收益，规避利率变动对项目投资和使用限制的影响，资金保证平等对冲技术可减轻利率的波动。二是规避汇率风险，除了在 PPP 和 BOT 特许经营协议中规定项目公司和所在国政府对外汇风险的各自责任外，充分利用掉期、远期等金融产品来规避外汇波动风险。三是对冲外汇不可获取、不可转移的风险，要求东道国政府提供可自由兑换的货币担保，并规定部分债务以本币结算，而另一些债务以外币结算，从而降低风险。四是管好通胀风险，作为未来价格验证的依据，建立与特许经营合同相对应的条款，根据公认的通货膨胀率调整价格，相应提高价格，延长特许经营期限，并逐步提高产品的合同采购价格，提高价格条件，防范通货膨胀带来的投融资风险。

投融资是"一带一路"建设的重要支撑，沿线国家需要加强金融合作，盘活现有资金，优化资金支持结构，创新资金应用方式，为共建"一带一路"提供长期稳定的资金支持。"十四五"时期，要进一步发挥好亚洲基础设施投资银行、金砖国家开发银行、中国—东盟银行联合体、上合组织银行联合体、各国开发性银行、政策性银行及商业银行等投融资机构和丝路基金、中国—东盟海上合作基金、亚洲区域合作专向资金、中国—阿联酋共同投资基金、中国—中东欧投资合作基金、中国—欧亚经济合作基金、中非基金等多双边基金的积极作用。推动沿线国家债券市场的发展，支持信用等级较高的政府、企业和金融机构在其他国家发行债券，为共建"一带一路"提供融资帮助。为扩大沿线国家双边本币互换和结算的范围和规模，我国在沿线国家设立了多个人民币离岸中心和人民币投资产品，与当地签订双边货币互换协议。构建跨区域信用体系，加强信用管理部门、征信机构、评级机构之间的跨境交流与合作，完善各国现有的信用评级体系，推动建立信用评级体系，逐步建立客观合理的"一带一路"信用体系。①

（2）构建高质量共建"一带一路"融资框架，与有关国家合作落实《"一带一路"融资指导原则》。共建"一带一路"项目主要采用项目融资模式，这种模式对准确评估项目的经济效益、全程监控项目实施、管控有效的法律风险等提出了更高的要求。有效应对和规避法律风险的关键在于探索政府间合作和特许经营的形式。一是在宏观层面推动签署相关政府间协议，促进中国政府与东道国政府就特许权协议签署政府间协议，保护单个项目和相关方利益，积极为"一带一路"沿线国家提供主权保障。二是向项目所在国施压，要求其改变或制定新的立法，如果法律中有禁止条款，或者项目进展过程中伴随着法律的修改，要以项目新法案获得批准为前提推动法律条款的修改。三是在微观层面选择特定项目的投资合作模式，要视法律风险情况而定，在法律和政策相对健全的国家，可以考虑采用"公私合作"（PPP）或"基础设施特许经营"（BOT）模式，在法律风险较大的国家地区，则严格按照工程款支付进度进行工程建设。

"十四五"期间，要继续发挥共建"一带一路"专项资金、丝路基金和

---

① 梅冠群．推进"一带一路"建设的有关建议［J］．当代经济管理，2017（11）：38－43.

各类专项投资基金的作用，为参与项目投融资的各类机构提供帮助。完善信用保险支持体系，充分发挥政策性出口信用保险作用，鼓励商业保险丰富保险产品，满足各类项目和企业的需求。有序推进人民币国际化，不断推进与沿线国家的双边本币合作，鼓励金融机构通过对外投融资更多地使用人民币。完善全球金融安全网，加强金融监管、国际税收、反腐败等领域合作，提高风险承受能力。通过多边和双边合作平台，鼓励多边发展机构与沿线国家提供联合融资。推广股权投资、PPP项目融资等方式，充分发挥公共资金的引领作用，动员和吸收社会资本。多边发展金融合作中心要充分支持高质量项目准备和能力建设，帮助沿线国家政府、信用评级公司和金融机构在中国发行人民币债券。鼓励符合条件的境内金融机构和企业在境外发行本外币债券，在沿线国家开放募集资金的使用。

（3）妥善防范债务风险，积极应对国际舆论。一是利用"一带一路"债务可持续性分析框架，提高投资科学和融资决策，加强债务管理能力，鼓励和支持沿线国家和国际组织。坚持提升项目风险评估和经济风险管理能力，重点总结成功经验和案例，理性审慎积极应对国际舆论。将人民币和"一带一路"沿线国家主权债务安全有机结合起来，开展国际产能合作，提升东道国经济发展质量和债务可持续性。

二是牵头制定债务减免应急预案。吉布提、刚果共和国、老挝、吉尔吉斯斯坦、安哥拉等是受中国债务风险影响最大的"一带一路"沿线国家，我国除了实施暂停偿债外，还率先制定了债务减免应急预案。中国将在G20计划范围内对债务减免方面提供更多让步，为这些国家提供更多抗击新冠肺炎疫情大流行的资金空间，并将这些资金设定明确的使用条件仅仅用于支持绿色复苏。在债务风险可控的国家，中国与国际货币基金组织、G20等多边组织协调债务重组，防止违约和不可持续的债务，多方投资者之间必须达成一致。中国需要明确国家开发银行和中国进出口银行等中国政治银行在债务重组和减免中的作用。

三是为了改善债务治理，有必要建立国外公共借贷的标准。在2019年举办的第二届"一带一路"国际合作论坛上，财政部启动了"一带一路"债务可持续性分析框架，提议我国和其他共建"一带一路"国家的金融机构和国际组织自愿使用债务持续性分析工具。① "十四五"期间需要提高国内债务透明度，并为国家开发银行、中国进出口银行等中国主要公共信贷机构制定统一规则。国际社会需要采取多边贷款机制，比如增加亚投行的贷款。同时，开发和应用新的债务机制，如自然资源债务制度，但尽量避免因资源交换而产生有争议的债务。

专栏：风险控制典型案例——卡西姆电站项目②

近年来，中国电建严格按照我国政策引导，实施以"一带一路"和"互联互通"为核心的市场布局，以投资为导向，支持海外EPC业务发展，探究出设计、建设、运营管理等一体化发展模式，提供产业链一体化"集群"输出，有效带动集团投融资结构优化和产业现代化。其中，巴基斯坦卡西姆港煤炭应急电站项目（简称"卡西姆项目"）是"中巴经济走廊"的首个大型电力引进项目，是参与者之间实现互利合作的旗帜工程。

一、潜在的项目风险

2013年11月，中国电建海外投资公司开始接洽该项目，项目总投资20亿美元，投资回报率等经济指标良好。电建集团一直非常积极推进该项目，但进一步的评估和综合分析表明，该项目存在以下投资风险：

（1）政治风险。巴基斯坦和中国是"全天候战略合作伙伴关系"。从这个角度看，两国政府对中巴经济走廊项目的政治支持是毋庸置疑的。然而，作为境外投资项目，中国需要客观公正地分析东道国风险，并一一应对。根据中国出口信用保险公司发布的《国家风险分析报告》，巴基斯坦国家评级为7，区域风险较高，市场环境普遍较差。

（2）电费延误风险。多年来，巴基斯坦政府一直饱受"三角债"问题的困扰。巴基斯坦政府对电力企业的电费进行了长时间的拖欠，致使部分企业处于停产的边缘，加剧了巴基斯坦停电的恶性循环。

（3）融资风险。电厂项目采用30%股权投资和70%项目融资的方式。在

---

① "一带一路"债务可持续性分析框架［EB/OL］. 财政部官网.
② 卡西姆电站项目风险控制纪实［EB/OL］. 中国一带一路网. https：//www. yidaiyilu. gov. cn/qyfc/xmal/526. htm.

10 年及以上的融资期限内，受国际资本市场利率波动、汇率波动等影响，投资成本会急剧上升，无法达到预期的投资回报率。另外，巴基斯坦有严格的外汇管制，巴基斯坦国家公用事业不能用美元支付，而且巴基斯坦卢比兑美元汇率波动较大，这也给项目带来了潜在的融资风险。

（4）税收和法律风险。在海外经营的中资企业，不可避免地会面临来自项目所在国以及中间控股公司所在国的各种税收义务。巴基斯坦和我国在法律和税收制度上的差异也给外国投资公司带来了风险。

（5）施工技术风险。卡西姆项目是"一带一路"的一个政治项目，需要克服短期建设困难，按时高质量完成项目，建设工期短，技术难度大。

（6）安全风险。在卡西姆项目所在的卡拉奇，恐怖势力、极端宗教势力、非法武装团体长期活跃，该地区安全形势并不乐观。

二、风险应对措施

根据上述风险分析，中国电建海外投资公司采取了下列应对措施。

（1）规避政治风险的措施。积极与中国出口信用保险公司联系，努力利用国家政策性金融机构规避重大项目风险。在外商投资保险业务中，中国信保鼓励投资者到境外投资，赔偿投资者因被投资国违约货币管制、征用、战争和政局动荡而造成的经济损失。中国电建通过购买中信保险的外资保险，加强卡西姆项目政治风险的防范。巴基斯坦政府对该项目的购电协议提供主权担保，中国信保承担货币限制、分流、战乱和违约风险。保险覆盖了大部分政治风险和项目风险事件的成因，有效保障了项目的建设和运营。

（2）规避电费延误风险的措施。一是中巴两国政府在签署的关于中巴经济走廊能源项目协议中明确：巴方同意为中巴经济走廊项目开立备用电力支付账户。按计划将每月不低于电费22%的资金汇入该账户，以便保证本协议所列公司产生的电费从产生之日起全额支付。根据该条款，确保卡西姆项目获得基本的日常运维资源保障，以保证项目的正常运行。二是经过多轮谈判，中信保明确表示，如果卡西姆项目的海外投资保险延迟支付电费，将被政府视为违约，并给予相应的赔偿，赔付的比例达95%，为项目的顺利实施提供了坚实的基础。

（3）规避融资风险的措施。中国电建从国家政策和合同约定两个方面，运用预防、分散和转移等综合风险管理技术应对资金风险。一是中巴两国政府签署的《中巴经济走廊能源项目协议》中规定，如果巴基斯坦有资质的商业银行无法为该公司提供项目交易所需的全部外汇，则巴基斯坦国家银行每年提供所需外汇。同时，巴方已承诺开始建立兑汇机制，提供工厂收入的快速兑换。从国家政策层面建立和完善项目交流机制。二是以美元为结算货币，本币为支付货币，并使用支付日的实时汇率来管理本币贬值的风险，同时，为规避不同货币的风险，使用美元贷款确保收入和投资都是美元。三是为避免汇兑损失，建设期资金在第三国以美元持有，建设期资金在巴基斯坦以美元持有。四是与放贷银行、监管银行等中资银行建立战略合作伙伴关系，确保交易期间收到的本币按时兑换兑付，减少本币库存。五是确保交易期间必须在巴基斯坦持有的当地货币有足够的购汇额度和有效的价格封锁机制，同时出售营业期间的应收账款，在贷款终止时及时收回利润用于偿还贷款。六是该项目已获得实际项目融资，即中国电建只提供竣工保证，投产后的一切风险由项目公司承担，银行对中国电建不具备追索权，项目公司要将资产和未来收益抵押给银行。通过以上方法，可以基本控制项目融资的风险，同时，通过建立对巴基斯坦货币政策和汇率波动的风险监测机制，保障风险管理措施继续有效。

（4）规避税收风险的措施。面对巴基斯坦复杂的税法和税收征管实践，中国电建采用以下方式对卡西姆项目进行税收管理。一是在项目签订购电合同、实施合同、工程承包合同等重要合同前，向国际知名企业征询税务建议和筹划，积极做好相关税收政策，注意并确保全额支付相关税收成本，确保项目的实际收益率符合投资经济估值的预期。二是研究税收政策和征管实践，在合法的前提下建立符合集团最大利益的投资结构和项目合同，通过采纳专业的法律和财务建议，卡西姆项目最终采用了三级子公司的资本投资结构，实现了合法合规和避税。三是根据中巴税收协定，中国人民银行、中国进出口银行、中国银行、中国农业发展银行、中国发展银行的贷款利息可免税，来自其他金融机构的贷款均不免税，需缴纳10%的预扣税。如果以其他方式筹集资金，所涉金融机构将不可避免地将税收成本转嫁给公司。经过深入细致的分析，卡西姆项目最终选择了中国进出口银行作为融资银行，采用资源有限的项目融资方式进行融资。

（5）规避施工技术风险的措施。中巴经济走廊项目具有十分重要的地位，中国电建集团董事长颜志勇亲自担任项目领导班子的领导。考虑到施工的技术风险，中国电建选择了集团内综合 EPC 能力最强的山东电建公司进行施工。作为"一带一路"项目，公司以卡西姆项目为重点，组建技术施工能力最强的团队，确保项目高质量按时完成。此外，中国电建注重加强内部控制，建立风险预警体系，建立监督管理程序，确保前期规划和规划的正确实施。如果巴方或项目本身发生变化，立即采取应急预案，并及时采取整改措施，防止投资风险进一步加剧。

（6）规避安全风险的措施。一是中国政府与巴基斯坦政府就中巴经济走廊能源项目达成的协议规定，巴基斯坦政府"采取必要措施确保项目的安全运营和中方人员的安全"。中国电建通过国家级协议，积极会同巴方有关部门制订和完善安保方案，确保巴安全部队及时行动。二是聘请专业的安保公司制定安保和应急预案，并通过权威性咨询机构的评估和审查，严格执行项目的安保计划。三是项目封闭管控，由项目自身承包的巴基斯坦政府装备军队和安全部队提供双重保护。四是加大成本保障成本投入。

（7）争取两国政府的政治支持。考虑到中国政府与巴基斯坦政府的友好关系，中国电建不仅给巴政府有关部门、中国国家发改委、国资委等中国政府有关部门发了 100 多封信函。国家委员会全程监督物业资产管理和能源管理。两国政府都采纳了与两国政府高度关注有关的建议。经过多次政府间会谈，2014 年 11 月 8 日，中巴两国成功签署政府间合作协议。巴方承诺在安全和外汇兑换等方面大力支持"中巴经济走廊"项目，并设立电费储备账户，按月收取 22% 的电费。同时，在中国政府的支持下，中国信保承诺为巴方的付款延误提供保障。因此，在两国政府的支持下，卡西姆项目的主要风险得到了分担和缓解。

为加快卡西姆项目的投保进程，中国电建自 2013 年 11 月项目监测启动以来，与中国信保保持密切联系，首次实现项目进度和资源的有效沟通。在双方的共同努力下，2015 年 9 月，卡西姆项目获得了中国信保出具的境外投资保单，成为我国承接的首个大型燃煤电厂投资项目。能源板块信用保险

"中巴经济走廊"海外投资险的成功收购,是卡西姆项目开发过程中的重要里程碑,也是项目风险的有力保障,同时建立和加强识别、预防风险和补偿机制,为项目的建设和商业运营提供了有力保障。

卡西姆项目是目前中国电建和"中巴经济走廊"外商投资项目中覆盖率最高、政策最优的项目。滞纳金、换汇、电费缴费等期限基本涵盖了项目的主要风险点。同时,该项目还获得了一部分股权和债权下的简易先行赔付机制,为银行还款和股东回报提供了更加及时和有力的保障。此外,在两国政府的高度重视下,卡西姆项目在政府审批流程、审批效率、保费率、国家补贴等方面也取得了较高的优惠。

总之,卡西姆项目作为"一带一路"战略和"中巴经济走廊"建设的首批项目,进一步推动了中国装备、技术和标准的生产,对中国电建集团日益增长的品牌效益和影响力发挥着重要的促进作用。同时,卡西姆项目也积极推进中巴经济平台建设,促进巴基斯坦人民生活改善,维护中巴传统友谊,在"中巴经济走廊"中成为突破性的典范。

二、优化"一带一路"的项目管理

(一)编制项目规划和行动方案

"一带一路"沿线国家的经济发展阶段和社会经济文化状况与中国发展初期有很大不同,中国的社会、经济、文化等条件支持基础设施建设,"要想富,先修路"在当时行得通,然而,"一带一路"沿线许多国家的社会经济文化并不总是支持这条发展道路。例如,"一带一路"沿线国家的区域文化可能没有支撑经济发展的企业文化,基础设施的进步导致经济发展的周期比较长。建于20世纪70年代的坦赞铁路就是典型代表之一,当时中国投入了巨大的人力、物力完成了铁路的建设,但坦桑尼亚和赞比亚的经济并没有达到在中国投资相同基础设施的效果,整体经济仍然处于贫困状态。

此外,目前一些"一带一路"投资规划项目往往会涉及建筑公司建设较大的项目。对于参与共建"一带一路"的公司来说,大型项目的决策和管理成本是固定的,规模越大,相对盈利能力越高。同时,"一带一路"沿线相关国家发展经济的愿望强烈,但大多数国家的规划决策能力相对有限。内外部因素的结合,导致由双方协商设计的项目,超越了特定国家在特定经济发展阶段的实际需求,以至于项目无法促进可持续发展。例如,一些非洲国家期望中国支持或投资机场建设,但预计机场年运输量很容易超过当地实际需求,非洲总人口为 12 亿,但人均 GDP 大多在 1 000 美元到 2 000 美元之间,收入处于中低水平,出行需求非常有限。对建设单位而言,机场建设规模门槛可能超出国家客观需要,达不到机场促进国家经济可持续发展的目标。

"十四五"期间,高质量共建"一带一路"应杜绝项目规划与当地经济当前和未来形势不匹配的可能情况。有关"一带一路"的专项规划,应以科研规划为基础,坚持以人为本的发展理念,走经济、社会和环境协同发展的道路。首先,考虑当前经济发展阶段和特定国家主导产业的类型。发展阶段人均 GDP 为 1 000~3 000 美元,主要需要解决农业稳定、轻工业适度发展、商贸初步发展等问题。基础设施项目的设计应基于国家融入经济全球化的需要,侧重于特定商业中心城市的基础设施需求。其次,加大农业技术援助和引进一些轻工业,为中国企业提供指导和园区支持。从长期实施高质量共建"一带一路"建设的角度来看,需要支持各种共建合作项目的基础设施,例如,提供当地的医疗、教育和文化设施,帮助中国私营企业创造有利于全球化的经济、社会和文化环境。总之,当前以项目为重点、以规模投资为重点的项目决策机制,需要努力协调"以人为本"和"一带一路"专项规划体系。

在第二届"一带一路"国际合作高峰论坛新闻发布会上,习近平主席表示:"我们同意接受践行高标准、民生、可持续理念,积极对接普遍接受的国际规则和标准,坚持以人民为中心的发展思路,走经济、社会、环境协同发展的道路"。[①] 通过"一带一路"构建人类命运共同体,实现多项目高质量共建的进程和制度,主要任务是摆脱项目的简单规划,在总体经济发展战略的背景下进行项目总体规划和专项规划。无论是基础设施项目还是援助项目,

---

① 习近平在第二届"一带一路"风险合作高峰论坛记者会上的讲话 [EB/OL]. 新华社, 2019 - 04 - 27.

都需要根据现阶段经济可能的需求和能力进行考虑和规划，主要考虑的是开展项目能否融入国家可持续稳定的经济发展进程。

"一带一路"建设要有序推进，首先要进行科学合理规划，沿线国家要联合编制"一带一路"建设总体规划。规划要求同存异，充分尊重沿线国家的意见和建议，坚持通过沟通协调解决分歧，明确权责，明确各项任务分工，有序推进重要渠道、重要节点、重要领域的多个重大项目，形成示范效应和整体带动效应。根据"一带一路"建设总体规划，沿线国家将在交通、能源、金融、科技、文化等领域共同制定专项规划，提升和细化规划水平，沿线国家需要按照"一带一路"总体规划和专项规划共同筹备行动方案。

（二）优化项目组织协调机制

1. 明确项目纳入标准

作为以中国为中心的叙事体系，"一带一路"倡议延续了中国文化的包容性和可塑性。这为"一带一路"项目中提供了很大的灵活性，但是很难准确定义特定项目是否可以包含在"一带一路"项目中。从运营角度看，高质量共建"一带一路"项目区别于其他项目的关键在于中国的参与、国际合作和互联互通。具体而言，高质量共建"一带一路"项目的评选标准可以从以下四点来确定。[1]

第一，高质量共建"一带一路"工程需要包括中国在内的两个及两个以上国家或地区的参与，并有中国企业或机构的深度参与。项目发起人、投资方、承包商、贸易方或管理方必须来自两个及两个以上的国家或地区，并需要各方达成自愿合法合作的协议。考虑到共建"一带一路"在一定时期内将由中国牵头，中国企业和机构的参与度较高，因此，"一带一路"项目可以是"走出去"项目，也可以是"引进来"项目，可以是中方牵头的项目，也可以是外方牵头、中方参与的项目。从区位来看，除人力资源开发项目外，项目的实际选址必须在"一带一路"沿线、在合作方境内或者在中国的跨境

---

① 晏世琦. 关于"一带一路"项目建设的几点认识 [J]. 中国经贸导刊, 2018 (7)：45 – 47.

项目的一部分。大部分项目需要位于"丝绸之路经济带"和"21 世纪海上丝绸之路"沿线国家，部分代表性项目分布在全球伙伴国家。

第二，高质量共建"一带一路"工程需要促进沿线国家和地区互联互通。相关项目建设内容应与政策沟通、设施联通、贸易畅通、资金融通、民心相通的大方向保持一致，这有助于促进沿线国家之间在基础设施、产业体系、社会民众等方面的联系。从这个意义上说，高质量共建"一带一路"开发项目是政府主导的计划性项目或市场主体依法发起的具有一定规模和代表性的建设项目，建设项目也可以是非实物、对接规则、文化、科技、技术交流等项目。

第三，中国政府和企业应是高质量共建"一带一路"项目的潜在受益者。"一带一路"倡议并非中国的单方面援助，而是互利共赢的合作倡议。中国作为高质量共建"一带一路"发展的发起者、践行者和推动者，也必然是相关项目实施的直接或间接受益者之一。中国不谋求对所有"一带一路"项目的控制，但相关项目的建设绝不能损害中国的主权、安全和发展利益。"一带一路"项目的规划和选择不仅取决于项目本身的经济效益，还取决于项目在中国实施的潜在影响。可能损害中国国家利益的项目，或商业上可行但中国参与的投入产出严重失衡的项目，不能成为高质量共建"一带一路"的项目。

第四，高质量共建"一带一路"工程要成为重点工程、节点工程、示范工程。在市场主导之下，相关项目从项目规模到项目类型分布非常广泛，符合上述条件的项目数量仍然非常多，然而将所有相关项目一视同仁地视为高质量共建"一带一路"项目的意义不大。同时，不同行业个别项目的投资规模差异很大，即使是相同类型和规模的项目，在不同时期对不同国家的重要性也不同。项目存在行业属性、技术属性、定位、实施方式、资助模式等方面的差异，因此判断一个项目是否为重大项目的标准也应该有所差异。从同类项目的共同特点出发，定性与定量相结合，实事求是地判断该项目是否属于高质量共建"一带一路"项目。理想情况下，应该通过制度化的筛选过程，以及管辖范围参与项目的主体（特别是主管部门）来共同决定。

以上四点是筛选高质量共建"一带一路"项目的大致标准。在此基础上，"一带一路"合作项目将根据项目信息收集、促进实施、监督管理等需求进一步细分。根据项目建设的难易程度和重要性,可分为系统关键工程、示范工程和一般工程。系统关键工程是对"五通"起到重要支撑作用的大型工程,多为政府间合作项目,需要超越市场力量的资源流入和政治支持。示范工程通常是特定的工业或商业项目,具有典型的示范重要性和一定的区域规模。

2. 建立组织协调机构

随着高质量共建"一带一路"不断深入推进,跨境全球协调体系和机制建设显得尤为紧迫,可以借鉴发达国家的国际经验。一方面,"一带一路"的持续推进对顶层设计改进、政府发展援助管理、服务指导提出了更高要求;另一方面,设立专职执行国际开发合作的机构,要有效促进对外经济合作和贸易发展。

为进一步提高共建"一带一路"的质量,沿线国家将共同成立由沿线国家政府派代表组成的专门组织协调机构,制订"一带一路"规划和实施方案,发挥组织协调职能,例如建设进度评估、重大示范项目的选择、相关信息统计的发布和重要问题的谈判、高质量建设工程合同的总体制定。机构可在我国设立机构秘书处,形成规范的协同工作机制。同时,中国政府可考虑设立专门的国际合作发展机构,整合相关职能,组建专门的国际合作发展机构,实现与"一带一路"的高度对接,为国家战略做好服务,协调各方力量,指导服务企业,协调对外援助资金,促进国际合作。

3. 建立"风险共担、利益共享"机制

在推进高质量共建"一带一路"进程中,我们支持共商、共建、共享的全球治理理念,始终坚持正确的义利观、道德观。以正义和利益并重为契机,让更多的国家搭上我国快速发展的快车,帮助参与国实现发展目标。通过广泛协商,促进平等参与和充分协商,兼顾合作伙伴的利益和关切。通过共同建设,实现利益共享,将建设成果更加公平地惠及参与国人民。①

---

① 陈凤英. 用"中国方案"推动全球治理体制更加公正合理 [J]. 紫光阁,2016(8):31 - 32.

"十四五"期间，推动"一带一路"高质量发展，要坚持平等协商、责任共担、共同受益的合作原则，兼顾彼此利益和关切，实现合作共赢。一是加强与沿线国家的沟通协调，协调好中国与沿线国家的共同利益和差异化利益关切，寻找更多利益交汇点，调动沿线国家的积极性加强合作，凝聚互利合作共识，夯实合作基础，拓展合作领域，提升合作水平。二是要秉持相互尊重、平等相待、求同存异、合作共赢、开放透明的态度，与有实力、有抱负的国家合作，中外企业实现"1+1+1>3"的共赢局面，需要进一步加强第三方市场合作。三是参考国际最佳实践和经验，遵循以东道国为主和市场化管理原则，提升"一带一路"建设多边合作水平，促进政治互信、设施互联互通、资金融通，加强沿线国家人员往来，各方搭建更加开放的高质量合作共建平台。

4. 完善项目风险管理机制

在"一带一路"建设中，有投资就有风险。将"一带一路"项目风险控制在合理范围内，推动高质量共建"一带一路"项目。[①] 一是完善债务风险管理，提升债务管理能力，通过股权投资、PPP 合作等创新融资方式，推动多渠道参与基础设施金融。二是在"一带一路"倡议实施过程中，需要建立风险补偿机制，缓解国别风险、信用风险等因素的影响。一方面，设立金融风险补偿基金，如果发生损害金融机构利益的国别风险，补偿基金将按固定费率对金融机构进行补偿；另一方面，鼓励保险公司充分发挥保险业的风险补偿作用，参与高质量共建"一带一路"，为沿线国家的居民个人财产以及基础设施建设提供保险保障。三是要通过"一带一路"倡议加强金融风险管控的国际合作。首先，加强主权债务处理、出口信贷、投资担保、投资争端解决、绿色金融等国际合作，加强与巴黎俱乐部、国际出口信贷工作组、世界银行多边投资担保机构、世界银行的解决投资争端国际中心等机制对接沟通，打造更加公开透明的"一带一路"沟通平台；其次，实现"一带一路"国际金融监管合作，加强国际法律协调与合作，推进双边和多边金融合作和

---

① 万喆. 防范化解"一带一路"金融风险［J］. 中国金融，2019（8）：36－38.

第三方市场金融合作；最后，打造"一带一路"金融风险防范和管理更开放、更全面的融资平台，充分利用政府财政资金、国际资本、国家资本、民间资本等各类资本，形成推动"一带一路"高质量发展的合力，多方联合管控项目融资风险，制订科学、合理、系统的中长期项目发展规划，缓解融资困难。

（三）形成项目动态评估体系

1. 规划实施情况评估

规划评价是保障高质量共建"一带一路"规划体系，推进绩效问责的重要机制，贯穿"一带一路"项目实施的整个生命周期。实施高质量共建"一带一路"规划评估，首先要在规划实施过程中动态监测规划执行情况，及时对滞后情况进行整改和调整，其次要对规划实施成效进行评估总结，为新一轮高质量共建"一带一路"规划提供依据，最后要对高质量共建"一带一路"设定总体规划、专项规划和行动计划，建立"期中评价＋总结评价＋年度监测评价"等评价机制。每隔两至三年，要科学评估上一阶段高质量共建"一带一路"规划的实施和进展情况，总结经验，及时发现问题并进行纠正和调整。

"十四五"期间，对高质量共建"一带一路"规划实施情况的评价应重点关注以下两个方面。一方面，重点应放在进行独立、专业的第三方评估，如何执行规划的评估对评估结论的客观性、公正性和独立性有重大影响，第三方评估机构需要独立于高质量共建"一带一路"规划实施部门，不存在组织或个人关系，同时专业知识先进、水平高、研究能力强。高质量共建"一带一路"发展规划的实施和有效性评估应由独立于规划、实施或受益编制主体的第三方进行，第三方评估过程应具有完整的独立性，项目参与者不得干涉第三方评估的结论。另一方面，确保高质量共建"一带一路"评价的公开透明。规划方案评估是编制高质量共建"一带一路"规划的重要环节，除开展规划评估外，还需进一步加强对规划预案的科学化、民主化评估，提高公众对共建"一带一路"的参与度，需要进一步提高规划编制和实施的透明度，使政府当局和第三方专家在规划评估中发挥更大作用。指导社会组织在规范化、法制化的环境下，积极参与高质量共建"一带一路"规划评估活动，由更多社会组织进行年度监测评价和定期总结评估，并且评估结果要及时公示，接受社会监督。

2. 项目环境影响分类评估

"十四五"期间，高质量共建"一带一路"需要关注相关项目对生态环境和气候的影响，在管理系统中对环境进行分级分类。一是重点关注项目对生物多样性保护和气候变化的影响，建立健全正负面项目清单，建设优质项目。二是在正负面项目清单上提供更具体的技术细节，并根据技术发展和环境监测动态调整环评类别，例如设置更严格的环境限制等。三是要推动"一带一路"沿线国家环境影响评价试点示范，加强区域绿色转型和绿色发展交流，鼓励金融机构和企业按照指引和指南进行项目自分类，通过高质量共建"一带一路"项目的开发和实施来提高环境绩效表现。[①]

具体而言，根据"一带一路"项目的绿色发展指南，建议根据项目对"一带一路"项目环境目标的贡献和影响将其分类为"红灯""黄灯""绿灯"三类（见图 13 - 1）。"红灯"项目属于"重点监控"类（负面清单），具有一项或多项"严重且不可逆转"的环境破坏，包括气候变化、环境污染和生物多样性等各个方面，且该破坏是不可逆转的，或者在相当长一段时间内需要以巨大的代价才能恢复。"黄灯"项目属于"一般影响"类别，此类项目对环境没有重大的负面或正面影响，并且其他环境风险在合理限度内可以通过采取经济上可行的有效措施进行减轻。"绿灯"项目属于"鼓励合作"类别（正面清单），此类项目对环境污染、气候变化和生物多样性三大环境目标不产生重大负面影响，至少在一个方面对环境影响做出了积极贡献，特别是国际环境协定和公约。项目类别可以随着项目生命周期内环境影响的变化而调整，根据项目的类型和项目的具体环境管理措施，项目的环境风险可

---

① 参考"一带一路"绿色发展国际联盟 2020 年政策研究专题报告《"一带一路"项目绿色发展指南》基线研究报告。

能会得到缓解或至少实现一个目标，可以根据环境的各个方面和对其分类进行调整，例如"红到黄"和"红到绿"，这种灵活性允许在评估项目时考虑到不同"一带一路"沿线国家地区的现实和需求。

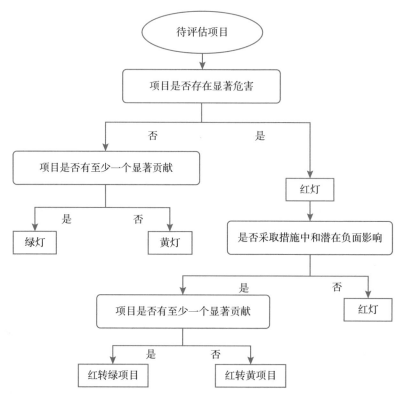

图 13 - 1　高质量共建"一带一路"项目分类评估流程

　　通过环境管理体系采取缓解、补偿和适应措施后，有效应对潜在环境风险的项目，将重新由"红"调整为"黄"或"黄"调整为"绿"，调整分类项目。通过负担得起的补偿措施来应对环境风险，从而实现项目类别从"红"转变为"黄"。这些措施至少要满足多边开发银行的技术标准和保障要求，并符合国际环境框架的要求。评价标准需要考虑缓解和补偿措施本身，以及对实际的环境和生态系统产生的影响。总体而言，"两轮分类流程"包括直接影响评估的首次分类和通过缓解和补偿措施进行的再分类，完美结合了当前国际上的两种项目管理排名,即基于影响与贡献结果的"分类法"和基于管理措施的"过程管理法"。

3. 项目整体效益评估

社会和经济效益是衡量所有经济活动的综合指标。在经济学中,经济效益是指生产要素的消耗与经济活动的有效成果之间的对比关系,包括经济增长、劳动生产率、资源节约等指标。生态环境效益可分为生态效益和环境效益,生态效益是指人类经济活动对生态系统结构和功能的影响,环境效益是指经济活动对自然环境功能的影响。

建设生态文明,实现绿色快速发展,是"十四五"期间高质量共建"一带一路"的重要理念。中国不走发达国家主导的国际合作模式,即以低经济效益换取宝贵的资源、环境和生态价值,而是为了良好的生态环境,充分考虑各国人民的期望共同探索经济与生态并重的合作模式。①"一带一路"主张坚持"共商、共建、共享"的原则,充分尊重沿线国家的历史和现实,将绿色发展转变为真正的共同福祉,保护沿线国家生态利益,提高发展中国家在环境保护、气候变化等重要国际问题上的整体话语权,使全球治理更加公平合理,推动新体系的形成。②

作为"一带一路"项目规划设计和建设管理的主体,沿线国家政府的基本追求是形成高水平项目运营成果,并促进沿线国家和地区经济发展水平,深层次目标是解决可持续发展、社会和生态发展问题。为实现"一带一路"高质量发展目标,在沿线国家政府主导下,通过体制创新和机制建设,形成精品工程建设成果,提高沿线国家和地区的经济水平,也提高沿线国家人民的生活水平。最终目标是改善沿线国家的生态环境,提高"一带一路"项目的全球和可持续发展能力,实现预期的社会和生态效益,这是高质量共建"一带一路"的一项长期追求。因此,应重视对"一带一路"项目的社会经

---

① 周五敏."一带一路":经济效益与生态效益并重的合作模式 [EB/OL]. 国务院新闻办公室网站. http://www. scio. gov. cn/31773/35507/35510/35524/Document/1528167/1528167. htm.

② 参考北京绿色金融与可持续发展研究院、高瓴产业与创新研究院. 迈向2060碳中和——聚焦脱碳之路上的机遇和挑战,2021 – 03.

济和生态环境效益的整体评估。

(四) 搭建项目信息发布平台

1. 重大项目信息储备平台

共建"一带一路"的许多重大项目，其投资规模和投资周期都远远超过了一家或几家企业的承受能力，甚至连一些沿线国家也难以负担。虽然，这些项目在促进互联互通方面的重要性不可否认，但是进展依旧缓慢。从长远看，建立以工作领导小组牵头"一带一路"重大工程来加速建设，将"十四五"时期对于高质量共建"一带一路"有重要榜样作用的项目纳入中央财政资源，对其中的项目分类和分级给予适当指导和支持，有效支持大型"一带一路"项目高质量建设，为提供和跟踪评估进度提供相关项目的可靠依据。同时，通过建立识别标准和识别程序，将现有项目的各种信息逐步整合到数据库中，根据发展战略的需求，直接规划和启动新的大型项目，并利用合适的政策工具给予支持。

此外，沿线国家应当参与"一带一路"大型项目建设，包括在重大交通、能源、电信、文化、民生、国际援助及国际产能合作等各领域的重要项目。项目可通过提案系统入库，沿线国家可单独或多国联合提交大型项目入库申请，经专家机构初步论证和科学评估后，可进入项目库，而库中项目必须是"一带一路"建设的重点支持项目和重大推进项目，国家和政策资金应优先用于库中项目。高质量共建"一带一路"项目可采用持续实施机制，每年进行一批项目开工、计划、入账和调整，定期检查重大项目建设进度、经济效益和社会效益，未通过评估的项目通常需要从库中删除。

2. 在建项目信息分享平台

一方面，需要考虑建立"一带一路"倡议的报告和统计体系。建立完善的"一带一路"合作项目报告和统计体系，是了解"一带一路"建设进展、为相关项目提供政策支持的重要前提。①"十四五"期间,高质量共建"一带一路"项目的来源和类型将日趋复杂,与传统外商投资项目、固定资产投资项目甚至 PPP 项目重叠增加。随着我国政府职能的深入转变,大部分涉外项目不需要政府审批,只需向辖区内的属地主管部门报送信息,收集"一带一路"项目的信息难度较大。为此,应将"一带一路"项目的统计纳入国家官方统计系统,并建立由主要团体办公室牵头的"一带一路"项目报告和统计系统。推进"一带一路"建设工作小组和统计体系建设,开发在线项目管理信息系统,支持长期报告和统计工作。

另一方面,要探索和落实"一带一路"工程的信息共享机制。考虑到海外对高质量共建"一带一路"倡议的积极反应,尤其是"一带一路"项目中与发达国家和其他外国伙伴的合作。根据"一带一路"重点项目准备和统计工作,确定依法可公开的"跟踪加载"项目信息范围,建立相应的信息共享机制。例如,在项目统计和存储方面,企业可以选择是否同意部分披露相关信息,明确披露流程和可以披露的项目信息对应渠道(如在"中国一带一路网"开辟专门栏目和接口)。这不仅体现了中方合作的诚信,也有助于推动社会力量参与相关项目的预订和实施。

---

① 晏世琦. 关于"一带一路"项目建设的几点认识 [J]. 中国经贸导报,2018(7):45 – 47.

第十四章　共建"一带一路"的数字经济与绿色发展

▶导言◀

促进"一带一路"高质量发展，需要贯彻新发展理念，以高标准、可持续、惠民生为目标。由于高质量发展的内容更为丰富，传统的要素—投资驱动型发展模式已经无助于实现该目标。因此，实现高质量发展的关键是要逐步推动合作建设国家的经济发展模式向创新驱动转变，并且实现绿色发展的目标。

从数字经济发展的角度看，以数字技术为代表的新兴技术是当前运用最广泛、最成熟的创新驱动技术，由此也产生了数字经济等一系列新兴经济形态。数字经济在激发消费、拉动投资、创造就业、增强创新力与竞争力、提升经济韧性等方面都可发挥重要作用，对经济高质量发展提供了全新动能和可行路径。当前，世界各国高度重视第四次工业革命，不断加强数字经济领域的合作，新冠疫情防控常态化的要求，进一步加强了全球数字领域协同治理，"数字丝绸之路"建设进程日益加快，为构建中国与"一带一路"沿线国家数字经济的发展提供了历史机遇。

从绿色发展的角度来看，通过"一带一路"沿线国家在绿色发展模式、发展理念和发展方向等方面达成的一致，提高相关国家和地区的可持续发展。将"一带一路"打造成绿色发展之路是中国提出该倡议的初衷和始终践行的理念，也期望与沿线国家共同实现可持续发展的目标。共建"一带一路"高质量发展，绿色是发展的底色，可以通过明确要求和标准达成沿线国家绿色发展的共识，通过优化和创新发展结构与方式倡导沿线国家绿色发展的路径，通过系统保护治理和整合产业结构为沿线国家绿色发展保驾护航。

正是基于对经济全球化发展新形势和面临问题的深刻认知和科学研判，习近平总书记在 2021 年 11 月召开的第三次"一带一路"建设座谈会的重要讲话中指出："要稳妥开展健康、绿色、数字、创新等新领域合作，培育合作新增长点。要加强抗疫国际合作，继续向共建国家提供力所能及的帮助"。[①]"要深化数字领域合作，发展'丝路电商'，构建数字合作格局"。[②] 因此，加快数字经济领域合作，推动"数字丝绸之路"建设，是全面提升开放发展水平，实现"一带一路"高质量发展的关键之举。与此同时，还要将生态文明领域合作作为共建"一带一路"重点内容，发起了系列绿色行动倡议，采取了系列绿色举措，持续造福参与共建"一带一路"的各国人民。因此建设数字丝绸之路和绿色丝绸之路是推动共建"一带一路"高质量发展的重要途径。

一、数字经济促进"一带一路"的高质量发展

（一）明确数字经济内涵，把握数字之路方向

尽管近年来数字经济在"一带一路"沿线国家已经有了很大的发展。但在另一方面，"一带一路"沿线的许多国家仍然面临着较为严重的"数字鸿沟"问题。由于"一带一路"沿线国家主要为新兴经济体和发展中国家，因此这些国家的数字经济基础相较于西方发达国家乃至国际平均水平都有明显的差异。在数字经济高速发展的当下，如果不及时解决区域和国际层面这个"数字鸿沟"存在并不断扩大的问题，将直接对沿线国家的经济主权和网络主权安全构成威胁。同时，对沿线国家在全球国际投资格局中的地位也会造

①② 习近平在第三次"一带一路"建设座谈会上强调　以高标准可持续惠民生为目标　继续推进共建"一带一路"高质量发展［EB/OL］. 中国政府网，2021 - 11 - 20.

成不利影响。沿线广大发展中国家面临被锁定在"全球价值链中低端"的风险,不利于沿线国家的可持续发展,同时对构建人类命运共同体也有极大的阻碍作用。

实际上,习近平总书记早在2017年5月举行的"一带一路"国际合作高峰论坛开幕式上就提出:"我们要坚持创新驱动发展,加强在数字经济、人工智能、纳米技术、量子计算机等前沿领域合作,推动大数据、云计算、智慧城市建设,连接成21世纪的数字丝绸之路。"① 因此,已有不少学者探讨了"数字丝绸之路"建设对"一带一路"高质量发展的意义。基本结论是,"数字丝绸之路"建设有助于构建"一带一路"沿线数字经济共同体,发展数字经济是推动高质量共建"一带一路"的关键所在。

1. 数字经济内涵

数字经济高速发展的基础是在数字时代,信息技术日新月异的发展使得数字经济飞速发展,无论是信息经济还是数字经济,它们发展的动力都是信息技术的不断进步。随着数字技术的进步,以及其在经济活动中的参与度的不断提升,数字经济的内涵也在不断地丰富。根据相关的研究和报告,现在理论界对数字经济内涵的理解大致可以划分为广义和狭义两个维度。狭义的理解认为,数字经济是一种产业经济,数字化商品和服务的生产与消费活动可以作为国民经济中独立的产业存在,即数字产业化。数字产业化包括以信息为加工对象,以数字技术为加工手段,以数字化商品和服务为产出,在国民经济各领域进行流通的产业。数字产业化强调数字技术的产业化,其定义也有广义和狭义之分。狭义的数字产业化聚焦于ICT产业。2021年,中国信息通信研究院认为,数字化产业即为信息通信产业,主要包括电子信息制造业、电信、软件和信息技术服务业等产业。②

随着时间的推移,数字技术与传统经济的融合也在不断加深。从三次产业来看,数字经济中最基础的产业包括制造业中的电子制造业,以及服务业

---

① "一带一路":源于中国,属于世界[EB/OL].求是网.
② 中国信息通信研究院.中国数字经济发展白皮书[EB/OL].中国信息通信研究院官网.

中电信、软件和信息技术服务业。数字产业化内涵的拓展还突出体现在服务业中互联网批零贸易业和数字化的文化娱乐业。随着越来越多的传统产业发展有了数字技术的融入，机械设备、汽车等制造行业的智能化水平在不断提升，农业的数字化转型也在不断深化。现在，数字制造业和数字农业的规模都在不断扩大。而狭义的定义关注的只是高度数字化的产业，对这些不断拓展的范畴基本上没有考虑，因而会具有较大的局限性和滞后性。因此现有研究进一步提出了对数字经济的广义理解。

广义的理解认为数字经济是一种经济形态，内含数字技术与经济社会发展广泛融合产生的一系列经济活动。最先提出"数字经济"一词的塔普斯科特（Don Tapscott）在1996年所著的《数字经济：网络智能时代的机遇和挑战》一书中指出："数字经济描述的是一个广泛运用信息通信技术的经济系统"。2016年的杭州G20峰会发布的《二十国集团数字经济发展与合作倡议》对数字经济的定义为："数字经济指的是以数字化信息与知识作为生产要素，以信息化网络为载体，以ICT的使用来促进效率提升和宏观经济结构优化的经济活动总和。"2021年4月，中国信息通信研究院发布的《中国数字经济发展白皮书》给出了数字经济定义为"数字经济是以数字化的知识和信息作为关键生产要素，以数字技术为核心驱动力量，以现代信息网络为重要载体，通过数字技术与实体经济深度融合，不断提高经济社会的数字化、网络化、智能化水平，加速重构经济发展与治理模式的新型经济形态"。中国信息通信研究院给出的定义更加全面，不仅内涵生产要素和生产力的数字化变革，而且指出了数字技术在治理模式重构中的重要意义。因此，数字经济广义的定义具有包容性和前瞻性，可以认为，数字经济的内涵是指为支撑经济活动数字化的信息通信技术（ICT）产业和基于数字化平台进行交易的产业活动。

2. 数字"一带一路"

数字"一带一路"是数字经济在"一带一路"建设中的结合和融合的统称。建设数字"一带一路"倡议是我国在"一带一路"战略的实施过程中，主动应对全球的增长格局变化，在扩大和深化对外开放背景下，进一步提升对外开放质量的重大战略背景下提出来的。在这一战略背景下，中国在对外投资的过程中重新布局，加强对沿线国家的数字经济领域的投资以及跨境数字贸易，就可以进一步把握住数字化发展的机遇，促进共建"一带一路"的高质量发展。数字经济发展可以促进国家工业化的进程，可以能吸引更多的外商直接投资。数字经济对贸易发展也有明显的促进作用。因为数字贸易可以显著降低贸易成本，所以可以说，发展数字"一带一路"建设是当前全球数字化背景下的大势所趋，既是"一带一路"高质量发展的必然趋势，也是进一步构建人类命运共同体的重要抓手。

（二）数字经济促进"一带一路"的高质量发展

图 14-1 列示了中国在沿线国家数字经济投资的绝对规模，以及在中国对沿线国家直接投资总额中的占比。由图 14-1 可知，2012~2018 年，中国在沿线国数字经济投资的绝对规模和相对规模整体上都呈现上升趋势。根据本书的汇总数据，2018 年中国对沿线国家数字经济投资总规模为 102.43 亿美元，相较于 2012 年的 2.09 亿美元增加了 48 倍；2018 年的相对规模为18.31%，相较于 2012 年的 1.47% 增加了 16.84%。但是还应看到，尽管数字"一带一路"建设发展迅速，但是还存在一系列问题，例如，从参与数字"一带一路"建设的主体来看，"一带一路"沿线国家数字基础设施水平发展还比较滞后，中国内部的数字经济发展也存在结构性失衡，数字企业经验还不足，以及一些国家不断进行政治干扰。这些都会给数字"一带一路"建设带来阻力。因此需要对数字经济对推动"一带一路"的合作建设国家的经济发展的机理进行深入的研究，以找出制定数字"一带一路"建设政策的基调。

图 14-2 和图 14-3 列示了中国部分省份在"一带一路"沿线国家数字经济绿地投资的情况。由图可知，2005~2018 年各省份的对外数字经济投资主要采用的是绿地投资方式和国际并购方式，但在项目金额和数量均存在较大的差异。无论是绿地投资还是国际并购方式，广东、北京、上海、浙江的投资均占据了很大份额。其中，就绿地投资而言，四省市的投资金额占总投资的88.86%，投资项目数占总项目数的 90.83%；就国际并购而言，四省市

的投资金额占总投资的 95.24%，投资项目数占总项目数的 84.77%。

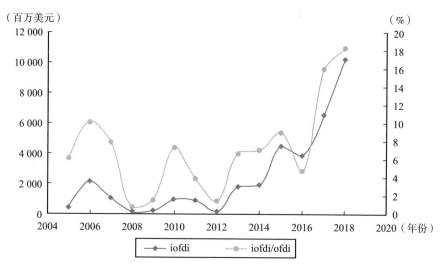

图 14 - 1　中国在沿线国家数字经济 OFDI 的绝对规模和相对规模

资料来源：李环环. 数字经济投资与"一带一路"高质量发展［D］. 北京：中国人民大学，2022.

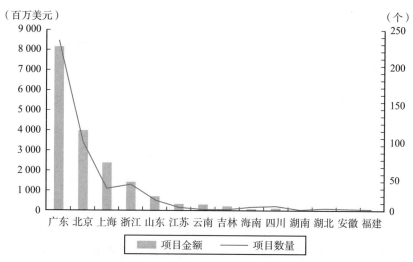

图 14 - 2　中国各省份对沿线国数字经济绿地投资的项目金额和数量

资料来源：李环环. 数字经济投资与"一带一路"高质量发展［D］. 北京：中国人民大学，2022.

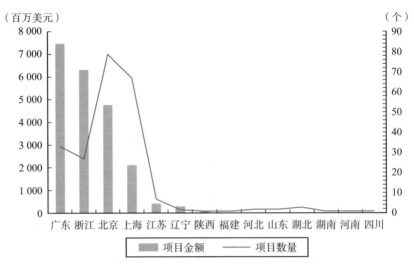

图 14-3　中国各省份对沿线国数字经济国际并购的项目金额和数量

资料来源：李环环．数字经济投资与"一带一路"高质量发展［D］．北京：中国人民大学，2022.

从以上可知，"一带一路"倡议实施以来，中国对"一带一路"沿线国家的投资不断增长，而这种投资不仅体现在传统的基础设施领域，而且体现在数字经济领域。数字经济的投资在数量以及规模上也都呈现上升趋势，数字经济投资主要采用是绿地投资方式和国际并购方式。与此同时，"一带一路"沿线国家的经济发展质量总体上也呈现了上升趋势。

（三）数字经济促进"一带一路"高质量发展的政策基调

本书在对中国对"一带一路"沿线国数字经济直接投资和经济发展质量水平进行测度的基础上，重点分析了数字经济投资对东道国经济发展质量的影响，并对相应的动态效应和空间溢出效应进行了检验。

基准回归结果表明，中国在沿线国家数字经济投资对东道国经济发展质量总体有显著的正向作用，而且，以国际并购方式进行的数字经济投资的经济高质量发展效应要高于绿地投资形式，服务业领域数字经济投资的经济高质量发展效应要高于制造业领域数字经济投资。分别以东道国经济发展质量的五个分类指标为因变量的实证分析结果表明：中国对沿线国家的数字经济直接投资对创新发展、协调发展、开放发展和共享发展具有显著的正向作用。但是对绿色发展的正向作用并不显著。

动态效应分析的结果表明，中国在沿线国数字经济投资对东道国经济发展质量的促进作用具有可持续性，相应的作用可以持续 4 期，并且随着时间的延续，作用强度逐渐变小。以分类指标为被解释变量的实证分析结果表明，中国在沿线国数字经济投资，对东道国开放发展和共享发展的促进作用具有可持续性，其中对共享发展影响的可持续性更强，可以持续 4 期，而且会在滞后第 2 期的时候实现作用的最大化。但是对东道国创新发展和协调发展的正向作用不具有可持续性。

空间溢出效应检验的结果表明，共建"一带一路"沿线各国经济发展质量之间存在正向的空间相关性，分类指标的回归结果显示，"一带一路"沿线各国开放发展和创新发展之间存在正向的空间相关性，创新、协调和绿色发展之间不存在空间相关性；此外，第三国的中国数字经济投资对本国的创新发展具有显著的正向作用，对其他分类指标没有显著的溢出作用。

实证分析结果证实了中国的数字经济投资对"一带一路"沿线国家经济发展质量的推动作用，但需要注意到，就细分指标进行讨论时，存在绿色发展效应不显著的问题；而且对创新和协调发展的正向作用也不存在可持续性。因此，中国对共建"一带一路"沿线国家进行数字经济投资时，不仅要注重加强环保理念，秉持绿色发展理念，着力构建"绿色丝绸之路"，还要注重建立长远的价值投资，更加着眼于数字经济的长期价值，构建出让商业、农业、工业各方产业共赢的数字经济生态，推动当地数字产业化和产业数字化，为技术创新和协调发展提供持续的动力。

现阶段，中国在对沿线国进行数字经济直接投资时，政策上应重点注意两条；一是在方式上，应更多地通过国际并购切入；二是在细分行业的选择上，可以更多地进行服务业领域的数字经济直接投资。由于沿线国家数字经济的法律法规、市场状况、文化和宗教等因素均与中国大陆不同，中国企业对沿线国家的数字经济直接投资的许多项目也都是在近几年刚刚开始，因而缺乏现成的市场网络。为了更加顺利地进入当地市场，先采取国际并购方式，与本土企业合作是当前一个合适的选择。而投资服务业领域是因为服务业领域的数字经济投资与其他产业的融合发展更具有灵活性，对各产业发展的拉动作用更大，相应的也能更好地推动"一带一路"高质量发展。同时，中国在推进"数字丝绸之路"建设时，不仅要做到与各个国家达成双向的联系，还要通过数字合作顶层设计的搭建，促进各个国家之间形成现代化信息沟通渠道，以最大化地发挥数字经济的网络效应和作用。

二、深化落实"一带一路"的绿色发展

当前，绿色发展是世界各国普遍重视的发展理念，也是"一带一路"沿线各国的共识。在第二届"一带一路"国际合作高峰论坛圆桌峰会联合公报中，与会各国领导人再次确认要"落实联合国 2030 年可持续发展议程的承诺"并一致重申坚持开放、绿色、廉洁，高质量共建"一带一路"。习近平总书记在 2021 年 4 月举办的博鳌论坛上为"一带一路"倡议的绿色发展指出了具体的实施路径。① 要实现绿色发展，首先要保证"一带一路"项目符合生态保护的基本要求和基本标准。其次，要优化能源结构，尽可能使用和发展清洁能源，即风力发电、太阳能发电和水力发电等。最后，产业结构要把生态保护与气候治理相结合。具体来说，高质量共建"一带一路"在绿色发展方面可以从以下三个方面具体开展工作。

（一）明确绿色要求，细化发展标准

从内容来看，绿色发展包括污染治理、生态系统保护、生态系统管理、绿色能源、绿色生产、绿色金融及绿色生产等。在实施过程中，对绿色发展给出了明确的要求和标准，有利于理念的落地和推进。围绕着绿色发展理念，目前我国与"一带一路"沿线国家均发布了一系列相关的要求和标准，在污染防治方面，我国于 2013 年审定批准了《大气污染防治行动计划》、2018 年国务院印发了《打赢蓝天保卫战三年行动计划》。在现有要求和标准的基础之上，未来需要从以下五个方面继续深化"一带一路"倡议绿色发展，明确

---

① 习近平在博鳌亚洲论坛 2022 年年会开幕式上发表主旨演讲［EB/OL］. 光明网.

绿色发展的要求,细化绿色发展的标准。①

第一,在生态系统管理和保护方面,各个参与单位和企业要突出生态文明理念,推动"一带一路"绿色发展,强化生态环境保护,共建绿色丝绸之路。争取用3~5年时间,建设完成务实高效的生态环保合作交流体系、产业技术合作基地和支撑服务平台,制定系列生态环境风险防范政策与措施,为"一带一路"绿色发展打好坚实基础;用5~10年时间,建成较为完善的生态环保支撑、服务和保障体系,推动实施一批重要的生态环保项目,并且取得良好的成效。

第二,在绿色能源方面,制定基础设施建设领域的环保规范和标准,提升对"一带一路"区域内重大基础设施建设项目的环保服务水平和支持力度,推广清洁能源、绿色建筑、绿色交通等行业的节能环保标准和良好实践,推动大气、水、土壤和生物多样性等领域的环境保护,促进环境基础设施的建设,提升低碳化和绿色化建设与运营水平。一方面在与沿线国家的合作中,加快对特色能源资源的开发,构建起绿色能源市场稳定的供需关系,形成沿线国家间绿色能源领域合作的标志性项目。另一方面,沿线国家间要共同致力于加强传统能源的高效利用,通过一批重点项目的布局,利用各方的优势环节,推动多方的深入合作。

第三,在绿色生产方面,可以考虑在减排潜力大的区域和领域优先开展合作,加强绿色供应链国际合作,逐步推进绿色供应链管理体系建设,并以点带面、逐步推广;将发展绿色产品、绿色工厂、绿色企业及绿色工业园区有机结合起来,通过核心企业的龙头作用,将生态环境保护的示范效果加以放大;加快绿色供应链管理和绿色生产的制度和标准建设,推动"一带一路"沿线的生态文明建设向广度和深度发展。

第四,在绿色生活方面,充分发挥沿线国家民间力量的桥梁和纽带作用,与"一带一路"各国一道开展了诸如公益论坛和展会等多种形式的活动和民间交往,促进各国人民对生态文明建设的关注,逐步形成绿色发展和绿色共识。

---

① 关于推进绿色"一带一路"建设的指导意见 [EB/OL]. 生态环境保护部官网.

第五，在绿色金融方面，加强研究"一带一路"参与国在绿色环保项目投融资方面的需求，探索和制定绿色投融资相关的指南、管理标准、认定程序与方法。对于在环保生产技术方面进行大量投入，积极转变生产方式的企业，放宽金融信贷条件，给予融资额度与贷款利率等方面的优惠，精准对接绿色投融资需求，促进资金投入更多地聚焦于生态文明建设。

（二）优化能源结构，开展绿色创新

一是要引导"一带一路"建设项目和投资进入绿色低碳领域。在能源生产和使用上既要优化存量，推动煤炭等传统能源的清洁高效开发利用；也要拓展增量，加快提升风能、水能、太阳能和生物质能等可再生能源比重，优化能源布局。二是要加快能源可持续发展的技术创新与应用。推动新能源开发、并网技术在"一带一路"基础设施建设中的扩展使用，鼓励参与企业培育更多能源技术优势并使其转化为经济竞争优势。三是要以产业投资结构调整带动能源使用结构调整，并以能源使用结构调整助力产业投资结构的升级，发挥我们的相对技术优势大力推广国内发展成熟的新模式和新业态，尤其是数字能源经济，引导投资链向数字化智能化领域发展，推动能源绿色、安全、高效开采，借助工业互联网、大数据和云计算等新技术进行能源资产的智能运维与性能优化实现能源投资与数字技术同频共振，引领未来沿线能源投资的发展。

（三）系统保护治理，整合产业结构

"一带一路"在帮助未开发或低开发的国家走向工业化的进程中，要建立比较好的生态标准，不再重复"先污染后治理"的老路。在起始阶段就要考虑生态文明的建设，会从发展路径上节约治理成本，提高治理效率，帮助未开发或低开发的国家尽快享受绿色发展的红利。中国可以借助绿色"一带一路"平台，向沿线国家和地区传递生态文明意识，推动并引导中国企业在走出去的过程中承担更多的绿色发展责任，帮助当地实现全面可持续发展，并吸引沿线国家探索本国因地制宜的绿色发展路径。最后，通过绿色"一带一路"建设，推动构建更具可持续性、开放性、包容性和公正性的全球治理体系。

　　"一带一路"倡议的绿色发展要将保护治理系统化，在推进过程中要从当地产业实际出发，切准产业升级的契合点和精准发力点，从而不断提升产业结构的品质。为此，一方面，需要政府通过搭建"一带一路"产业服务平台，为企业参与绿色"一带一路"建设提供科学帮助。另一方面，需要走出去的企业树立国际化思维，培养国际化视野，主动确立绿色创新理念，积极参与到"一带一路"地区和国家投资和建设中，进而实现企业自身创新发展能力与东道国产业结构的同步提升，实现发展共赢。

第十五章 共建"一带一路"的法律体系与执行机制

▶导言◀

  "一带一路"作为中方提出的国际经济合作倡议,在为世界经济增长挖掘新动力,为国际经济合作打造新平台的同时,也已成为全球经济治理的重要平台和组成部分。而且,这两方面是一体两翼、相辅相成的。一方面,"一带一路"建设可以有力推动我国和沿线国家经济社会发展,为完善全球经济治理体系、保障国际政治经济秩序的稳定发展及提升我国在全球治理中的参与度,筑牢更扎实的基础;另一方面,"一带一路"的高质量发展和建设目标的达成也必然需要健全、良好的经济治理体系为其提供稳定的秩序和环境支撑。当代国际经济的实质就是法治经济,是以规则为基础和依凭的,规则是国际经济治理的基本要素。国际经济治理体系的核心也即是法律治理机制。建立健全包括法律规则体系与执行机制在内的法律治理机制是高质量推进"一带一路"建设和保障倡议成功落实的必要举措。此外,健全法律治理机制,严格遵照法律和国际规则,有利于消除沿线各国对共建"一带一路"存在的疑虑和抵触情绪;同时,也有利于消除一些西方国家对"一带一路"倡议意在仅聚焦中国自身发展和破坏现有国际经济秩序的指责及很多国家对加入"一带一路"倡议所抱有的犹豫态度。①

　　"一带一路"倡议是我国在新的发展时期提供给国际社会的重要公共产品，旨在促进区域与全球经济合作，推动国际治理体系趋向包容均衡，其治理要义在于各参加方共同构建所遵循的基本法律原则与秩序、针对相关治理议题形成较为稳定的法律框架及相对固定的治理平台，清晰厘定各参加方的权利义务并有效解决各类争端，这些皆须融入法治要素。这一国际公共产品供给中所需要的国际合作只有上升到国际法的高度，借助法律机制约束政府和参与方行为，才能够更好地保障各方的合法权益。② 尤其是在国际贸易保护主义和逆全球化盛行的形势下，以及在后疫情时代，我国应该更加注重运用国际法律机制，通过将"一带一路"合作原则与治理模式法律化，一则要加强国内法治，二则要对外有效供给国际规则，逐步推动国际经济法律制度和治理体系的变革与发展。

　　法治作为人类共同的文明成果，是国际对话的重要语言。"一带一路"的推进过程无法脱离法治的保障，唯有坚持法治化发展道路，构建良好、科学的国际经济法律机制，有效发挥法律治理机制在"一带一路"倡议落实中的主体地位与保障作用，方能为"一带一路"建设创造良好持久的外部发展环境，确保"一带一路"建设的稳定、长期和健康发展。而"一带一路"的国际法律治理体系建设是一个复杂系统的庞大工程。从内容看，主要包括法律体系与执行机制。在两者的构建过程中，需要结合历史上国际法律治理体系的经验教训和"一带一路"倡议自身的情况及已有建设实践，思考和处理解决好几个关键问题。一是深入了解和全面认识"一带一路"建设面临的复杂法律环境和重大问题；二是在法律规则体系和执行机制建立的过程中处理好充分利用现有国际法治资源与新建法治体系的关系，并实现国内法治与国际法治的良性互动，

---

　　①　何啸风，吴俊雅. 关于健全"一带一路"法律治理机制的思考［J］. 法制博览，2019：138 – 139.

　　②　石静霞."一带一路"倡议与国际法——基于国际公共产品供给视角的分析［J］. 中国社会科学，2021（1）：156 – 179.

尽可能避免另起炉灶，减少构建成本、障碍和周期；三是考虑如何梳理和搭建基础设施建设项目及企业贸易与投资等经济活动相关的重要法律服务体系与平台，保障具体交易的顺利进行，减少合作的不确定性，提升风险应对能力。

一、透视"一带一路"的法律环境

每个国家所建立的法律制度都各具特点，对待法治的态度和法治实践区别也很大，涉及众多区域和 60 多个国家的"一带一路"沿线的法律环境更为复杂。沿线各个国家与地区由于地域风俗的不同，在法律体系以及法治机制之间很容易发生冲突。而且，"一带一路"倡议的推进深受国内外复杂局势的影响，同时"一带一路"倡议本身又具有主动塑造世界格局的内在作用，这一双重动态机制使得"一带一路"建设的成功与否及倡议实施路径有着高度的不稳态性，既有弹性和韧性，又有不确定性，使"一带一路"的实施面临着巨大的连锁性风险。① 因此，在共建"一带一路"的规则体系与执行机制过程中，要充分注意和深入把握沿线法律环境的复杂性，对其中的连锁性法律风险和应对措施进行有针对性的系统思考。

（一）"一带一路"域内的法律冲突与法律风险较大

1. 法律差异巨大

"一带一路"沿线的国家众多，这些国家有着不同的历史、文化、民族、宗教背景。既有包含中国、新加破在内的"儒家文化圈"国度，也有伊朗、沙特阿拉伯、阿曼、也门等"伊斯兰文明"国家。此外，"一带一路"沿线国家经济发展水平高低各异，参差不齐。既有中国、印度这样的大型的新兴经济体，也有包括马其顿、黑山、摩尔多瓦在内的经济规模较小的国家。因

---

① 葛天任，张明．"一带一路"精细化发展阶段隐形风险的连锁机制与精准对策［J］．探索与争鸣，2021（3）：94 – 103.

此,"一带一路"沿线的法律文化多元化现象明显,沿线国家分属大陆法系、普通法系与伊斯兰法系,还有一些国家存在着混合法律制度,是习惯法、普通法、伊斯兰法及习惯法的集合体,如印度、泰国和尼泊尔等国,相互间法律和规则差异较大,法律冲突屡见不鲜。[①] 在实际进行投资时,很多中国企业就因为经验不足,没有对当地的法律环境与风险进行充分的调研和了解,不熟悉当地的法律体系而遭遇各种问题和巨大损失。因为,我们需要进行大量深入和有很强针对性的研究,秉持"共商、共建、共享原则",推动沿线重大法律规则的趋同或统一,帮助企业消除或减少交易中的法律风险,进而,保障"一带一路"倡议的行稳致远。

2. 政治风险突出

由于"一带一路"沿线国家和地区,文化、宗教和政治经济力量彼此渗透,包括宗教极端、政治集团、恐怖分子等在内的各种势力聚集于此,冲突爆发频繁,政局不稳,对我国海外投资带来巨大风险。例如,2011 年利比亚爆发的武装冲突使得我国被迫放弃在当地的投资,对投资带来了近乎毁灭性打击。近年来泰国和缅甸所发生的一些事件也表明该地区最大的风险是政局的不稳定。此外,在其他地缘政治利益相关方的挑动下,沿线国家还有可能被动地卷入到与中国的地缘政治博弈当中。如 2014 年 7 月中缅两国铁路项目被缅方搁置,2015 年 3 月科伦坡港口城项目被斯里兰卡当局暂停,均与相关国家的地缘政治博弈有着直接的关系。这使得"一带一路"倡议的实施因遭受地缘政治的困扰,从而面临着更为复杂且严峻的形势。根据全球法律信息提供商律商联讯(LexisNexis)与中国公司法务研究院共同发布的《2016～2017 年中国企业"走出去"调研报告》,有约 40% 的受访企业提到,在境外投资过程中遭遇"东道国政府腐败""东道国法律不健全"、政策不稳定和行政效率低"等政治风险,在"一带一路"沿线国家尤为突出。[②]

[①]　蒋新苗,朱雅妮."一带一路"法律供给机制研究 [J]. 西北大学学报(哲学社会科学版),2018(3):83 – 89.

[②]　律商联讯."一带一路"法律风险地图初现 [J]. 进出口经理人,2017(5):66 – 67.

3. 法治化营商环境不健全

一是非理性民族主义。在"一带一路"建设中，由于各个国家间的交流与接触更为频繁，民族间的异质性有可能被无限放大，进而滋生非理性的民族主义，而非理性的民族主义又通过狭隘的贸易保护主义情怀得以展现。全球法律信息提供商律商联讯（LexisNexis）与中国公司法务研究院联合发布的《2016～2017 年中国企业"走出去"调研报告》显示，44%的受访企业在海外投资中遇到过当地政府审查。其中，36%的受访者表示，在境外投资中遭遇过"本地化"要求，以中亚、西亚居多。二是商业环境恶劣。"一带一路"沿线东道国与地区多为新兴发展经济体，大多面临政治、经济、社会转型等困境，投资的准入门槛不高，政府腐败严重，极大地损害了司法的公正性。除新加坡、波兰以及保加利亚等少数国家外，整体而言其他国家的商业环境欠佳，对我国企业在这些地方的投资造成较大的风险。根据世界银行发布的《2020 年全球营商环境报告》，①"一带一路"沿线国家和地区在创办企业和执行合同等多个领域都表现欠佳。此外，因企业不能及时了解当地的法律政策和全面准确地预测当地的商业环境，致使因法治化营商环境欠缺问题引发的矛盾仍对企业投资进度产生着严重影响。

（二）"一带一路"相关的双多边规则体系错综复杂

"一带一路"沿线的国际经贸规则呈现高度碎片化状态。正如沿线国家之间存在的法律制度多元化现象，"一带一路"合作各方的基本国情和诉求差异很大，不容易就治理机制达成共识，沿线的多双边国际规则交叉重叠、错综复杂，"意大利面碗效应"明显，缺乏普遍性和适用性的规则体系和法律治理机制。从多边视角看，域内国家中还有些国家不属于世界贸易组织成员，游离在多边规则之外，容易形成贸易和投资壁垒，进而影响区域内的合作。同时，"一带一路"沿线的地区性法律治理机制和其他国际机制建设也

---

① 世界银行.2020 年全球营商环境报告［EB/OL］. https：//chinese. doingbusiness. org/zh/data/ doing – business – score.

种类繁多。除了加入世界贸易组织,"一带一路"的沿线国家还加入了东盟、欧洲联盟、欧亚经济联盟和各类区域、次区域经济合作等其他国际组织和国际条约,这些国际合作机制所涉及的贸易与投资规则和执行情况也有很大差异。这在一定程度上会增加项目合作过程中争议发生的可能性和争端解决的复杂性。

1. "一带一路"倡议的约束力不足

和现今世界上的很多区域性国际合作机制一样,"一带一路"所提出的合作机制并不具备法律化特征,因此对参与合作的各方的约束力非常弱。[①]由于这一问题的存在,尽管"一带一路"倡议提出以来,中国已经与170多个国家和国际组织签署了200多份共建合作意向或协议,但我国在推动"一带一路"倡议落地的过程中,根本无法利用法律或有约束力的国际规则正确地处理各项问题和挑战,导致"一带一路"的推进遭遇到了极大的障碍。

2. 区域内外国家作用的失衡问题突出

"区域经济一体化本身就是区域内国家因寻求共同利益而联合在一起的,如果不能由区域内国家决定一体化的命运,那么它在很大程度上就失去了存在的价值。"[②] 由于历史和政治经济实力的原因,目前重要域外大国尤其是美国对"一带一路"沿线国家及众多区域经济一体化的进程仍然具有巨大影响力,甚至是主导作用。近年来,美国反全球化的理念和"美国优先"的政策导向对多边贸易体制带来了重大的挑战。一方面,不断表现出其不愿再承担全球经济一体化的公共产品提供者的角色,另一方面,更是对中国提出的"一带一路"这一新的国际公共产品进行无端指责,甚至计划推出所谓高标准的替代性方案,展开非善意的战略和规则对抗。这在很大程度上又将增加"一带一路"沿线的规则竞争和冲突,以及法律环境和治理

---

① 丁同民.建立健全"一带一路"法律治理机制的思考 [J].河南师范大学学报(哲学社会科学版),2018 (6):45-50.

② 李向阳.亚洲区域经济一体化的"缺位"与"一带一路"的发展导向 [J].中国社会科学,2018 (8):33-43.

机制的复杂性。

（三）"一带一路"的国际争端解决机制亟待健全

政府间争端的解决渠道和方式受限。从国际现有实践来看，两国或多国间关于影响国际贸易的措施的争议处理，除了直接的磋商外，主要的法律解决渠道就是世界贸易组织（WTO）项下和双边或区域性自贸协定项下的争端解决机制。其中，WTO 争端解决机制被称为"多边贸易机制的支柱"，具有统一性、效率性和强制性的特点。它规定有一系列较为完整、严格的审理程序和监督机制来保证 WTO 的各项实体规则得到遵守，确保全球贸易规则的稳定性和可预期性。尽管还存在诸多不尽如人意之处，但 WTO 争端解决机制在实践中已成为公平、高效地解决成员方之间贸易争端的重要手段。尤其是作为贸易争端解决仲裁机构的上诉机构，更是有着"WTO 皇冠上的明珠"之称。鉴于中国和"一带一路"沿线国家大多是 WTO 成员，未来 WTO 争端解决机构有可能成为我们解决贸易政策问题的重要渠道选择。然而，众所周知，美国为了自身利益有意阻挠上诉机构成员的换届遴选，不惜让自己亲手搭建的国际贸易争端解决体系瘫痪，使"WTO 皇冠上的明珠"黯然失色。而一旦该机制不再发挥效力，上诉案件不能得到终审裁决，成员方在过去 20 多年间所享有的"安全与可预测的"国际贸易环境将会消失，国际贸易政策有可能陷入无序的恶性竞争，国际贸易有可能进入"丛林法则"支配的危险境地。这是我们在推进"一带一路"的国际争端解决机制建设中不得不考虑和可能面对的一个问题。从自贸协定项下的争端解决机制看，解决渠道更显不足。虽然截至 2021 年 5 月，中国已经和 30 个国家和地区签署 20 个自由贸易协定及优惠贸易安排，参与的贸易伙伴遍及亚洲、欧洲、拉丁美洲、大洋洲和非洲。[①] 其中跟"一带一路"相关的主要东南亚地区和东盟各国。我们与其他"一带一路"沿线国家之间基本都暂未签署过自由贸易协定，因此，也缺少相应的针对性经贸争端解决机制或平台。

---

① 来自商务部的最新数据，参见中国自由贸易区服务网：http://fta.mofcom.gov.cn/.

1. 国际投资争端解决机制有弱化的趋势

"一带一路"的项目中多属于基础设施建设类,这些项目投资周期长、涉及环节较多、风险较高,而且由于沿线国家和地区政治法律环境复杂,势必会导致很多投资争端的出现。如果是不同国家私人之间的投资争端,投资者可以采用双方约定的方式或自行选择合适的方式进行处理。但私人与东道国之间的投资争端较为特殊,争议双方的地位不平等,不容易用传统的争端解决办法来解决,需要一个公正高效、互惠共赢的争端解决机制。对于这些投资争端来说,当今世界上影响最大的解决机制是国际投资争端解决中心(简称 ICSID),ICSID 一直被视为国际投资争端解决领域的引领者。尽管其制度设计本身还有待完善,但其仍然因为创造性地为国家和投资者之间的争端提供了有效解决路径为世人称道。然而,从相关国家的实践分析,"一带一路"沿线国家对 ICSID 的接受程度较低。至今仍有 10 多个"一带一路"沿线国家不是 ICSID 公约的缔约国。尽管我国已经与 50 多个"一带一路"沿线国家签订了双边投资条约,但其中只有 14 个通过岔路口条款明确了可以选择 ICSID 进行管辖。总体来说,沿线国家对 ICSID 的参与度较低,限制了解决投资争端的重要渠道选择。此外,当前国际投资争端解决机制还存在着一个变化趋势就是将投资者和东道国之间的投资争端更多地回归到国内管辖,进而使东道国掌握更多的规制权。最具代表性的就是,由美国主导完成的《美国-墨西哥-加拿大协议》(USMCA)强调对投资争端的规制权转而由东道国国内法院管辖,从而弱化了现行的国际投资仲裁解决方式。但对于我国来说,现行国际投资争端仲裁方式的弱化,将对"一带一路"倡议构成挑战。因为"一带一路"沿线国家整体发展水平不高,有些国家政治不稳定,国内法治化水平也不高,我国企业的投资面临着政治更迭、国有化征收、限制汇出等方面的巨大风险。在投资者与国家间争端解决机制下,将投资争端交由一个相对高水平的国际投资仲裁机制来解决,是相对有保障的,但该机制一旦被弱化,将带来极大的不确定性,中国的对外投资将面临巨大挑战,也将对"一带一路"倡议的稳定性形成威胁。

2. 仲裁裁决承认和执行的不确定性风险较大

对于国际贸易和投资活动来说，仲裁是一种国际通行的解决经贸争议的重要法律途径，在处理跨境经贸纠纷、消除贸易和投资障碍、推动国际法治建设中的重要性日益凸显。随着"一带一路"的深入推进以及我国与"一带一路"沿线各国之间在经贸领域的往来愈发密切，仲裁在解决商事纠纷与推进合作共赢过程中发挥着越来越不可替代的作用。然而，因"一带一路"沿线各国在国际商事仲裁理念上的复杂多元，仲裁法律体系处在不同的发展阶段，仲裁法律制度亦存在很大的差异。很多国家的法院对仲裁协议与仲裁裁决的态度不够包容和开放，施加过多的干涉，导致仲裁裁决无法最终得到承认和执行。这造成在深入推进"一带一路"倡议的过程中，围绕相关商事争议所进行的国际商事仲裁存在着较大的不确定性与风险。①

（四）"一带一路"相关的涉外法律服务能力明显不足

1. 涉外法律人才需求缺口较大

随着"一带一路"倡议的深入推进，贸易和投资活动的日益活跃，其中遇到的法律问题和贸易纠纷也呈上升势头，急需一支既精通国际法律，又懂经贸又能满足语种多样化需要的国际复合型涉外法律服务人才队伍，数据报告显示，虽然中国执业律师早已超40万人，但涉外律师仅占1%。而在某些专业性强的领域，合格的涉外律师更是凤毛麟角，远远不能满足处理日益增长的涉外事务的需要，专业人才的供需比失衡呈现出尖锐化态势。虽然为有效缓解涉外法律人才供给不足的现状，司法部已经就涉外律师的培养，作出了新的工作部署，但专业人才的培养是一项系统复杂的工程，需要大量的人力、物力、财力作支撑，且非一日之功。

---

① 李娜. 埃及仲裁裁决承认与执行实践对仲裁程序法律适用规则与"一带一路"法律风险防范的启示［J］. 法律适用，2018（12）：60-63.

2. 涉外专业服务网络化需求强烈

"一带一路"涉及亚洲、欧洲、非洲的数十个国家，各国和地区的法律环境错综复杂，法律体系存在显著差异，法律风险识别、评价和控制的难度极大。[①] 仅仅依靠我国自身的法律服务队伍和机构不可能满足企业"走出去"业务的大量而多样的需求。我们需要积极推动国内涉外律师服务机构和相关组织与"一带一路"沿线各国的法律服务机构和其他各类商协会建立合作对接，搭建各类服务体系和平台，做到我国企业走到哪里，涉外法律服务就跟进到哪里，帮助企业进一步提升对外投资合作的质量和水平。

二、构建"一带一路"的法律体系

如上文所述，"一带一路"倡议作为中国推出的促进全球经济发展的方案，其成功推进需要法治保障。也只有选择法治化发展道路，才能在有力保障合作项目推进及沿线国家和地区经济发展的同时，使"一带一路"建设发挥出促进全球治理方面的良性功能，更好地回应各方对其发展模式和制度设计的普遍关注。而实现"一带一路"倡议法治化的首要环节就是构建起其法律供给机制和科学的法律规则体系。为了迅速高效构建"一带一路"的法律体系，我们必须充分利用好现有的法治资源，完善国内配套立法，梳理整合现有国际规则，实现国内法治与国际法治的良性互动，并在此基础上，根据实际需要，逐步与沿线国家间建立更具针对性和区域适用性的规则体系。

（一）完善国内配套涉外经贸立法

"一带一路"倡议是一项具有高度时代性、综合性和全局性的工程，其成功推出和实施本身就表明了中国在新时代全面深化改革开放和进一步融入新型经济全球化的决心，意味着当前中国已经将自身的国内事务与世界的国

---

① 孙洪涛. 大石油石化工程服务"一带一路"法律风险管理 [J]. 中小企业管理与科技（中旬刊），2018：99 – 100.

际事务前所未有地融为一体。当然，其成效如何，很大程度上取决于中国能否自觉有效地把国际事务融入国内发展，并能够自觉有效地把国内法律治理提升到国际水平，进而能够主动适应全球治理变局及其多维挑战，引领全球治理变局走向更为合理、健康的方向。① 为适应"一带一路"倡议实施的现实需要，我们应该首先重点从涉外经贸法律制度和裁决承认与执行相关的民商事法律制度两方面完善国内的相关立法。②

1. 与"一带一路"密切相关的涉外经贸法律制度建设

"一带一路"的有序、有效实施需要中国与沿线各国特别注重贸易、投资领域的开放以及营造公平的国内法律环境。我国在这方面已作出巨大努力，于 2019 年通过了《中华人民共和国外商投资法》及其实施条例，同时废止了"三资法"③，体现了对内外资一视同仁、一体保护的基本原则和精神。我国还通过在国内建立自由贸易试验区开展深化改革或扩大开放的制度实验。自 2013 年上海自贸试验区设立以来，中国自贸试验区数量目前已经扩到 21个，包括上海、广东、天津、福建、辽宁、浙江、河南、湖北、重庆、四川、陕西、海南、山东、江苏、河北、云南、广西、黑龙江、北京、湖南、安徽，在更广领域、更大范围形成各具特色、各有侧重的试点格局，推动全面深化改革扩大开放。此外，2020 年 6 月 1 日，中共中央、国务院印发了《海南自由贸易港建设总体方案》，十三届全国人大常委会第二十九次会议于 2021 年6 月 10 日又表决通过《海南自由贸易港法》，着眼于国际国内发展大局，作出了在海南全岛建设自由贸易试验区和中国特色自由贸易港的重大决定，推动形成高度自由化、法治化、国际化、现代化的制度体系，成为中国实现社会主义现代化的标杆和范例。未来，我们要进一步建立健全外资法配套法律政策体系和一体化通关制度，为包括源自"一带一路"沿线国家的外来投资和商品提供更有力的保护和更大的便利；完善海外投资保险制度，增加险种

---

① 欧阳康. 全球治理变局中的"一带一路"[J]. 中国社会科学，2018（8）：5-16.

② 刘敬东. "一带一路"法治化体系构建研究［J］. 政法论坛，2017（5）：125-135.

③ 在《外国投资法》出炉之前，中国对利用外资，依据的主要是三部法律——《中外合资经营企业法》《外资企业法》《中外合作经营企业法》，俗称"三资法"或外资三法。

和承保主体，简化投保程序，为我国企业在"一带一路"沿线国家的投资提供更充分的保障；通过逐步将自贸试验区的成功经验适时转化为相关领域的国内立法，为"一带一路"倡议建构起科学合理有效的制度依托和实施体系，为"一带一路"营造良好的国内法律环境，并为沿线国家和地区完善其涉外经贸法律形成制度示范，提供中国智慧和中国经验。

2. 完善中国涉外民商事法律制度，尤其是与司法协作、国际仲裁裁决承认和执行相关的立法

近年来，中国一直秉持开放、包容的态度创新现有涉外民商事法律制度，维护各类市场主体的合法权益，平等保护中外当事人的利益。最高人民法院分别于2015年和2019年先后发布了《关于人民法院为"一带一路"建设提供司法服务和保障的若干意见》和《关于人民法院进一步为"一带一路"建设提供司法服务和保障的意见》。这两份规范性文件紧密结合"一带一路"倡议的特点及我国涉外商事海事审判的工作实践，借鉴国际先进的司法理念，在管辖权、适用国际条约和惯例、外国法查明、司法互惠和涉外仲裁裁决的司法审查等多方面都作出了创新性的规定。根据文件规定，当案件涉及到外国法律适用时，法院将会依据我国《涉外民事关系法律适用法》等冲突规范的规定，综合全面考虑法律关系的主体、客体、内容和法律事实等涉外因素，充分尊重当事人在选择准据法方面的权利，积极查明并准确适用外国法，消除中外当事人在国际商贸往来中可能产生的疑虑，为"一带一路"倡议的参与者自由选择交易所适用的法律创造了良好的条件，促使其更愿意选择中国法院来解决相关的民商事纠纷。这在很大程度上降低了"一带一路"的法律风险，有助于增强投资者信心。① 下一步，我们要进一步修订完善《涉外民事关系法律适用法》和《仲裁法》等相关法律的程序和制度设计，更多融入国际立法的先进经验，扩大当事人在纠纷解决方式和适用法律选择方面的意思自治空间，弱化国内的司法干预，致力于构建更加有利于国际仲裁裁决和外国法院判决得到承认和执行的友好法律环境。对仲裁协议与仲裁裁决持有

---

① 刘敬东."一带一路"法治化体系构建研究［J］.政法论坛，2017（5）：125–135.

更为包容的态度，对国际仲裁持有更为开放的态度，提升本国仲裁机构的竞争力和本国仲裁市场对外国当事人的吸引力，为国内商品、服务和资本走向海外市场提供更多保障。同时，通过积极探索沿线国家间法律治理合作模式，尽可能地提高区域法律规则和制度的统一性，有力保障"一带一路"沿线各国互利共赢目标的实现。

（二）重视国际软法在促进域内规则统一性中的作用

关于何为"软法"，学界至今尚未形成定论，学者大多是对照参考"硬法"① 来认识和研究国际软法。不过，最广为接受的一个基本认识是，"软法"是原则上不具有法律约束力，但却具有实际效果的行为规范。② 严格意义上说，国际软法不属于法律的范畴，但在实践中却能够得到很好的遵守。国际软法所涵盖的范围非常广，凡是不属于生效的公约、条约、议定书范畴的书面文件，不论其名称为何，都可以被归入其中。由于并不存在一个世界政府，国际关系处于非中央化的状态，不存在超国家的立法、执法、司法体系，而各个国家之间的关注领域、利益取向和发展能力又存在着巨大差异，相互间要协商达成具有约束力的国际法律文件（条约或者公约）是十分困难的，往往付出了巨大的谈判成本后却徒劳无功。正因如此，国际软法在国际社会中有发挥重要作用的巨大空间，并在规范和调整国际社会关系方面实际扮演着重要的角色。③ 与西方国家主流的规则治理模式相比，国际软法的内在特性能很好地契合"一带一路"建设需求，可以借助国际软法具有的优势逐步推动域内规则的统一性，进而建立一种多元的新型区域合作与治理模式。

---

① "硬法"是指传统意义上的法律，其内涵中包括强制的内容，通过明确规定违法责任和司法保障，从而保证自身的有效实施。

② Francis Snyder. Soft Law and Institutional Practice in the European Community ［J］. in Stephen Martin (ed.), The Construction of Europe：Essays in Honour of Emile Noel, Kluwer Academic Publishers, 1994：199 – 200.

③ 何志鹏. 逆全球化潮流与国际软法的趋势 ［J］. 武汉大学学报（哲学社会科学版），2017 (4)：54 – 69.

1. 建立国际软法体系，凝聚合作共识

"一带一路"是一个开放的、非排他的区域合作倡议，且沿线国家和地区的历史文化、经济发展水平和法治化程度差异较大。而美欧以 FTA 推进的规则治理模式具有一定的封闭性，美欧作为主导方在选择区域合作成员方时，往往会有意识地选择对价支付能力较高或能增进本国地缘政治安全及经济利益的国家，通过实力、权威、话语权等方式尽量实现权利义务的所谓"对等"或"公平"。两者存在明显区别，"一带一路"治理的复杂性远远超出后者，达成硬法的周期可能会比较长，且治理成本较高，需要拓展治理模式的包容性和灵活性。而缔结程序相对简便、形式相对灵活的国际软法恰好具有很高的契合度。① 借助共同制定或者认可的一套没有正式法律约束力但包含实质性的行为准则，并能对各合作参与方产生实际影响的原则、规范和决策程序，可以不断提升沿线国家和地区的共同体意识，以及对"一带一路"倡议中蕴含的共商、共建、共享的发展理念和人类命运共同体共识的认可，有效扩大合作共识。商务部统计数据显示，截至 2021 年，中国已经同 140 多个国家和 30 多个国际组织签署 200 多份共建"一带一路"合作文件。其中，联合声明、备忘录、投资指南等软法性质的文件占据大多数，国际软法成为"一带一路"合作机制的重要组成部分。

2. 搭建软法合作机制，促进政策对接

为充分发挥好国际软法在"一带一路"建设中的作用，我们还需要搭建相应的国际软法保障机制，形成固定的治理对话平台。除现有的"一带一路"国际合作高峰论坛、首脑峰会、战略对话等形式外，可以根据参与方的实际情况和需要构建多种形式的合作机制，如参照中国—中南半岛经济走廊、澜沧江—湄公河合作机制，在与其他沿线国家和地区开展合作时，建立经济走廊、次区域合作等多元化合作机制。在条件成熟的情况，建立类似于"APEC"的经济组织，通过组织定期会议的方式，充分沟通合作意愿，促成

---

① 韩永红."一带一路"国际合作软法保障机制论纲［J］.当代法学，2016（4）：151 – 160.

更优质的合作项目，并通过积极协商，妥善处理矛盾冲突。① 同时，不断丰富这些平台的对话内容，更多增加关于市场开放和法律监管最佳实践等话题的讨论，在充分考虑各方关注和诉求的基础上，推动沿线国家和地区间贸易与投资政策的交流和统一，降低合作的成本和潜在风险，进而推进"一带一路"建设向纵深方向发展。

3. 鼓励多元主体参与，丰富软法供给

跟国际规则治理参与主体的单一性不同，国际软法的制定和实施主体不仅包括国家和国际组织，还包括商协会、企业甚至个人等非国家行为体。对于治理环境及其复杂的"一带一路"来说，多主体的共同参与尤其重要，有助于弥补国家在信息、资源等方面的不足，丰富国际合作规范的供给。这不仅有利于避免或降低规则治理所具有的政治敏感性及由此可能产生的权益纷争，而且有利于帮助企业降低项目合作中的缔约及履约负担。

（三）充分利用现有国际经贸法律制度体系

如上文所述，由于"一带一路"沿线政治、经济、社会环境的复杂性，国际软法具有发挥作用的巨大空间，但这并不意味着"一带一路"倡议的建设能游离于国际法机制之外。为了确保"一带一路"建设的长期化、制度化、规范化，我们需要采取软法与硬法相结合的灵活机制安排，并逐步推动软法向硬法转变，建立健全"一带一路"法律治理机制。从长期来看，中国推进"一带一路"建设的治理方式应首选法律治理机制，尽可能用法律规范为"一带一路"建设规划路线图，依靠法律的强制约束力协调沿线国家履行各自的法律责任，增强双多边合作的稳定性。②

---

① 李菲."一带一路"法律合作机制的构建及其风险防范 [J]. 河北经贸大学学报（综合版），2017（1）：20－24.

② 丁同民. 建立健全"一带一路"法律治理机制的思考 [J]. 河南师范大学学报（哲学社会科学版），2018（6）：45－50.

1. 利用好 WTO 规则体系

正如在回应外方关于中国试图通过"一带一路"倡议建立自己的规则和准则的指责时,外交部发言人所指出的,"一带一路"倡议倡导共商、共建、共享的原则,是开放、包容的,不是要搞什么"小圈子",也不针对任何国家,从来没有、也不会寻求建立一国主导的规则。[①] 事实上,"一带一路"倡议非但不是对既有国际经贸规则体系的否定,反而有利于中国运用现有规则促进参与国家之间的联通,扩大相互间的贸易和投资,进而加强多边贸易体系。沿用 WTO 已有的运行成熟的规则,既有利于减少国际社会对"一带一路"倡议存在的误读和顾虑,为"一带一路"建设创造良好的国际环境,也有利于避免对法律制度和机制机构的重复建设,降低潜在的巨大成本投入。其中,作为中国加入 WTO 后参与达成的首个多边货物贸易协定,《贸易便利化协定》具有特别重要的适用价值。因为"一带一路"沿线法律环境复杂,缺乏统一经贸规则是"一带一路"倡议推进和实施过程中的突出障碍,建立相对统一的贸易便利化规则,降低贸易成本,已成为当务之急。[②] 而《贸易便利化协定》建立和完善了包括货物放行与结关、边境机构合作、过境自由和海关合作等内容在内的贸易便利化系列规则。与"一带一路"沿线国家和地区一道推动该协定的落地适用,有利于减少贸易手续,降低贸易成本,在更大范围上推动贸易自由化和市场一体化,促进沿线贸易投资的顺利发展。在推广适用 WTO 现有经贸规则的同时,还可以在 WTO 正在进行和未来要举行的电子商务等诸边协定谈判中,积极反馈"一带一路"沿线国家和地区共通的利益诉求,推动国际贸易和投资规则更加公正、合理、包容,推动当前的全球化朝向开放、包容、均衡、普惠、可持续方向发展。

---

① 外交部. 中方不会借"一带一路"建立一国主导的规则 [EB/OL]. http://news. china. com. cn/world/2017 – 12/20/content_50115163. htm.

② 曾文革. 论"一带一路"陆上贸易便利化规则体系的构建与完善 [J]. 法学杂志,2018 (11):16 – 22.

2. 利用好与沿线国家签署的现有经贸协定

近年来，在多边贸易体制受到削弱、全球贸易保护主义上升的情况下，中国在坚定支持多边贸易体制的同时，为顺应全球区域经济一体化迅猛发展的新形势，也加快实施自由贸易区战略，推进更高水平的对外开放和开放型经济新体制的构建。2015 年，国务院印发的《关于加快实施自由贸易区战略的若干意见》进一步明晰了我国自由贸易区的战略布局方向：立足周边、辐射 "一带一路"、面向全球。截至 2021 年 5 月，我国已经签署了 20 个自由贸易协定及优惠贸易安排，所涉及的国家和地区主要集中在东亚和东南亚。与 "一带一路" 沿线其他国家和地区的贸易与投资协定及各种优惠贸易安排也在积极构建中。2020 年 11 月 15 日，东盟十国以及中国、日本、韩国、澳大利亚、新西兰 15 个国家签署的《区域全面经济伙伴关系协定》（RCEP）是目前正式达成的全球规模最大的自由贸易协定，且是一个全面、现代、高质量和互惠的自贸协定。其中，货物贸易零关税产品数整体上超过 90%。服务贸易和投资开放水平显著高于原有的 "10 + 1" 自贸协定。上述这些协定对深化区域经济一体化和稳定全球经济产生了重大的促进或提振作用。根据商务部的数据统计，2020 年，东盟首次成为中国第一大贸易伙伴，中国对 "一带一路" 沿线国家进出口 9.4 万亿元，占进出口总额的 29.1%，对沙特阿拉伯、土耳其、埃及、波兰、新西兰等部分 "一带一路" 沿线国家出口也出现较快增长。[①] 未来，我们要进一步发挥好这些协定在提升地区贸易和投资自由化中的重要价值，推动 RCEP 的落地适用和暂时遇到困境的《中欧全面投资协定》（CAI）尽快生效，并将其中成熟先进的规则供给到与 "一带一路" 其他参与国今后缔结的协定里，进一步加快沿线贸易自由化进程，为 "一带一路" 建设优化周边和国际法律环境。

3. 利用好其他国际组织先进制度安排

鉴于货物过境自由是实现 "一带一路" 互联互通的一项重要制度保障，

---

① 商务部. 中国对外贸易形势报告（2021 年春季）［EB/OL］. http：//zhs. mofcom. gov. cn/article/cbw/202006/20200602974110. shtml.

而"一带一路"沿线的货物过境面临着制度差异大、通关效率低下等法律和实践中的困境，世界海关组织倡导实施的 AEO（即"经认证的经营者"）制度等关于通关便利化的一些制度安排尤其值得关注和推广，改良沿线国家和地区的海关监管方式，保护货物过境自由。截至 2021 年 5 月，中国已与新加坡、韩国、欧盟、瑞士、以色列、新西兰、澳大利亚、日本、哈萨克斯坦、蒙古国、白俄罗斯、乌拉圭、阿联酋、巴西等 20 个经济体 46 个国家（地区）实现 AEO 互认，互认国家（地区）数量居全球首位。未来，中国海关需要尽快推进与"一带一路"其他重要节点国家的 AEO 互认磋商，不断扩大 AEO 互认国家的覆盖范围，形成更加便利化的通关制度安排，助力实现中欧班列运输组织的优化和 AEO 企业在沿线国家和地区享受通关便利。

（四）积极构建"一带一路"沿线的双多边国际规则

尽管目前我国已经与"一带一路"沿线 15 个国家之间存在自由贸易协定或优惠贸易安排，与 65 个沿线国家中的 56 个签署了双边投资协定，但总体上看很多协定在适用范围、开放程度和先进规则供给等方面仍存在很大的提升空间。主要问题包括缔结有自由贸易协定的"一带一路"沿线国家数量较少，协定的整体贸易和投资自由化水平不高，对"一带一路"建设在促进基础设施投资的规则供给方面的实际需求关注不够等。"一带一路"国际法治建设还需要密切关注国际经贸规则最新发展，创新性提高我国为"一带一路"倡议供给投资和贸易自由化规则的能力。①

1. 升级现有经贸协定

以中国最新推动达成的《区域全面经济伙伴关系协定》（RCEP）、《中欧全面投资协定》（CAI）甚或我国正积极考虑加入的《全面与进步跨太平洋伙伴关系协定》（CPTPP）等经贸协定为蓝本，一方面对现有与沿线国家之间的自贸协定进行升级谈判，扩大区域贸易自由化的同时，提高投资和服务市场

---

① 石静霞.《"一带一路"倡议与国际法——基于国际公共产品供给视角的分析 [J]. 中国社会科学，2021（1）：156 – 179.

的开放程度,将协定内容尽可能涵盖到数字贸易、竞争政策、知识产权和政府采购等新议题和横向规则;另一方面清理并修订旧的双边投资协定,废除落后于实践或不合时宜的体例和内容,吸收与扩大投资者保护水平和投资市场开放程度相关的新规则,尤其增加促进基础设施投资的规则供给,为企业投资提供更加稳定透明的环境。

2. 健全经贸协定网络

目前,大多数的"一带一路"国家与中国之间尚不存在自贸协定甚至是正在开展的相关谈判,尤其是中亚与中东欧地区,而且还有十多个国家还没有加入 WTO。由于这些国家对国际规则的认同度较低,先行适用国际软法治理可能是较为理性的选择。然而,考虑到随着中国企业的投资大量进入这些国家所必然会遭遇的巨大政治和法律风险,我国还是应该择机推动达成与它们之间的经贸协定,并在其中优先落实基础设施建设行业的准入、待遇及投资保护。通过国际软法治理,凝聚中国与这些国家的"一带一路"共同体和命运共同体身份;通过规则治理,推动企业境外投资和贸易利益的延伸保护。①

3. 完善"一带一路"倡议的多边机制建设

在长期发展中,"一带一路"沿线国家和地区已经形成了大量多元的国际经贸规则体系和治理机制,而且彼此之间存在着交叉重叠和差异冲突。未来,随着"一带一路"法律规则体系和治理机制的进一步建设,这一情况可能更加错综复杂,造成严重的"意大利面碗"效应。为此,中国需要和沿线各国保持良好的沟通交流,基于共同利益规划推动这些规则和机制的对接、协调与整合,最大程度地培育"共同体法治"理念和具有普适性的"一带一路"法律规则体系与治理机制。当然,这一工程非常庞大复杂,不可能一蹴而就或找到一次性解决所有问题的方案,我们需要一些渐进的和区域性推进

---

① 陈伟光,王燕. 共建"一带一路":基于关系治理与规则治理的分析框架 [J]. 世界经济与政治,2016(6):93-114.

的办法。一是可以先由沿线重要节点的若干国家形成类似 G7 的固定沟通机制，将他们达成的共识和做法推行到其他参与国；二是可以先形成一些区域贸易协定安排，如中国—东盟、中国—欧亚经济联盟、中国—海合会、中国—中东欧甚或中国—欧盟等 FTA 或 BIT，再将这些区域性框架下试验成熟的普适规则不断推广到整个"一带一路"沿线，不断丰富"一带一路"倡议的多边制度和制度化"一带一路"多边式平台。此外，我们可以调动世贸组织、经合组织、世界银行、亚投行等多边机制加入到"一带一路"的框架下，提高国际决策流程的参与度和"一带一路"的认可度，从而不断使其多边化。① 最终，通过"一带一路"倡议，实现更大范围、更高水平、更深层次的区域合作，与沿线国家一道共同打造开放、包容、均衡、普惠的区域合作架构。

三、完善"一带一路"的法律执行机制

除完善相应的法律规则外，"一带一路"治理体系的构建也离不开公平、高效的法律执行机制。中国与沿线国家应推动相互间顺畅的司法合作与协助，利用好现有国际争端解决机制，协商建立创新性争端解决机制，健全商事法律服务，"形成一套多层次、立体化、国内机制与国际机制相互配合、良性互动的争端解决格局，进而为"一带一路"建设打造稳定性、可预见性的法治环境，为新世纪的全球经济治理树立典范。"②

(一) 积极投建"一带一路"司法合作与协助机制

面对"一带一路"建设中法律冲突的复杂性，除通过立法（制定规则）和行政协调机制加以解决外，司法治理也是能够有效减少或避免各国之间法律制度冲突的重要方式。建立高效、公正、透明的司法机制，加强区域内的司法协助和全方位的司法合作是"一带一路"法治体系建设必不可少的重要

---

① 王辉耀. "一带一路"可与 WTO 等多边机制联动［EB/OL］. http：//www. ccg. org. cn/archives/60191.

② 刘敬东. "一带一路"法治化体系构建研究［J］. 政法论坛，2017（5）：125－135.

内容。沿线繁荣的国际贸易和投资活动需要司法保驾护航。为此,最高人民法院于 2015 年和 2019 年先后发布了《关于人民法院为"一带一路"建设提供司法服务和保障的若干意见》和《关于人民法院进一步为"一带一路"建设提供司法服务和保障的意见》,就推进"一带一路"沿线国家之间的司法合作和司法协助工作采取了诸多重要举措。

1. 妥善处理司法管辖权冲突

我国的《民事诉讼法》及其司法解释关于涉外民商事案件管辖权的规定相对比较简单,包括跨境平行诉讼在内不少与管辖权相关的重要问题都未涉及。随着"一带一路"建设的深入推进,如何尽可能减少涉外司法管辖权的国际冲突、妥善解决国际间平行诉讼成为司法实践所面临的难题。最高人民法院发布的上述两份意见很大程度上对此作出了回应:一是借鉴其他国家有关管辖权的立法和司法判例,科学合理地设计"一带一路"案件的相关联结因素,为国内法院积极行使司法管辖权提供了重要指引;二是除尽可能减少"一带一路"沿线国家和地区间的管辖权冲突,还较好地处理了当事人意思自治与司法主权之间的关系,对中外当事人在协议选择司法管辖上的权利给予了充分尊重。此外,通过跟沿线国家的司法机构的友好协商,减少有关涉外司法管辖的国际冲突,逐渐构建与沿线国家之间的司法合作渠道和机制,进而妥善解决国际平行诉讼问题。①

2. 完善司法互惠机制

在大多数国际商事纠纷诉讼中,跨境送达与取证及法院判决的承认与执行都是必不可少的法律程序。如果得不到他国法院的协助和配合,国际诉讼也无法起到实际保护当事人切身利益的作用,尤其是判决的承认和执行问题。离开与沿线国家间高效的国际司法合作与协助机制,企业付出再高代价所赢得的判决是一纸空文。从长远看,会冲击和阻碍了"一带一路"框架下的投

---

① 参见《最高人民法院关于人民法院为"一带一路"建设提供司法服务和保障的若干意见》,http: //www. law – lib. com/law/law_view. asp? id =506558.

资和贸易活动。根据《中华人民共和国民事诉讼法》第 280 条和第 281 条的规定：存在国际条约或协定、互惠原则是中国法院和外国法院互为承认与执行法院判决的前提。由于中国尚未加入承认和执行外国法院判决相关的国际公约，而且法院对于"互惠"的认定过于严格，实际上妨碍国内法院判决在对方国家的承认与执行问题。最高人民法院于 2015 年 7 月 7 日发布的《关于人民法院为"一带一路"建设提供司法服务和保障的若干意见》首次提出，根据对方国家承诺将给予我国的司法互惠等情况，我国可考虑先给予对方国家当事人以司法协助。由此可见，中国司法实践中实行的严格互惠关系审查标准已有所松动，转而在"一带一路"相关的纠纷解决中采用比较灵活和宽松的互惠原则。为此，最高人民法院亟须根据《关于人民法院为"一带一路"建设提供司法服务和保障的若干意见》的要求，积极探讨加强区域司法协助并配合有关部门适时推出新型的司法协助协定范本，推动缔结双多边司法协助协定，促进"一带一路"沿线国家间司法判决的相互承认和执行，改革、完善现有涉外民商事立法及司法制度，降低"一带一路"建设中的法律风险，为中外当事人的利益提供平等和有效的保护。

3. 强化国际仲裁的司法支持

国际仲裁是跨国民商事领域纠纷解决的国际通行方式，但仲裁裁决最终能否得到执行，有效解决纠纷，很大程度上依赖于主权国家对待仲裁的态度和司法立场。《关于人民法院为"一带一路"建设提供司法服务和保障的若干意见》首次将支持仲裁作为一项法律原则纳入最权威司法文件，明确提出要依法加强涉沿线国家当事人的仲裁裁决司法审查工作，促进国际商事海事仲裁在"一带一路"建设中发挥重要作用。未来，我国各级司法机构要做好这些规定的落实实施，并与沿线各国一道逐步扩大司法支持国际仲裁的共识，确保涉"一带一路"案件国际商事仲裁裁决依法及时得到承认和执行，维护好中外当事人的合法权益。

此外，中国还应与"一带一路"沿线国家充分利用现有合作机制深化司法领域的合作，探索建立"一带一路"司法论坛，就涉"一带一路"民商事案件面临的司法协助问题进行协商，共同丰富"一带一路"法治内涵。①

（二）积极利用现有国际经贸争端解决机制

1. 运用好 WTO 争端解决机制

WTO 争端解决机制（DSU）以其独树一帜的强制管辖、准司法性和规则导向，为多边贸易体制提供了稳定的安全及可预见性，且被实践证明是行之有效的，因此，被誉为"WTO 皇冠上的明珠"。尽管 WTO 上诉机制被美国瘫痪，但专家组报告仍是对 WTO 框架下贸易争端的是非曲直，以及成员方是否遵守其相关承诺和义务的权威裁断，仍然可以为多边贸易体制的运行提供有力保障。由于"一带一路"沿线国家在经济发展程度、政治制度、文化宗教等方面差异较大，同时我们特别强调"一带一路"建设要尊重各国对发展道路和模式的选择，可能在较长时间内都无法形成高度统一的区域经贸争端解决机制。在这种情况下，DSU 是我们可以积极借助的重要渠道和平台，并且将这一机制运用到"一带一路"区域经贸争端的解决中具有其独特的优势。一是 WTO 成员众多，"一带一路"沿线各国 3/4 以上都是 WTO 成员，DSU 适用范围广泛；二是 DSU 独创的"反向协商一致"的原则极大提高了争端解决的效率；三是 DSU 作为多边机制下的争端解决机制，不容易受某个成员左右或影响，相对沿线各国的国内救急方式来说，更不容易偏向国内利益，能够被参与国更广泛地接受和认可。因此，在与沿线国之间发生经贸争端时，如果有充分的 WTO 规则支持，应优先运用 DSU 解决争议，维护自身合法权益。除此之外，"一带一路"的沿线大部分是发展中国家，而当前某些发达国家为维护自身利益，以推动 WTO 改革的名义，在多边机制下试图限制发展中国家贸易自由和公共利益的合理需求。面对如此困境，沿线各国也应当逐步达成共识，扩大合作，利用 WTO 争端解决机制主张共同诉求，保护发展中国家的合理利益。

---

① 刘敬东."一带一路"法治化体系构建研究［J］.政法论坛，2017（5）：125－135.

2. 利用好自贸协定框架下的争端解决机制

在《中国—东盟自由贸易协定》《中国—新西兰自由贸易协定》《中国—澳大利亚自由贸易协定》《中国—格鲁吉亚自由贸易协定》及达成的《区域全面经济伙伴关系协定》（RCEP）等协定中都采取混合式的争端解决机制，在磋商不成时成立专家组或设立仲裁庭进行裁定，但这并不是争端解决的必经程序，而是鼓励争议双方在任何时候都可以采取和解、谈判、斡旋和调停等方式来解决争端，在实施过程中更加强调国家间的友好协商与自愿调解。通过灵活运用和自主选择这种多元化的争端解决方式，不仅提高了争端解决机制的办事效率，体现了我国传统"和为贵"的思想主张，而且在"一带一路"争端解决机制的构建中显得尤为重要，值得更大范围地推广到未来与其他沿线国家的经贸协定中。

此外，鉴于"一带一路"沿线很多国家的法治化水平较低，中国对外投资风险很大，我们应该考虑逐步在中国与"一带一路"沿线国家之间的经贸协定中纳入投资者与国家间投资争端解决机制（"ISDS 机制"）。

（三）建立多元化的"一带一路"国际商事纠纷解决机制

随着"一带一路"倡议正在向落地生根、持久发展的阶段迈进，除了需要建立政府间经贸争端的解决机制外，企业作为"一带一路"建设的主要参与者，在进行贸易和投资活动的过程中会更多面临着商事纠纷频发及纠纷无法及时有效得到解决的风险，构建"一带一路"国际商事争端解决机制同样是非常必要的。正是为了推动妥善化解"一带一路"建设过程中产生的商事争端，服务保障"一带一路"建设，2018 年 1 月 23 日，习近平总书记主持召开中央全面深化改革领导小组会议，审议通过《关于建立"一带一路"国际商事争端解决机制和机构的意见》。2018 年 3 月 26 日，中共中央办公厅、国务院办公厅印发《关于建立"一带一路"国际商事争端解决机制和机构的意见》，要求各地区各部门结合实际认真贯彻落实。该意见提出："坚持纠纷解决方式多元化原则。充分考虑'一带一路'建设参与主体的多样性、纠纷类型的复杂性以及各国立法、司法、法治文化的差异性，积极培育并完善诉讼、仲裁、调解有机衔接的争端解决服务保障机制,切实满足中外当事人多元化纠纷解决需求。通过建立'一带一路'国际商事争端解决机制和机构,营造稳定、公平、透明、可预期的法治化营商环境。"

1. 推广适用调解制度

调解是在中立第三方调解员的主持下,由当事人自愿平等地协商达成协议解决纠纷的活动,是发源于中国的一种纠纷化解方式,被称为"东方经验"。与诉讼、仲裁相比,调解中的当事人对纠纷的结果具有控制权,调解人仅是协助各方达成解决方案。这有助于缓解国际民商事纠纷处理中经常面临的法律冲突问题。对于"一带一路"建设中出现的涉外商事纠纷而言,这一优势将更为明显,因为这些纠纷往往会涉及多个国家的法律或国际规则,法律冲突更是难以避免,对当事人来说,处理纠纷最后所选择的准据法预见性较差,而通过调解就能够有效地缓解这些冲突。此外,调解有利于缓和纠纷双方的对立,避免当事人之间矛盾激化,有助于促成双方继续合作的意愿,保持良好的商业关系。正因为这些优势,调解制度已经受到国际社会的普遍关注,近年来,很多国家都开始注重调解组织、制度和规则的建设。联合国大会会议于2003年1月审议通过联合国国际贸易法委员会制定的《国际商事调解示范法》后,又于2018年12月审议通过联合国国际贸易法委员会制定的《新加坡调解公约》(全称《联合国关于调解所产生的国际和解协议公约》),后者旨在解决国际商事调解达成的和解协议的跨境执行问题。这些公约有助于各国及调解组织加强关于利用现代调解技巧的立法及规则建设。我国可以借鉴和借助这些国际立法示范,一方面,推动自身调解制度的专业化改革,提升我国调解机制的国际竞争力和公信力;另一方面,积极向"一带一路"沿线国家和地区介绍推广中国丰富的调解制度和实践,打造国际商事纠纷解决中心,为企业有效解决国际商事争议与维护和谐商业关系提供重要保障。

2. 发挥好仲裁解决商事纠纷的独特优势

与调解相比,仲裁裁决当然地具有法律约束力,而且由于有联合国《承认和执行外国仲裁裁决条约》（简称《纽约公约》）这一多边公约存在，国际仲裁裁决在几乎全球范围内都可以获得承认和执行。与诉讼相比，国际仲裁当事人在控制纠纷解决的进程和结果方面具有更大的自主性，并且仲裁一裁终局，具有快捷、高效、保密、费用低廉和更强中立性等优势。因此，从事国际贸易和投资的各国企业越来越多地趋向于选择仲裁机制解决跨国商事纠纷。据统计，全球 500 强企业每年的经济纠纷约 80% 是通过仲裁方式解决的。因此，我国应该积极在"一带一路"沿线推广适用国际仲裁机制，鼓励有实力的国内仲裁机构"走出去"，在"一带一路"的重要节点逐步建立区域性的国际仲裁常设机构，并与沿线国家和地区的仲裁机构合作建立国际商事纠纷联合仲裁机制，使仲裁成为"一带一路"建设中争端解决的有效机制。

3. 健全解决商事纠纷解决的司法支持

诉讼是处理纠纷最权威的手段和维护合法权益的最后屏障。强有力的司法支持对于"一带一路"建设商事纠纷的处理而言是必不可少的重要一环。最高人民法院作为建立"一带一路"国际商事争端解决机制和机构的牵头单位，认真组织落实中央《关于建立"一带一路"国际商事争端解决机制和机构的意见》，于 2018 年 6 月 29 日分别在深圳、西安挂牌成立最高人民法院第一、第二国际商事法庭。国际商事法庭主要审理重大疑难复杂的国际商事案件，在不改变现行国际条约规定的国际商事争端解决机制的情况下为当事人拓宽了国际商事纠纷的解决途径，并实行一审终审，从而实现快捷、高效地解决纠纷。国际商事法庭还首创了国际商事专家委员会制度，国际商事专家委员会由精通国际法并熟练掌握本国法、具有丰富实务经验和较高国际声誉的中外法律专家组成，在职业和地域上都具有广泛的代表性，可以根据当事人自愿对案件进行调解及就案件中的外国法问题提供咨询意见。此外，国际商事法庭也是"一站式"纠纷解决平台，作为"一带一路"国际商事争端解决机制和机构建设的一项重要任务，构建了诉讼与调解、仲裁有效衔接的多元化纠纷解决机制。目前，最高人民法院已经选定了多家仲裁机构和调解机构纳入"一站式"国际商事纠纷多元化解决机制。在该机制内，国际商事法庭依法对国际商事仲裁机构和国际商事调解机构提供程序上与裁决或调解书执行上的有力支持，从而使诉讼与调解、仲裁有机衔接，形成合力，共同打造"一站式"多元纠纷解决平台，为当事人提供优质高效的法律服务。[①] 未来，我们应该充分建设和利用好这一集聚了诉讼、仲裁、调解领域最为优质资源的平台。鼓励和吸引海内外国际商事纠纷当事人合意选择国际商事法庭管辖；扩大国际商事专家委员的范围，拓展"一站式"多元解纷平台建设，适当引入域外国际商事仲裁和调解机构，提升国际公信力，更好地服务"一带一路"乃至全球国际商事纠纷的解决。

（四）健全"一带一路"涉外商事法律服务体系

1. "一带一路"法治化建设是一项综合系统工程

其中，优质高效的国家商事法律服务网络和服务体系是必要的支撑和保障，也是决定未来"一带一路"法律体系运行效果的重要因素。2016 年 5 月，中央全面深化改革领导小组《关于发展涉外法律服务业的意见》就将"发展涉外法律服务业"提上了重要日程。2016 年 12 月，司法部、外交部、商务部、国务院法制办公室联合印发《关于发展涉外法律服务业的意见》，明确提出要为"一带一路"等国家重大发展战略提供法律服务，共同推动涉外法律服务业发展，服务"一带一路"建设迈向新台阶，近年来已取得阶段性成效。[②]

2. 培养和储备涉外法律服务人才队伍

因为我国涉外法律服务业整体起步较晚，目前无论是涉外业务律师，还是涉外仲裁和调解从业人员等，都处于严重缺乏状态，致使多数与我国相关

[①] 罗东川. 支持仲裁解决纠纷，共建"一带一路"国际商事争端多元化解决机制——在深圳国际仲裁院仲裁员培训交流会上的致辞［EB/OL］. http：//scia. com. cn/home/index/newsdetail/id/2739. html.

[②] 熊选国. 推动"一带一路"法律服务是我们共同的责任［EB/OL］. http：//www. acla. org. cn/article/page/detailById/20365.

的商事纠纷流失到中国境外解决并经常借助外国专业团队。在高校中，国际法有交叉学科性质，学习难度较大，国际法学人才培养规模小，涉外法律人才储备完全不能适应服务"一带一路"建设和新时代对外交往的现实需要。因此，一方面，如2021年两会上有人大代表所提议的，将国际法学升为一级学科，使国际法学理论创新和规范体系建设充分体现出前沿性、独立性、多科性、交叉性，发挥出中国国际法学学科体系建设和学术理论的引领作用，加强我国涉外法治人才培养的战略选择，创新涉外法治人才培养机制，不断提高人才培养质量；① 另一方面，将涉外律师作为专门人才纳入国家及重点地方中长期人才发展规划和重点人才工程计划，在司法部的指导下，紧紧围绕"一带一路"建设需要，继续加强涉外律师"领军人才"的培养，加快培养一支通晓国际规则、善于处理涉外法律业务的高素质人才队伍。

3. 培育专业涉外法律服务机构和平台

除培育一批具有较强专业能力、能有效帮助企业应对涉外商事纠纷的律师事务所之外，还要大力发展具备涉外商事法律综合支援服务能力的商协会组织，为企业提供经贸摩擦预警、涉外法律培训与援助、代表企业进行对外表达诉求、组织企业开展境外集体诉讼，以及帮助企业构建品牌体系和合规经营机制，引导帮助企业依法合规开展经营，为企业提供精准化定制化国际贸易合规信息咨询和风险筛查等"一站式"涉外商事法律公共服务。

4. 构建涉外法律服务网络

"一带一路"建设中的涉外商事法律服务需求非常丰富而复杂，需要借助沿线国家和地区的法律服务资源，搭建庞大的服务网络才可能完成。要积极推动中国法律服务机构和组织"走出去"，与境外相关机构和其他商协会

---

① 黄进，杨松. 建议将国际法学升为一级学科［EB/OL］. https：//www. sohu. com/a/454606000_618422.

合作对接，畅通信息沟通渠道，推进沿线国家法律服务交流合作及建立联合经营和业务联盟关系，组织协调各参与国法律服务工作者为"一带一路"建设提供优质高效的法律服务。做到企业走到哪里，涉外法律服务就跟进到哪里，提升企业对外投资合作质量和水平，保障"一带一路"建设在法治轨道上运行，积极维护地区安全稳定，促进区域经济发展繁荣。

第十六章　共建"一带一路"　推动构建双循环新发展格局

——粤港澳大湾区建设重要枢纽的实现路径

▶导言◀

　　2020 年 5 月 14 日，中共中央政治局常委会会议首次提出，要深化供给侧结构性改革，充分发挥我国超大规模市场优势和内需潜力，构建国内国际双循环相互促进的新发展格局。2020 年 10 月，中国共产党第十九届五中全会通过的《中共中央关于制定国民经济和社会发展第十四个五年规划和二〇三五年远景目标的建议》进一步提出：要"构建以国内大循环为主体，国内国际双循环相互促进的新发展格局"。这是对"十四五"和未来更长时期我国经济发展战略、路径作出的重大调整完善，是着眼于我国长远发展和长治久安作出的重大战略部署，对于我国实现更高质量、更有效率、更加公平、更可持续、更为安全的发展，对于促进世界经济繁荣，都会产生重要而深远的影响。

一、构建双循环新发展格局的提出及其重要意义

双循环新发展格局，是指以国内大循环为主体，国内国际双循环相互促进的新发展格局。双循环新发展格局中的国内循环是指产业链的各个环节都在国内，在国内生产，在国内分配，在国内流通，在国内消费，在国内投资。

国际循环既是指"两头在外"的出口导向型的经济发展方式，也是指把以上一个或若干环节放在国外的发展模式，这种发展模式把企业嵌入国际产业链条中的某个环节，不仅是生产，而且可以是消费、投资等。国内国际双循环就是把国内循环和国外循环的链条进行有效的对接，以国内的要素、产品循环为主体，通过进出口，积极利用国外的要素、产品和需求来调节国内经济增长和发展。国内国际双循环是国内大循环的有机延伸，两者相辅相成。

构建以国内大循环为主体，国内国际双循环相互促进的新发展格局主要有几个方面含义：第一，明确中国经济不能只有单一的循环，必须是国内国际双循环。第二，双循环不是互相隔离，而是互相交融。国内大循环既要嵌入国际循环，又要能在必要时独立于国际循环；国际循环既要包含国内大循环，更要服务于国内大循环。第三，双循环运行的基础是供应链与产业链，以及由此为基础的价值链。第四，它整体上表现为既能够充分利用国内国际两个市场、两种资源，发挥比较优势和规模经济机制，又能够利用超大规模市场优势和内需潜力而形成的一种优势互补、相互促进的经济发展新格局。

推动形成国内国际双循环新发展格局的主要手段是深化改革扩大开放。其中重要的内容有：

（1）构建国内国际双循环新发展格局，必须坚持质量第一、效益优先，以供给侧结构性改革为主线，把提高生产供给体系质量作为主攻方向，以供给质量的提升与供给结构的优化引领新消费，创造新市场。在生产方面，应坚持创新在我国现代化建设全局中的核心地位，通过科技自立自强战略，以提升科技创新能力为突破口，打通国内国际双循环生产供给方面的堵点。改善科技创新生态，激发创新创造活力，补齐传统制造业数字化改造、先进制造业培育与发展的核心技术短板，推动产业升级，实现"中国制造"向"中国智造"转型。

（2）必须优化分配尤其是生产要素分配，提高劳动报酬在初次分配中的比重，健全劳动、资本、土地、知识、技术、管理、数据等生产要素由市场评价贡献、按贡献决定报酬的机制；与此同时，应完善数字经济背景下的新型社会分工与劳动交换体系，加深、拓展和完善市场交换的深度、广度和方式，构建多层次的要素与产品服务市场体系，从而加速生产要素与产品的高效流通，并为高质量生产供给和生产消费的有效对接，构建畅通的中介流通环节。

（3）确立扩大内需的战略基点，把满足扩大需求、改善民生作为构建双循环新发展格局的出发点和落脚点，使生产、分配、流通、消费相互畅通、有效对接，形成需求牵引供给、供给创造需求的更高水平动态平衡。为此，既要通过财富分配制度与政府公共民生服务体系的普惠公平化改革，来稳步提高居民收入水平、打通阻碍释放消费潜力的制度堵点，又要用好积极财政政策，扩大有效投资，加快新型基础设施建设和国家重大战略项目实施步伐，并通过推进需求侧改革，为消费驱动经济增长、保持经济包容性增长奠定深厚的内需基础。

（4）防范风险，加强底线思维。国内国际双循环的形成大力提高了生产力，其根本原因在于分工对效率的提升。然而，伴随生产力提升的是经济系统风险性的提升，因此必须提高风险防范。

（5）要继续用足用好改革这个关键一招，保持勇往直前、风雨无阻的战略定力，围绕坚持和完善中国特色社会主义制度、推进国家治理体系和治理能力现代化，推动更深层次改革，实行更高水平开放，为构建新发展格局提供强大动力。

二、共建"一带一路"可以推动构建双循环新发展格局

共建"一带一路"与实现双循环新发展是辩证的关系。一方面"一带一路"可以促进双循环发展。反过来，共建"一带一路"需要以双循环新发展格局为基础的一个对外开放的新的体制。要把握共建"一带一路"与双循环新发展格局的辩证关系，通过更高水平的对外开放，实现两者的互相支撑和发展。

推动构建新发展格局是共建"一带一路"的重要支撑。只有自身基础过硬，才能为高质量发展"一带一路"提供稳定保障和强大支撑。构建以国内大循环为主体、国内国际双循环相互促进的新发展格局，是"十四五"时期关系我国发展全局的重大战略任务，也是谋求我国经济发展的重要课题，而

共建"一带一路"可以统筹国内国际两个市场、两种资源，内外兼修，为构建新发展格局形成强大推动力。

首先，共建"一带一路"推动国内大循环的形成。一是共建"一带一路"有助于提高国内市场一体化水平。共建"一带一路"国内段覆盖我国西部、中部和东部各个区域，有利于进一步改变中西部地区的相对封闭状态，缩小中西部地区与东部地区之间的差距，提高区域发展的协同性，促进要素和商品更加自由地流动和优化配置。二是共建"一带一路"有助于缓解内需不足和扩大内需。共建"一带一路"以产能合作为重点，将国内因需求结构升级难以消化的过剩产能转移到"一带一路"沿线发展中国家，有利于缓解国内需求不足的问题，此外，从"一带一路"沿线国家进口的优质产品，有利于满足国内消费升级和多样化消费需求，释放消费潜力。三是共建"一带一路"有助于推动国内供给侧结构性改革。当前国内循环不畅的原因主要体现在供给侧的质量不高，难以满足日益增长的消费端需求，共建"一带一路"通过转移国内过剩产能，为国内产业结构调整和转型升级争取到更多时间，此外，共建"一带一路"吸引沿线国家对华投资，引入资金、技术和管理经验，促进我国企业转型升级，从而有助于提高我国产业基础水平和国内经济的供给质量。

其次，共建"一带一路"有助于摆脱对传统国际循环模式的依赖路径，形成面向"一带一路"沿线国家的国际循环格局。自改革开放以来，我国已逐步嵌入国际价值链分工体系中，然而，我国长期以来处于全球价值链的中低端位置。近年来由于贸易保护主义的抬头，全球化进程放缓甚至倒退，加之疫情对全球经济的冲击，国际供应链断裂，我国需要重构参与国际循环的新模式，以对冲原有传统国际循环模式的风险。共建"一带一路"通过连接中国和"一带一路"沿线国家，帮助我国逐步摆脱对传统国际循环模式的依赖，形成更均衡的、更多面向发展中国家的国际循环新模式。

最后，共建"一带一路"是国内国际双循环相互促进的桥梁和重要抓手。通过共建"一带一路"可以大幅提升我国与沿线各国的互联互通水平，促进经济要素有序自由流动、资源高效配置和市场深度融合，并在此基础上壮大国内循环和国际循环，实现国内国际双循环相互促进。以中欧班列为例，共建"一带一路"多年以来,中欧班列从 2013 年开行的 80 列增加到 2020 年的 1.24 万列,到 2021 年的 1.5 万列,通达 90 多个欧洲城市,涉及 20 余个国家。中欧班列源源不断将国内货物送达欧洲国家,也将大量国外优质产品运回中国,不仅带动我国西部内陆城市外向发展,也为沿线国家带来新机遇,是畅通国内国际双循环的重要战略通道。

因此,可以通过图 16-1 来刻画共建"一带一路"高质量发展对推动构建双循环新发展格局的关系。

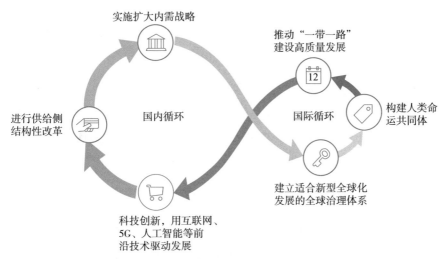

图 16-1 共建"一带一路"与双循环新发展格局的关系

资料来源:本书作者 2020 年研究并公开发表。

三、粤港澳大湾区构建双循环新发展格局重要枢纽的示范意义

深刻认识新发展阶段、全面贯彻新发展理念、着力构建新发展格局,努力实现高质量发展。这三个"新",构成了"十四五"规划纲要全文的逻辑主线和基本框架,体现着习近平总书记关于中国发展的深邃思考和长远谋略,这就是目前乃至今后长远一个时期国家发展的大局。作为全国最重要发展区域的粤港澳大湾区理应在构建这个新发展格局中走在前列,建成双循环新发展格局的重要枢纽。

枢纽是指主门户开合之枢与提系器物之纽，即事物的关键部位，也是指事物之间联系的中心环节。粤港澳大湾区是由广东九个城市和香港、澳门两个特别行政区组成的一个区域，涉及两种体制、三种法律制度以及分属不同关税区。根据2019年发布的《粤港澳大湾区规划纲要》的规划，粤港澳大湾区要建成科技湾区、创新湾区，与世界三大湾区对标。因此，粤港澳大湾区构建双循环新发展格局的重要枢纽，有其一系列优势条件以及深刻示范意义。

(一) 粤港澳大湾区形成双循环新发展格局重要枢纽的优势条件

1. 粤港澳大湾区拥有广阔的内需和外需市场

截止到2019年，粤港澳大湾区拥有7 266.9万人，经济总产值116 001.6亿元，与俄罗斯相当。出口货物总值为76 481.6亿元，占全国出口货物总值超20%。双循环新发展格局的内在要求就是要挖掘内需，实现以内需为主，外需为辅的发展目标，因此大湾区具有构建双循环重要枢纽的经济体量基础。

2. 粤港澳大湾区是国内产业链最完善的地区之一

双循环新发展格局的应有之义就是要打通产业链的各堵点、节点，完善并且升级我国产业链，使供给侧结构性改革与扩大内需战略相衔接，互促发展。而粤港澳大湾区产业链十分完善，特别是制造业和电子产业。从"东莞塞车，全球缺货"可见一斑。完善的产业链是大湾区建设双循环新发展格局重要枢纽的安全保障，也是应对国外各种风险的保障，因此完善的产业链也是大湾区成为双循环重要枢纽的优势条件之一。

3. 粤港澳大湾区对外经济贸易联系紧密

因此双循环既要内循环也要外循环，而粤港澳大湾区自古以来与国际经济联系就十分紧密，2019年大湾区出口货物总值为76 481.6亿元，占全国出口货物总值超20%，每年在广州举办的中国出口交易博览会和香港、澳门作为内地与世界联系的中介人角色，也使得粤港澳大湾区成为国内国际循环的交汇点。通过大湾区的内接内循环，外通外循环的作用，能让双循环的资源配置更为高效，衔接更为紧密。这是大湾区构建双循环重要枢纽的最重要条件。

4. 粤港澳大湾区有作为改革试点的传统，开拓创新有基础

粤港澳大湾区中深圳和珠海自 1979 年就是出口特区，1980 年改为经济特区。通过四十多年来的发展，两个特区培育了敢为人先，开拓创新的风气。并且目前横琴、前海和南沙也都是自贸区。因此大湾区里开拓新体制机制的基础和氛围较好，形成了改革试点的传统。可以更快更好地构建双循环新发展格局的重要枢纽，为全国探索构建双循环新发展格局的路径提供经验。

5. 粤港澳大湾区内部有两种制度，三个关税区，有利于在区域内部真实模拟双循环

双循环新发展格局的顺畅运行需要有一系列的配套进行完善，如产业链、供给链以及政策机制、管理体制，等等。而在大湾区内部由于存在有两种制度，三个关税区等存在由于体制不同造成的差异，这恰好能为成为模拟国内国际双循环最好的试验区。通过实验磨合发现完善构建双循环新发展格局要解决的问题，并且摸索出一套可以推广到与他国经贸交流中可使用的政策，这将能降低未来我国经济运行的风险，保证我国在构建双循环新发展格局中行稳致远。

（二）粤港澳大湾区形成双循环重要枢纽的意义

粤港澳大湾区是国家构建双循环新发展格局的一个重要领域，两者是部分和整体的关系。在粤港澳大湾区率先建成双循环新发展格局的重要枢纽，对我国整体形成双循环发展格局具有深刻的示范作用。

（1）粤港澳大湾区率先形成双循环新发展格局的枢纽，能为双循环新发展格局在全国范围内的落地探索政策和机制并且降低风险。由于粤港澳大湾区具有两种制度、三个关税区、三种法律制度，并且对外经济交流密切，成为我国经济内循环和经济外循环的市场、制度的连接点。同时，粤港澳大湾区拥有广阔的内部市场、强大的产业供应能力和完善的基础设施，根据大国经济发展理论和新经济发展发展理论，大湾区所拥有的市场规模足以促使分工专业化和实现规模经济，降低生产及科技研发成本，所以大湾区内的经济内循环的潜力巨大。与此同时，利用湾区广东城市与港澳的关系模拟国际大循环，从而摸索出一套成熟且行之有效的体制机制以便日后推广到全国落实实行从而有效降低内外对接的制度性摩擦成本以及整体性风险。这对建立以国内大循环为主，国内国际大循环相互促进的新发展格局具有示范性意义。

（2）大湾区具有深厚的科技经济实力，通过率先完善产业链，补齐双循环发展格局的短板，为全国形成双循环新发展格局提供产业链安全稳定的保障。建设双循环新发展格局的应有之义就是对我国产业链进行补链强链计划。由于中美摩擦，新冠疫情以及逆全球化势力的冲击，国际产业链、供应链有转向区域化和本土化的趋势，中国许多高新科技企业受此影响也被卡住了"脖子"。为了谋生存，谋发展，利用湾区的科技实力和经济实力，率先突破"卡脖子"的领域，牢牢把产业链控制在自己的手里就显得尤为重要。如果大湾区先行突破落后的产业链的节点和堵点，建设好双循环新发展格局，未来我国形成双循环发展格局的路子就会更加顺畅。

（3）粤港澳大湾区作为支点优先实现双循环，能梯度带动周边地区乃至我国经济发展实现双循环。粤港澳大湾区先行实现双循环新发展格局的重要枢纽，能通过湾区的辐射效应以及产业调整转移带动周边区域的发展，这能推动我国产业链升级以及合理化布局，从而由点到线、由线到面推动我国实现双循环发展格局。

（4）大湾区实现双循环能增强湾区内企业挖掘内需的能力。建设双循环新发展格局的应有之义就是扩大内需，而粤港澳大湾区内企业众多，湾区内外部市场需求多样化，湾区内的企业能通过双循环增强其满足消费者个性化需求的能力，并且增强其挖掘内需和开拓国际市场的能力，从而能加快我国双循环新发展格局的实现。

四、粤港澳大湾区构建双循环新发展格局的具体路径

为了加速粤港澳大湾区成为双循环新发展格局的先行区，我们应立足目前的国内外形势，利用好经济理论结合国情，作出一系列的行动来推动湾区双循环的实现。

（一）挖掘大湾区内需，充分发挥规模市场优势，打通各堵点节点

大国经济发展理论以及新经济地理学说认为，庞大的内需是一个国家或地区发展的优势和支撑点，因此大湾区应用好用足这一优势，突破影响内需的堵点和节点。

（1）通过在湾区试点改革收入再分配制度，鼓励第三次收入分配机制的发展，使得湾区内国民收入增速与经济增速相匹配，让老百姓共享改革开放的成果，从而扩大湾区内中产阶级人数，做大粤港澳大湾区的"蛋糕"，满足人民日益增长的物质文化需要，为双循环发展格局全国落实做好政策的前期试验和准备。

（2）促进粤港澳大城乡一体化，缩小以常住人口计算的城镇化率和以户籍人口计算的城镇化率，放宽各城市落户限制，打破区域间壁垒，切实让在城市的农村人口落户城市，借力新基建，加大对于公共服务的供给，让农村人口享受到城市的医疗和教育，从而降低农村人口的预防性储蓄，释放农村人口的消费能力。

（3）试点完善社会保障体系，减少居民养老顾虑，从而不仅能扩大居民的当期消费，还能把居民的部分储蓄转化为长期资产，进入资本市场，从而扩大我国的投资规模，促进资本的形成。

（4）充分利用线上线下双渠道供应链整合的运行机制，并且运用线上线下双渠道扩展国内市场，推动直播带货经济以及各种新业态的发展。

（二）立足国内大循环，对接国际大循环，进一步开放市场

根据国际贸易理论和经济增长理论，国内和国外需求都是一国经济增长

必不可少的部分，应当根据国情，积极主动地培育优势产业，抢夺国际产业制高点。

（1）国际大循环是国内大循环的延伸，要重视国外市场，粤港澳大湾中心的节点城市群充当国内循环和国际循环的交点，成为国内要素与国际要素汇聚点，优化资源的配置。从而一来承接国际大循环对国内大循环的技术溢出效应，二来开放国内市场，使参展商变投资商，进口商变贸易商。并且利用中心节点城市来对外出口产品、服务。

（2）推动香港、澳门建设人民币的离岸金融重心，推动人民币国际化，降低大湾区企业在出口或者对外投资时的汇率风险，减少国际大循环风险。据环球银行金融电信协会报告，截至 2021 年 1 月，人民币国际支付占比为 2.42%，尚有较大上升空间。增加与沿线国家贸易和投融资活动中人民币的收付使用，推动大宗商品以人民币计价，发展人民币外汇市场，同时完善外汇管理制度，使得境外政府、企业使用人民币更加便利、安全和优惠。

（3）针对近年来产业链区域化、分散化的趋势，粤港澳大湾区要重视东南亚经济圈的建设和东亚经济圈的建设，运用国内大循环积累的技术成本优势以及"一带一路"的政策机会，鼓励企业"走出去"，加深与沿线国家的经济交流，促进内循环和外循环有效衔接。

（三）完善产业链，实行补链强链计划，用科技和数字技术给产业链赋能

根据新经济增长理论和大国经济发展理论，由于技术科技的改良，规模报酬是递增的，并且大湾区拥有庞大的国内市场，用科技和技术完善产业链，以国内市场降低成本，能促进供给侧结构性改革和扩大内需相协调，推动双循环的顺畅进行。

（1）利用大湾区的科技技术和资金优势，加快完善粤港澳大湾区内的产业链，利用集中力量办大事的举国机制重点突破受"卡脖子"并且与其他产业关联较大的产业链环节，推动产业链上下游协同发展，补强产业链，并且推动产业链高级化，为全国实现双循环新发展格局提供一个产业链安全以及稳定的环境。

（2）加快技术突破，提升产品质量，满足内循环中消费者对产品的高质量要求，增加外循环中湾区企业的产品的竞争力。由此增强社会创新活力，努力实现经济增长动力从要素驱动向创新驱动的转变。培育大湾区的高新技术企业成为某一产业链的链主，利用其优势地位来推动湾区产业链高级化，建设世界级产业集群，并且以经济内循环带动世界经济外循环。

（3）争取成为央行数字货币的试点区域，助力"双循环"需要更具普惠性的金融，央行数字货币的推行和使用有助于提高支付效率，降低交易成本，助力普惠金融，并能在一定程度上畅通利率的传导，为央行进行灵活的利率调整提供了条件，保障经济更加有效地进行内循环。

（四）完善市场制度，打破湾区内地区间的壁垒，畅通内循环，形成一体化市场

根据大国经济发展理论，一个庞大的国内市场是一个大国经济发展的重要支撑点和立足点，这也是大国经济竞争优势的来源之一，因此打破壁垒，形成一体化市场，能促使国内大循环更为顺畅。

（1）消除粤港澳大湾区内的各城市间的无形壁垒，畅通湾区内要素市场，推动各城市之间的重点产业错位发展，使湾区内资源合理配置从而形成生态循环，进而激发市场活力的竞争活力。

（2）完善知识产权保护制度以及建立专利技术交易市场，为企业营造一个更好的营商环境，从而激发供给端的创新发展的动力。

（3）在一些可以放宽的领域试点放宽企业准入，充分发挥市场在资源配置中的基础性作用，维护市场的有效竞争性，激发市场活力。

（4）着力对中小企业减税降幅，拓宽中小企业的融资渠道。并且严抓银行贷款流入房地产市场的问题，引导贷出的资金流入企业的日常经营生活中，特别是流入高新技术企业中。这一问题的根源还是源于投资渠道和投资机会少，投资回报率相对于投资于房地产行业低。

五、把前海、横琴建设成为粤港澳大湾区构建双循环新发展格局重要枢纽的突破口

粤港澳大湾区最大的特点就是内地九市与港澳之间同处一个国家,但有三套社会制度。也恰恰是因为这一特色,粤港澳大湾区成为构建双循环新发展格局重要枢纽的绝佳试点地区,通过内地与港澳之间的经贸往来,可以探索出一条双循环新发展格局的发展路径,进而逐步推向湾区与国外的经贸往来,最终推向全国。目前就是进行前海、横琴开发建设取得积极的突破。

首先讨论前海。中共中央、国务院印发的《全面深化前海深港现代服务业合作区改革开放方案》提出,前海合作区将打造粤港澳大湾区全面深化改革创新试验平台,建设高水平对外开放门户枢纽。这将推动前海合作区在粤港澳大湾区建设中更好地发挥示范引领作用。这个方案明确了进一步扩展前海合作区发展空间,前海合作区总面积由 14.92 平方千米扩展至 120.56 平方千米。按照前文方案内容:扩围后的前海合作区将全面深化改革开放,具有"打造全面深化改革创新试验平台"和"建设高水平对外开放门户枢纽"的战略定位,在提出一系列支持政策措施的同时,也系统规划了前海合作区的两个阶段性的发展目标:到 2025 年,初步形成具有全球竞争力的营商环境;2035 年高水平对外开放体制机制更加完善,营商环境达到世界一流水平。目前最主要的提法是两个:一是支持香港经济社会发展、提升粤港澳合作水平、构建对外开放新格局的重要举措;二是有利于加快推进重大平台开发建设,充分发挥其在进一步深化改革、扩大开放、促进合作中的试验示范作用,有利于拓展港澳发展空间、优化港澳现有产业结构、优化资源配置,推动港澳更好融入国家发展大局。

融入国家发展大局的一个重要方面和具体表现,就是要把前海深港合作区(包括横琴)建设成为国内国际双循环新发展格局的重要节点。这一些内容正与前海深港合作区建设的历史使命与具体任务不谋而合。在理论上国内大循环的大圈和与表示国际循环的小圈之间的结合点有多种形式。而通过建设一个个平台为单元的节点,来推动国际国内双循环相互促进的新发展格局,

才能使其真正发挥互相畅通的成效，而正是前海合作区依托香港、服务内地、走向世界的优势所在。

同时还应看到，与浦东、海南的开放是在一个国家制度、一个关税区、一个货币体系进行中不同，而前海合作区是针对香港的重点发展平台，是在不同的制度、关税区和货币体系的结合部构建一个发展平台，形成一种可以实际运行的包容性、引领性的制度架构和机制，从而可以为构建以国内大循环为主体，国内国际双循环相互促进的新发展格局摸索特殊经验。所以通过平台建设进行规则和制度的对接与兼容，就能够推动港澳融入国家发展大局的实践，而推动港澳融入国家发展大局的实践，也就是粤港澳大湾区建设最重要的使命，对推进粤港澳大湾区建设、支持深圳建设中国特色社会主义先行示范区、增强香港同胞对祖国的向心力具有重要意义。在具体实践中明确把前海深港合作区建设成为国内国际双循环新发展格局的重要节点，就有了一个工作指南，把合作区建设的各项任务串联起来了。而且也有了一个检验标准。根据方案，在打造全面深化改革创新试验平台方面，前海合作区将推进现代服务业创新发展，加快科技发展体制机制改革创新，打造国际一流营商环境，创新合作区治理模式；在建设高水平对外开放门户枢纽方面，前海合作区将深化与港澳服务贸易自由化，扩大金融业对外开放，提升法律事务对外开放水平，高水平参与国际合作。这一些工作的进展，到时候可用是否形成双循环新发展格局的重要节点来进行检验。

其次讨论横琴。9 月 5 日，中共中央、国务院印发的《横琴粤澳深度合作区建设总体方案》发布。横琴与澳门特别行政区之间设为"一线"；横琴与中华人民共和国海关境内其他地区之间设为"二线"，通过调研笔者特别对以上范围和分类管理的确定有了深刻印象。深刻感到，总体方案对澳门、珠海和湾区发展都是重大利好消息，是深入实施粤港澳大湾区发展纲要的重点举措和丰富"一国两制"实践的创新之举。

合作区建设总体方案包括 6 个部分 29 条，内容十分丰富，为今后的发展提供了纲领性的发展目标和具体规划。方案提出了四个方面的建设目标。一是建立促进澳门经济适度多元发展的新平台。立足粤澳资源禀赋和发展基础，围绕澳门产业多元发展主攻方向，加强政策扶持，大力发展新技术、新产业、新业态、新模式。二是形成便利澳门居民生活就业的新空间。推动合作区深度对接澳门公共服务和社会保障体系,为澳门居民在合作区学习、就业、创业、生活提供更加便利的条件,营造趋同澳门的宜居宜业生活环境。三是树立丰富"一国两制"实践的新示范。坚守"一国"之本,善用"两制"之利,立足合作区分线分策管理的特殊监管体制和发展基础,率先在改革开放重要领域和关键环节大胆创新,推进规则衔接、机制对接,打造具有中国特色、彰显"两制"优势的区域开发示范,加快实现与澳门一体化发展。四是推动建立粤港澳大湾区建设的新高地。充分挖掘粤港澳大湾区制度创新潜力,用足、用好澳门自由港和珠海经济特区的有利因素,加快提升合作区综合实力和竞争力,有力支撑澳门—珠海极点对粤港澳大湾区的引领作用,辐射带动珠江西岸地区加快发展。

如何具体推进实施?我们认为要在这四个发展目标引领下把握两个工作重点:基础在产业多元,创新在两边共管。基础在产业多元,就是不忘建设初心。习近平总书记强调,建设横琴新区的初心就是为澳门产业多元发展创造条件。2009 年党中央、国务院决定开发横琴以来,在各方共同努力下,横琴经济社会发展取得显著成绩。同时,横琴实体经济发展还不充分,服务澳门特征还不够明显。这次在与澳门有关人士座谈了解到,今后横琴与澳门一体化发展还有待加强,促进澳门产业多元发展任重道远。

多元发展具体如何推进?就是要通过发展横琴来促进实现澳门产业多元适度发展。横琴粤澳深度合作区的建设给澳门提供了广阔的腹地,106 平方千米的土地可以为澳门发展高科技、中医药、文旅、会展、现代金融等产业提供发展空间。可以通过大力发展高科技与现代金融等产业,与澳门经济互相融合,促进产业适度多元发展。特别是实施国际大科学计划和大科学工程,高标准建设澳门大学、澳门科技大学等院校的产学研示范基地,科技力量将会大大提升,澳门的产业结构进一步高级化。在这方面横琴粤澳深度合作区可为澳门带来土地资源、专业人员、大型科技设备共享,以及更趋向于澳门的市场空间。在发展教育方面,澳门可利用合作区的空间资源和政策优势,适度扩大学生规模,增加国际和内地生源,与世界各地的著名院校合作办学,推动澳门高等教育发展。在横琴国际产业园里看到,澳门大学在大湾区的首个产学研示范基地——"珠海澳大科技研究院"已经落户。在完成第一、第二期场地的实验室装修后，第三期工程正在筹备。这个示范基地将成为粤澳携手加快推动澳门融入国家发展大局的项目。同时合作区还将重点推动以中医药研发制造为切入点的生物医药产业发展，相关产业园区正在建设。

因此，建设深度合作区的核心任务是促进澳门经济适度多元发展，通过大力发展新技术、新产业、新业态、新模式，为澳门经济发展提供新机遇，助推澳门实现产业多元化，为澳门长期发展稳定提供可靠经济基础。这个既是初心，也是终极目标。

创新在两边共管。具体说建设横琴粤澳深度合作区是"一国两制"下的新实践，建立粤澳双方共商、共建、共享、共管的体制和运行机制是一个最突出的亮点。这里强调"共商、共建、共管、共享"的这个理念，这是在"一国两制"的框架下，面对实行两种制度的地区共同管理一个地区发展的制度设计而提出来的。它的实践对坚守"一国"之本，善用"两制"之利，丰富"一国两制"的理论和实践的有重要的标杆示范作用。

总之，粤港澳大湾区构建双循环新发展格局的重要枢纽，既是新时期国家发展的战略要求和大湾区需要承担的重大历史任务，也是大湾区区域发展的本身规律和发展阶段，有一系列的有利条件和实现路径。目前的突破口是重点进行全面深化前海深港现代服务业合作区和横琴粤澳深度合作区的建设，以点带面，推动大湾区全局。再以大湾区构建双循环新发展格局的重要枢纽的进展，推动全国构建和完善以国内大循环为主体，国内国际双循环相互促进的新发展格局。

结　束　语

2021 年 11 月 19 日，中共中央总书记、国家主席、中央军委主席习近平 19 日在北京出席第三次"一带一路"建设座谈会并发表重要讲话强调，完整、准确、全面贯彻新发展理念，以高标准、可持续、惠民生为目标，巩固互联互通合作基础，拓展国际合作新空间，扎牢风险防控网络，努力实现更高合作水平、更高投入效益、更高供给质量、更高发展韧性，推动共建"一带一路"高质量发展不断取得新成效。

习近平在讲话中强调，八年来，在党中央坚强领导下，我们统筹谋划推动高质量发展、构建新发展格局和共建"一带一路"，坚持共商共建共享原则，把基础设施"硬联通"作为重要方向，把规则标准"软联通"作为重要支撑，把同共建国家人民"心联通"作为重要基础，推动共建"一带一路"高质量发展，取得实打实、沉甸甸的成就。通过共建"一带一路"，提高了国内各区域开放水平，拓展了对外开放领域，推动了制度型开放，构建了广泛的朋友圈，探索了促进共同发展的新路子，实现了同共建国家互利共赢。

习近平指出，要正确认识和把握共建"一带一路"面临的新形势。习近平强调，要夯实发展根基；要稳步拓展合作新领域；要更好服务构建新发展格局；要全面强化风险防控，加快形成系统完备的反腐败涉外法律法规体系；要强化统筹协调，营造良好舆论氛围，深入阐释共建"一带一路"的理念、原则、方式等，共同讲好共建"一带一路"故事。①

---

① 习近平出席第三次"一带一路"建设座谈会并发表重要讲话［EB/OL］. 新华网，2021 - 11 - 19.

习近平总书记在这个讲话中对共建"一带一路"八年的总结和形势分析，提出的今后重点发展方向和推进的五个方面的具体措施，为新发展阶段高质量共建"一带一路"指明了战略方向和具体路径，实际上就是对本项目研究内容的高度总结和深度提升。从这个意义上讲，本项目的研究成果也是运用经济学理论和方法，对这个讲话精神和主要内容的具体阐述。

从本研究成果的内容来看，第一篇集中构建说明"一带一路"为什么行的理论体系。通过建立充分与必要条件相结合的理论模型回答了"一带一路"为什么走得通的问题。运用数学方法，进一步分析讨论"一带一路"建设的投资边界问题。着重讨论了"一带一路"如何进行理论创新的问题。这是落实习近平总书记要营造良好舆论氛围，深入阐释共建"一带一路"的理念、原则、方式等，共同讲好共建"一带一路"故事指示的具体体现，这些研究为讲好"一带一路"故事提供了理论内容，发挥了重要作用。第二篇聚焦于实践，比较系统地总结了"一带一路"倡议共建八年来的成效。从政策沟通、设施联通、贸易畅通、资金融通、民心相同的"五通"视角，对"一带一路"的丰硕成果和有效经验进行总结性概括，这也是对总书记对共建"一带一路"八年总结的具体描述。第三篇从经济学实证研究的视角出发，比较深入地分析了共建"一带一路"对我国农产品出口和投资环境改善的促进机制作用，并且讨论了第三方市场合作对推动"一带一路"高质量发展的作用。第四篇在前面宏观和微观研究的基础上，比较全面地提出了推动共建"一带一路"高质量发展的基本思路、基本要求和体制与机制创新重要措施，实际上就是在总书记一再强调的完整、准确、全面贯彻新发展理念，以高标准、可持续、惠民生为目标，巩固互联互通合作基础，拓展国际合作新空间，扎牢风险防控网络，努力实现更高合作水平、更高投入效益、更高供给质量、更高发展韧性，推动共建"一带一路"高质量发展不断取得新成效的指导思想的具体政策内容。第五篇着重于具体阐明实现高质量共建"一带一路"发展目标的具体实现路径。从投资融资、风险管控、法律执行、数字经济与绿色发展、推动构建双循环新发展格局等五个方面展开论述，实际上也是以总书记讲话集中概括的五个方面重点为纲领，对具体实现路径的进一步比较深入地阐述。

"要保持战略定力，抓住战略机遇，统筹发展和安全、统筹国内和国际、统筹合作和斗争、统筹存量和增量、统筹整体和重点，积极应对挑战，趋利避害，奋勇前进。"① 习近平总书记的重要讲话，为我们坚持以高标准、可持续、惠民生为目标，推动共建"一带一路"高质量发展不断取得新成效指明了前进方向。面向未来，只要我们坚持共商共建共享原则，践行开放、绿色、廉洁理念，努力实现高标准、可持续、惠民生目标，就一定能推动共建"一带一路"沿着高质量发展方向不断前进，让各国互联互通更加有效，经济增长更加强劲，国际合作更加密切，人民生活更加美好，真正把共建"一带一路"建设成为人类历史上最伟大和最有成果的国际合作计划和项目，因造福于人类而名垂历史。

本研究是在习近平中国特色社会主义思想特别是共建"一带一路"一系列重要指示指引下展开并顺利进行的。两年多来通过本研究过程，项目首席专家和其他成员在思想上和学术研究水平上都得到了很大的锻炼与提高，进一步理解了共建"一带一路"的丰富内涵和重大意义。感谢全国社科规划办公室的专项设立和批准研究，感谢各有关方面对本研究的指导帮助。共建"一带一路"在路上。今后我们将在共建"一带一路"实践发展的基础上继续进行努力。

---

① 习近平出席第三次"一带一路"建设座谈会并发表重要讲话［EB/OL］．新华网，2021 - 11 - 19.

参 考 文 献

[1] 安树伟.“一带一路”对我国区域经济发展的影响及格局重塑 [J]. 经济问题，2015（4）：1-4.

[2] 安晓明. 我国“一带一路”研究脉络与进展 [J]. 区域经济评论，2016（2）：77-88.

[3] 白云真.“一带一路”倡议与中国对外援助转型 [J]. 世界经济与政治，2015（11）：53-71+157-158.

[4] 保建云. 论我国“一带一路”海外投资的全球金融影响、市场约束及“敌意风险”治理 [J]. 中国软科学，2017（3）：1-10.

[5] 曹俊金.“一带一路”倡议与对外援助制度之完善 [J]. 社会科学文摘，2016（12）：24-25.

[6] 曹伟，万谍，钱水土，金朝辉.“一带一路”背景下人民币汇率变动的进口价格传递效应研究 [J]. 经济研究，2019，54（6）：136-150.

[7] 曾向红.“一带一路”的地缘政治想象与地区合作 [J]. 世界经济与政治，2016（1）：46-71+157-158.

[8] 沈志远.“一带一路”倡议下税收协定助力中国企业“走出去”的思考 [J]. 财经理论研究，2017（1）：33-39.

[9] 陈海燕.“一带一路”战略实施与新型国际化人才培养 [J]. 中国高教研究，2017（6）：52-58.

[10] 陈虹，杨成玉.“一带一路”国家战略的国际经济效应研究——基于 CGE 模型的分析 [J]. 国际贸易问题，2015（10）：4-13.

[11] 陈继勇，蒋艳萍，王保双. 中国与“一带一路”沿线国家的贸易竞争性研究：基于产品域和市场域的双重视角 [J]. 世界经济研究，2017

（8）：3 – 14 + 135.

［12］陈健，郭冠清．新时代中国建设更高水平开放型经济新体制的方向与路径［J］．改革与战略，2019，35（11）：44 – 54.

［13］陈丽，伊莉曼·艾孜买提．"一带一路"沿线国家来华留学教育近10年发展变化与策略研究［J］．比较教育研究，2016，38（10）：27 – 36.

［14］陈伟光，郭晴．中国对"一带一路"沿线国家投资的潜力估计与区位选择［J］．宏观经济研究，2016（9）：148 – 161.

［15］陈伟光，黄亮雄，程永林，韩永辉．"一带一路"经济学创立及其诸多向度［J］．改革，2017（2）：5 – 16.

［16］陈伟光，王燕．共建"一带一路"：基于关系治理与规则治理的分析框架［J］．世界经济与政治，2016（6）：93 – 112 + 158 – 159.

［17］陈衍泰，厉婧，程聪，戎珂．海外创新生态系统的组织合法性动态获取研究——以"一带一路"海外园区领军企业为例［J］．管理世界，2021，37（8）：161 – 180.

［18］陈甫军．"一带一路"战略的理论模型研究［J］．中共贵州省委党校学报，2016（1）：29 – 35.

［19］陈甫军，邓忠奇，张记欢．"一带一路"倡议实现合作共赢的经济学分析——基于利益创造与共享机制的视角［J］．厦门大学学报（哲学社会科学版），2019（5）：83 – 97.

［20］陈甫军，李雅洁，佘天诚．"一带一路"建设中合作国家债务可持续性研究——基于对肯尼亚债务风险的评估风险［J］．价格理论与实践，2019（7）：30 – 34.

［21］陈甫军，徐强．新世纪中国经济学的发展路径——王亚南60年前主张的启示［J］．东南学术，2002（1）：100 – 105.

［22］程恩富．重建中国经济学：超越马克思与西方经济学［J］．学术月刊，2000（2）：75 – 82 + 89.

［23］程恩富．新"经济人"论：海派经济学的一个基本假设［J］．教学与研究，2003（11）：22 – 26.

［24］崔娜，柳春．"一带一路"沿线国家制度环境对中国出口效率的影

响［J］．世界经济研究，2017（8）：38 - 50 + 135 - 136.

［25］崔日明，黄英婉．"一带一路"沿线国家贸易投资便利化评价指标体系研究［J］．国际贸易问题，2016（9）：153 - 164.

［26］崔晓静．中国与"一带一路"国家税收协定优惠安排与适用争议研究［J］．中国法学，2017（2）：194 - 214.

［27］崔岩，于津平．"一带一路"国家交通基础设施质量与中国货物出口［J］．当代财经，2017（11）：100 - 109.

［28］戴翔，宋婕．"一带一路"倡议的全球价值链优化效应——基于沿线参与国全球价值链分工地位提升的视角［J］．中国工业经济，2021（6）：99 - 117.

［29］邓忠奇，陈甬军．"一带一路"背景下融资方公私合营模式的资本结构分析［J］．产业经济研究，2018（3）：90 - 102.

［30］丁传伟，李臣．"一带一路"战略下中国武术文化"走出去"的思考［J］．北京体育大学学报，2017，40（3）：127 - 133.

［31］丁剑平，方琛琳．"一带一路"中的宗教风险研究［J］．财经研究，2017，43（9）：134 - 145.

［32］丁阳．"一带一路"战略中的产业合作问题研究［D］．北京：对外经济贸易大学，2016.

［33］董红，林慧慧．"一带一路"战略下我国对外贸易格局变化及贸易摩擦防范［J］．中国流通经济，2015，29（5）：119 - 124.

［34］董有德，李晓静．"一带一路"与跨境贸易人民币结算发展的地区差异——基于中国各省份面板数据的研究［J］．国际贸易问题，2015（11）：3 - 14.

［35］董宇坤，白暴力．"一带一路"战略的政治经济学分析——马克思主义政治经济学的丰富与发展［J］．陕西师范大学学报（哲学社会科学版），2017，46（3）：18 - 26.

［36］杜婕，张墨竹．"一带一路"倡议对绿色金融发展的促进作用研究［J］．吉林大学社会科学学报，2019，59（3）：49 - 61 + 232.

［37］杜莉，马遥遥．"一带一路"沿线国家的绿色发展及其绩效评估

[J]. 吉林大学社会科学学报，2019，59（5）：135－149＋222.

[38] 杜龙政，林伟芬. 中国对"一带一路"沿线直接投资的产能合作效率研究——基于 24 个新兴国家、发展中国家的数据 [J]. 数量经济技术经济研究，2018，35（12）：3－21.

[39] 杜永红."一带一路"战略背景下的跨境电子商务发展策略研究 [J]. 经济体制改革，2016（6）：66－70.

[40] 范祚军，何欢."一带一路"国家基础设施互联互通"切入"策略 [J]. 世界经济与政治论坛，2016（6）：129－142.

[41] 方慧，宋玉洁. 东道国风险与中国对外直接投资——基于"一带一路"沿线 43 国的考察 [J]. 上海财经大学学报，2019，21（5）：33－52.

[42] 方慧，赵甜. 文化差异与商品贸易：基于"一带一路"沿线国家的考察 [J]. 上海财经大学学报，2017，19（3）：56－67.

[43] 方慧，赵甜. 中国企业对"一带一路"国家国际化经营方式研究——基于国家距离视角的考察 [J]. 管理世界，2017（7）：17－23.

[44] 方旖旎. 中国企业对"一带一路"沿线国家基建投资的特征与风险分析 [J]. 西安财经学院学报，2016，29（1）：67－72.

[45] 高赢."一带一路"沿线国家低碳绿色发展绩效研究 [J]. 软科学，2019，33（8）：78－84.

[46] 龚洁."一带一路"战略下的文化传播研究 [D]. 南京：南京信息工程大学，2017.

[47] 辜胜阻，吴沁沁，庄芹芹. 推动"一带一路"建设与企业"走出去"的对策思考 [J]. 经济纵横，2017（2）：1－9.

[48] 谷媛媛，邱斌. 来华留学教育与中国对外直接投资——基于"一带一路"沿线国家数据的实证研究 [J]. 国际贸易问题，2017（4）：83－94.

[49] 郭朝先，刘芳，皮思明."一带一路"倡议与中国国际产能合作 [J]. 国际展望，2016，8（3）：17－36＋143.

[50] 郭敏，李晓峰，程健."一带一路"建设中中国企业"走出去"面临的风险与应对措施 [J]. 西北大学学报（哲学社会科学版），2019，49（6）：88－93.

[51] 郭强．"一带一路"视阈下的高等教育中外合作办学思考 [J]．高校教育管理，2017，11（6）：83-88.

[52] 韩保江，项松林．"一带一路"倡议的政治经济学分析 [J]．经济研究参考，2017（10）：7-33+84.

[53] 韩永辉，罗晓斐，邹建华．中国与西亚地区贸易合作的竞争性和互补性研究——以"一带一路"战略为背景 [J]．世界经济研究，2015（3）：89-98+129.

[54] 韩永辉，邹建华．"一带一路"背景下的中国与西亚国家贸易合作现状和前景展望 [J]．国际贸易，2014（8）：21-28.

[55] 阚阅，周谷平．"一带一路"背景下的结构改革与创新创业人才培养 [J]．教育研究，2016，37（10）：19-24.

[56] 何昭丽，王松茂．"一带一路"沿线四大区域入境旅游全要素生产率的空间差异及溢出效应研究 [J]．数量经济技术经济研究，2020，37（6）：130-147.

[57] 胡键．"一带一路"与中国软实力的提升 [J]．社会科学，2020（1）：3-18.

[58] 胡俊超，王丹丹．"一带一路"沿线国家国别风险研究 [J]．经济问题，2016（5）：1-6+43.

[59] 胡玫，郑伟．中国与"一带一路"国家贸易竞争性与互补性分析 [J]．经济问题，2019（2）：101-108.

[60] 胡再勇，付韶军，张璐超．"一带一路"沿线国家基础设施的国际贸易效应研究 [J]．数量经济技术经济研究，2019，36（2）：24-44.

[61] 黄河．公共产品视角下的"一带一路" [J]．世界经济与政治，2015（6）：138-155+160.

[62] 黄群慧．论中国工业的供给侧结构性改革 [J]．中国工业经济，2016（9）：5-23.

[63] 黄先海，余骁．以"一带一路"建设重塑全球价值链 [J]．经济学家，2017（3）：32-39.

[64] 吉生保，李书慧，马淑娟．中国对"一带一路"国家 OFDI 的多维

距离影响研究［J］. 世界经济研究，2018（1）：98 - 111 + 136.

［65］蒋冠宏. 中国企业对"一带一路"沿线国家市场的进入策略［J］. 中国工业经济，2017（9）：119 - 136.

［66］金刚，沈坤荣. 中国企业对"一带一路"沿线国家的交通投资效应：发展效应还是债务陷阱［J］. 中国工业经济，2019（9）：79 - 97.

［67］金玲. "一带一路"：中国的马歇尔计划？［J］. 国际问题研究，2015（1）：88 - 99.

［68］孔庆峰，董虹蔚. "一带一路"国家的贸易便利化水平测算与贸易潜力研究［J］. 国际贸易问题，2015（12）：158 - 168.

［69］李兵，颜晓晨. 中国与"一带一路"沿线国家双边贸易的新比较优势——公共安全的视角［J］. 经济研究，2018，53（1）：183 - 197.

［70］李丹. "一带一路"：构建人类命运共同体的实践探索［J］. 南开学报（哲学社会科学版），2019（1）：136 - 145.

［71］李丹，崔日明. "一带一路"战略与全球经贸格局重构［J］. 经济学家，2015（8）：62 - 70.

［72］李锋. "一带一路"沿线国家的投资风险与应对策略［J］. 中国流通经济，2016，30（2）：115 - 121.

［73］李凤亮，宇文曼倩. "一带一路"对文化产业发展的影响及对策［J］. 同济大学学报（社会科学版），2016，27（5）：48 - 54 + 60.

［74］李钢，刘倩，孔冬艳，林依硕，黄兵兵. "一带一路"战略与中国全域发展［J］. 中国软科学，2016（7）：18 - 26.

［75］李红秀. "一带一路"倡议下的文化传播与民心相通［J］. 人民论坛，2020（32）：107 - 109.

［76］李建军，李俊成. "一带一路"倡议、企业信贷融资增进效应与异质性［J］. 世界经济，2020，43（2）：3 - 24.

［77］李敬，陈旎，万广华，陈澍. "一带一路"沿线国家货物贸易的竞争互补关系及动态变化——基于网络分析方法［J］. 管理世界，2017（4）：10 - 19.

［78］李军，甘劲燕，杨学儒. "一带一路"倡议如何影响中国企业转型

升级［J］.南方经济，2019（4）：1－22.

［79］李俊久，丘俭裕，何彬.文化距离、制度距离与对外直接投资——基于中国对"一带一路"沿线国家OFDI的实证研究［J］.武汉大学学报（哲学社会科学版），2020，73（1）：120－134.

［80］李猛.中国自贸区服务与"一带一路"的内在关系及战略对接［J］.经济学家，2017（5）：50－57.

［81］李鸣.国际法与"一带一路"研究［J］.法学杂志，2016，37（1）：11－17.

［82］李青，韩永辉."一带一路"区域贸易治理的文化功用：孔子学院证据［J］.改革，2016（12）：95－105.

［83］李伟.坚定信心 主动作为 在深化合作中不断创造"一带一路"发展新机遇［J］.管理世界，2017（1）：2－4.

［84］李向阳.构建"一带一路"需要优先处理的关系［J］.国际经济评论，2015（1）：54－63＋55.

［85］李向阳."一带一路"建设中的义利观［J］.世界经济与政治，2017（9）：4－14＋156.

［86］李向阳.亚洲区域经济一体化的"缺位"与"一带一路"的发展导向［J］.中国社会科学，2018（8）：33－43.

［87］李小帆，蒋灵多."一带一路"建设、中西部开放与地区经济发展［J］.世界经济，2020，43（10）：3－27.

［88］李晓敏，李春梅."一带一路"沿线国家的制度风险与中国企业"走出去"的经济逻辑［J］.当代经济管理，2016，38（3）：8－14.

［89］李昕蕾."一带一路"框架下中国的清洁能源外交——契机、挑战与战略性能力建设［J］.国际展望，2017，9（3）：36－57＋154－155.

［90］李延喜，何超，周依涵.金融合作提升"一带一路"区域创新能力研究［J］.科研管理，2019，40（9）：1－13.

［91］李玉璧，王兰."一带一路"建设中的法律风险识别及应对策略［J］.国家行政学院学报，2017（2）：77－81＋127.

［92］李豫红."一带一路"背景下国际工程项目管理探讨［A］.2020

万知科学发展论坛，中国陕西西安.

[93] 李铮. 卡西姆电站项目风险控制纪实 [J]. 国际工程与劳务，2016 (7)：84 – 86.

[94] 廖萌. "一带一路"建设背景下我国企业"走出去"的机遇与挑战 [J]. 经济纵横，2015 (9)：30 – 33.

[95] 廖泽芳，李婷，程云洁. 中国与"一带一路"沿线国家贸易畅通障碍及潜力分析 [J]. 上海经济研究，2017 (1)：77 – 85.

[96] 林乐芬，王少楠. "一带一路"建设与人民币国际化 [J]. 世界经济与政治，2015 (11)：72 – 90 + 158.

[97] 林乐芬，王少楠. "一带一路"进程中人民币国际化影响因素的实证分析 [J]. 国际金融研究，2016 (2)：75 – 83.

[98] 林毅夫. 本土化、规范化、国际化——庆祝《经济研究》创刊 40 周年 [J]. 经济研究，1995 (10)：13 – 17.

[99] 林毅夫. "一带一路"与自贸区：中国新的对外开放倡议与举措 [J]. 北京大学学报（哲学社会科学版），2017，54 (1)：11 – 13.

[100] 刘宝存，张永军. "一带一路"沿线国家孔子学院发展现状、问题与改革路径 [J]. 西南大学学报（社会科学版），2019，45 (2)：74 – 80 + 196 – 197.

[101] 刘国斌. 论亚投行在推进"一带一路"建设中的金融支撑作用 [J]. 东北亚论坛，2016，25 (2)：58 – 66 + 128.

[102] 刘国斌. "一带一路"建设的推进思路与政策创新研究 [J]. 东北亚论坛，2019，28 (4)：71 – 86 + 128.

[103] 刘鹤. 两次全球大危机的比较 [J]. 管理世界，2013 (3)：1 – 7.

[104] 刘恒. 发挥华侨华人在推进"一带一路"建设中的作用研究 [J]. 中国经贸导刊（中），2021 (3)：23 – 26.

[105] 刘洪铎，蔡晓珊. 中国与"一带一路"沿线国家的双边贸易成本研究 [J]. 经济学家，2016 (7)：92 – 100.

[106] 刘洪铎，李文宇，陈和. 文化交融如何影响中国与"一带一路"沿线国家的双边贸易往来——基于 1995～2013 年微观贸易数据的实证检验

[J]. 国际贸易问题，2016（2）：3-13.

[107] 刘敬东. "一带一路"法治化体系构建研究［J］. 政法论坛，2017，35（5）：125-135.

[108] 刘浪琴. 中国经济外交新战略下的"一带一路"［J］. 化工管理，2018（34）：8-9.

[109] 刘瑞，高峰. "一带一路"战略的区位路径选择与化解传统产业产能过剩［J］. 社会科学研究，2016（1）：45-56.

[110] 刘志彪，吴福象. "一带一路"倡议下全球价值链的双重嵌入［J］. 中国社会科学，2018（8）：17-32.

[111] 卢盛峰，董如玉，叶初升. "一带一路"倡议促进了中国高质量出口吗——来自微观企业的证据［J］. 中国工业经济，2021（3）：80-98.

[112] 卢伟，李大伟. "一带一路"背景下大国崛起的差异化发展策略［J］. 中国软科学，2016（10）：11-19.

[113] 卢潇潇，梁颖. "一带一路"基础设施建设与全球价值链重构［J］. 中国经济问题，2020（1）：11-26.

[114] 鲁洋. 论"一带一路"国际投资争端解决机构的创建［J］. 国际法研究，2017（4）：83-97.

[115] 吕越，陆毅，吴嵩博，王勇. "一带一路"倡议的对外投资促进效应——基于2005~2016年中国企业绿地投资的双重差分检验［J］. 经济研究，2019，54（9）：187-202.

[116] 马丹，何雅兴，郁霞. 双重价值链、经济不确定性与区域贸易竞争力——"一带一路"建设的视角［J］. 中国工业经济，2021（4）：81-99.

[117] 马广奇，李洁. "一带一路"建设中人民币区域化问题研究［J］. 经济纵横，2015（6）：41-46.

[118] 马艳，李俊，王琳. 论"一带一路"的逆不平等性：驳中国"新殖民主义"质疑［J］. 世界经济，2020，43（1）：3-22.

[119] 马昀. "一带一路"建设中的风险管控问题［J］. 政治经济学评论，2015，6（4）：189-203.

[120] 毛海欧，刘海云. 中国对外直接投资对贸易互补关系的影响：

"一带一路"倡议扮演了什么角色 [J]. 财贸经济, 2019, 40 (10): 81 - 94.

[121] 梅赞宾, 汝宜红, 宋志刚. "一带一路"背景下中国物流企业的国际化路径 [J]. 中国流通经济, 2016, 30 (9): 29 - 37.

[122] 孟捷. 经济人假设与马克思主义经济学 [J]. 中国社会科学, 2007 (1): 30 - 42 + 205.

[123] 孟祺. 基于"一带一路"的制造业全球价值链构建 [J]. 财经科学, 2016 (2): 72 - 81.

[124] 倪光辉. 结合中国特色社会主义伟大实践 加快构建中国特色哲学社会科学 [N]. 人民日报, 2018 - 05 - 18.

[125] 倪中新, 卢星, 薛文骏. "一带一路"战略能够化解我国过剩的钢铁产能吗——基于时变参数向量自回归模型平均的预测 [J]. 国际贸易问题, 2016 (3): 161 - 174.

[126] 聂娜. 中国参与共建"一带一路"的对外投资风险来源及防范机制 [J]. 当代经济管理, 2016, 38 (9): 84 - 90.

[127] 欧阳康. 全球治理变局中的"一带一路" [J]. 中国社会科学, 2018 (8): 5 - 16.

[128] 潘雨晨, 张宏. 中国与"一带一路"沿线国家制造业共生水平与贸易效率研究 [J]. 当代财经, 2019 (3): 106 - 117.

[129] 裴长洪, 于燕. "一带一路"建设与我国扩大开放 [J]. 国际经贸探索, 2015, 31 (10): 4 - 17.

[130] 彭澎, 李佳熠. OFDI与双边国家价值链地位的提升——基于"一带一路"沿线国家的实证研究 [J]. 产业经济研究, 2018 (6): 75 - 88.

[131] 漆彤, 芮心玥. 论"一带一路"民商事争议解决的机制创新 [J]. 国际法研究, 2017 (5): 35 - 43.

[132] 潜旭明. "一带一路"倡议背景下中国的国际能源合作 [J]. 国际观察, 2017 (3): 129 - 146.

[133] 邱晓东, 吴福象. 世界经济格局演变与中国发展战略调整 [J]. 国际论坛, 2016, 18 (3): 60 - 66 + 81.

[134] 任剑婷, 崔万田. 大国关系的经济学透视 [J]. 管理世界, 2001 (5): 191-192.

[135] 申现杰, 肖金成. 国际区域经济合作新形势与我国"一带一路"合作战略 [J]. 宏观经济研究, 2014 (11): 30-38.

[136] 盛斌, 黎峰. "一带一路"倡议的国际政治经济分析 [J]. 南开学报 (哲学社会科学版), 2016 (1): 52-64.

[137] 石静霞. "一带一路"倡议与国际法——基于国际公共产品供给视角的分析 [J]. 中国社会科学, 2021 (1): 156-179+207-208.

[138] 宋锡祥, 朱柏燃. "一带一路"战略下完善我国外国法查明机制的法律思考 [J]. 上海财经大学学报, 2017, 19 (4): 93-104.

[139] 孙楚仁, 易正容. 对华大宗商品出口、产品空间关联与"一带一路"沿线国家出口产品比较优势提升 [J]. 国际贸易问题, 2019 (12): 76-90.

[140] 孙楚仁, 张楠, 刘雅莹. "一带一路"倡议与中国对沿线国家的贸易增长 [J]. 国际贸易问题, 2017 (2): 83-96.

[141] 谈敏. 中国经济学的过去与未来——从王亚南先生的"中国经济学"主张所想到的 [J]. 经济研究, 2000 (4): 57-65.

[142] 谭畅. "一带一路"战略下中国企业海外投资风险及对策 [J]. 中国流通经济, 2015, 29 (7): 114-118.

[143] 汤凌霄, 欧阳峣, 黄泽先. 国际金融合作视野中的金砖国家开发银行 [J]. 中国社会科学, 2014 (9): 55-74+204.

[144] 陶平生. 全球治理视角下共建"一带一路"国际规则的遵循、完善和创新 [J]. 管理世界, 2020, 36 (5): 161-171+203+116.

[145] 田泽, 许东梅. 我国对"一带一路"沿线国家的投资效率与对策 [J]. 经济纵横, 2016 (5): 84-89.

[146] 佟家栋. "一带一路"倡议的理论超越 [J]. 经济研究, 2017, 52 (12): 22-25.

[147] 王博, 陈诺, 林桂军. "一带一路"沿线国家制造业增加值贸易网络及其影响因素 [J]. 国际贸易问题, 2019 (3): 85-100.

[148] 王凡一."一带一路"战略下我国对外投资的前景与风险防范 [J]. 经济纵横, 2016 (7): 33-36.

[149] 王刚."一带一路"建设中的法律问题及法治机制构建 [J]. 法学杂志, 2017, 38 (2): 30-36.

[150] 王桂军, 卢潇潇."一带一路"倡议可以促进中国企业创新吗? [J]. 财经研究, 2019, 45 (1): 19-34.

[151] 王桂军, 卢潇潇."一带一路"倡议与中国企业升级 [J]. 中国工业经济, 2019 (3): 43-61.

[152] 王桂军, 张辉."一带一路"与中国 OFDI 企业 TFP: 对发达国家投资视角 [J]. 世界经济, 2020, 43 (5): 49-72.

[153] 王国刚."一带一路": 基于中华传统文化的国际经济理念创新 [J]. 国际金融研究, 2015 (7): 3-10.

[154] 王继源, 陈璋, 龙少波."一带一路"基础设施投资对我国经济拉动作用的实证分析——基于多部门投入产出视角 [J]. 江西财经大学学报, 2016 (2): 11-19.

[155] 王娟娟. 中国与"一带一路"沿线国家经济合作成效及展望——基于共享经济与分享经济视角 [J]. 中国流通经济, 2019, 33 (2): 49-59.

[156] 王娟娟, 杜佳麟."一带一路"经济区跨境电子商务发展模式探索 [J]. 中国流通经济, 2016, 30 (9): 100-107.

[157] 王娟娟, 郑浩然."一带一路"区域通关一体化建设问题研究——基于跨境电商视角的分析 [J]. 北京工商大学学报 (社会科学版), 2017, 32 (4): 57-65.

[158] 王丽丽. 中国对"一带一路"沿线国家的出口潜力及影响因素分析 [J]. 商业经济与管理, 2017 (2): 51-59.

[159] 王明国."一带一路"倡议的国际制度基础 [J]. 东北亚论坛, 2015, 24 (6): 77-90+126.

[160] 王淑敏."一带一路"战略下过境自由的法律问题研究 [J]. 国际贸易问题, 2016 (1): 14-26.

[161] 王素荣, 付博."一带一路"沿线国家公司所得税政策及税务筹

划 [J]. 财经问题研究, 2017 (1): 84-92.

[162] 王卫星. 全球视野下的"一带一路": 风险与挑战 [J]. 人民论坛·学术前沿, 2015 (9): 6-18.

[163] 王小艳. 绿色金融赋能高质量共建"一带一路": 理论逻辑与实践路径 [J]. 改革与战略, 2020, 36 (4): 57-64.

[164] 王亚军. "一带一路"倡议的理论创新与典范价值 [J]. 世界经济与政治, 2017 (3): 4-14+156.

[165] 王亚军. "一带一路"国际公共产品的潜在风险及其韧性治理策略 [J]. 管理世界, 2018, 34 (9): 58-66.

[166] 王义桅. "一带一路"的中国智慧 [J]. 中国高校社会科学, 2017 (1): 41-51+156.

[167] 王永贵, 洪傲然. 千篇一律还是产品定制——"一带一路"背景下中国企业跨国渠道经营研究 [J]. 管理世界, 2020, 36 (12): 110-127.

[168] 王跃生, 马相东. 全球经济"双循环"与"新南南合作" [J]. 国际经济评论, 2014 (2): 61-80+65-66.

[169] 王泽应. 西方传统义利学说的总结与评价 [J]. 湖南师范大学社会科学学报, 1999 (4): 42-51.

[170] 王喆, 张明. "一带一路"中的人民币国际化: 进展、问题与可行路径 [J]. 中国流通经济, 2020, 34 (1): 100-111.

[171] 王志芳. 中国建设"一带一路"面临的气候安全风险 [J]. 国际政治研究, 2015, 36 (4): 56-72+56.

[172] 韦斐琼. "一带一路"战略红利下跨境电商发展对策 [J]. 中国流通经济, 2017, 31 (3): 62-70.

[173] 魏龙, 王磊. 从嵌入全球价值链到主导区域价值链——"一带一路"战略的经济可行性分析 [J]. 国际贸易问题, 2016 (5): 104-115.

[174] 温灏, 沈继奔. "一带一路"投融资模式与合作机制的政策思考 [J]. 宏观经济管理, 2019 (2): 54-61.

[175] 吴福象, 段巍. 国际产能合作与重塑中国经济地理 [J]. 中国社会科学, 2017 (2): 44-64+206.

[176] 伍旭中. 习近平全球经济治理思想研究 [J]. 政治经济学评论, 2017, 8 (2): 110-121.

[177] 习近平. 借鉴历史经验创新合作理念 让"一带一路"建设推动各国共同发展 [N]. 人民日报, 2014-05-01.

[178] 习近平. 坚持运用辩证唯物主义世界观方法论 提高解决我国改革发展基本问题本领 [N]. 人民日报, 2015-01-25.

[179] 习近平. 立足我国国情和我国发展实践 发展当代中国马克思主义政治经济学 [N]. 人民日报, 2015-11-25.

[180] 习近平. 中国发展新起点 全球增长新蓝图 [N]. 人民日报, 2016-09-04.

[181] 习近平. 共担时代责任 共促全球发展 [N]. 人民日报, 2017-01-18.

[182] 习近平. 共同开创金砖合作第二个"金色十年" [N]. 人民日报, 2017-09-24.

[183] 习近平. 抓住世界经济转型机遇 谋求亚太更大发展 [N]. 人民日报, 2017-11-11.

[184] 习近平. 开放共创繁荣 创新引领未来 [N]. 人民日报, 2018-04-11.

[185] 项松林. "一带一路"对中国与沿线国家贸易增长的影响 [J]. 当代经济科学, 2019, 41 (4): 1-13.

[186] 谢向伟, 龚秀国. "一带一路"背景下中国与印度产能合作探析 [J]. 南亚研究, 2018 (4): 112-153+158.

[187] 辛越优, 倪好. 国际化人才联通"一带一路": 角色、需求与策略 [J]. 高校教育管理, 2016, 10 (4): 79-84.

[188] 邢丽菊. 推进"一带一路"人文交流: 困难与应对 [J]. 国际问题研究, 2016 (6): 5-17+122-123.

[189] 徐奇渊, 杨盼盼, 肖立晟. "一带一路"投融资机制建设: 中国如何更有效地参与 [J]. 国际经济评论, 2017 (5): 134-148+137.

[190] 徐思, 何晓怡, 钟凯. "一带一路"倡议与中国企业融资约束

[J]. 中国工业经济, 2019 (7): 155 – 173.

[191] 许和连, 孙天阳, 成丽红. "一带一路"高端制造业贸易格局及影响因素研究——基于复杂网络的指数随机图分析 [J]. 财贸经济, 2015 (12): 74 – 88.

[192] 许培源, 王倩. "一带一路"视角下的境外经贸合作区: 理论创新与实证检验 [J]. 经济学家, 2019 (7): 60 – 70.

[193] 许卫净. "一带一路"背景下我国政府影视文化产业政策执行研究 [D]. 沈阳: 沈阳师范大学, 2019.

[194] 闫杰宇. "一带一路"背景下基础设施建设融资问题研究 [D]. 北京: 首都经济贸易大学, 2016.

[195] 闫琰, 王秀东. "一带一路"背景下我国与中亚五国农业区域合作的重点领域 [J]. 经济纵横, 2016 (12): 67 – 72.

[196] 羊隽芳, 刘栋, 范晓芸. 浅析来华留学生校友工作对"一带一路"民心相通的促进作用 [J]. 公共外交季刊, 2021 (1): 94 – 102 + 124 – 125.

[197] 杨保军, 陈怡星, 吕晓蓓, 朱郁郁. "一带一路"战略的空间响应 [J]. 城市规划学刊, 2015 (2): 6 – 23.

[198] 杨保军, 陈怡星, 吕晓蓓, 朱郁郁. "一带一路"战略下的中国全球城市趋势展望 [J]. 城市建筑, 2017 (12): 12 – 17.

[199] 杨道玲, 王璟璇, 李祥丽. "一带一路"沿线国家信息基础设施发展水平评估报告 [J]. 电子政务, 2016 (9): 2 – 15.

[200] 杨文龙, 杜德斌, 马亚华, 焦美琪. "一带一路"沿线国家贸易网络空间结构与邻近性 [J]. 地理研究, 2018, 37 (11): 2218 – 2235.

[201] 杨英, 刘彩霞. "一带一路"背景下对外直接投资与中国产业升级的关系 [J]. 华南师范大学学报 (社会科学版), 2015 (5): 93 – 101 + 191.

[202] 姚鹏. 贸易开放如何影响经济活动的空间布局? ——理论及中国的实证 [J]. 世界经济文汇, 2016 (6): 75 – 89.

[203] 姚星, 蒲岳, 吴钢, 王博, 王磊. 中国在"一带一路"沿线的产业融合程度及地位: 行业比较、地区差异及关联因素 [J]. 经济研究, 2019,

54 (9)：172-186.

[204] 尹美群，盛磊，吴博."一带一路"东道国要素禀赋、制度环境对中国对外经贸合作方式及区位选择的影响 [J].世界经济研究，2019 (1)：81-92+136-137.

[205] 游菲."一带一路"战略背景下来华留学生教育管理研究 [J].南京理工大学学报（社会科学版），2017，30 (5)：36-40.

[206] 元青，岳婷婷.留学生与中国文化的海外传播——以20世纪上半期为中心的考察 [J].史学集刊，2014 (6)：30-38.

[207] 袁佳."一带一路"基础设施资金需求与投融资模式探究 [J].国际贸易，2016 (5)：52-56.

[208] 张栋，许燕，张舒媛."一带一路"沿线主要国家投资风险识别与对策研究 [J].东北亚论坛，2019，28 (3)：68-89+128.

[209] 张辉.全球价值双环流架构下的"一带一路"战略 [J].经济科学，2015 (3)：5-7.

[210] 张会清.中国与"一带一路"沿线地区的贸易潜力研究 [J].国际贸易问题，2017 (7)：85-95.

[211] 张骥，陈志敏."一带一路"倡议的中欧对接：双层欧盟的视角 [J].世界经济与政治，2015 (11)：36-52+156-157.

[212] 张剑光，张鹏.中国与"一带一路"国家的贸易效率与影响因素研究 [J].国际经贸探索，2017，33 (8)：4-23.

[213] 张军.我国西南地区在"一带一路"开放战略中的优势及定位 [J].经济纵横，2014 (11)：93-96.

[214] 张良悦，刘东."一带一路"与中国经济发展 [J].经济学家，2015 (11)：51-58.

[215] 张宁宁，张宏，杨勃."一带一路"沿线国家制度风险与企业海外市场进入模式选择：基于中国装备制造业上市公司的实证分析 [J].世界经济研究，2019 (10)：119-133+136.

[216] 张述存."一带一路"战略下优化中国对外直接投资布局的思路与对策 [J].管理世界，2017 (4)：1-9.

［217］张伟.中国"一带一路"建设的地缘战略研究［D］.长春：吉林大学，2017.

［218］张卫华，温雪，梁运文."一带一路"区域价值网结构演进与国家角色地位变迁——基于43国的社会网络动态分析［J］.财经理论与实践，2021，42（1）：133－140.

［219］张文木."一带一路"与世界治理的中国方案［J］.世界经济与政治，2017（8）：4－25＋156.

［220］张心林，高婕.资本运作促进"一带一路"项目可持续发展［J］.国际工程与劳务，2020（4）：22－23.

［221］张雨佳，张晓平，龚则周.中国与"一带一路"沿线国家贸易依赖度分析［J］.经济地理，2017，37（4）：21－31.

［222］张原.中国对"一带一路"援助及投资的减贫效应——"授人以鱼"还是"授人以渔"［J］.财贸经济，2018，39（12）：111－125.

［223］张长立，高煜雄，曹惠民."一带一路"背景下中国海外知识产权保护路径研究［J］.科学管理研究，2015，33（5）：5－9.

［224］赵东麒，桑百川."一带一路"倡议下的国际产能合作——基于产业国际竞争力的实证分析［J］.国际贸易问题，2016（10）：3－14.

［225］赵景瑞，孙慧.中国与"一带一路"沿线国家贸易关系演进研究［J］.国际经贸探索，2019，35（11）：36－48.

［226］赵书博，胡江云."一带一路"战略构想下完善我国企业境外投资所得税制的思考［J］.管理世界，2016（11）：11－19.

［227］赵穗生，郭丹，宫笠俐，许佳.中国的顶层设计："一带一路"倡议的战略目标、吸引力及挑战［J］.东北亚论坛，2019，28（3）：28－39＋127.

［228］赵天睿，孙成伍，张富国."一带一路"战略背景下的区域经济发展机遇与挑战［J］.经济问题，2015（12）：19－23.

［229］赵先进，王卫竹.共建"一带一路"背景下跨境电商物流协作发展研究［J］.价格理论与实践，2018（5）：159－162.

［230］赵欣.在华留学生"隐性课程"与中国文化海外传播［J］.新闻

与传播评论, 2020, 73 (1): 117 - 128.

[231] 赵永华, 刘娟. 文化认同视角下"一带一路"跨文化传播路径选择 [J]. 国际新闻界, 2018, 40 (12): 67 - 82.

[232] 郑刚, 马乐."一带一路"战略与来华留学生教育: 基于 2004~2014 的数据分析 [J]. 教育与经济, 2016 (4): 77 - 82.

[233] 郑伟, 桑百川."一带一路"倡议的理论基础探析——基于世界市场失灵的视角 [J]. 东北亚论坛, 2017, 26 (2): 94 - 105 + 128.

[234] 钟飞腾."一带一路"、新型全球化与大国关系 [J]. 外交评论 (外交学院学报), 2017, 34 (3): 1 - 26.

[235] 周方银."一带一路"面临的风险挑战及其应对 [J]. 国际观察, 2015 (4): 61 - 72.

[236] 周谷平, 阚阅."一带一路"战略的人才支撑与教育路径 [J]. 教育研究, 2015, 36 (10): 4 - 9 + 22.

[237] 周伟, 陈昭, 吴先明. 中国在"一带一路"OFDI 的国家风险研究: 基于 39 个沿线东道国的量化评价 [J]. 世界经济研究, 2017 (8): 15 - 25 + 135.

[238] 周文, 方茜."一带一路"战略的政治经济学思考 [J]. 马克思主义研究, 2015 (10): 62 - 72.

[239] 周五七."一带一路"沿线直接投资分布与挑战应对 [J]. 改革, 2015 (8): 39 - 47.

[240] 朱家桢. 义利思想辨正 [J]. 中国经济史研究, 1987 (2): 111 - 134.

[241] 祝继高, 王谊, 汤谷良."一带一路"倡议下中央企业履行社会责任研究——基于战略性社会责任和反应性社会责任的视角 [J]. 中国工业经济, 2019 (9): 174 - 192.

[242] 卓丽洪, 郑联盛, 胡滨."一带一路"战略下政策性金融机构支持企业"走出去"研究 [J]. 经济纵横, 2016 (4): 82 - 87.

[243] 宗会明, 郑丽丽."一带一路"背景下中国与东南亚国家贸易格局分析 [J]. 经济地理, 2017, 37 (8): 1 - 9.

［244］郭冠清．构建双循环新发展格局的理论、历史和实践［J］．扬州大学学报（人文社会科学版），2021，25（1）：28－40.

［245］李源．国内国际双循环新发展格局的经济学理论探讨［J］．济南职业学院学报，2020（6）：101－102＋124.

［246］李震，昌忠泽，戴伟．双循环相互促进：理论逻辑、战略重点与政策取向［J］．上海经济研究，2021（4）：16－27.

［247］金凯．从产业链供应链安全角度看"双循环"新发展格局下粤港澳大湾区建设［N］．深圳特区报，2021－05－11（B02）.

［248］陈锡稳．双循环背景下推进粤港澳大湾区标准化建设的思考［J］．中国标准化，2020（11）：34－37.

［249］黎峰．国内国际双循环：理论框架与中国实践［J］．财经研究，2021（4）：4－18.

［250］钱学锋，裴婷．国内国际双循环新发展格局：理论逻辑与内生动力［J］．社会科学文摘，2021（3）：49－51.

［251］王一鸣．积极探索形成"双循环"新发展格局的路径［J］．清华金融评论，2020（84）：24－26.

［252］刘尧飞，管志杰．双循环新发展格局下国内消费扩容升级研究［J］．当代经济管理，2021（43）：1－12.

［253］周曙东，韩纪琴，葛继红，盛明伟．以国内大循环为主体的国内国际双循环战略的理论探索［J］．南京农业大学学报，2021（3）：22－29.

［254］BRAKMAN S，FRANKOPAN P，GARRETSEN H，VAN MARREW-IJK C. The New Silk Roads：an introduction to China's Belt and Road Initiative［J］. Cambridge Journal of Regions，Economy and Society，2019，12（1）：3－16.

［255］BUCKLEY P J. China's belt and road initiative：Changing the rules of globalization［J］. Journal of International Business Studies，2020，51（2）：279－281.

［256］CHAN H K，DAI J，WANG X，LACKA E. Logistics and supply chain innovation in the context of the Belt and Road Initiative（BRI）［J］. Trans-

portation Research Part E: Logistics and Transportation Review, 2019 (132):
51 – 56.

[257] CHEN H, JIANG T, LIN C, ZHAO H. Quantifying Financing Needs
in the Belt and Road Countries [J]. Emerging Markets Finance and Trade, 2019,
55 (14): 3178 – 3210.

[258] CHEN Y, FAN Z, ZHANG J, MO M. Does the Connectivity of the
Belt and Road Initiative Contribute to the Economic Growth of the Belt and Road
Countries? [J]. Emerging Markets Finance and Trade, 2019, 55 (14): 3227 –
3240.

[259] CHENG L K. Three questions on China's "Belt and Road Initiative"
[J]. China Economic Review, 2016 (40): 309 – 313.

[260] CUI L, SONG M. Economic evaluation of the Belt and Road Initiative
from an unimpeded trade perspective [J]. International Journal of Logistics Re-
search and Applications, 2019, 22 (1): 25 – 46.

[261] GAO B, LI J, SHI B, WANG X. Internal conflict and Bank liquidity
creation: Evidence from the belt and Road initiative [J]. Research in International
Business and Finance, 2020 (53).

[262] GU A, ZHOU X. Emission reduction effects of the green energy invest-
ment projects of China in belt and road initiative countries [J]. Ecosystem Health
and Sustainability, 2020, 6 (1).

[263] HAN M, LAO J, YAO Q, ZHANG B, MENG J. Carbon inequality
and economic development across the Belt and Road regions [J]. Journal of Envi-
ronmental Management, 2020 (262).

[264] HUANG X, HAN Y, GONG X, LIU X. Does the belt and road initia-
tive stimulate China's inbound tourist market? An empirical study using the gravity
model with a DID method [J]. Tourism Economics, 2019, 26 (2): 299 – 323.

[265] HUANG Y. Understanding China's Belt & Road Initiative: Motivation,
framework and assessment [J]. China Economic Review, 2016 (40): 314 – 321.

［266］JIANYING X, JIXING C, YANXU L. Partitioned responses of ecosystem services and their tradeoffs to human activities in the Belt and Road region［J］. Journal of Cleaner Production, 2020, 276.

［267］LI Y, YANG Y, LI G, ZHAO X. Study on Sustainable Development of Microfinance Institutions from the Perspective of Inclusive Finance—Based on MFI Data in Countries along the Belt and Road［J］. Emerging Markets Finance and Trade, 2020, 56 (13): 3205 – 3216.

［268］LI Z, HUANG Z, DONG H. The Influential Factors on Outward Foreign Direct Investment: Evidence from the "The Belt and Road"［J］. Emerging Markets Finance and Trade, 2019, 55 (14): 3211 – 3226.

［269］SUN Y, CHEN L, SUN H, TAGHIZADEH – HESARY F. Low – carbon financial risk factor correlation in the belt and road PPP project［J］. Finance Research Letters, 2020, 35.

［270］VOON J P, XU X. Impact of the Belt and Road Initiative on China's soft power: preliminary evidence［J］. Asia – Pacific Journal of Accounting & Economics, 2020, 27 (1): 120 – 131.

［271］XIAOBING Y, XIANRUI Y, CHENLIANG L, ZHONGHUI J. Information diffusion-based risk assessment of natural disasters along the Silk Road Economic Belt in China［J］. Journal of Cleaner Production, 2020, 244: 118744.

［272］YANG G, HUANG X, HUANG J, CHEN H. Assessment of the effects of infrastructure investment under the belt and road initiative［J］. China Economic Review, 2020, 60.

［273］YU L, ZHAO D, NIU H, LU F. Does the belt and road initiative expand China's export potential to countries along the belt and road?［J］. China Economic Review, 2020, 60.

［274］YU S, QIAN X, LIU T. Belt and road initiative and Chinese firms' outward foreign direct investment［J］. Emerging Markets Review, 2019, 41.

［275］ZHAI F. China's belt and road initiative: A preliminary quantitative assessment［J］. Journal of Asian Economics, 2018 (55): 84 – 92.

［276］ZHANG C, XIAO C, LIU H. Spatial Big Data Analysis of Political Risks along the Belt and Road ［J］. Sustainability, 2019, 11 (8).

［277］ZHANG X, ZHANG W, LEE P T – W. Importance rankings of nodes in the China Railway Express network under the Belt and Road Initiative ［J］. Transportation Research Part A: Policy and Practice, 2020 (139): 134 – 147.